D1832679

बहुत नाम हैं एक शमशेर भी है
किसे पूछते हो किसे हम बताएँ।

एक शमशेर भी है

एक शमशेर भी है

सम्पादक

दूधनाथ सिंह

राजकमल प्रकाशन
नयी दिल्ली पटना इलाहाबाद

ISBN : 978-81-267-2017-0

मूल्य : ₹ 450

© श्रीमती शोभा सिंह

पहला संस्करण : 13 जनवरी, 2011
पहली आवृत्ति : 2012

प्रकाशक : राजकमल प्रकाशन प्रा. लि.
1-बी, नेताजी सुभाष मार्ग
नई दिल्ली-110 002

शाखाएँ : अशोक राजपथ, साइंस कॉलेज के सामने, पटना-800 006
पहली मंजिल, दरबारी बिल्डिंग, महात्मा गांधी मार्ग, इलाहाबाद-211 001

वेबसाइट : www.rajkamalprakashan.com
ई-मेल : info@rajkamalprakashan.com

आवरण : अशोक सिद्धार्थ

मुद्रक : बी.के. ऑफसेट
नवीन शाहदरा, दिल्ली-110 032

EK SHAMSHER BHEE HAI
Edited by Doodh Nath Singh

इस पुस्तक के सर्वाधिकार सुरक्षित हैं। प्रकाशक की लिखित अनुमति के बिना इसके किसी भी अंश को, फोटोकॉपी एवं रिकॉर्डिंग सहित इलेक्ट्रॉनिक अथवा मशीनी, किसी भी माध्यम से, अथवा ज्ञान के संग्रहण एवं पुनर्प्रयोग की प्रणाली द्वारा, किसी भी रूप में, पुनरुत्पादित अथवा संचारित-प्रसारित नहीं किया जा सकता।

यह किताब

यह किताब शमशेर जी की चित्र-विचित्र छवि का एक पारिवारिक अलबम है। यह परिवार मलयज का और उनसे रिश्ते-नाते में जुड़े लेखकों का है। आने वाली १३ जनवरी, सन् २०११ को शमशेर जी का सौवाँ जन्म दिन है। तो यह सोचा गया कि आख़िर हम इस पवित्र अवसर पर क्या-कुछ कर सकते हैं। अब परिवार के सदस्य-मलयज और श्रीराम वर्मा - नहीं रहे। प्रेमलता वर्मा बोएने साइरस, अर्जन्टिना में हैं। काफ़ी सोच-विचार के बाद हमने यह तय पाया कि शमशेर जी के बारे में हम सबका जो लिखा-पढ़ा इधर-उधर किताबों या पत्र-पत्रिकाओं में बिखरा हुआ लगभग गुम-सा है, क्यों न उसे एक जगह संकलित करके प्रकाशित कर दिया जाय। शमशेर जी मलयज और उनके परिवार के किसी न किसी सदस्य के साथ सन् १९६४ से लेकर १९८० तक रहे। कभी मलयज और प्रेमलता वर्मा के साथ, मॉडल टाउन, डिफ़ेन्स कॉलोनी, दयानंद कॉलोनी, लाजपत नगर और फिर घूम-फिर कर मॉडल टाउन में अजय सिंह और शोभा के साथ। १५-ए, लूकरगंज, इलाहाबाद में श्रीमती निर्मला ठाकुर के साथ भी लगभग एक माह तक अभिभावक की तरह रहे, जब मैं बीमार होकर अस्पताल में था। इसके अलावा भी जब वे बहादुरगंज में रह रहे थे, परिवार के लोगों का वहाँ आना-जाना लगा ही रहता था। स्वयं यह सम्पादक (संकलनकर्ता) भी जब कलकत्ते से आता था- और अक्सर आता था - तो उसका डेरा भी उसी बहादुरगंज वाले मकान में गिरता था। लगभग रोज़ ही बैठकी जमती थी और वह कैसी होती थी, उसका बयान इतना आसान तो नहीं रह गया है। कैसे भी कहो, वह पूरा नहीं पड़ता, कभी पूरी तरह सटीक नहीं बैठता। उन बैठकबाज़ियों और बहसों का कोई भी वृत्तान्त और कोई भी संरचना अब अधूरी-सी है...जैसे कि स्वयं शमशेर की कविताओं के सभी बिम्ब और सभी आख्यान अधूरे-से हैं। उनकी सारी कविता अधूरेपन के सौन्दर्य की कविता है। फिर भी इस परिवार ने उनके बारे में जो कुछ भी लिखा-पढ़ा है, उससे शमशेर जी के जीवन-व्यवहार और काव्य-प्रकृति को जानने-समझने में मदद तो मिलती ही है। बल्कि कुल मिलाकर यह संकलन उनकी एक भरी-पूरी जीवनी-सी है। कम से कम सन् १९५९ से लेकर १९८५ तक...जो कि शमशेर की काव्य-यात्रा के सबसे समृद्ध वर्ष हैं, उन वर्षों का तो यह एक जीवन्त आख्यान है।

यहाँ संकलित रचनाओं के बारे में कुछ कहना ग़ैर वाजिब नहीं होगा। मलयज की

डायरियों में एक अजब तरह की विचारोत्तेजक जिज्ञासा, शंका और प्रश्नाकुलता है। शमशेर के जीवन-मर्म और काव्य-मर्म को खोजने और उद्घाटित करने और अनेक बार दोनों पर दो-टूक निर्णय का लगभग 'यही सच है' जैसा एक कठोर भाव है। यह तार्किक आक्रोश और निष्कर्षात्मक तरीका आचार्य रामचन्द्र शुक्ल के आलोचनात्मक तरीके की याद दिलाता है। बात चाहे जितनी कड़वी हो, अगर सच लगती है और तर्क पर सही उतरती है, तो उसे निस्संकोच कह देना चाहिए। यह आलोचक का धर्म है जिसे मलयज ने बख़ूबी निभाया है। शमशेर को लेकर इस तरह का गहन विचार-मंथन अभी तक और किसी ने नहीं किया, न इतने उत्तेजक निष्कर्ष किसी ने निकाले हैं।

शमशेर की इस खोज के कुछ बिन्दु देखने लायक हैं। जैसे शमशेर के अन्तर्विरोधों की चर्चा करते हुए मलयज का यह विचार है कि 'शमशेर नई पीढ़ी को कुछ नहीं दे सकते।' एक जगह वे इस निष्कर्ष पर पहुँचते हैं कि शमशेर 'नियो-क्लेसिसिज़्म के कवि हैं और इसे निकालने के लिये वे इस तरह का जोड़ घटाव डायरी में करते नज़र आते हैं - 'क्लासिसिज़्म + कम्युनिज़्म + खंडित आइडियलिज़्म + प्लेटोनिक लव + सुर्ररियलिज़्म + बीटनिक्स + उर्दू की नफ़ासत + अंग्रेज़ी काव्य का रेटरिक।' यानी उनकी कविता के रसायन को समझने के लिये मलयज क्या-क्या नहीं करते! और उनके कहे को ओट दे देना भी पूरी तरह सम्भव नहीं है। शमशेर के काव्य और जीवन-दर्शन के बारे में एक जगह मलयज कहते हैं कि 'वह ढुलमुलेपन का दर्शन है जिसमें मानव-कल्याण का शोर-भर है' और एक जगह उनके राजनीतिक विचारों को वे 'बचकाने, अनस्थिर और अन्तर्विरोधात्मक' कहते हैं। उनकी दृष्टि में शमशेर की कविता की उपलब्धि उसका सौन्दर्य पक्ष (छन्द, संगीत, लय) है। पार्टी (कम्युनिस्ट पार्टी) से शमशेर के संबंध के बारे में मलयज का एक अनूठा कथन है, 'पार्टी (कम्युनिस्ट पार्टी) **एक घाव की तरह** उनकी आत्मा पर अब भी छायी हुई है।' उनकी कविता और उनके सम्पूर्ण जीवन को देखते हैं तो इस कथन में कितनी सच्चाई लगती है। फिर भी मलयज इस कवि को किस तरह अपनी आत्मा में घुलाये हुए हैं यह देखते ही बनता है। जब एक जगह विश्वनाथ त्रिपाठी एक हेच-सी टिप्पणी शमशेर के बारे में करते हैं तो मलयज चौंक जाते हैं - 'मतलब?' डायरी में उसके आगे यह नोट है और फिर जाँ निसार अख़्तर का एक शेर उद्धृत है :

हर लफ़्ज़ को छूते हुए जो काँप न जाए
बर्बाद वो अल्फ़ाज़ की औक़ात करे है।

ऐसे हेचकस इंसान के बारे में इससे ज़्यादा कोई क्या कह सकता है।

पार्टी (कम्युनिस्ट पार्टी) के बारे में और उस तरह के लेखन के बारे में लोग जो तरह-तरह के दावे करते हैं या करते रहे हैं, उसके बारे में अभी हाल ही में छपे शमशेर के एक पत्र से उनके अन्तस का खुलासा होता है : 'तुम्हें अपनी कविताओं के लिये - यानी तथ्यात्मक कविताओं के लिए material जो ज़रूरत हो उसके बारे में लिखना। By the way - Peoples war तुम इधर पढ़ रहे हो (मैं तो ख़ैर नहीं पढ़ पा रहा हूँ!!) क्यों, क्या एलेक्शन poems हम लोग कामियाब नहीं लिख सकते? सच्ची, सुंदर कविताएँ और गीत? जनता की चीज़, जिन्हें जनता का हृदय पाते ही पी ले? जो आज के संघर्ष में हमारी सच्ची मान्यताओं को स्पष्टतर, स्पष्टतम, कर सके? हमारे सामाजिक सपनों को रूप दे सके? इस तरह की मैं सबकी कविताएँ तो पढ़ना चाहता हूँ – और चाहता हूँ कि और दोस्त, जो पार्टी की नीति को ही आज देश की परिस्थितियों में सही और ठीक समझते हैं, वैसी कविताएँ लिखें, **पर स्वयं लिखने से घबराता हूँ क्यों? अन्दर से चाहता हूँ गीत लिखना, कथाएँ लिखना। Satire लिखना - पर अपने को कमज़ोर पाता हूँ।** क्यों? फिर भी लिखूँगा ही, अवश्य लिखूँगा...' (केदार नाथ अग्रवाल के नाम शमशेर – तद्भव-२२, २०१०)। इसी को मलयज कहते हैं कि 'पार्टी एक घाव की तरह उनकी आत्मा पर अब भी छायी हुई है।' फिर भी, शमशेर के सम्पूर्ण व्यक्तित्व और काव्य-व्यक्तित्व-दोनों पर मलयज की इस डायरी से अच्छा अभी तक कुछ भी नहीं लिखा गया। यह डायरी शमशेर की सर्वोत्तम जीवनी (१९५९ से १९८२ तक) और सर्वोत्तम काव्य-समीक्षा है।

श्रीराम वर्मा ने जब यह संस्मरण (**'जस्ट फ़िट'**) लिखा तब भी उनकी तबियत ख़राब चल रही थी। स्मृति में जगह-जगह भरम है। 'शायद ऐसा ही था' कुछ इस तरह की सोच है। या हो सकता है निपटाने की जल्दी हो या दुबारा देखने का वक़्त न मिला हो या तबियत के कारण लिखे के प्रति उदासीनता हो। उन दिनों हमारा रोज़ का ही संग-साथ था। हर दिन मिलना होता था। ऐसे में बहुत सारी बातों और घटनाओं का मैं व्यक्तिगत रूप से साक्षी हूँ। अत: जहाँ भी तथ्यगत ग़लतियाँ हैं वहाँ मैंने टिप्पणी लगा दी है, इस तरफ़ से सचेत रहते हुए कि मेरी टिप्पणी से संस्मरण को कोई संरचनात्मक क्षति न पहुँचे। श्रीराम वर्मा के गद्य-लेखन के हम सभी क़ायल थे। एक त्वरा और संक्षिप्ति, मारक व्यंग्य और दूरगामी सांकेतिक व्यंजनाएँ उनके गद्य-लेखन की विशेषताएँ हैं। यह संस्मरण भी इसी तरह के गद्य-लेखन का एक शानदार नमूना है। दूसरी विशेषता इस संस्मरण की यह है कि इसमें शमशेर का एक अजब-सा दूसरा ही अन्तरंग उद्घाटित होता है जो मलयज की डायरी या पुस्तक में संकलित अन्य संस्मरणों से बिल्कुल भिन्न है और कई बार आश्चर्य होता है कि अच्छा, शमशेर ऐसे भी थे? और यही इस संस्मरण की अनहोनी ख़ूबी भी है। 'प्रेमचंद : एक कृती व्यक्तित्व' शीर्षक से जैनेन्द्र ने जो संस्मरण लिखा है, उसमें एक जगह वे लिखते हैं, **'बात यह कि हम वह बनाते हैं जो चाहते हैं। वही हमारा बनाया हुआ आदमी अपने बने हुए रूप में जीवित रखा जाता है। एक तरह (से) यह अच्छा है। लेकिन अच्छाई खत्म हो जाती है जब उस टुकड़े-टुकड़े जोड़े हुए चित्र को हम बेहद यथार्थ कहकर पेश करना चाहते हैं।'** ('प्रेमचन्द : एक कृती व्यक्तित्व' पृष्ठ ६८ पूर्वोदय प्रकाशन, संस्करण १९८९) श्रीराम वर्मा के 'जस्ट फ़िट' के साथ भी यह बात

लागू होती है। शमशेर जी का यह चित्र श्रीराम वर्मा का गढ़ा-रचा है। हो सकता है, शमशेर जी वैसे हों, या वैसे न भी हों। संरचित चित्र तथ्य-चित्र नहीं होता। हो सकता है वे लोग वैसे न हों, जैसा कि हमने उन्हें देखा या जाना या समझते रहे। अतः एक संरचना में शमशेर जैसे दिखते हैं, हो सकता है, वे होते तो उन बातों या तथ्यों से इनकार कर जाते। और शमशेर जी की तो इनकार करने की आदत-सी थी। व्यक्ति हमेशा एक रहस्य है। हम उसके बारे में जो जानते हैं बस, वह उतना हमारा जाना-सिर्फ़ हमारा जाना-हुआ है। मुझे लगता है कि संस्मरण - एक अच्छा संस्मरण - हमेशा उस व्यक्ति के न रहने पर लिखा जा सकता है। व्यक्ति के सामने होने पर लिखा गया संस्मरण तो अक्सर निर्माल्य की तरह होता है। उसके रहते तरह-तरह के लिहाज होते हैं या उस व्यक्ति की मौजूदगी हमें उसे हमारे-अपने रूप में देखने से रोकती रहती है। हम अपने देखे या जाने हुए को बेलाग और बेखटके नहीं रच सकते। संस्मरण विधा में संस्मरण-लेखक स्वयं ही प्रमाण होता है। उसके द्वारा प्रस्तुत चित्रांकन की तथ्यता पर हम उँगली नहीं उठा सकते। 'जस्ट फ़िट' में शमशेर का चित्र कुछ ऐसा ही है। वह वहाँ हैं भी और नहीं भी हैं। या उतना ही हैं जितना श्रीराम ने रचा-बनाया हुआ है। लेकिन शमशेर उसके बाहर भी तो होंगे ही। हैं ही।

प्रेमलता वर्मा का संस्मरण **'इब्ने मरियम हुआ करे कोई'** दो भागों ('बहुवचन' - ८-९, सम्पादक, अशोक वाजपेई) में छपा था। उसमें भी बीच का एक हिस्सा ('आगरा में' और 'शमशेर जी का शीशमहल') उप सम्पादक की मनमानी से छपने से रह गया और शायद अशोक जी को इसकी खबर भी न लगी हो। बहरहाल, यहाँ पर वे दोनों हिस्से अपनी जगह पर संयोजित कर दिये गये हैं। संस्मरण के प्रथम खण्ड में प्रेमा थोड़ी सम्भ्रमित-सी दिखती हैं। थोड़ी उलझन में जैसे हैं कि शमशेर जी के इतने दिनों के इतने गहरे और अनुपम संग-साथ को कैसे याद किया जाय और एक क्रम में उसको कैसे बाँधा-पिरोया जाय। इसका नतीजा यह है कि पहले भाग में थोड़ा उखड़ा-उखड़ापन दिखता है। पहले भाग की भाषा में जो एक काव्यात्मक अमूर्तन है, वह भी इसी कारण। लेकिन थोड़ी दूर तक जाते-जाते जैसे हाथ खुलने लगा है और स्मृति की धार चमक उठी है। इसी में सुरेन्द्र नगर में शमशेर जी के निरंतर मरण का वह चित्रपट भी है, जिसमें धीरे-धीरे वह हथियार डालते जा रहे हैं। प्रेमा और श्रुति ने उनके भौतिक और अन्तरमन के जीवट को पुनः उठाने और लौटा लाने का प्रयत्न भी किया। चाहे श्रुति द्वारा शमशेर जी की दाढ़ी बनाने का उपक्रम हो या सोमनाथ के समुद्र तट पर उन्हें ले जाने का प्रसंग - प्रेमा को शायद यह आशा है कि वे शमशेर को उनके निरंतर मरण से उबारने में सफल होंगी। ... अपने मन की कहूँ तो कह सकता हूँ कि संस्मरण का यह दूसरा भाग शमशेर के अन्तिम दिनों का अविस्मरणीय दस्तावेज़ है। प्रेमा ने इसे एक तटस्थ-उदास मन से चित्रित किया है। यहाँ शमशेर वही हैं जैसे उनकी चित्र-छवि है। वह रहस्यमय द्वैत जिसके लिए हम लोग शमशेर को हैरान-परेशान होकर निहारा करते थे, कहीं निकल भागा है। उसके लिये

अब उनके शरीर और आत्मा में इतनी ताकत नहीं बची है कि उसे सहार सकें। वह, रहस्यमय द्वैत जो उनके अस्ति-नास्ति के आदिम उत्सव की तरह था, अब ख़त्म होता-सा है। इसी ट्रेजिक अनुभूति को प्रेमा ने बड़ी बारीकी से चित्रित किया है।

बाकी दोनों बहनों (निर्मला और शोभा) ने 'भाव-भगति' से उनका स्मरण किया है।

भाषा ने एक छोटी बच्ची की तरह उनकी यादों से खेला है। वह तब थी भी उसी उम्र में। लेकिन उसके लिखे की खूबसूरती भी यही है कि उसने अपना बचपन बनाये रखा है। बचपन में उकेरी गयी उस छवि में शमशेर एक सजग गृहस्थ की तरह नज़र आते हैं। अगर शमशेर सचमुच गृहस्थ होते तो कैसे होते, इसका सहज अनुमान इसे पढ़कर लगाया जा सकता है। बाकी सभी संस्मरणों में शमशेर एक कवि के खोल में सदा-सर्वदा छिपे रहते हैं। कवि-लेखकों और सामान्य जन की भी चाहे जितनी आवभगत करें, सभी जगह वे विशिष्ट हैं, कवि हैं, समादरणीय हैं। इस संस्मरण में वे एक मुक्त गृहस्थ हैं। एक परिवार जो उनका नहीं है, फिर भी उन्हीं का है के प्रति चौबीसों घंटे चिन्तित और सँभालने की मुद्रा में। यह एक अलग किस्म के शमशेर हैं जो कि अगर धर्म देवी ज़िन्दा होतीं तो बाल-बच्चों के साथ वे होते। एक सद्‌गृहस्थ। एक पैट्रियार्क... लेकिन कोमल-कोमल-से।

अजय सिंह ने अपने छोटे-से आलेख में सिर्फ़ एक पंक्ति को पकड़कर एक आधुनिक निष्कर्ष निकालने की कोशिश की है। एक कवि को उसके उसी रूप में देखना चाहिए जिस रूप में वह अधिकांशतः है। अपनी इच्छाओं या मंतव्यों के अनुकूल एक पंक्ति ढूँढ़ लेना और उसी के आधार पर उसका चेहरा निर्मित कर लेना उसके साथ न्याय नहीं। विचलन या कभी-कभी दूसरी तरह की बातों और बिम्बों से छेड़छाड़ सभी कवि करते हैं लेकिन वह उनकी मुख्य धारा नहीं होती। जबकि शमशेर की अधिकांश कविताएँ एक आत्मिक कराह की तरह हैं। शमशेर की निपट भौतिक बेचारगी को 'सह-वास' का एक घोषणापत्र समझ लेना और उसे इस रूप में सिद्ध करना उन्हें आधुनिक नहीं बनाता। उनके अन्तर्विरोध उन्हें आधुनिक बनाते हैं। जैसे निराला अपने अन्तिम दिनों में अपने प्रगीतों की ओर लौटे वैसे ही शमशेर अपनी आत्मिक कराह की ओर। दो-चार पंक्तियों के आधार पर शमशेर को 'सह-वास' का समर्थक सिद्ध करना उनकी भौतिक और मानसिक कमज़ोरियों पर पर्दा डालना है। मलयज ने अपनी डायरी में एक जगह कहा है 'ज़िम्मेदारी कवि (शमशेर) में उलझाव पैदा करती है, वह अपना आत्मविश्वास खोने लगता है, वह इसलिए वहाँ से भाग खड़ा होना चाहता है... संबंध-निरपेक्ष होने की स्थिति में वह अपने को अधिक मुक्त-स्वतंत्र अनुभव करता है...शमशेर के प्रेम में वे ही प्रेमी का रोल अदा करते हैं और वे ही प्रेमिका का भी। वे प्रेम करने की प्रक्रिया में ही दो हो जाते हैं, वे दोनों पक्षों का भार ख़ुद ही सँभालने लगते हैं। वे कभी-कभी कहते हैं कि उन्होंने कई बार ऐसों

से प्रेम किया जिन्हें उनके प्रेम का पता तक नहीं चला। इस तरह उनका प्रेम प्रेमी-प्रेमिकाओं के आपसी अनुभूति-संबंध पर आधारित नहीं है।... उनका प्रेम एकतरफ़ा प्रेम है।' ऐसा नहीं है कि मैं मलयज के कथन से पूरी तरह सहमत ही हूँ लेकिन...। बहरहाल...।

इस संकलन में शमशेर की तीन अप्रकाशित कविताएँ और प्रेमा के नाम पाँच पत्र भी सम्मिलित हैं। तीनों कविताओं का विषय एक ही है लेकिन तीनों ही अलग-अलग तारीखों में लिखी और पत्र के रूप में प्रेमा को भेजी गयी हैं। इस शृंखला की तीसरी कविता तो एक सनातन शान्ति-पाठ की तरह है। हमने किताब की शुरुआत ही इन तीनों कविताओं से की है। प्रेमा के नाम पाँचों पत्रों को हमने प्रेमा के संस्मरण के अन्त में रखा है। ये पत्र केवल औपचारिक नहीं हैं। वे शमशेर की कई गिरह-गाँठें खोलते हैं। शमशेर जैसे बातचीत में हमेशा सफ़ाई देने की मुद्रा में रहते थे, वैसे ही अपने पत्रों में भी।

किताब के अन्त में दो परिशिष्ट भी हैं। पहले में हमने उनके समकालीन मित्र-लेखकों के दो संस्मरण दिये हैं – हरिवंश राय बच्चन और नरेन्द्र शर्मा के। दोनों ही उनके यूनिवर्सिटी के दिनों के घनिष्ट मित्र रहे। इन दोनों संस्मरणों में शमशेर के प्रारम्भिक जीवन और संघर्ष की ख़ूबसूरत स्मृति-सज्जाएँ हैं। बच्चन जी वाला स्मृति-खण्ड हमने उनकी आत्मकथा के दूसरे भाग 'नीड़ का निर्माण फिर' से लिया है। इसके शुरू वाले हिस्से में ही शमशेर-प्रसंग है। सम्पादक ने उन प्रसंगों को जोड़कर, बस, एक शीर्षक देने की धृष्टता की है।

इस तरह यह किताब शमशेर के बारे में लिखी डायरियों, संस्मरणों और उनके स्वयं की अब तक अप्रकाशित कविताओं और पत्रों का एक रंगारंग दस्तावेज़ है। आगे भी शमशेर पर कोई इतनी विविधवर्णी और इतनी महत्त्वपूर्ण किताब बनेगी, ये तो आने वाली पीढ़ियाँ जानें। हमारा दावा यह नहीं है कि हमने कुछ बहुत नया किया है, बल्कि यह कि बहुत कुछ महत्त्वपूर्ण और नया किये हुए को एक जगह संकलित कर प्रस्तुत कर दिया है। इससे अधिक कुछ नहीं।

२२ अक्तूबर, २०१० दूधनाथ सिंह

इलाहाबाद

अनुक्रम

मलयज और श्रीराम वर्मा की स्मृति को समर्पित

तीन अप्रकाशित कविताएँ

शमशेर बहादुर सिंह

उस आधे क़बायली आधे इस्पानी नस्ल के ग़ुलाम की कलाकृति देखकर*

(१)

यह तुम्हारी क्या हालत कर दी
इन योरोपी तहज़ीबवालों ने?
दाँत बेचारगी से बाहर निकले हुए
आँखें सामने देख रही हैं मगर पुतलियाँ
ऊपर को एक-टक् उठी हुई लगतीं
होंठ खुले हुए हैं
मगर उनमें कोई आवाज़ नहीं है

देहाती फ़ेल्ट का मगर न जाने कब
का एक हैट
नाक नथुने फैले हुए
मूँछें नीचे को ढली हुईं
और ठोढ़ी की मजबूती ग़ायब है
क्योंकि ठोढ़ी ही नहीं है
किसी ने घूँसा मार कर ऐसी दबा
दी है
यह है वह डर और वहशत में
मौत से पहले सूली पर

झूलती हुई
कला की आकृति।

२३.२.८०

---

*ये तीनों कविताएँ प्रेमलता वर्मा (बोएनसआयर्स : अर्जेन्टीना) को पत्र रूप में प्रेषित।

(२)

मैं तुम्हारे होंठों में मज़बूती लाऊँगा
और तुम्हारे जबड़ों में दृढ़ता
तुम्हारे जबड़ों में
तुम्हारी आँखों में शान्त शक्ति,
तेज़ नज़र
तुम्हारे माथे पर बल
न रहने दूँगा
तुम्हारी गर्दन सीधी और चेहरा हँसता हुआ
और काँधे, दो ढालों की तरह
तुम्हारे जिस्म में पहाड़ पर सीधे दौड़ते
हुए

बढ़ते चले जाने की
बिजली-सी परवाज़ होगी
और तुम्हारे दिल में और दिमाग़ में
तुम्हारे और अपने और दुनिया के
एक अतिशय करुण विद्रूप शीर्ष
लातीनी अमरीकी प्लास्टिक चेहरे को देख कर

इतिहास की पूरी गहरी
यथार्थ वैज्ञानिक समझ होगी
उस युवा और जीवन्त समझ की
अखिल मानवीय ऊर्जा
तुम्हारी ही होगी
और हम सब तुम्हारे और तुम
हम सब के साथ होगे
और सब उस एक आदर्श की भूमि पर
आज़ाद होंगे
और जैसे तुम वैसे ही और सब भी
अपनी-अपनी जगह पर
विलक्षण होंगे।

२८.२.८०

(३)

इस मूर्ति को कलाकार की आत्मा की
शान्ति के लिए इस कलाकार की
मूर्ति की आत्मा की शान्ति के लिए
यह मूर्ति जिसकी प्रतीक है उस व्यक्ति की -
आत्मा की शान्ति के लिए
भेंगी प्रताड़ित दुखी दृष्टि की,
टूटे छिदरे लम्बे शायद हिलते अधेड़ दाँतों की
करुण, अपने-अपने संसार पर मौन
हँसते ढीले खुले होंठों की
और खुले ज़ख़मखाए सिर
और बालों की, जिस पर किसी ने
हाथ नहीं फेरा - इन सबकी
और गर्दन की - जो अब भी - ज़िन्दा - सी
लगती है -
इन सबकी सच्ची शन्ति के लिए
उस कला की शान्ति के लिए -
दक्षिण अमरीका की - जो सभी
महाद्वीपों के दलितों की दशा को
व्यक्त करती है
उस महत् मानवीय नाटकीय कला की
और अपनी
मानसिक आत्मिक शान्ति के लिए
मैंने ये चन्द पंक्तियाँ लिखीं।

३.४.८०

शमशेर जी

मलयज

२७ फरवरी, ५९

शमशेर जी के साथ कई घंटे कटे।

इसके पहले भी उनसे कई बार घंटों इत्मीनान से बातें हुईं, पर पता नहीं क्यों आज की बैठक अधिक आत्मीय-सी लग रही है ... उनका mood कुछ relaxed-सा था, दौड़-दौड़कर ऊपर-नीचे सीढ़ियों पर आते-जाते उनमें एक नई प्राप्त ताजगी फूट रही थी मगर ऐसे कि इस ताजगी की चेतना उन पर कोई अतिरिक्त बोझ न हो ... फिर लगा कि आज वे इतने आत्मीय हैं सो इसलिए कि वे अपने आपसे खुल गए के बहुत-बहुत tender मूड में हैं ... एक monologue के-से अचेतन प्रवाहयुक्त आत्मीय मूड में!

अपने बारे में काफी कुछ बताते रहे ... काव्य प्रक्रिया के विकास की मंजिलें, समस्याएँ, कोशिशें!

उन्होंने अपने-आपको ईमानदारी से reveal किया। वे अपनी सीमाएँ जानते हैं, उन्हें तोड़ने की चाह भी उनमें है। इसीलिए वे कहा करते हैं कि अब मुझे अपनी कविताएँ रुग्ण-सी लगने लगी हैं ... आखिर उनमें एक romantic idealism के सिवा और क्या है, आज जो मनुष्य तमाम सायंसी तरक्कियों, परिवर्तनों के युग में रह रहा है उससे इसका क्या महत्त्व? ज़रूरत नई चेतना को ग्रहण करने की है, आज के संदर्भ में ... आज का नया कवि इन सहूलियतों का उपयोग करने के लोभ में है ... वह scientific हो सकता है, क्योंकि आज के युग में बिना scientific (यानी वस्तुस्थिति को एक जागरूक बुद्धि-विवेक की तुला पर तौलकर) हुए काम नहीं चलने का ...

सामान्य जनता और कवि की बात उठ गई तो उन्होंने कहा कि मेरे सामने कवियों की तीन कोटियाँ हैं - इस सवाल से जूझने के लिए। पहले वर्ग में वे कवि हैं जो सामान्य जनता के लिए ही लिखते हैं। ऐसा लिखना उनका nature है, वे-विज्ञान

की भाषा में कहें तो–social हैं। दूसरे वर्ग में वे कवि हैं जो अपने व्यक्तित्व के विशिष्ट स्तर को अपने काव्य का केन्द्र समझते हैं। लेकिन अपने प्रत्येक विकास क्रम और तत्संबंधी अनुभूतियों में वे पूर्णतः ईमानदार हैं। उनके सामने सामान्य जनता का प्रश्न नहीं उठना चाहिए–वे पूरी ईमानदारी से जो ग्रहण करते हैं उसे देते हैं। तीसरा वर्ग महान् कलाकारों का होता है जो व्यक्तिगत रूप से विशिष्ट होते हुए भी सामान्य जनता तक पहुँच रखता है, जैसे–गेटे, शेक्सपीयर, तुलसीदास।

कविता में spontaniety की बात पर और क्षीण की तीव्र अनुभूतियों की अनिवार्य अभिव्यक्ति के प्रश्न पर उन्होंने कहा कि डकार भी spontaneous होती है। आज बहुत कुछ डकार की तरह ही spontaneous है। क्षण की अनुभूतियों की अनिवार्य अभिव्यक्ति (क्योंकि क्षण गुजर जाने पर दुबारा संभव नहीं है) के साथ हमें यह सोचना होगा कि यह क्षण किसका है : हमें नेहरू और गेटे और शेक्सपीयर (मिसाल के तौर पर) का क्षण चाहिए–एक साधना के बाद तपा हुआ, प्रखर, उम्दा और कीमती क्षण। कच्चे क्षणों का क्या मोल और क्या मोह?

फिर उन्होंने गेटे के कुछ शब्द कहे : Haste not, waste not, rest not.

और : There is no short cuts in art. In art the longest route is the shortest route.

शमशेर जी ने साधना की है ... तप किया है।

गहन अध्ययन, अथक परिश्रम और धैर्य–उन्हीं के कुछ शब्द मन में कितना गड़ते हैं। शमशेर जी जब बोलते तब उनकी earnestness बात छूती है–

इधर अभी काव्य-कला के बारे में काफी चिन्तित हूँ, परेशान हूँ। शमशेर जी की बातों से कुछ राहत और राह मिलती है। पर वे कहते हैं कि हर artist की समस्या और उससे जूझने का ढंग उसका personal होता है।

मैंने कहा : शमशेर जी हम अकेले सुखी भी नहीं हो सकते : हम निम्न मध्य वर्ग के लोग, जो बहुत से लोगों से किसी कदर अच्छे हैं, हम अपने तईं खुश भी नहीं हो सकते–एक बड़ा जत्था ग़म के चेहरों का हमारी खुशी को भी ग़म में बदल देता है...हम तो...हम प्रबुद्ध संवेदनशील व्यक्ति तो खुश भी नहीं हो सकते।

शमशेर : सुख कभी अकेले का होता ही नहीं ... यानी वह सुख ही नहीं जिसे अकेले भोगा जाय।

इस छोटे-से समाधान में एक परीक्षा की कसौटी है–और तपने की भी।

मेरी कविताओं के विषय में उनके कुछ निष्कर्ष –

१. मुझे स्वास्थ्य की आवश्यकता है–तन और मन की।

२. भाषा के संबंध में जीवन्त प्रवाह लाने के लिए उर्दू और बड़े-बड़े masters का मनोयोग से परिश्रमपूर्वक अध्ययन।

पहली बात के संबंध में उन्होंने कई महत्त्वपूर्ण तथ्यों की ओर संकेत किया। nerves famished रहेंगी तो अनुभव विस्तार और ग्रहण की क्षमता और अन्य कई चीजें मसलन objectivity का अभाव रहेगा। आज कविता लिखने के बाद जो nerves exhaution होता है उससे एक vacuum पैदा हो जाता है-शक्ति का। इसे नसों को खाद्य-सामग्रियाँ देकर पूरा किया जा सकता है। कवि समृद्ध और व्यापक और शक्तिवान तभी होगा जब nerves पुष्ट रहें।

आज प्राय: कवि निम्न मध्य वर्ग के हैं जिनकी nerve famish रहती हैं अत: ताज्जुब नहीं कि कविता में सत्त्व न हो...वह नई चीज़ न हो जिसकी लोग शिकायत करते हैं कि अज्ञेय के बाद नयी कविता में कुछ नया नहीं आया।...

शमशेर जी अब अपने romantic idealism से ऊब गए हैं, बेहतर-एक बार marxism और party politics ने उन्हें उबारा था और शायद इसीलिए वे उधर झुके भी थे-एक बहुत संघर्षपूर्ण, अवसादपूर्ण काल (१९३७ के आस-पास) के बाद-अब पार्टी और प्रगतिशील लीडरों के आपसी स्वार्थ और मतविभिन्नता और परस्पर शोषण के कारण वह फिर romantic idealism के गड्ढे में पड़ते जा रहे हैं (शमशेरजी ने खुद कहा-यद्यपि इन शब्दों में नहीं)।

इसी सिलसिले में उन्होंने कहा कि आज हर कोई लेखक किसी को पनपने देना नहीं चाहता ...

(बढ़ते हुए सामाजिक दायित्व और निर्भरशीलता के संदर्भ में यह बात कितनी संजीदगी लिए हुए है!)

इन पृष्ठों में किसी का इतिहास लिखना मेरा उद्देश्य नहीं, मंशा नहीं-इतिहास चाहे दूसरों का हो, या खुद अपना। इतिहास समय बनाता है।

ये मित्र और भावनाओं के भँवर-जाल हैं जिनमें कभी-कभी मेरे व्यक्तित्व : मेरे बहुत अंतरंग व्यक्तित्व की किश्ती फँस जाती है, चक्कर काटने लगती है-एक रौ में, बेखुद!...

शमशेर जी के साथ आज भी चंद घंटे।... लगा कि उन भँवर-जालों में फँसकर मैं अपने कई आयामों के कुछ अलग-थलग जुदा हिस्सों के दर्शन करता हूँ-निरंतर एक ऐकान्तिक राग में चक्कर लगाते जाने की रवानगी मेरे व्यक्तित्व की डोर किन्हीं दूसरे हाथों से मुझे थमा देती है...

शमशेर जी!

हम और आप क्या कभी एक बिन्दु पर यह महसूस कर सकेंगे जो कि भँवर-जाल की वह रवानगी हमेशा एक इतिहास नहीं बनाती, एक अनुभव दे जाती है जो इतिहास से बड़ा होता है।

आपसे मिलने पर हर बार, यह अनुभव मेरी ओर खिंचकर चला आया है-

आपके स्वभाव के उस 'मैजिक केसमेंट्स' जैसे रहस्यमय पारदर्शी झाँइयों के रहस्यमय, रूमानी कचोटने वाले लोक से।

एक बेचारगी-बेपनाही के आलम में कभी-कभी एक तिनका जो बहकर उस भँवर में आ जाता है, वह मुझे नाप जाता है...कि मैं एक तेज रोशनी पुंज हूँ। रात के कंधों के पीछे से फूटती हुई, जिसकी सीमा रेखा अपने जुदा-जुदा subjective self से पृथक् स्वयं-विस्तृति के देश-काल हीन फैलाव में है। (शमशेर जी, आपकी कविता 'युग से' मुझे याद आती है।)

...हाँ, उस तिनके को बीच ही में मुड़ ज़ाने दीजिए, दूसरे बहाव में।...एक... अनुभव आए और चला जाए...रोशनी के बाद एक 'गहरा साँवलापन'...क्योंकि यह इतिहास नहीं है-

सिर्फ़ एक अनुभव का अनुभव!

२१ जुलाई, ५९

इधर मैं शमशेर से नहीं मिलना चाहता। वे सारे द्वन्द्वात्मक संघर्ष को केवल form और technique के समाधान और परिष्कार में डुबो देना चाहते हैं...कितने तटस्थ हैं...पलायन कर लिया है उन्होंने-और कर भी क्या सकते हैं इस उम्र में? मेरे संघर्ष को वे नहीं पहचान पाते। उनकी बातें मेरे लिए कोई नया प्रेरक बिन्दु नहीं रखतीं...उनका अपना तर्क है जो इधर मेरे लिए घातक हो सकता है...मेरे संघर्ष की आग पर पानी डालेगा और आग बुझेगी तो नहीं लेकिन धुआँ उठेगा-कडुवा और दमघोंटू, धुआँ।

९ अक्तूबर, ५९

मैं : शमशेर जी, आपमें जो अच्छा है, great है उसकी तारीफ़ करके हम आपकी तारीफ़ नहीं करते, अपने लिए विजयोल्लास का पर्व मनाते हैं। और आप अपनी कमजोरियों को उभार-उभारकर यह दिखाते हुए कि वे संगीन हैं हमें हरा देते हैं : तब लगता हम कितने कमजोर हैं, कितने क्षुद्र, महत्त्वहीन, दबे-दबे, चूहों-से! कि कितना कुछ है जो हमसे बड़ा है, महान् है (और जो हमें कुचलता है, कुचलता रहता है...पर आह! हम उसके प्रति घृणा का भाव नहीं रखते। परम्परा और संस्कृति और इतिहास का 'प्रसाद' समझकर शिरोधार्य करते हैं) और हमने जीवन यूँ ही खो दिया...शमशेर जी! हमें अपनी-आपके सामने अपनी नज़र में-यह हार अच्छी नहीं लगती, प्रेरणा नहीं देती, बस कुचलती है...और आप हैं कि इस हार को ईमानदारी और

दयानतदारी का नाम देते हैं...शमशेर जी, इसीलिए आप चाहे हमें कुछ देर को प्रभावित, मोहाविष्ट भले ही कर लें, सच्ची प्रेरणा नहीं दे सकते, हाँ, चाहकर भी नहीं। क्योंकि आप विजय को झूठी मानते हैं, कोरा दम्भ या क्षणिक मानते हैं...

...जब भी आप आते हैं मेरे घर या जब कभी मैं आपके संग होता हूँ, आपके घर में, या फिर सड़कों पर जब हम आप कभी मिल जाते हैं तब जानते हैं आप क्या करते हैं? बस 'ओल्ड मास्टर्स' की खंजड़ी बजा-बजाकर शिल्प, भाषा और अभिव्यक्ति का भजन गाने लगते हैं ... इस भजन में स्वर और टोन आपका होता है पर वह भजन आपका तो नहीं होता (नहीं तो कुछ तो ढारस होता!) बल्कि कभी वह तुलसीदास का, कभी शेक्सपीयर, कभी अन्य विदेशी-देशी लेखकों-कलाकारों का और समसामयिक काल को लें तो नागार्जुन, त्रिलोचन और राव का...पर भजन आपका नहीं होता। इसलिए आप बिल्कुल झूठ लगते हैं, फरेब...हमारी विजय को ठगने के लिए, हमें सिप करने के लिए...

बस शमशेर जी, अब कहा नहीं जाता।

२२ जुलाई, ६३

क्लासिसिज़्म, कम्युनिज़्म और शमशेर : शमशेर का अनुशासन-काव्य में। रेहट्रिक और काव्यशिल्प की अति कठोर मर्यादा के प्रति उनका आग्रह। उनका काव्य-अनुशासन तथा क्लासिक्स का अध्ययन भावों की सक्षम अभिव्यक्ति के एक आदर्श रूप की हैसियत से वे करते हैं। और उन काव्य-नियमों, मर्यादाओं और अभ्यासों पर बल देते हैं जो ऐसी आदर्श (Model) अभिव्यक्ति को जन्म देती है, वह बहुत कुछ नियो-क्लासिसिज़्म है।

उनके इस क्लासिसिज़्म का उनकी मार्क्सवादी विचारधारा से पूर्ण तालमेल हो जाता है। कम्युनिज़्म का वैयक्तिक स्वतन्त्रता को सामाजिक विकास में बाधक, घातक समझना और एक सपाट स्वस्थ (?) समाज का निर्माण करना एक ऐसा उसूल है जिसका समीकरण उन्हें काव्य के क्षेत्र में इस नियोक्लासिसिज़्म के काव्यानुशासन एवं शिल्प-बोध में मिल जाता है। उनका क्लासिसिज़्म और कम्युनिज़्म की ओर एक साथ आकर्षित होना बिल्कुल एक सहज परिणति है और दिलचस्प भी।...शमशेर जी के कम्युनिस्ट संस्कारों से उनके काव्य संबंधी इस धारणा को बल मिलता है। काव्य में वैयक्तिक अराजकता (प्रयोगशीलता?) को वे बर्दाश्त नहीं कर सकते। वे खोज से अधिक उपलब्धि को महत्त्व देते हैं-'बात बोलेगी हम नहीं'। कम्युनिज़्म के संस्कार की यह परिणति शमशेर को कई बेमानी शिथिल और बेकार प्रयोगशीलता से बचा लेती है। वह उन्हें एक ऐसा आधार प्रदान करती है जहाँ से वह कुछ ठोस सँजोने की

फिक्र कर सकें-मात्र आवेग में बह न जाने दें। अपने इस संस्कार को उन्होंने अपनी कलाचेतना पर, कला-दायित्व पर हावी नहीं होने दिया है, वरन् उस संस्कार का बेहतरीन इस्तेमाल करना सीखा है। किन्तु इस कम्युनिस्ट संस्कार ने उनके सामने एक सीमा भी खड़ी कर दी है जो हमेशा स्वस्थ हो कल्याणकर हो। आवश्यक नहीं कि कला की दृष्टि से वह हमेशा सार्थक ही हो। जिस उच्च स्तर की माँग शमशेर जी करते हैं वह उन कई सक्षम (और सार्थक) सम्भावनाओं, अनुभव-परिधियों को एक किनारे छोड़ देती है। जो छोटा है किन्तु सार्थक (Significant) है वह उनकी नज़र में चढ़ता ही नहीं। कभी-कभी उनका यह कम्युनिस्ट संस्कार (dogmatic) का-सा रुख अख्तियार कर लेता है। एक प्रकार की असहिष्णुता इससे जन्म लेती है जिसे वे अपना कला संबंधी 'उच्च स्तर' समझते हैं। कम्युनिज़्म विश्व विकास और विश्व प्राप्ति को केवल अपनी दृष्टि से देखना जानता है, दूसरों की दृष्टि उसके लिए न सिर्फ़ मिथ्या है, बोर्जुआ वर्ग का प्रपंच है वरन् असहनीय भी है। वह व्यक्तिगत आकांक्षा को, मन को, दृष्टिकोण को प्रश्रय देना नहीं चाहता-क्योंकि इसमें उसका क्षण है, वह समूहगत आचार पर निर्भर करता है। और अपनी दृष्टि में उसका नज़रिया सही भी है-अस्तित्व रक्षा के लिए इस प्रकार अपनाया गया कोई भी नज़रिया सही हो सकता है।

शमशेर जी का यह कम्युनिस्ट संस्कार अन्दरख़ाने उन्हें बहुत-सी चीज़ों को exclude कर देने के लिए विवश कर देता है। उनके और अ-कम्युनिस्टिक संस्कारों की वजह से वे कभी Grudging Recognition उन बहुत-सी चीज़ों को देते हों तो देते हों किन्तु उन्हें इसका पछतावा भी होता रहता है।

काव्य के क्षेत्र में उनका अनुशासन, शिल्प पक्ष पर आग्रह आदि इस संस्कारगत 'असहिष्णुता' का ही पॉज़िटिव रूपान्तरण है, कम से कम मुझे ऐसा ही लगता है।

२४ जुलाई, ६३

'खण्डित आइडियलिज़्म' ('लहर' का कवितांक-६१)=प्लैटोनिक लव। अन्तर्विरोधों की ज़मीन पर खड़े हुए कवि शमशेर। सुर्रियलिज़्म और बीटनिक्स। उर्दू की नफ़ासत और अंग्रेज़ी काव्य का रेहर्ट्रिक। कम्युनिज़्म का प्रभाव जो बुद्धि को उसके भीतरी चिन्तन-खोल से निकालकर बाहर के externals को देखने को बाध्य करता है-एक रोबस्ट कर्मयुक्त दृष्टि की माँग। प्लैटोनिक लव और सेंसुअल नेचर (बकौल खुद शमशेर) शमशेर का 'जीवन-दर्शन' (यदि वह कोई है या उसकी कोई भी चेष्टा है) तो वह ढुलमुलपने का दर्शन है जिसमें मानव-कल्याण का शोर भर है। राजनीतिक दृष्टिकोण और राजनीतिक विचार शमशेर के-बचकाने, अनस्थिर और

अन्तर्विरोधात्मक। उनकी उपलब्धि केवल उनका सौन्दर्य पक्ष है। काव्य की सूक्ष्म प्रक्रियाओं का उनका ज्ञान-छन्द, संगीत, लय, अर्थ छवियों की परख-उनकी अद्‌भुत है।

६ अगस्त, ६३

आज के वास्तविक जीवन को (यानी उस जीवन को जो 'अतीत' और 'भविष्य' से आक्रान्त नहीं है) जीने की प्रक्रिया जिसे लोग 'मॉडर्निटी' कहते हैं उसका साहित्य-कला में प्रतिबिम्ब पाकर कुछ 'उदार' किस्म के लेखक-चिन्तक यह सोचते हैं कि उसे अध्ययन से समझा जा सकता है।

अपने तरह से शमशेर जी ने यह बात यों रक्खी :

१. 'मॉडर्निटी' को समझना आसान नहीं। २. इसे समझने के लिए बहुत अध्ययन की आवश्यकता है।

इतना कह लेने के बाद बात ख़त्म हो जाती है।

इससे क्या निष्कर्ष निकलता है?

१. 'मॉडर्निटी' को लोग प्राध्यापकी दृष्टि से समझने के दृष्टिकोण के शिकार हैं।

२. 'मॉडर्निटी यानी आज के वास्तविक जीवन को संवेदना के स्तर पर जीने की capacity उनमें नहीं रह गई-क्योंकि 'मॉडर्निटी' को एकमात्र संवेदना के स्तर पर उससे सम्पृक्त हुए बिना 'समझना' असम्भव है-तभी तो वे उसके 'अध्ययन' की बात करते हैं। 'जीने' की संसक्ति और 'अध्ययन' की तटस्थता एक साथ सम्भव है?

सच्चे काव्य-तत्त्व का आज इस कदर ह्रास हो गया है कि कविता में कभी-कभी उन चीज़ों की उपस्थिति पाकर उसे प्रशंसा का भाजन बना लिया जाता है जो उसमें अनिवार्यतः तो होनी ही चाहिए-जैसे अनुभूतियों की सच्चाई। कविता अपने अनुभूति-पक्ष द्वारा किन मूल्यों की खोज कर रही है (यह खोज कविता में व्याप्त होने की तड़प से व्यक्त होती है, किसी overstatement से यहाँ अभिप्राय नहीं) इस बात की तरफ़ न कवि और न काव्य-पाठक का ही ध्यान जाता है। इस स्थिति से एक ऐसा मलबा खड़ा हो गया है कि सच्ची कविता के लिए कोई वातावरण ही नहीं-न उसके सृजन का, न उसे स्वीकार करने का। काव्य-रुचि के नाम पर एक False taste का बोलबाला है।

प्रयाग
२१ जून, ६४

'विवेचना' की गोष्ठी के बाद लौटते वक़्त शमशेर जी के साथ। बात गोष्ठी की चर्चा से शुरू हुई- (बीच में सेठजी भी साइकिल से उतर कर साथ हो लिए-और रामबाग के चौराहे पर पहुँचकर शमशेर जी के काव्य व्यक्तित्व पर टिक गई। शमशेर जी अपने विषय में - अपनी अनुभूति की बनावट, समस्याएँ, आकांक्षाएँ और प्रयोगों के बारे में-बहुत ही इन्टीमेंट तरीके से बताने लगे जो उनके कथनानुसार साही के लेख में नहीं आ पाई थीं, या थीं भी तो बहुत अधूरे रूप में। शमशेर जी की बातें उन्हें समझने के लिए बहुत उद्घाटनकारी रहीं-ऐसा बहुत कम होता है, अक्सर उनकी बातें मन के पूर्वग्रहों को ही उभारतीं, उजागर करने को विवश हो जातीं। पर आज जिस वोकेटिव ढंग से उन्होंने अपनी बुनियादी काव्य-मनोरचना का विश्लेषण किया वह काफी दृष्टि देनेवाला था। अपने काव्य-व्यक्तित्व के प्रति शमशेर जी जितने भयानक रूप से निर्मम हैं-कभी-कभी क्रूरता की हद तक-वैसे शायद ही कोई कवि होगा, अज्ञेय भी बहुत कुछ अपना डिफेन्ड कर जाते हैं। या उस पर अपने अहं की चादर डाल देते हैं।

शमशेर जी ने यह स्वीकार किया कि वे विशुद्ध सौन्दर्य यानी सौन्दर्य के अमूर्त पक्ष के कवि हैं। किसी व्यक्ति का चेहरा यदि उन्हें सुन्दर लगता है तो इसका संबंध उस व्यक्ति से नहीं होता, वरन् उस चेहरे से फूटकर जो उनके सृजनात्मक अहं को प्रतिबिम्बित करता है उसके कारण सुन्दर होता है। यह सौन्दर्य उनका अपना अलग रचा हुआ सौन्दर्य है। अब अगर मान लीजिए किसी के इस 'प्रकार' के सौन्दर्य पर वे लुब्ध हुए तो यह पूरी सम्भावना है कि वह व्यक्ति यह कभी भी नहीं समझ पाएगा कि वह कवि को क्यों सुन्दर दिखा, या जो कुछ भी समझेगा वह बिल्कुल दूसरा, ग़लत होगा। और मान लीजिए उसने उस ग़लत समझ के आधार पर कवि की ओर बढ़ना चाहा-यानी अपने व्यक्तित्व को कवि के व्यक्तित्व से जोड़ना चाहा, एक संबंध स्थापित करना चाहा-तो यह स्थिति कवि में एक उलझन, एक भीरुता, एक पलायन पैदा करेगी। क्योंकि यदि वह बहुत अधिक 'परसू' किया गया तो उसे उस सुन्दर चेहरे से एक व्यक्तिगत संबंध काव्य-लोक की सृजनात्मक कल्पना से भिन्न-स्थापित करना होगा, सौन्दर्य के अमूर्त लोक से भौतिक सामाजिक वास्तविक लोक में आना होगा। उस संबंध के स्थापित होते ही उस पर एक प्रकार की जिम्मेदारी आ जाएगी और यह जिम्मेदारी कवि में उलझाव पैदा करती है, वह अपना आत्मविश्वास खोने लगता है, वह इसलिए वहाँ से भाग खड़ा होना चाहता-शायद अपने उसी सौन्दर्य के अमूर्त लोक में जहाँ व्यक्ति-संबंध निरपेक्ष होने की स्थिति में वह अपने को अधिक मुक्त

स्वतन्त्र अनुभव करता है और जो उसे एकमात्र वास्तविक लोक लगता है।

पर बौद्धिक रूप से इस स्थिति को कवि स्वीकार नहीं कर पाता। वह सोचता है कि यह ठीक नहीं है, उसे समाज से जुड़ना ही चाहिए, उसे जिम्मेदारी लेनी ही चाहिए। अतः वह कम्युनिज़्म की ओर बढ़ता है। कम्युनिज़्म उसे वह देता है जो उसके पास नहीं है। पर वह बहुत कुछ उसका आदर्श बनकर ही रह जाता है क्योंकि अपनी कविता में वह उसे कभी उपलब्ध नहीं कर पाता।

बहुत बार शमशेर जी ने अपनी कविताएँ नष्ट कर दीं। इसका कारण यही था कि वे अपने आदर्शवादी काल्पनिक सौन्दर्यलोक को अपर्याप्त समझते थे। (एक बार जबकि वे 'किसी' के गहरे प्रेम में मुब्तिला थे एक फिल्म देखकर उन्हें लगा था कि सब कुछ व्यर्थ है, अर्थहीन है)। उन्हें ऐसी चीज़ की तलाश थी जो उन्हें भीड़ में ले जाए, सामाजिक कार्यशीलता में ले जाए। वह चीज़ उनके लिए कम्युनिज़्म थी। उसको भी उन्होंने एक आदर्शीकृत रूप में लिया–क्योंकि वे मूलतः कवि हैं, राजनीतिज्ञ नहीं–और चूँकि यथार्थ का पार्टीवाला कम्युनिज़्म उनके उस आदर्शीकृत कम्युनिज़्म से भिन्न था इसलिए वे पार्टी से अलग हो गए।

पार्टी का वे इतना उपकार मानते हैं कि उसने उन्हें सामयिकता की ओर उन्मुख किया, उनके काल्पनिक और एक तरह से रुग्ण वैयक्तिक सौन्दर्य-कल्पना लोक से हटाकर अधिक ठोस भूमि पर प्रतिष्ठित किया। पर पार्टी अपने इस लक्ष्य में पूरी तरह सफल नहीं हुई इसलिए वह एक घाव की तरह उनकी आत्मा पर अब भी छाई हुई है। इसे शमशेर जी नहीं जानते, या शायद जानते हों।

२ सितम्बर, ६४

और शमशेर जी?

पूछा, तबियत तो लग गई होगी आपकी यहाँ?

–वही असंग थकी ऊबी हुई-सी मुद्रा। वही खलिश। एक बेचैन छटपटाहट जो थकान में बदल रही हो आहिस्ते आहिस्ते। दिल्ली से उन्हें ऊब होती है, क्योंकि दिल्ली जो सुविधाएँ एक लेखक को देती है उसका वे उपयोग नहीं कर पाते। क्यों? एनर्जी चाहिए उस उपयोग के लिए। काम होना चाहिए, और काम के लिए एनर्जी चाहिए...

वही व्यस्तता के बीच फुर्सत और फुर्सत में व्यस्तता का भाव उनके व्यवहार में। हर समय कोई निर्णय लेने की तनाव भरी मनःस्थिति में, निर्णय लेने की तैयारी में अपने को कसते तौलते हुए, ठिठकते चौंकते हुए, और सोचते हुए शमशेर जी।

दिल्ली : ७ सितम्बर, ६४

शमशेर जी वाला मुक्तिबोध पर लेख पढ़ा। जल्दी और बदहवासी में लिखा हुआ लगता है, जमकर लिखा हुआ नहीं। शमशेर जी अपने 'अतिप्रिय' कवियों के प्रति अपनी मुग्ध प्रशंसा का भाव गम्भीर आलोचना करते समय ज़रा दूर रख दिया करें तो बहुत अच्छा। उनकी काव्य की इंसटिंक्ट बहुत सच्ची होती है–with all his limitations–पर उसे वे इम्प्रेशन्स में ही व्यक्त कर पाते हैं, यही उनके आलोचनात्मक लेखन की सीमा है। इम्प्रेशन्स के बाहर उनके विचार प्रायः जमते नहीं। कन्विन्सिंग नहीं लगते।

४ दिसम्बर, ६४

भाषा

बाहर के औद्योगिक 'शोर'–अन–एकांत–में 'लय' 'संगीत' – भीतर के एकांत में सुन पड़नेवाला मर्म–स्पन्दन–खो गया है। भौतिकवादी शक्तियों के खिलवाड़ से संगीत की सहज लयधर्मी वृत्तियाँ निभृत एकांत की भूमि न पाकर विनष्ट हो गईं–होती जा रही हैं। भाषा के रचाव में, उसकी गठन में यह सहज लयधर्मी तत्त्व लोप हो गया है, यह व्यक्ति में निष्ठाबद्ध सम्पृक्ति उसे रस से सिक्त करने की निष्ठा–की कमी का परिणाम है। अज्ञेय की सर्जनात्मक भाषा में व्यक्ति के प्रति वह रससिक्त निष्ठा है, वह निभृत एकांत है जहाँ 'असाध्य वीणा' बजती रहती है अपने उसी सहज लय–ताल में। अज्ञेय बाहर के उस औद्योगिक शोर से न तो आतंकित हुए हैं न विचलित न अपनी सहज निष्ठा से स्खलित। इसीलिए उनकी भाषा में एक व्यक्तित्व की छाप है और वह छाप उस व्यक्तित्व की पूरी गरिमा और वैभव का प्रभावशाली अंकन प्रस्तुत करती है। उस व्यक्तित्व में ऐसी कोई दरार, छिद्र नहीं है कि बाहर का शोर घुस जाए–सब कुछ लेखक की मर्जी से छनकर सुथरकर आता है : (अज्ञेय की भाषा और शमशेर की) उनके व्यक्तित्व से कंडीशंड है, आच्छादित है। इसीलिए अज्ञेय और शमशेर सर्जनात्मक भाषा के विकास के उस दौर में आते हैं जहाँ भाषा व्यक्ति की विशिष्टता का निर्देश करने के साथ–साथ उस सीमा का भी निर्देश करती है जहाँ भाषा का रूप परिष्कृति का एक ऐसा रूप अख्तियार कर लेता है जिसमें अर्थ का नया आयाम झलकाने वाली लचक नहीं रह जाती, वह अलंकृति बन जाती है। अज्ञेय की इधर की कविताओं में भाषा की परिष्कृति का वही रूप मिलता है।

इधर कुछ वर्षों से सर्जनात्मक भाषा में हिंदीतर-विशेषकर अंग्रेजी शब्दों के प्रयोग की जो प्रवृत्ति आई है वह भी उस 'शोर' के ही पहलू को व्यक्त करती है, 'लयहीनता' की स्थिति को जो कि अराजकता की सीमा तक पहुँच गई है An state of discared-internal discord-अन्तःसंघर्ष की तीव्रता से आज के सन्दर्भ में सर्जनात्मक भाषा का ऊबड़-खाबड़, केन्द्रच्युत (कभी-कभी bathos के स्तर तक) हो जाना आश्चर्यजनक नहीं; उसका कोई अपना व्यक्तित्व नहीं बन पाया है। उसका यह अव्यवस्थित रूप अन्तर की किसी छटपटाहट को ही व्यक्त करता है। उस छटपटाहट को 'क्या' और 'कैसे' विवेचित विश्लेषित करना ही इस लेख का लक्ष्य है।

जो जितना ही ज़्यादा 'आत्मस्थ' (कर्म की सम्पृक्ति से रहित-रघुवीर सहाय इसे राजनीतिक चेतना का न होना के रूप में देखते हैं)-होगा वह उतना ही आत्म प्रवाह युक्त रचना-शैलियों का आश्रय लेगा। वह बिम्ब-प्रतीक की ओर उतना ही झुकेगा। मुक्तिबोध का अध्ययन इस सन्दर्भ में। उन्हें अज्ञेय ने 'आत्मान्वेषण का कवि' कहा है, वह इस सन्दर्भ में सही। इसी से उनके काव्य में बिम्बों की शृंखलाएँ मिलती हैं। वे जीवन स्तर पर उपलब्ध अपनी सक्रियता (जो मानसिक ज़्यादा और क्रियात्मक कम है) को काव्य-स्तर पर बहुत आत्मस्थ होकर झेलते हैं। इसी से उनकी कविताएँ मानसिक उधेड़बुन की बिम्ब कविताएँ हैं। शमशेर को मुक्तिबोध की कविताओं में 'साथीपन' का अभाव मिलता है। 'साथीपन' के भाव को शमशेर के व्यक्तिगत कथन के रूप में देखें तो कुछ बातें और समझ में आती हैं। शमशेर का साथी मुक्तिबोध-काव्य-क्षेत्र में, काव्य-संवेदना के क्षेत्र में, काव्य-प्रक्रिया के क्षेत्र में, और अंत में काव्य-भाषा के क्षेत्र में। मुक्तिबोध की प्रक्रिया भी मुख्यतः मानसिक है। बाह्य जागतिक नहीं-चित्र वे बाहर के चाहे जितने ज़्यादा दें, उनकी काव्य-सम्पृक्ति बाहर के जगत्-व्यापार के माध्यम से भीतर के किसी सत्य के प्रति ही है, उसी की वे-अज्ञेय के आशय को लेकर कहें तो-खोज करते हैं। बाहर के रूपों में भीतर के सत्य को, आत्मा के सहचर को। शमशेर भी सूक्ष्म से सूक्ष्म की तरफ़ बढ़ते हैं, ठोस वस्तु से उसका सूक्ष्म आकार उन्हें आकर्षित करता है, वे भाव की अमूर्त सत्ता-वस्तु के भीतरी मर्म-की ओर बढ़ते हैं। उनकी और मुक्तिबोध की यात्रा एक ही है। यद्यपि उनकी यात्रा का देश-काल भिन्न है, उनका परिवेश और जगत्-व्यवहार अलग है। यात्रा की उस समानता को अजब नहीं कि शमशेर 'साथीपन' के रूप में पाते हैं। पर उनका मुक्तिबोध की तरफ़ इसलिए आकर्षित होना-अपील करना-कि मुक्तिबोध (शमशेर के शब्दों में) उनके बिल्कुल विपरीत चीज का कवि है-अब्स्ट्रेक्ट की जगह ठोस-क्या है? क्या यह अजब नहीं?

२७ फरवरी, ६६

शमशेर जी काव्य-कला या साहित्य की कोई भी बात, किसी सर्जनात्मक चिंतन-विश्लेषण के प्रसंग में, जब करने लगते हैं तब उनकी जबान पर जो पहला शब्द आता है वह प्राय: 'शिल्प' का होता है। वे अपनी ब़ात न तो 'अनुभूति' से शुरू करते हैं न 'यथार्थ' से। अपनी कविताओं अथवा रचना प्रक्रिया के बारे में भी चर्चा करते समय वे शिल्प से ही बात आरंभ करते हैं, बाद में भले ही अनुभूति और यथार्थ की बात आए। इसका मतलब यह नहीं है कि शमशेर जी 'अनुभूति' तथा 'यथार्थ' के पक्ष को दूसरा दर्जा प्रदान करते हैं या उसकी चर्चा को अप्रासंगिक...वरन् यह कि वे चर्चा को हमेशा एक आब्जेक्टिव धरातल से ही शुरू करना चाहते हैं, जबकि इस तरह की चर्चा, ख़ास कर साहित्य और कविता की चर्चा, आम तौर पर 'अनुभूति' से शुरू करने पर उस धरातल से फिसल जाने का ख़तरा रहता है। 'अनुभूति' अँधेरे में छिपा हुआ एक जख़्म है और उसकी चर्चा उस जख़्म को खोजने, उस पर ठीक उँगली रखने जैसा है, यानी यह बताना कि पीड़ा किस जगह पर 'महसूस' हो रही है। साहित्य-चर्चा में सब्जेक्टिव कोण से अनुभूति की चर्चा से मुझे यही लगता है कि चर्चाकार उस पीड़ा के अहसास को कन्फ़ेस कर रहा है। अब जबकि आप साहित्य-चर्चा की वस्तुपरक रैशनल पृष्ठभूमि में प्रतिष्ठित हों तब यह कन्फ़ेशन कहाँ तक वाजिब है? ऐसी पृष्ठभूमि में-'अनुभूति' की आत्यांतिकता की चर्चा कर क्या आप ख़ामख्वाह अपने प्रति लोगों की दया अर्जित करने की चेष्टा नहीं कर रहे होते हैं? या यदि इसका उल्टा लें तो क्या आप अपने को हास्यास्पद नहीं बना रहे होते हैं।

आज के साहित्य-चिंतन व रचना-कर्म को समझने-समझाने में 'शिल्प' से आरंभ करना कहाँ तक सहायक या असहायक है। इस बात को परे कर दें तो देखेंगे कि शमशेर जी का शिल्प जैसे अपेक्षाकृत वस्तुपरक पक्ष से काव्य को देखने-दिखाने के पीछे अपने भीतरी जख़्म को उघाड़कर दूसरों की ख़ामख्वाह दया अर्जित करने की भावना का विरोध ही है। या कहें कि ऐसा उनके कविगत आत्म-स्वाभिमान के कारण है। उनका अटूट विश्वास है 'बात बोलेगी, हम नहीं'।

२४ नवंबर, ६६

श्री क की जगह काकूलकर कहूँगा।

कुछ निष्कर्ष :

ज्ञान, चाहे वह 'भीतर' का हो या 'बाहर' का, एक व्यक्तित्व को असहाय,

रिक्त, खोखला बनाता है।

अब थीसिस यों है

मैं काकूलकर जी से लगाव महसूस करता था, उनमें एक प्रकार की आस्था भी थी। उनका स्मरण करने से मन में भावनाएँ एक सुखद बोध के साथ उनकी दिशा में बढ़ने लगती थीं और इससे मानव-संबंध की जो गर्माई मिलती थी वह मुझे संपन्न बनाती थी।

मान लीजिए यही स्थिति शमशेर जी की भी है।

समय बदलने के बाद मुझे ऐसा महसूस होने लगा कि काकूलकर जी वे नहीं रहे जो पहले लगे थे और उनके चारों ओर मेरी भावनाओं की बुनावट केवल मेरा ही करतब था जिसे करने में मुझे मानसिक आनंद और तृप्ति तथा संपन्नता का बोध होता था। काकूलकर जी में इस परिवर्तन का बोध मेरा ज्ञान है, और मैं बौद्धिक रूप से ईमानदार होने के नाते इस कटु ज्ञान को भावनाओं की वेदी पर न्योछावर नहीं कर सकता। चाहे इसमें मुझे कितना ही क्लेश हो। मैं जैसे इस ज्ञान के आगे विवश हूँ।

शमशेर जी इस स्थिति में नहीं हैं। वे भावनाओं के जिस स्तर पर काकूलकर से जुड़े हुए हैं वह संबंध पुख्ता है, स्थिर है। यहीं से उनके व्यक्तित्व को शक्ति मिलती है, वे निराश्रय नहीं हैं, आधारहीन नहीं हैं। उनके सामने भावनाओं के उस दृढ़ संबंध के आगे कुछ भी श्रेष्ठतर नहीं है, यह तथ्य उनकी अनुभूति बन चुका है, उनके अनुभूति-तंत्र की अविच्छिन्न शिरा बन चुका है। वे किसी बदलाव की कल्पना नहीं कर सकते। यदि करते भी हों तो उस पर अधिक देर तक मानसिक सक्रियता के बिंदु पर टिके रहना पसंद नहीं करते। इसी से उनके व्यक्तित्व में एक गरिमा है-एक स्थायित्व की गरिमा, एक स्तंभ की अकेली शान।

मेरा ज्ञान मुझे छेदता है। मैं बिखरा-बिखरा अनुभव करता हूँ। मेरे लिए भावनाएँ अर्द्ध-सत्य हैं और मेरा ज्ञान मुझे बताता है कि अर्द्ध-सत्यों से समझौता करके जीना कायरता है। मुझे किसी में आस्था नहीं, पर मैं यह भी जानता हूँ कि आस्थाहीन जीना एक अंतहीन त्रास में जीना है। मैं एक ऐसे बिंदु पर खड़ा हूँ जहाँ से गरिमापूर्ण व्यक्तित्व और खोखले व्यक्तित्व के आकार एक साथ गुज़र रहे हैं। एक की तरफ़ मैं चाह भरी दृष्टि से देख भर सकता हूँ, और दूसरी को अपने फेफड़े के भीतर सरकते हुए पाता हूँ। मैं जानता हूँ कि यह चुनाव मेरा अपना किया हुआ है पर इससे मुझे कोई शांति नहीं मिलती। मैंने अपनी जिम्मेदारी खुद ली है पर वह मुझे कहीं आगे नहीं ले जाती। विस्मृति के कुएँ में भी नहीं।

काकूलकर कोई व्यक्ति नहीं है। यह वह यथार्थ है जिससे हम जुड़ जाते हैं। काकूलकर के कई नाम हैं और कई शक्लें हैं। हम अपना अपना काकूलकर पा लेते

हैं। मुझमें और मुझ जैसों से भिन्न दूसरों में फ़र्क़ सिर्फ़ यह है कि काकूलकर को पाने के साथ उसे छोड़ देने की त्रासदायिनी स्वतंत्रता मुझे प्राप्त है जबकि दूसरे पाये हुए को छोड़ने की स्वतंत्रता नहीं जानते।

२८ नवंबर, ६६

माचवे जी के यहाँ एक अंतरंग काव्य-गोष्ठी में नागार्जुन जी ने कुछ राजनीतिक ढंग की कविताएँ सुनाईं। लोक गीत की शैली में, लोक-भाषा के पहरावे में। शमशेर जी ने अभिभूत होने की हद तक उन्हें पसंद किया। पसंद औरों ने भी किया, पर शमशेर जी की पसंदगी में सिफ़्तन कुछ और था जो दूसरों की पसंदगी में न था। शमशेर जी नागार्जुन के जन-कवि के रूप के और उनकी इस ढंग की कविताओं के बेहद क़ायल हैं और उन रचनाओं को वे काव्य की सिद्धि मानने को तैयार हैं। इसी से उनकी प्रशंसा करते नहीं अघाते।

पर मुझे लगता है वे नागार्जुन की कविता की उतनी सराहना नहीं करते जितनी उस जीवन-परिवेश की जो उन कविताओं का विषय है। मुझे लगता है वे उस परिवेश के आस्वादन में इतने डूब जाते हैं कि उसे ही कविता के लिए पर्याप्त मान बैठते हैं। उनकी दृष्टि में तब कविता ओझल हो जाती है। क्योंकि कविता को भूल कर ही वे उस जीवन-परिवेश से अपना मानसिक संबंध बनाए रख सकते हैं जिससे वे सक्रिय रूप से ख़ुद कभी नहीं जुड़े। जीवन परिवेश की तन्मय स्मृति के प्रवाह में कविता का भान उन्हें बाधा पहुँचा सकता है। क्योंकि वे भीतर कहीं महसूस करते हैं कि कविता तो वे लिख सकते पर वैसा जीवन-सक्रिय सम्पृक्तमय परिवेश उनका अपना नहीं हो सकता। खुद अपनी कविता में जैसा धड़कता हुआ सक्रिय जीवन-बोध और यथार्थ का खुरदुरा साक्षात्कार लाने की वे केवल मानसिक कोशिश कर सकते हैं, पर कला-चेतना की भीतरी जंज़ीरों में बँधे होने के कारण उसे कोई संगठित आकार नहीं दे सकते। वे जिस चीज़ की कामना करते हैं-और दूसरों की महानता की कसौटी भी उसी चीज़ को बनाते हैं-उसका ख़ुद ही अपने लिए निषेध भी करते हैं। इस कशमकश से मुक्ति-इस कशमकश के दायित्व और उसके तनाव से मुक्ति के लिए वे नागार्जुन जैसे कवियों की, उस रंग की कविताओं की उन्मुक्त प्रशंसा करते हैं जिनके सामने सामान्य रूप से काव्य-कला की माँग रखना उनमें निहित जन-भावनाओं के ज्वार को देखते हुए एक प्रकार की अभद्रता लगती है-यदि काव्य-कला की माँग रखी भी जाए तो उससे माँग रखनेवाले को अपने भीतर एक कुंठा का ही अहसास होगा। इस अप्रिय स्थिति से बचने के लिए शमशेर जी ने अपने काव्य-संबंधी आग्रहों की दो आचरण-

संहिताएँ बना ली हैं। वे समझते हैं कि जिसे दूसरों पर लागू करके 'महान' का साक्षात्कार किया जाता है वह ज़रूरी नहीं कि ख़ुद पर भी लागू किया जाए और अपनी वाली आचरण-संहिता सिर्फ़ अपने लिए है और उसे सामने रखकर अपने को भला-बुरा भी कहने में उन्हें कोई एतराज़ नहीं। आख़िर तो वे अपने लिए हैं, दूसरों पर वे लागू नहीं, न वह दूसरी वाली आचरण-संहिता इससे झूठी पड़ती है।

२ अक्टूबर, ६७

शमशेर जी की आलोचना (यदि उसे आलोचना कहा जा सके) मनःस्थितियों का प्रकाशन होती है। कभी ये मनःस्थितियाँ भावों की होती हैं कभी विचारों की-प्रायः भावों की और कभी-कभी विचारों की नोक लिए भावों की।

९ दिसम्बर, ६७

शमशेर का जीवन जिस तरीके से अपने को व्यक्त करता है उसमें कम्युनिज़्म, उनके व्यक्तित्व का हाइली इमोशनल नेचर और कवि का इगो होता है। इससे किसी भी व्यक्तिगत स्थिति, घटना के प्रति उनकी प्रतिक्रिया इन तीनों चीज़ों में रंग कर ज़ाहिर होती है और आपस में इतनी उलझी हुई होती है कि यह कह सकना मुश्किल हो जाता है कि उनके किस आशय-विशेष के पीछे कम्युनिज़्म का प्रभाव है, किसके पीछे उनके भावुक नेचर का और किसके पीछे उनका इगो बोल रहा है। उनके कथनों को और प्रतिक्रियाओं को इसीलिए सामान्यीकृत करना इसलिए जोख़िम से ख़ाली नहीं। वे दरअसल, एक कॉम्पलेक्स कैरेक्टर हैं। चीजों के प्रति वस्तुवादी रुख अपनाना न सिर्फ़ उनके बूते की बात नहीं, वरन् वैसा करने में उन्हें अपनी पराजय दीखती है। वे कुछ-कुछ अस्वाभाविक अप्राकृतिक भी हैं। और तिस पर मज़ा यह है कि वे अपना लक्ष्य हमेशा एक क्लासिकी वस्तुवादिता ही मानते हैं-वह जो भावनाओं के गंदले प्रवाह से दूर निर्मम स्फटिक सचाई की तरह पारदर्शी और शाश्वत नियमों की तरह व्यक्ति-निरपेक्ष हो। पर इस लक्ष्य के प्रति वे मनसा वाचा कर्मणा के कितने अनुरूप और आस्थावान हैं इस बात का परीक्षण वे करना नहीं चाहते-या जानते हैं कि परीक्षण करने पर अपने अन्तर्विरोधों में वे और भी उलझ जाएँगे। और अन्तर्विरोधों के अस्तित्व को सजगता से महसूस करना और उसके अस्तित्व को स्वीकार करना उन्हें मात खाने जैसा लगता है, वह उनके 'काम्पलेक्स' चरित्र की उलझी गुत्थियों को सुलझाने की

दुस्साहसिक चेष्टा सा लगता है–और इस दुस्साहसिक चेष्टा को वे पसन्द नहीं करते। वरन् वे मानने लगे हैं कि अन्तर्विरोध कलाकार की शक्ति है।

अन्तर्विरोध तब उपजता है जब व्यक्ति कई स्तरों पर जीवन–स्थितियों के प्रति सजग होता है–जैसे उसका व्यक्तित्व एक साथ कई मुहिमों पर 'उपस्थित' रह कर जीवन के दबावों को महसूस करता है।

इस बात में तो उसकी शक्ति है कि वह किसी एक धारा के साथ किसी एक ओर नहीं बह जाता। इस शक्ति के पीछे किन्तु इस अहसास की पीली छाया है कि एक ओर बह जाना दूसरी बहुत–सी चीज़ों को नकारना है, और इस अहसास से 'एक ओर न बह जाना' एक सकारात्मक स्थिति से उद्भूत शक्ति के बजाय एक ऋणात्मक मजबूरी की शक्ति बन जाती है। क्योंकि इस मजबूरी के रहते ही वह किसी धारा को स्वीकार नहीं कर पाता–कभी चाह कर भी नहीं कर पाता। शमशेर कम्युनिज़्म को सिद्धान्ततः स्वीकार कर भी उसके साथ नहीं बह पाते। दूसरी ओर आज की निषेधात्मक हवा को भी स्वीकार नहीं कर पाते और सिर पर कफ़न बाँधकर निकल पड़ने के बजाय डूबे जहाजों के शेष मस्तूलों की क्षीण रेखा ही उन्हें आश्वस्त करती–सी लगती है।

उनका अन्तर्विरोध उनकी शक्ति नहीं है।

वह आधुनिक मनुष्य की ट्रेजेडी है, पर इस ट्रेजेडी से सिर्फ़ दया उपजती है, आतंक नहीं।

अन्तर्विरोध के संसार में एक ख़ास तरह की कला ही उपज सकती है–ऐसी कला जो अन्ततः अपने को ही सन्तोष दे : एक संगीहीन अकेले मनुष्य को सन्तोष दे।

आज के इस आत्माहीन लोक में कला यदि यह सीमित सन्तोष भी दे सके तो आप कृतार्थ अनुभव करने के लिए स्वतन्त्र हैं और दृष्टि से अन्तर्विरोध को एक मूल्य मान सकने के लिए भी। अन्तर्विरोध शायद इस स्तर पर एक मूल्य बन भी जाता है। एक ऐसा मूल्य जिस पर कई मूल्य लुटाये जा सकते हैं। क्योंकि अंतर्विरोध मानव की एक ऐसी शक्ल पेश करते हैं जिसकी 'कमजोरियाँ' आज के 'कैलस' युग में आत्मीय और बेशकीमती लगती हैं, स्पृहणीय भी। एक बिल्कुल कसे–कसाये चुस्त–दुरुस्त ढाँचे की निर्ममता में एक कोई बेतरतीब और सब कुछ पूर्वनियोजित के प्रति उसमें छिपा एक विद्रोह, एक प्रोटेस्ट। और इसीलिए अन्तर्विरोध एक स्पृहणीय मानव–मूल्य है।

अन्तर्विरोध हमेशा एक बदलते हुए ज़माने का मुहावरा है। नई–नई ज़मीन उभर रही हो, पाँवों के नीचे रेत जमने न पा रही हो, दृश्य एक जैसे और स्थिर न हों, कुछ भी न टिक पाता हो, एक संशय और संशय का अनुताप वायुमण्डल को रंगे हो, एक गर्म भाप जो गर्म भी हो और गीली भी, सब कुछ चल रहा हो बस चलता जा रहा

हो। कोई पड़ाव या मंज़िल नहीं बस चलते रहने की क्रिया–अन्तर्विरोध के मूड को शायद मेरी स्थिति व्यक्त करती है। इसी से अन्तर्विरोध में एक जगह छूटने और दूसरी के आने के बीच का तनाव होता है और उसका अवसान एक दूसरे तनाव में होता है। जहाँ एक दृश्य समाप्त होता है वहाँ दूसरा दृश्य पहले से ही उगा हुआ होता है और कोई चीज़ बीच में 'स्नैप' नहीं होती, सिलसिला ज्यों का त्यों–एक टूट कर बनता हुआ सिलसिलाहीन सिलसिला। और इस तनाव में हमेशा कुछ टूटते जाने का अनुभव–ऐसे टूटते जाने का जिसमें जो वस्तु टूट रही हो वह टूटने की क्रिया से भी कभी ख़त्म ही न हो पा रही हो–जैसे वह टूटते रहने से ही और टूटने का उपजीव्य लुटाती जा रही हो।

शमशेर की कविता शायद इसीलिए 'बूढ़ी' नहीं मालूम देती–उसमें 'तनाव' है। उसकी रगें और मांसपेशियाँ तनाव से कसी हुई हैं।

और शायद इसीलिए अब वह ऊब पैदा करती है। निरन्तर तनाव ऊब में ही परिणत होता है।

और शायद इसीलिए वह कविता अब कोई तनाव नहीं पैदा कर पाती। उनकी कविता के आगामी सम्भावित पाठक के लिए भी नहीं।

क्यों?

क्योंकि श. का अन्तर्विरोध एक स्थापित वस्तु बन चुका है–उनके अन्तर्विरोध का हर रग–रेशा अति परिचित हो चुका है, उसमें अप्रत्याशितता नहीं रही–पीछे से आकर औचक आँख मूँदकर चौंका देने जैसी अप्रत्याशितता। हमें मालूम है कि उनकी अमुक–अमुक प्रतिक्रिया का कारण उनका अन्तर्विरोध है–हम अब उस प्रतिक्रिया में जाकर टटोलने और उसका उत्स खोज निकालने को प्रेरित नहीं होते। वह अन्तर्विरोध स्थापित हो चुका है–चित्र लिखित जैसे किसी की व्याकुल मुद्रा। उस मुद्रा को इत्मीनान से देखते–देखते आप किसी निष्कर्ष पर पहुँचने या न पहुँचने के लिए आज़ाद हैं यानी मानसिक फ़ुर्सत में हैं, ईज़ी चेयर में। लगता है कविता आपसे बड़ी हो गई है और आपको उसमें अपने को फिट करना पड़ेगा, उसकी माँगों के अनुसार अपने को काटना–छाँटना पड़ेगा। वह आपके आज के समकालिक प्रभावों से बने 'सम्पूर्ण मनुष्य' के व्यक्तित्व को स्वीकार नहीं करती–आप तक बढ़कर–उमड़कर नहीं आती और आपके सम्पूर्णत्व को चारों ओर से आच्छादित कर लेती। उस कविता के सम्मुख आप अपने को एक कशमकश–संघर्ष में पाते हैं, वह आपके अस्तित्व के मानो कमज़ोर स्थलों को एक्सप्लायट करना चाहती है, आपको अपने ही विरुद्ध भिड़ जाने के लिए विवश करती है, आपको 'कमज़ोर' बनाती है। आपको उसके विरुद्ध अपने निर्मम हथियारों के प्रयोग में शिथिल बनाती है। किसी जमाने में रचना मनुष्य से बड़ी मान ली जाती थी, आज मनुष्य 'रचना' को अपने से बड़ा मानने को तैयार नहीं क्योंकि

'रचना' उसकी रचना है। उससे वह किसी शर्त पर अपने को झुका कर समझौता नहीं कर सकता।

अतः उनका अन्तर्विरोध चाहे अर्थहीन न हो गया हो वह अप्रासंगिक हो गया है।

चित्र लिखित मुद्रा कोई तनाव नहीं पैदा करती–तनाव पैदा हो इसके लिए आपको वैसा सोचना पड़ेगा, उससे बरबस अपने को जोड़ना पड़ेगा, वरना स्वतः उसमें वह डाइनैमिज़्म नहीं कि वह आप पर आघात करके आपको विचलित कर दे। आपको अनचित्ते पकड़ ले और बेचैन कर दे।

इसीलिए श. की कविता को ज़रा ग़ौर से पढ़ना होगा। वह सीधे नहीं उतरेगी आपकी संवेदना में, आपको कुछ तैयारी करनी होगी। एक सीमा तक आपको अपने को दीक्षित करना होगा। उन प्रणालियों से वाक़िफ़ होना पड़ेगा जिन्हें शायद आप भूल चुके हैं या भूलते जा रहे हैं। यानी आपको कुछ रियायत देनी होगी, आप श. की कविता के निर्मम स्वार्थी पाठक नहीं हो सकते। आप उनकी कविता को एक दोस्त की कविता की तरह नहीं पढ़ सकते कि जिसे बिना लिहाज़ या दबदबे के पढ़ा जा सके और नापसन्द होने पर बिना ग्लानि या पश्चाताप के फेंक दिया जा सके। उसे पढ़ने के लिए आपको कुछ आदर का भाव लाना होगा क्योंकि आप एक वरिष्ठ कवि की कविता पढ़ रहे हैं, एक शिल्पसिद्ध और खरे कवि की कविता–जो और चाहे कुछ न हो कविता सोलहो आने है। अतः आप उसे नापसन्द करते हैं तो लगता है आप कहीं अपने को छोटा/खोटा स्वीकार करते हैं और चूँकि यह आपके इगो को मंजूर नहीं इसलिए आप श. की कविता से खीझते हैं, चिढ़ते हैं।

बस इतना ही तनाव श. की कविता पैदा कर पाती है–एक खीझ, एक चिढ़ का तनाव। एक संवादहीनता की अनिवार्य स्थिति के प्रति सिर पटकने की करुण खीझ का तनाव।

शायद इस संवादहीनता की स्थिति में ही अन्तर्विरोधी व्यक्तित्व की परिणति होती है। एक नितान्त निजी मुहावरा अपने पवित्र दर्प में तना हुआ। एक महान् आलीशान गुम्बद जिसमें सिर्फ़ एक व्यक्ति की आवाज़ गूँजती है। अपने व्यक्तित्व के वैभव में लिपटा हुआ एक सत्य जो सत्य सिर्फ़ इसलिए है कि वह अपना है दूसरे का नहीं। यदि वह किसी 'दूसरे' का है भी तो उस दूसरे का जो 'कल' था 'आज' नहीं है। उस सत्य के 'आज' में 'आज' सिर्फ़ उस व्यक्ति का है जो विगत 'कल' में रह चुका था, उस दूसरे व्यक्ति का 'आज' नहीं जो आनेवाले कल के आईने में अपने को देख रहा है। 'विगत के आज' और 'भविष्य के आज' में रिश्ता सिर्फ़ 'आज' का है जो एक शब्द है और चूँकि शब्दों के अर्थों का धीरे-धीरे ही कायाकल्प होता है इसीलिए उसका अर्थ अब भी समझ में आ जाता है, वह पूर्णतः अजनबी नहीं हो गया है–और

इसी कारण 'विगत के आज' और 'भविष्य के आज' के बीच 'आज' के संबंध का अर्थ अर्थान्तर-ग्रहण की श्लथ प्रक्रिया की मजबूरी के बल पर अब भी मिट नहीं गया है।

यह कितनी करुण लाचारी है! -इसीलिए तो हम श. की कविता में अब भी प्रतीक्षा करते हैं, कितनी व्यर्थ प्रतीक्षा करते हैं, अपने उस 'भविष्य के आज' की तस्वीर देखने के लिए। हाँ, इसी से उनके लेखन के प्रति हम विरक्त नहीं हो गए हैं, अब भी आशा किये जाते हैं। एक अन्तर्विरोध के कवि से आशा किये जाते हैं, उस थोड़ी-सी तनाव की चेतना-चिढ़ और खीझ के रूप में-जो उनकी कविताएँ इसमें पैदा करती हैं। उसके बल पर हम अब भी, हाँ अब भी आशा किये जाते हैं। संवादहीनता की दीवार को हम स्वीकार नहीं कर पाते और आशा किये जाते हैं। इस कैलस युग में अन्तर्विरोध की एक कमज़ोर, प्यारी, मानवीय, अनियंत्रित, बेतरतीब शक्ल के अहसास की मूल्यवान स्मृति में आशा किये जाते हैं।

अन्तर्विरोध के कवि की सबसे बड़ी शक्ति (और देन) यही है कि पाठक उससे पूर्णतः निराश नहीं होता। पाठक की अब निराशा नहीं है। निराशा में कुछ नहीं होता, जहाँ कुछ आशा न हो वहाँ उसके न होने पर कुछ नहीं होता। और यहाँ तो चिढ़ है और खीझ है। अन्तर्विरोध के कवि की यह कितनी बड़ी उपलब्धि है कि वह खीझ और चिढ़ को मानव-संवेदना का एक उच्च स्तर प्रदान कर देता है। (हममें) उस चिढ़ और खीझ के सामने भी, उसका होकर भी, आपकी यह हिम्मत नहीं होती कि आप कवि को छोटा या घटिया या मामूली या न कुछ समझें। वह एक ऐसे कांटे की चिलक है जो हल्की होते हुए भी स्पष्ट चिलक है और है। वह 'विगत का आज' है और उस 'आज' को आप भूले तो नहीं हैं वह अब भी फ़िलहाल अब भी आप में धड़क रहा है।

१३ फरवरी, ६८

शमशेर जी साहित्य चर्चा करने के लिए 'अच्छे' मूड में थे। कई बातों के दौरान रघुवीर सहाय, धूमिल और नामवर सिंह पर उनकी अति संक्षिप्त टिप्पणियाँ महत्त्वपूर्ण लगीं। मसलन यह कि रघुवीर सहाय आज के सामाजिक जीवन की दुखती हुई रग को नाटकीय बनाकर पेश करते हैं-उसे व्यक्त करने में वे उसकी नाटकीयता को एंज्वाय करते हैं। अपने 'कच्चे माल' से-और उनके पास औरों से कहीं अधिक यह 'कच्चा माल' है-इफेक्ट पैदा करने की उनकी कोशिश रहती है, इसीलिए उसका नाटक बनाते हैं।

धूमिल में भी उस समाज-जीवन की दुखती रग मिलती है। पर वह उसका नाटक नहीं बनाते, उसकी ट्रेजेडी व्यक्त करते हैं।

नामवर सिंह को भी उस समाज-जीवन के कच्चे माल की समझ अच्छी है, पर वे उसका उपयोग एक पेशेवर आलोचक या राजनीतिक नेता के तौर पर करते हैं, और इस रूप में उस कच्चे माल का इस्तेमाल कैसे किया जाता है इस फ़न को बखूबी जानते हैं-कहाँ-कहाँ ज़ोर देना है क्या छोड़ना है, यह उस फ़न के ही मातहत है।

नागार्जुन को भी इस व्यापक समाज-जीवन की अच्छी समझ और संवेदना है, पर वे अधिक समर्थ कलाकार नहीं हैं इससे उसका सर्जनात्मक उपयोग नहीं कर पाते। जिन चीज़ों में कर पाए हैं वे बेमिसाल हैं।

२८ फरवरी, ६८

श. से अभी थोड़ी देर पहले-बाथरूम के सामने-बातचीत करते हुए ऐसा लगा, मेरी बात के लहजे को पकड़ने की उनकी चेष्टा (मुद्रा) में-कि यदि अभी एक भी शब्द मेरे मुँह से ग़लत निकल गया तो जैसे अनर्थ हो जाएगा, यानी मेरे आशय का वे कुछ का कुछ समझ लेंगे। और उस वक़्त ग़लत समझने में वे मेरे उस क्षण के आशय को नहीं वरन् पूरे व्यक्तित्व को ही ग़लत समझ जाएँगे। यानी ग़लतफहमी की एक पूरी गुंजाइश उस वक़्त एक ग़लत शब्द पर टिकी हुई थी, जो घटित हो जाती। यदि मैं ज़रा भी असावधान होता। इस वक़्त मेरे मन में जो भावना है, जो एक स्थायी भाव, संस्कार या स्मृति श. के प्रति, वह दूर कहीं पीछे ओझल हो जाएगी। वे उस गहराई को उस वक़्त नहीं देखेंगे, महसूस करेंगे, जानेंगे। केवल सतह पर आन्दोलित एक शब्द मेरे उनके संबंध को स्वरूप प्रदान कर रहा है।

१८ मार्च, ६८

श. कल सुबह पटना-राँची से लौटे। थोड़े दुबले ज़रूर हो गए पर लगा कि वह यात्रा उनके लिए स्फूर्तिप्रद रही-या कम से कम जितने दिनों बाहर रहे उतने दिनों तो अवश्य ही स्फूर्तिप्रद रही।

पटना और फिर राँची के साहित्यिक बंधुओं की हार्दिकता उन्हें अच्छी लगी। राँची में कामिल बुल्के से मिले। पटना में और लोगों के अलावा 'रेणु' से। पटना की एक काव्य-गोष्ठी में उन्हें 'लाल धुआँ' नाम के कवि की रचनाएँ बड़ी अच्छी लगीं-

इतनी कि अपनी भावविभोर अदा में वे उन्हें 'महान कवि' (ग्रेट पोएट) तक मानने को तैयार हो गए।

उन्होंने बताया-वहाँ के लोग उनसे मिलने को उत्सुक थे। शायद बिहार में उनका पहली बार जाना हुआ था, कई लोगों ने उन्हें पहली बार देखा होगा। हार्दिकता का सहज कारण था।

कभी-कभी श. अपने बारे में, ख़ासकर अपने काव्य-अभ्यास और काव्य-रुचि, काव्यादर्श आदि के बारे में जब बताने लगते हैं-और ऐसा करने में अक्सर वे भूल जाते हैं कि उनमें से कई प्रसंग वे पहले भी अनेक बार बता चुके हैं-तो लगता है कि क्या श. इस बात की अपेक्षा मुझसे कर रहे हैं कि मैं इन तथ्यों को उनके मूल्यांकन की सामग्री के रूप में प्रस्तुत करूँगा चाहे अपने सामने या आगे आनेवाले अध्येता के सामने। श. की बातचीत के ढंग में उनकी रौ के बीच भी उनकी भाव-मुद्रा में कहीं एक सजगता की लकीर महसूस होने लगती है। तब मुझे सहसा यह अहसास होने लगता है कि सचमुच मैं अपने एक महत्त्वपूर्ण दायित्व से चूक रहा हूँ। पर प्रायः मुझे यही लगता रहा है कि काव्य के प्रति उनकी अनुरक्ति इस हद तक गहरी है कि अपने काव्य-अभ्यास, काव्यादर्श आदि की बात-अपने शुरू के कवि-जीवन के संस्मरण के प्रसंग में-वे बेलौस ढंग से किसी भीतरी विवशता के कारण कर रहे हैं। जैसे उस चर्चा से काव्य के प्रति अपनी अनुरक्ति को वे तुष्टि प्रदान कर रहे हों, उसके आनन्द में डूब रहे हों। काव्य की चर्चा इसलिए कर रहे हैं कि ऐसे किये बग़ैर उनसे रहा नहीं जा रहा है। साथ ही अपने प्रिय विषय पर बातचीत करते रहने में एक प्रकार का नॉस्टेल्जिया का सुख भी है।

२५ मार्च, ६८

श. में शुरू से ही-काव्य-जीवन के आरम्भ से ही-अपने प्रति एक हीनता ग्रंथि की भावना थी। हिंदीवालों के बीच वे अपने को अजनबी पाते थे, क्योंकि उनकी शिक्षा उर्दू में हुई थी और हिंदी का साहित्यिक-भाषा संस्कार उन्हें नहीं मिला था। हीनता ग्रंथि का दूसरा कारण पार्टी में उनकी हैसियत कवि (जिस तरह की कविता में लिखते थे) कोई ख़ास पूछ न थी, उनके कामरेड, प्रगतिवादी आलोचक वगैरह उनकी प्रयोगवादी कविताओं का मज़ाक़ उड़ाते थे। और अपने स्वभाव एकाकीपन, काव्य-संस्कार और रुचि के कारण श. प्रयोगवादी चीज़ें ही लिखने को बाध्य थे। हालाँकि उनकी बराबर चेष्टा इस प्रयोगवाद (अतिशय व्यक्तिवादी मानसिक रुझान) से उबरकर मार्क्सवाद प्रेरित कठोर जमीन का यथार्थ पकड़ने की रही। वे अपने भीतर के

'प्रयोगवादी' तत्त्वों से संघर्ष करते और इसीलिए पार्टी के अनुशासन को आदर्श मानते। उनकी बराबर चेष्टा रही कि मार्क्सवादी जीवन-दर्शन से प्रेरित काव्य-रचना करें-वे चीज़ें उन्हें अब भी अच्छी लगती हैं। उन्हें सबसे अधिक खुशी तब हुई थी जब उनकी एक कविता 'जनयुग' के १९४७ के स्वतन्त्रता दिवस विशेषांक के मुख-पृष्ठ पर छपी थी, ऐसी खुशी उन्हें कविता के प्रकाशन को लेकर कभी नहीं हुई।...पर विडम्बना यह रही कि उनके न चाहते हुए भी उनका प्रतिनिधित्व करनेवाली कविताएँ उनकी वे 'प्रयोगवादी' कविताएँ ही बनीं और उनकी पार्टी सर्किल के बाहर व्यापक सम्मान उन्हीं चीज़ों को मिला।

हाँ, तो उस हीनता ग्रंथि के कारण श. काव्य-अभ्यास और काव्य-रचना, बल्कि समूचे लेखन में ही, अत्यन्त श्रम करते। कविता को पूरी तरह समर्पित कर देने और उसी के माध्यम से कुछ पाने की प्रवृत्ति उनमें एक ओर बाहर से अपने को कटा हुआ अनुभव करने, अपने को अकेला अनुभव करने के कारण उत्पन्न हुई तो दूसरी ओर साथी कामरेडों की कविता संबंधी स्थूल समझ के कारण।

श. के अकेलेपन के पीछे उनका अत्यन्त संकोची और भावुक स्वभाव ही था। वे दूसरों के साथ घुल-मिल नहीं पाते थे। अन्तर्मुखी स्वभाव था। जाट-स्वभाव का सीधा-सादा निश्छलपन उनमें था।

पटना-रांची से लौटने के बाद और भी-अब श. को यह महसूस होने लगा कि उनका वह एकांत समर्पण और घनघोर श्रम और लगन उनके महत्त्व को लोगों के सामने धीरे-धीरे उजागर कर रहा है। लोग उनकी साधना की कद्र करने लगे हैं।

कुछ जमकर लिखने के नाम पर श. के सामने पहले एक मेज़ आती है, करीने से लगी साफ़-सुथरी व्यवस्थित मेज़ जिसके आगे वे अपने लिखने का 'दफ़्तर' खोल सकें। मेज़-कुर्सी और दफ़्तर का व्यवस्थित माहौल, शान्ति और एकांत, ज़रूरत की दो-चार चीज़ें नज़दीक सुलभ और इन सबको बाहर के लिए बंद और अभेद्य कर देनेवाला एक दरवाज़ा जिसे सिर्फ़ भीतर से ही खोला-बंद किया जा सके।

२ अप्रैल, ६८

बात महेश योगी के 'ध्यान योग' से शुरू हुई थी। श. महेश योगी को डिफेन्ड कर रहे थे और रमेश गौड़ उसका विरोध। दोनों ही सीरियस टोन में। मार्क्सवाद का हवाला दोनों ही दे रहे थे। श. प्रगतिवादी आन्दोलन की एक कमी यह बता रहे थे कि उसने हिन्दुस्तान की 'धर्म के पंक' में डूबी जनता को पंक से उबारने में मानवीय एप्रोच का परिचय न देकर बड़ा क्रूर और गैर टिकाऊ एप्रोच का परिचय दिया। फलस्वरूप

वह जनमानस के तल का स्पर्श न कर सका और अंततः जनमानस की भाव धारा से कट गया। धर्म की अपनी कवि-व्याख्या करते हुए श. ने बताया कि धर्म जनमानस की भावनात्मक आवश्यकताओं की कुछ प्रतिभाओं, लोकोत्तर चीज़ों, मिथकों आदि में मूर्त रूप देता है जो बाद में रूढ़ि बन जाते हैं, रिचुअल बन जाते हैं। प्रगतिवाद ने इस रूढ़ि को तोड़ना चाहा यह तो अच्छा किया, पर धर्म के साथ-साथ धर्म को चाहे उसके रूढ़िगत अर्थ में ही अपनानेवाली जनता को भी त्याग दिया। इस अर्थ में कि धर्म के वास्तविक स्वस्थ अर्थों को नए युगीन स्तर पर मोड़ देने के बजाय वह धर्म के नाम से ही घृणा करने लगा, उसे बोर्जुआ प्रवृत्ति समझने लगा। श. की दृष्टि में जनवादी मार्क्सवादी चिन्तन की यह बहुत बड़ी भूल थी कि जनवाद में विश्वास करते हुए भी वह जनता की मुख्य धमनी से कट गया। श. की कामना उनके अपनी मार्क्सवादी दृष्टि के अनुसार यह रही होगी कि कम्युनिस्ट रूढ़ियों को तो तोड़ते पर धर्म को जनता के भावनात्मक लगाव की वस्तु समझकर उसकी अवहेलना न करते वरन् उस भावनात्मक लगाव को नए प्रतीक, नए मिथक और प्रतिभाएँ देते। श. राम, सीता, आदि जनमानस में पैठे चरित्रों का इस विचार के प्रकाश में ही नया अर्थ देने के पक्ष में हैं, उनके परंपरागत रूढ़िगत अर्थ में उनकी दिलचस्पी नहीं।

खैर, रमेश गौड़ को न कन्विंस होना था न श. कर सके। श. बहस के कुछ मुद्दों पर जिस वैचारिक सूक्ष्मता के साथ चलना और रमेश गौड़ को भी चलने को आमंत्रित करना चाह रहे थे वह सफल नहीं रहा : रमेश गौड़ उस सूक्ष्मता को समझने और तद्वत निर्णय करने के लिए कोई दरवाज़ा अपने दिमाग़ में खोलने को राज़ी न थे, शायद दिमाग़ी तौर पर तैयार भी न थे। सो श. की चलाई बहस की सर्किट बीच-बीच में कट जाती थी।

पर महेश योगी के मामले में मैं रमेश गौड़ के साथ था, उन्हें समर्थन भी दे रहा था। इससे श. को यह आभास हुआ होगा कि इन दोनों की विचारधारा में नई पीढ़ी, नए खून, नए युग की आवाज़ है, जो महेश योगी जैसे मानसिक शान्ति की दुकान खुली है, आओ पैसा खर्च करो ले जाओ, का नारा लगानेवालों के प्रति-जो युग की जटिलताओं का सरलीकृत समाधान लेकर युग-चिन्तक को गुमराह और भटकाना चाहते हैं-शंका और कड़वेपन तथा विद्रोह का भाव रखते हैं। विशेषकर रमेश गौड़ की दो टूक शैली में कही गई बातों का-जिनमें उनके तेवर ज़्यादा मजबूत दिखते थे, चिन्तन की नोकें कम-अवश्य ही प्रभाव पड़ा होगा श. पर। रमेश गौड़ की तेज़ी और अ-गंभीर गम्भीरता का अन्दाज़ उन्हें भा गया होगा। अतः उन्होंने प्रस्ताव कर डाला कि श. के 'दोआब' के दूसरे संस्करण की भूमिका रमेश गौड़ लिखें जैसा भी उन्हें लगे दो टूक बिना किसी ममत्व के। श. ने कहा कि मैं इस पर गौरवान्वित अनुभव करूँगा। यह बात कुछ अतिरिक्त उत्साह में तो कही गई थी, पर शायद यह सचमुच श. उस

वक़्त अनुभव कर रहे थे, मन की तरंग में अनुभव कर रहे थे। शाम को श. ने स्वीकार किया। रमेश गौड़ से भूमिका लिखाने का विचार एक बहुत बड़ा जुआ था।

रमेश गौड़ से भूमिका लिखाने का विचार एक साहसिक विचार था और इस साहसिकता से ही श. आकर्षित हुए थे। यह साहसिकता इस बात में थी कि श. की पीढ़ी पर एक बिल्कुल युवा पीढ़ी के लेखक का–जो अपने तेज़–तर्रार तेवर का परिचय देकर मानो युवा–पीढ़ी में गर्म खून को प्रतिनिधित्व देता है–क्या ख़याल है, बिल्कुल दो टूक शैली में क्या ख़याल है।

पर सवाल यह है कि 'दोआब' के समीक्षात्मक निबंधों पर जो काफ़ी अरसा हुए और प्रायः ऐसे कवियों–लेखकों की रचनाओं के बारे में लिखे गए जो आज की युवा पीढ़ी के लिए न तो उतनी अहमियत रख सकते हैं न वह उनसे उतना मानसिक लगाव महसूस कर सकती है। रमेश गौड़ किस विचार भूमि से विचार करेंगे? श. के काव्य–व्यक्तित्व पर अपने चाहे किसी भी तरह के विचारों को अभिव्यक्त करना अपेक्षाकृत आसान काम है क्योंकि कवि के रूप में श. की इमेज बन चुकी है–उस इमेज को हृदय में धारण करने या उसे तोड़ने का काम आसान है। और यहाँ रमेश गौड़ को अपने दो टूकपन और युवा पीढ़ी के दृष्टिकोण का परिचय देने में ज़्यादा सहूलियत रहती। पर 'दोआब' के गद्य की एक दूसरी ही भूमि है जिस पर पैर रखने में रमेश गौड़ की युवा–दृष्टि को एक असमंजस का सामना करना पड़ सकता है और इसलिए उनकी युवा–दृष्टि का 'लाभ' श. को न मिल सकने की ही ज़्यादा गुंजाइश है।

शायद इस बात को महसूस कर ही श. ने जुए वाली बात कही।

अगर मैं यह कहूँ कि मैं दुखी हूँ तो किसी में व्यक्तिगत अनुभूति नहीं जागती।

५ मई, ६८

शमशेर जी साठ वर्ष के हो रहे हैं पर यह उनकी फ़ीलिंग, करीब–करीब जब से मेरा उनसे परिचय हुआ, रही है कि वे लोगों से अधिक परिचय बढ़ाकर उनके जीवन की जटिलताओं में फँसना नहीं चाहते। अपने को इन्वाल्व भी नहीं करना चाहते। क्योंकि दूसरों के जीवन और उसकी समस्याओं में लामुहाला इन्वाल्व होने में उनकी बहुत–सी नर्वस शक्ति लग जाती है, एक तनाव और उसकी थकान।

यह बात शमशेर जी ने मुझसे बहुत पहले इलाहाबाद में जब हम थे तब कही थी। आज भी कहते हैं। पर चाहते न चाहते हुए भी वे दूसरों के जीवन से इन्वाल्व हो ही जाते हैं। ताज़ा उदाहरण शिवचन्द्र शर्मा का परिवार है। उस दिन उन्होंने कहा था,

यह ज़िम्मेदारी किसी न किसी रूप में आएगी ही, इसीलिए मुझे वैसा ही प्रबन्ध भी करना होगा। -स्वर में एक तरह के फैटेलिज़्म की गूँज लगी।

उनका संकेत शर्मा जी की आर्थिक कठिन हालत के सन्दर्भ में उन्हें किसी न किसी रूप में सहायता प्रदान करने से था-चाहे वह इस रूप में ही हो कि वे उनकी लड़कियों के कपड़े बनवा दें, घर के लिए दूध आदि का ख़ुद के ख़र्चे से प्रबन्ध कर दें, डाक्टर का ख़र्च भी शेयर करें आदि।

यह न चाहते हुए भी मानव-स्थितियों में इन्वाल्व हो जाना (इसमें उनके स्वभाव का भोलापन ही कारण है) उनकी विवशता है। शर्मा जी की बातचीत जिसका दौर घंटों चलता है-मेरा बीच-बीच में बेहद बोर होते हुए भी कोई प्रतिवाद न कर पाना, बल्कि शर्मा जी की तनिक भी आलोचना दूसरे से सहन न कर पाना और उन्हें तुरन्त डिफ़ेन्ड करने लगना और ख़ामख़्वाह के लिए शर्माजी के 'पांडित्य' से आतंकित हो जाना और उसकी ख़ातिर कुछ भी करने की इच्छा रखना (जिसमें शर्मा जी के चरित्र में 'गुणों का आविष्कार' करने लगना भी शामिल है) यह सब जैसे उनके स्वभाव की नियति मालूम देती है।

इस नियति से ही एक बार जनाब नूरानी साहब लाभान्वित हो उठे थे।

तो बात इन्वाल्वमेंट की थी।

आज पैंतीस साल की उम्र में ही मैं भी शमशेर जी की तरह ही अनुभव करने लगा हूँ। जिधर देखता हूँ उधर उलझनें और जटिलताएँ। सभी हाथ लेने की मुद्रा में फैले हुए। स्थितियों के सीधे साक्षात्कार में-उस साक्षात्कार के क्षण में पहुँचकर-इच्छा होती है कि यहाँ से भाग चलो, यह तो सिर्फ़ लेने ही आया है कुछ देने नहीं।

उर्दू की हिमायत करते समय शमशेर जी ऐसा लगता है मानो हिंदी वालों ने उर्दू पर जो 'अत्याचार' किये उनके प्रति अपराधी महसूस कर रहे हों। (उनका प्रायश्चित्त कर रहे हों)। यही बात मुसलमानों का पक्ष लेते हुए भी। यदि झगड़ा हिन्दू और मुसलमानों में हो तो वे तरज़ीह हमेशा मुसलमानों को देंगे पक्ष लेने में। यानी वे एक अपराध-मनोवृत्ति से उपजी ग्लानि से हमेशा प्रताड़ित रह कर ही चीज़ों को देखते हैं। वे चीज़ों को सत्य-असत्य की वस्तुपरक कसौटी पर रखकर नहीं फैसला करेंगे कि हिन्दू ग़लत हैं या मुसलमान। दरअसल इस 'फैसला' करने की आवश्यकता को ही ग़लत मानते हैं। संकुचित दृष्टि का परिणाम जहाँ सही और ग़लत के निर्णय का सवाल हो-चाहे उर्दू हिंदी के मामले में, चाहे हिन्दू-मुसलमान के मामले में-वहाँ वे विचलित और पीड़ित महसूस करने लगते हैं।

अपनी उस 'गिल्टी' भावना के कारण ही वे मुसलमानों के सौ ख़ून माफ़ कर देंगे। यहाँ सत्य-असत्य का पक्ष उनके लिए गौण हो जाता है। वे शायद ऐसा समझते हैं कि हिन्दू और हिंदीवालों का मुसलमानों और उर्दू के प्रति उनके हितों की रक्षा करने

का पवित्र दायित्व है। हिन्दू बड़े भाई हैं और उन्हें छोटे भाई की बात हमेशा रखनी चाहिए। शमशेर जी की दृष्टि से सोचें तो यह बड़ा मानवतावादी दृष्टिकोण हुआ। पर सच्चाई कटु होती है, उस पर स्वप्न और आदर्श का मुलम्मा तो उसकी असलियत नहीं ढँक सकता। आज सच्चाई चाहे लाख कटु हो हम सच्चाई ही देखना चाहते हैं। अनढकी, अनावृत्त सच्चाई। ऐसे में शमशेर जी का दृष्टिकोण बजाय मानवतावादी के साम्प्रदायिक लग सकता है। कितनी अजीब बात है।

सच्चाई यह है कि आदर्श के लाख मुलम्मे के बावजूद हिन्दू मुसलमान के दिल एक नहीं हो सके हैं। चाहें तो इसे देश का दुर्भाग्य कह लें और आँसू भी बहा लें पर सच्चाई यही है। समय-समय पर भड़क उठनेवाले साम्प्रदायिक दंगों ने इसे उघाड़ कर रख दिया है। आज़ादी के पहले अंग्रेज साम्प्रदायिकता की आग भड़काने का काम करता था, आज पाकिस्तान की उपस्थिति चाहे अनचाहे वह काम कर रही है-देश के बँटवारे को मन से हम स्वीकार नहीं कर सके हैं। इस बँटवारे के सन्दर्भ में विवशता की और असहायता की स्थिति जब काफी पक जाती है तो नफ़रत और द्वेष के शोलों में भड़क उठती है।

दिल्ली : १२ अक्तूबर, ६८

१० तारीख की शाम को डॉ. रामविलास शर्मा आए। रात को खा-पी चुकने पर शमशेर जी वाले कमरे में साहित्यिक गुफ़्तगू का एक दौर चला, जो रात पौने एक बजे तक चलता रहा।

रामविलास जी ने अज्ञेय के संबंध में कहा कि वे एक secured poet हैं। इस security तक वे अपने isolation से अपने व्यक्तित्व को identify करके पहुँचते हैं। यह isolation उनमें धीरे-धीरे आता गया और वे बृहत्तर परिवेश से कटते गए। उनकी भाषा में तत्सम शब्दों का प्रयोग इस दृष्टि से अर्थपूर्ण है। देशज शब्द उनकी भाषा में कम हैं, जहाँ हैं यत्नपूर्वक लाए गए हैं।

माचवे को बड़ा कवि न मानते हुए भी वे अज्ञेय की तुलना में अपने परिवेश से अधिक संपृक्त और खुली दृष्टि वाला पाते हैं-अपने एंटी-कम्युनिज़्म के बावजूद। वे जीवन-जगत् को व्यापक रूप से देखते हैं। कम्युनिज़्म के ख़िलाफ़ हैं तो कैपिटलिज़्म के ख़िलाफ़ भी – और 'हनबग' के ख़िलाफ़ भी-शमशेर जी ने साग्रह जोड़ा।

मैंने कहा कि माचवे जीवन-जगत को सिर्फ़ 'देखते' भर हैं। उससे इन्वाल्व्ड नहीं होते। इसी से उनमें कोई भीतरी एगोनी नहीं, युगजीवन के प्रति कोई गहरी तड़प नहीं।

रामविलास जी ने शुरू में मैथ्यू आर्नाल्ड को ब्राउनिंग और वाड्स्वर्थ से ज़्यादा महत्त्वपूर्ण इस अर्थ में बताया कि मैथ्यू आर्नाल्ड में युग-जीवन के प्रति एगोनी और संशय गहरे रूप में हैं। यही संशय वे माचवे में भी पाते हैं-skeptic हर चीज़ के प्रति skeptic।

मेरी आपत्ति थी कि माचवे में आर्नाल्ड जैसी एगोनी है ही नहीं। 'मेपल' में यदि वे वाशिंगटन, शिकागो और कास्मोपोलिटन शहरों की संस्कृति पर चुभनेवाला व्यंग्य करते हैं तो वह ऐसा ही जैसे भारतीय संस्कृति का परम्परानिष्ठ सात्विक संस्कारोंवाला व्यक्ति बाहर की ऊपरी विसंगतियों पर करता है। कैनवस की विविधता, व्यापकता और इन्वाल्वमेंट के सहित संशय और व्यंग्य माचवे के मुकाबले लक्ष्मीकांत वर्मा में कहीं ज़्यादा मिलता है, यह बात दूसरी है कि लक्ष्मीकांत कलात्मक रूप में अपनी चेष्टा में कहाँ तक सफल होते हैं और उनकी रचनात्मक क्षमता कहाँ तक उन्हें झेल पाती है।

रामविलास जी ने सिर्फ़ यह कहा कि I do not agree...

फिर बात दूसरी तरफ़ मुड़ गई। इसके पहले उन्होंने आज के कुछ महत्त्वपूर्ण कवियों के नाम जानने चाहे जिनमें युगजीवन की एगोनी, संशय और आक्रोश मिलता हो पूरी संपृक्ति के साथ। मैंने कुंवर नारायण को एक महत्त्वपूर्ण सिग्नीफिकेंट कवि के रूप में और रघुवीर सहाय और श्रीकांत वर्मा (उनके 'माया दर्पण' की कुछ कविताओं में) का नाम सुझाया। रघुवीर सहाय रामविलास जी को नहीं रुचे। कारण उन्होंने नहीं बताए। कैलाश वाजपेयी के बारे में पूछा तो मैंने कहा कि व्यक्तिगत रूप से वह मुझे अच्छे नहीं लगते क्योंकि बनावटी कवि लगते हैं। रामविलास जी इससे सहमत थे। शमशेर जी की किताब 'दोआब' की भूमिका वे लिख रहे थे। उसी के एक मुद्दे की चर्चा करते हुए रामविलास जी ने कहा कि संस्कृतियों का विभाजन क्षेत्र या 'मिल्थ्यू' के हिसाब से या क़ौम के हिसाब से हो सकता है। धर्म या मजहब के हिसाब से नहीं। हिन्दू मुसलमान के कर्म अलग होते हुए भी उनकी संस्कृति एक है-भारत में। यूरोप में डांटे कैथोलिक था, मिल्टन कैथोलिक था, पर डांटे की संस्कृति इटैलियन या मध्ययुगीन मानववादी थी और मिल्टन की ब्रिटिश या पोस्ट-रिनेसां काल की। इसकी चर्चा उन्होंने भूमिका में लिखकर विस्तृत रूप में की होगी।

आज सुबह विश्वनाथ त्रिपाठी की उपस्थिति में अपनी 'मुझे न मिलेंगे आप', 'आओ' और 'घनीभूत पीड़ा' कविताओं का पाठ किया। रिद्म और छंद के अन्तःसौन्दर्य की सूक्ष्म रेखाओं को अपने स्वर के उतार-चढ़ाव से व्यंजित करते हुए। शमशेरजी ने निराला के रिद्म-छन्द ज्ञान रूप में कुछ नया जोड़ा है, ऐसा उनका दावा है। इसी को स्पष्ट करने के लिए उन्होंने ये कविताएँ सुनाईं। उनके कविता-पाठ पर त्रिपाठी जी की टिप्पणी थी कि 'शमशेर जी की कविता को शमशेर जी ही पढ़ सकते हैं।'

'घनीभूत पीड़ा' सुनते समय मुझे लगा कि निराला का स्वर उनकी सांस्कृतिक गौरव के ठाठ से रहित एक अति संवेदनशील कोमल और एब्सट्रैक्ट सत्य-सौंदर्य के कवि के कंठ से ध्वनित हो रहा है। निराला की काव्य-भाषा रिद्‌म और छंद का काफ़ी प्रभाव शमशेर जी पर है, केवल निराला का वह महिमामहिम सांस्कृतिक गौरव से पुष्ट व्यक्तित्व नहीं। इसी से उनकी कविताएँ अधिक आत्मीय संवेदन स्वर की अभिव्यक्ति लगती हैं। उनके रिद्‌म और छंद का बहाव, रवानी में अटकाव, रोध नहीं, वह नदी की पतली धार-सा आकर आप में चुपके से घुल जाता है, निराला के स्वर की गरजती नदी-सा आपके पुरुषार्थ को चुनौती नहीं देता। निराला का काव्य-रिद्‌म और छंद किसी 'अतिरिक्त काव्य-चेष्टा' अथवा श्रम का आभास नहीं देता, वह उनके व्यक्तित्व के साथ सहज लगता है। शमशेर जी चाहे यह भले ही कहें कि टेकनीक और रचनात्मक अनुभूति उनकी एक-दूसरे के अंग हैं पर ऐसा उनकी फिनिश्ड कृति में ही हो पाया है, उसके पहले उन्हें कविता को टेकनीक की दृष्टि से भी परफेक्ट बनाने के लिए काफ़ी जद्दोजहद करनी पड़ती है। यह अवश्य है कि इसके बाद जो कविता सामने आती है वह टेकनीक से भी परफेक्ट ठहरती है और कवि की अंदरूनी चेष्टा की अंगुलियों की छाप से मुक्त होती है। पर इस सन्दर्भ में काम की बात यह है कि शमशेर जी के व्यक्तित्व में दोनों को लेकर एक द्वन्द्व रहता है उन्हें। 'अतिरिक्त रचनात्मक चेष्टा' करनी पड़ती है। यह चीज़ उन्हें इस बात की गुंजाइश दे देती है कि वे आपके जीवन के मुहावरे के अनुरूप नई रिद्‌म और छन्द को अपनी कविता में समोयें।

शमशेरजी के कमरे में-बात हीराप्रसाद त्रिपाठी से शुरू होकर (वे रात यहीं रहे; अत्यन्त दयनीय हालत, मरीज़ और लॉस्ट से दिखाई दिए) व्यक्तिगत प्रसंगों पर चली गई। पहली बार। उनके 'उद्‌घाटन' भी पहली बार ही हुए। कुछ तथ्यों को जोड़कर शमशेर जी की काव्य-रचना का एक नया अध्ययन-एक ख़ास तरह की सेंसिबिलिटी का अध्ययन-किया जा सकता है। कुछ कविताओं का बारीक विश्लेषण।

हिंदी कविता में, आधुनिक काल की नई हिंदी कविता में, अज्ञेय और शमशेर ही ने वास्तविक अर्थों में प्रेम की कविताएँ लिखीं हैं। मूलतः दोनों ही प्रेम के कवि हैं (जिस तरह श्रीकांत मूलतः एन्टी-प्रेम के कवि हैं)।

पर दोनों के प्रेम के अनुभव में काफ़ी अन्तर है। मेरे ख़याल से अज्ञेय का प्रेम अनुभव उनकी अहंवादिता (इगोइज़्म) के बावजूद ज़्यादा पुष्ट और सम्पूर्ण है। शमशेर का प्रेमानुभव अधिक उदात्त, सूक्ष्म किन्तु एकतरफ़ा है। यह बात ज़रूर है कि शमशेर के प्रेमानुभव में भाव-संवेगात्मक शक्ति अज्ञेय के मुकाबले कहीं ज़्यादा है; दूसरे शब्दों में शमशेर का प्रेम का अनुभव ज़्यादा इंटेन्स और गहरा तथा वेगपूर्ण है; वह है एकांगी ही, असम्पूर्ण औ़र काफ़ी कुछ एब्सट्रैक्ट शिला की तरह। अज्ञेय में सेल्फ-

निगेशन के स्थान पर आत्म-संयम और अहं गरिमा है। प्रेम के अनुभव में अज्ञेय ने पुरुष को ज़्यादा समझा है, उसे ही अधिकारपूर्वक प्रेम के केन्द्र में प्रतिष्ठित भी किया है। शमशेर के प्रेम में वे ही प्रेमी का रोल अदा करते हैं और वे ही प्रेमिका का भी। ऐसा कैसे होता है। अज्ञेय भी निर्वैयक्तिकता की बात करते हैं पर अहं की शर्त पर। शमशेर अहं का विसर्जन कर देते हैं। अपने अस्तित्व को निगेट कर देते हैं (या काफी हद तक कर देते हैं) और प्रेम वे स्वयं हो जाते हैं। वे प्रेम करने की प्रक्रिया में ही दो हो जाते हैं; वे दोनों पक्षों का भार खुद ही सम्हालने लगते हैं। वे कभी-कभी कहते हैं कि उन्होंने कई बार ऐसों से प्रेम किया जिन्हें उनके प्रेम का पता तक नहीं चला। इस हद तक सिक्रेटिव। यह प्रेम-संबंध को गोपनीय रखनेवाली बात नहीं है। यह उनके प्रेम करनेवाले व्यक्तित्व की विशेषता पर प्रकाश डालता है। – इस तरह उनका प्रेम प्रेमी-प्रेमिकाओं के आपसी अनुभूति-संबंध पर आधारित नहीं है। इसी से उनके प्रेम में मानव-संबंध की वास्तविकता, मांसलता, ठोसपन का आयाम नहीं है। उसमें जटिलता है, पर प्रायः स्वयं के संवेदनशील व्यक्तित्व के ऊहापोह और भाव बुद्धि संवेगों की परस्पर प्रतिक्रियाओं की उलझी हुई प्रकृति के कारण ही। उनका प्रेम एकतरफ़ा प्रेम है। इसीलिए वह प्लेटोनिक है, आइडियलिस्टिक है। प्रेम खुद ही उनके लिए एक आइडियल है जिस तक पहुँचने की वे अनथक चेष्टा करते हैं : उनकी सम्पूर्ण काव्य-प्रक्रिया इस अनथक चेष्टा को अंकित करने का, प्रायः अनकांशस रूप से ही प्रयास है। प्रेम-मात्र उनके लिए व्यक्ति से ऊपर उठकर एक मॉडल बन जाता है जो उनकी भाव-प्रेरणा को बस जाग्रत कर देता है, फिर उनकी भावनाएँ और बुद्धि उनके चारों तरफ एक खूबसूरत ताना-बाना बुनने लगती हैं। और जिस हद तक उस क्षण शमशेर का इन्नेर कलात्मक बोध (सेंस) परफ़ैक्शन तक पहुँचा हुआ होता है उसी हद तक वह प्रेम मात्र (और डाइरेक्ट प्रेमानुभव) दूर हुआ होता है। इस तरह यह लगता है कि शमशेर जी किसी के प्रेम में नहीं हैं, बल्कि प्रेम के प्रेम में हैं।

प्रेमानुभव का यह रूप क्या सेल्फ-एलिनियेशन का ही एक रूप नहीं है?

सेल्फ-एलिनियेशन का एक अंत सेल्फ़ निगेशन में क्या नहीं होता?

अंग्रेजी काव्य के विक्टोरियन युगीन कवि इस दृष्टि से सेल्फ एलिनिगेटेड ही थे। आर्नाल्ड, टेनीसन, ब्राउनिंग (कुछ हद तक) प्रेम के अनुभव में सेल्फ एलिनियेशन का अगला चरण इस तरह होता है जिसमें प्रेमानुभव का उद्रेक कंडीशंड हो जाता है, प्रेम की स्थितियाँ निश्चित पूर्व विकसित हो जाती हैं जिनमें प्रेम की अनुभूति के उद्रेक की कल्पना की जाने लगती है। प्रेम का वास्तविक अनुभव प्रेम की कल्पना, उसके क़ायदे-क़ानून, प्रेम-स्थिति में भावना की क्रिया-प्रतिक्रियाओं के परिभाषित किये जा सकने वाले रूपों में बदल जाता है।

प्रेमानुभव में गहराई : 'प्रेम का अनुभव शमशेर जी के व्यक्तित्व की चेतना के

कगार को तेज़ नदी की तरह काटता चला जाता है सेल्फ निगेशन की सीमा तक। जहाँ तक तेज़ नदी की धार को व्यक्तित्व का कगार अपने ऊपर आघात करते, काटते महसूस करता रहता है।' जहाँ जिस बिन्दु तक ऐसा महसूस करता रह सकता है उस बिंदु तक शमशेर जी के प्रेम के अनुभव में तीव्रता के साथ गहराई रहती है। जहाँ नदी की धार कगार को काट-काटकर उसका अस्तित्व ही खत्म-प्रायः कर देती है और उन्मुक्त फैल जाती है वहाँ, उस बिन्दु पर उसके बाद शमशेर जी का प्रेमानुभव अमूर्त, उदार आशयों संवेगों की ओर मुड़ जाता है। उनकी कविताओं में 'आसमान' और 'क्षितिज' या दिक एवं काल की अनन्तता व्यापकता सूचित करनेवाले शब्द अथवा शब्द-समूहों का इस दृष्टि से अध्ययन किया जा सकता है। कभी-कभी प्रेमानुभव इस सीमा तक जाकर इतना सूक्ष्म और मूल प्रेरणास्रोत से इतना इतना इतना दूर होता है कि वह प्रेम के अनुभव से भी मुक्त हो जाता है और रूप, रंग और रेखा के अन्तर्निहित सौन्दर्य के संयोजन का एक चित्र बन जाता है। ('रंग और दिशाएँ' कविता इसका उदाहरण हैं)।

२० नवम्बर, ६८

कल (१९.११.६८) अज्ञेय के संबंध में शमशेर जी की कही हुई एक बातः

अज्ञेय के साहित्य को पढ़ने से सिर्फ़ अज्ञेय के व्यक्तित्व को ही समझा जा सकता है, उससे समाज और आज के जीवन-परिवेश को नहीं समझा जा सकता।

- कुछ दिन पहले डॉक्टर रामविलास शर्मा की अज्ञेय के बारे में कही गई एक बात इससे कितनी मिलती-जुलती है-अज्ञेय ने अपने आत्म-निर्वासन के साथ अपने को आइडेन्टिफ़ाई कर लिया है।

९ अक्तूबर, ७०

शमशेर जी के मन-मस्तिष्क पर अफ्रीका के साम्राज्यवादी 'घृणित' रूप का जो नक्शा अंकित है उसके निर्माण में एक पुस्तक का बहुत बड़ा हाथ है, वह है khan और sayer की The Great Conspiracy against the Soviet Union जिसका एक ज़माने में उन्होंने हिंदी अनुवाद किया था। इस किताब की चर्चा वे कई बार कर चुके हैं।

इस सिलसिले में दो-एक साल पहले का एक प्रसंग याद आता है जबकि

रूस द्वारा चेकोस्लोवाकिया में बलात् प्रवेश की घटना घटी थी और वामपंथियों में भी इस घटना के प्रति रोष था। डिफेंस कॉलोनी से लाजपत नगर बस स्टैण्ड जाते समय सेंट्रल मार्केट के पास राजीव सक्सेना मिल गए थे। बातों ही बातों में शमशेर जी ने The Great Conspiracy का ज़िक्र किया। शमशेर जी रूस की कार्रवाई को उचित मान रहे थे और राजीव सक्सेना अपना विरोध। फिर राजीव सक्सेना से बताया कि The Great Conspiracy वाली कताब एक फ्राड थी–और यह बात काफ़ी पहले साफ़ भी हो चुकी थी जिससे शमशेर जी अनभिज्ञ थे।

२३ दिसम्बर, ७०

शमशेर जी ने कहा मुझे एक तरह से खुशी है कि नामवर सिंह का लेख इस पुस्तक में नहीं जा सका।

"क्यों"?

"कह नहीं सकता कि क्यों। ज़ाहिरा तौर पर कोई कारण दिमाग़ में नहीं है।"

मैंने बात आगे नहीं बढ़ाई। बढ़ाता भी तो कुछ मिलता ही, इसका यक़ीन कम ही था।

शमशेर जी कितने एकाकी और उपेक्षित हैं–और एकाकी और उपेक्षित रहते-रहते कितने भीतर से सूख से गए हैं–इसका अहसास 'शमशेर' की योजना को कार्यान्वित करने के दौरान बड़ी तेज़ी से हो रहा है। इससे थोड़ी-सी गर्मी शमशेर जी को पहुँची है। वे पिघले-से लगते हैं, उन्हें कहीं लगता है कि उनका एकाकीपन निरर्थक नहीं है, उसमें कहीं उनके स्वत्व की पहचान की कोई रेखा है। कुछ कृतज्ञ-से महसूस करते हैं, अपने बहुत भीतर, आभारी–कि उनके स्वत्व को स्नेह और आदर की गर्मी देकर उनके प्रति बरती गई उपेक्षा और ठंडेपन को अपने बारे में उन्होंने–जब भी विषय छेड़ा–विस्तार से बातें कीं, अपनी अत्यधिक 'व्यस्तताओं' के बावजूद। वे सिर्फ़ 'बढ़ावा' नहीं दे रहे थे, या यह सिर्फ़ घनिष्ठता आत्मीयता के कारण ही नहीं था कि उन्होंने जाने-अनजाने 'शमशेर' की योजना में सहयोग दिया (बातचीत, डायरी, फोटो–ये उपलब्ध करने में), बल्कि इसके पीछे एक आकांक्षा, एक इच्छा भी थी–कितनी मासूम और पवित्र कि मुझे प्यार किया जाए, आदर दिया जाए, मुझे समझा जाए–मेरी कला साधना को, मेरे मौन सर्जन को, मेरी निष्ठा को। इस योजना से उन्हें कुछ खुराक-सी जैसे मिल गई हो, जैसे उनका रीतापन कुछ (कितना कम) दूर हो गया हो।

और मेरे विशेषांक की योजना से उनका यह अहसास और भी तीव्र हो रहा है।

वे पता नहीं क्यों, अनायास, जैसे मेरे प्रति कृतज्ञ अनुभव करते हैं, एक भीतरी गहरा आभार। क्या शमशेर जी सम्मान के भूखे हैं? यह प्रश्न सहज लगता है। पर स्थिति शायद इन दोनों के बीच कहीं है। शमशेर जी सिर्फ़ स्नेह नहीं चाहते (क्योंकि वे खुद दूसरे को स्नेह नहीं दे सकते क्योंकि उनके लिए देने का मतलब पूरा समूचा दे देना है।) शमशेर जी सिर्फ़ आदर नहीं चाहते क्योंकि वे अपने महत्त्व के बारे में पूर्ण आश्वस्त नहीं हैं–खुद अपनी ओर से और दूसरों से अपने आदर करवा कर वे अपने संशय को बल देना नहीं चाहते। शमशेर लिप्त होकर भी अलिप्त हैं। कला के प्रति पूर्णतः समर्पित होकर भी, उससे कम ज़्यादा कहीं, मानव अनुभूतियों के सहज धर्म के प्रति समर्पित हैं। वे अजब हैं। सिर्फ़ कवि बने रहने से उन्हें संतोष नहीं होता। वे आदमी भी बने रहना चाहते हैं। शमशेर जी के सन्दर्भ में यह स्थिति एक विरोधाभास लगती है, यही कहानी है; पर पूरी तरह आदमी बने रहना उन्हें उकता देता है अतः वे कवि की सुरक्षात्मक कोटर में वापस लौट जाना चाहते हैं। शमशेर जी इन अस्तित्व के इन दो स्तरों पर इधर से उधर और उधर से इधर सफर करते रहते हैं। कभी-कभी एक ही क्षण में और यह एक क्षण बहुत लम्बे अन्तराल का होता है।

एक बार उन्होंने कुछ आजिज़ी के भाव से एक उदासी के आलम में कहा था, मुझी को समझना होता है, दूसरों की समस्याएँ और परेशानियाँ...खुद किसी को मुझे नहीं समझना होता–ये भी क्या ज़िन्दगी रही है अब तक...हर कहीं जहाँ भी रहा, मुझे ही दूसरों को समझना पड़ा और उनकी सुविधा-असुविधा के अनुसार अपने को एडजस्ट होना पड़ा, उनकी समस्याओं से परेशान होना पड़ा, उन्हें हल करने की कोशिश करनी पड़ी...खुद अपनी बात को समझनेवाला कोई नहीं, खुद मेरी परेशानी अपने ऊपर लेनेवाला कोई नहीं।

लाजपत नगर में उनका रोल यही है–दूसरों को समझनेवाला, खुद कोई उनको समझे कि उनके दिल के भीतर क्या है–ऐसा नहीं।

नामवर का कृतिवाला लेख शमशेर जी ने अभी-अभी दो बार पढ़ा। बातचीत हुई। बोले कि चालाकीपूर्ण लेख है, नामवर के अन्तर्विरोध भी उसमें आए हैं।...और उस चालाकी के पीछे एक उद्देश्य भी है–मुझे अज्ञेय के ख़िलाफ़ खड़ा करना। जो नामवर के मन में है, जो वे स्पष्ट कहना चाहते हैं वह नहीं कहा गया है, बल्कि पूरा लेख सुनियोजित है : और वह चालाकी है और अन्तर्विरोध भी। नामवर के विचार कुछ यों हैं : शमशेर में विचार-तत्त्व नहीं है, भाव भी नहीं है (इमोशनल), सिर्फ़ कल्पना है। अनुभूतियाँ सीमित हैं। अतः ज़्यादा बल शिल्प पर है। शब्द चिह्न और प्रतीक। सामाजिक यथार्थ का रेखांकन नहीं है। अज्ञेय के यहाँ भी सामाजिक यथार्थ नहीं है, वैयक्तिकता है, अतः अनुभूति से अधिक शिल्प पर बल। पर शमशेर जी अज्ञेय से पहले ही शिल्प की नई राहें दिखा चुके थे, शुरुआत कर चुके थे–बिम्ब और

प्रतीक योजना में। यह बात अज्ञेय के ख़िलाफ़ शमशेर जी को खड़ा करने के लिए।

फिर यह कि हैं तो शमशेर भी वैयक्तिकता के ही कवि, व्यापक सामाजिक यथार्थ नहीं है उनमें। पर जो भी उनकी अनुभूतियाँ हैं–ईमानदार अनुभूतियाँ हैं। मानो नामवर कह रहे हों कि भाई मैं आपको बस यहीं तक डिफ़ेन्ड कर सकता हूँ इसके आगे नहीं, क्योंकि मेरा मार्क्सवादी विवेक इसकी इजाज़त नहीं देता।

शमशेर जी ने कहा कि लगता है नामवर पर पश्चिमी आलोचक ज़्यादा हावी रहे हैं। उन्होंने कविता कम पढ़ी है, आलोचना का मनन ज़्यादा किया है। पर कुछ खास प्वाइंट्स उस लेख में मार्के के हैं।

१. मुक्तिबोध और मेरे बिम्बों की तुलना। मुक्तिबोध : व्यवस्थित बिम्ब। शमशेर : बिखरे हुए बिम्ब।

२. शमशेर जितनी अनुभूति है उतनी ही व्यक्त करते हैं। न उसे बढ़ाकर व्यक्त करते हैं न घटाकर।

इसके बाद बातचीत दूसरे विषयों की ओर मुड़ी–शमशेर जी के आदर्शवाद पर। वे बताते रहे।

मैं आदर्शवादी रहा–प्रेम में भी एक सेंटीमेंटल आदर्श खोजा। कर्मशील व्यक्ति भी मेरे आदर्श रहे–इसीलिए मेरी कई कविताएँ (का. भारद्वाज वाली कविता; माई, सुभद्रा कुमारी चौहान पर लिखी कविता; सुदामा की मृत्यु पर कविता। ऐसे व्यक्तियों पर हैं जो मेरे किसी न किसी आदर्श का प्रतिरूप रहे हैं। जिन्होंने जीवन में उत्सर्ग किया है किसी आदर्श या कला के लिए। या फिर मेरी रुचि उन व्यक्तियों में रही जो मुझसे बिल्कुल भिन्न रहे, जैसे मुक्तिबोध, क्योंकि वे कहीं मेरे भीतर की कमी को पूरा करते थे।

इस आदर्शवादीपन से जीवन में–काव्यकला में नहीं, उसकी बात पहले भी हो चुकी है–आपको क्या मिला? –यह कि मैंने जीवन के purer values को ही अपनाया। इससे एक ऐसी तटस्थता भी मुझमें आई जिससे मैं दूसरों के भीतर तक झाँक सका। उन्हें essence में ग्रहण कर सका, उन्हें प्यार दे सका। उनका विश्लेषण कर सका। अपने अहं को आड़े आने न दिया। मेरा अहं कभी मुझ पर हावी नहीं हुआ–मैं दूसरों को सहानुभूति दे सका। इतनी सहानुभूति जितनी कि मैं अपने काम को भी नहीं दे सका था।

पर दुनियावी समझ मुझमें कभी न रही। मेरे दोस्त कभी भी मेरे इतने निकट नहीं हुए कि मैं उनको अपनी व्यक्तिगत समस्याएँ बयान कर पाता। उन्हें उनमें दिलचस्पी भी नहीं थी। एक जिस व्यक्ति (प्रेमा) ने मेरी व्यक्तिगत समस्याओं में दिलचस्पी ली और उनको सुलझाने की कोशिश की, उसे मैंने कभी इतना लिफ़्ट ही नहीं दिया। बाद में जब ज़रा उसकी बातों को कुछ गम्भीरता से लेना चाहा तो देर हो

चुकी थी, कुछ समय बाद और भी देर हो चुकी थी। फिर तब तक मेरी समस्याएँ अपने आप रिज़ाल्वड हो चुकी थीं।

प्रेमा की नौकरी के सिलसिले में जब मुझे बाहर समाज में आना पड़ा तब जाकर मुझे लोगों के चेहरे साफ़ दिखने लगे। मैं हक़ीक़त पहचानने लगा। धर्मरक्षित जी का अनुभव।

८ मार्च, ७१

अज्ञेय वाले लेख में वह शमशेर वाला फिकरा नहीं आना चाहिए था। पर सब कुछ सुनियोजित लिखना कहाँ हो पाता है? सब कुछ पहले से सोच-समझकर तो लिखा नहीं जा सकता।

यह सुबह-सुबह मन में हलचल-सी क्यों पैदा हुई? रमेश ने आकर बताया कि शमशेर जी के फोटो लेने कल कुछ लोग आए थे, उनका कोई लेख कहीं छपेगा उसी के लिए। ज़ाहिरा तौर पर यह कोई कारण नहीं था। शमशेर जी को लेकर उस 'हलचल' के शुरू हो जाने का। पता नहीं किस अविवेकी 'इर्राशनल' तत्त्व से मन में एक उड़ता हुआ ख़याल आया कि शमशेर जी को मेरे ख़िलाफ़ एक मौन साजिश में बिना उनकी सजग जानकारी के शामिल किया जा रहा है और यह कि उस साजिश में शामिल हो जाना शमशेर जी के लिए सम्भव है।

दिमाग़ पिछली कई घटनाओं की तरफ खुद-ब-खुद दौड़ने लगा। विचार की पटरी पर कम, भावनाओं की पटरी पर ज़्यादा। 'दिनमान' में शमशेर वाला लेख छपने पर जब यूनिवर्सिटी में उनसे मिला तो उनकी प्रतिक्रिया। शमशेर ने मुझे बड़े सलीके के साथ, पर दृढ़ शब्दों में, एक rebuff देने की कोशिश की थी – मुझे reprimand करना चाहा था और लेख पर वह प्रतिक्रिया पहली प्रतिक्रिया थी।

बाद में शमशेर जी नरम पड़े थे-उन्होंने लेखों की प्रशंसा भी की थी और यह सन्तोष भी व्यक्त किया था कि लेख उन पर लिखे गए लेखों में शायद सर्वोत्तम है। पर यह धारणा भी क्या उनकी स्वतंत्र रूप से निर्मित की गई धारणा थी? उनकी पहली प्रतिक्रिया थी। लेख को अच्छा समझने के लिए मनोनुकूल भूमि अन्यों की प्रशंसाओं तथा रमेशचंद्र शाह के पत्र ने तैयार की थी। शमशेर जी उन प्रशंसाओं की सिर्फ़ तस्दीक करने गए।

शमशेर जी तटस्थ दिखने की कोशिश करते हैं पर उनकी यह 'तटस्थता' कोई चाहे तो उन्हीं के हाथों तुड़वा सकता है।

१२ जून, ७१

तीन-चार दिन पहले विश्वनाथ जी के घर पर हुई बातें याद आ रही हैं। उन्होंने शमशेर जी के बारे में दो बातें कहीं-जो चौंका-सी गईं। इसलिए नहीं कि वे अघटनीय लगी थीं, इसलिए कि जैसे मेरे मन में बनते-मिटते किसी छाया-बिम्ब पर एकाएक किसी वाह्य समर्थन की मोहर लग जाए और मैं अपने उस बिम्ब की पुष्टि के अहसास से ख़ुद थकित-चकित रह जाऊँ : सहम जाऊँ...विश्वनाथ जी ने कहा था...शमशेर जी बड़े 'कलकुलेटिड' आदमी हैं। दूसरी बात-शमशेर जी 'रिवेंजफुल' हैं।...विश्वनाथ जी का तात्कालिक संदर्भ सा. हि. में अजयसिंह के शमशेर के क्लोज़अप को लेकर था।

विश्वनाथ जी ने ऐसी बात क्यों कही? उनका अपना कोई अनुभव? तटस्थ विवेचन तो वह नहीं था, इतना निश्चय है।

पर मेरे मन का वह बिम्ब क्या था? क्या मैंने शमशेर जी से क्षुब्ध होकर वह बिम्ब अनायास गढ़ लिया है?

शमशेर जी का आम लोगों के दिमाग़ में क्या चित्र है?-सीधे-सादे, भोले-भाले, शायर, फक्कड़, स्वाभिमानी अपने में खोये-खोये से दुनिया के छल-छंद से दूर प्राणी? हाँ, यही चित्र है।

याद आता है, एक बार शमशेर जी ने कहा था-'मैं उतना सीधा नहीं हूँ जितना लोग मुझे समझते हैं।'

मैंने शमशेर जी के मामले में हमेशा एक कठिन रोल निभाया है-उनके प्रति तटस्थ, आब्जेक्टिव होने का। शमशेर जी अन्दरख़ाने में इस रुख से खूब वाक़िफ़ हैं। भीतर ही भीतर कहीं किसी बिन्दु पर उन्हें मेरा यह रुख चिढ़ाता है, उनके अहं को चोट पहुँचाता है। यह उन्हें मर्माहत करता है-क्योंकि जाहिरा तौर पर विवेकसम्मत स्तर पर वे इस रुख की अवमानना नहीं कर सकते, नहीं चाहते, नहीं दिखाना चाहते। और यह स्थिति उन्हें बाँधती है, अपने अहं से ही उन्हें बाँधती है। उनके भीतर संघर्ष छिड़ जाता है। एक विभिन्न प्रतिक्रिया इसकी होती है। अत्यन्त जटिल, अन्तर्विरोधपूर्ण और निर्मम-क्रूर। क्या ऐसे ही क्षणों में शमशेर जी 'रिवेंजफुल' हो उठते हैं?

शमशेर जी चाहते हैं कि वे अपने प्रति तटस्थ, आब्जेक्टिव, आलोचक हों। अपनी मीन-मेख निकालें। उनकी यह चाह सच्ची भी हो सकती है। पर इसे केवल वे अपना और एकमात्र अपना अधिकार मानते हैं। दूसरे का अपने प्रति तटस्थ, आब्जेक्टिव, आलोचक होना वे सहन नहीं कर सकते। वे चिढ़ते हैं, कुढ़ते हैं। भीतर-भीतर। ऊपर से चाहे वे भले कहें कि मैं अपनी प्रशंसा नहीं अपनी आलोचना पसन्द करता हूँ।

वे खुशामदी किस्म की प्रशंसा नहीं चाहते। वे हाई क्लास की प्रशंसा चाहते हैं। पर प्रशंसा ही, आलोचना नहीं।

मैं उनके इन अन्तर्विरोधों को देख सका। इतने दिनों के परिचय के वाद मैं उस स्थिति से उबर चुका हूँ जिसमें ऊपर महानताएँ व्यक्तित्व के ग़ैर-जाहिर रूपों को छिपा देती हैं। मैं शमशेर जी से कभी अभिभूत नहीं हुआ। यदि वे महान् हैं तो उनकी महानता का लाभ उठाने का यही तरीका मेरे पास था कि मैं उनसे अभिभूत न होकर उनको विश्लेषणात्मक ढंग से समझूँ, उनके गुणों को पहचानूँ और तब उनसे प्रेरणा ग्रहण करूँ। किसी की महानता को पूजने के लिए अपने को बौना समझना तो अनिवार्य न था। अगर मैं अपने को बौना बना लेता हूँ तो दूसरे की महानता, चाहे वह कितनी ही बड़ी हो, मेरे किस काम आएगी?

शमशेर जी के अन्तर्विरोधी रूप की झाँकी मैंने अपने दो लेखों में दिखाने की कोशिश की-अकथ वाला लेख काव्य-व्यक्तित्व के विवेचन के स्तर पर, दिनमान वाला लेख जीवन-व्यक्तित्व के स्तर पर।

शमशेर जी की प्रतिक्रिया दोनों के ही बारे में अवरुद्ध गुस्से की रही। कम से कम पहली प्रतिक्रियाएँ। बाद में क्रमशः वे नर्म पड़े। पर प्रथम प्रतिक्रिया की फाँस पूरी तरह अभी तक नहीं निकाल पाए हैं। यह मैं महसूस करता हूँ।

३ मई, ७२

श. ने उदारता, लापरवाही और भुलक्कड़पन का 'एटीच्यूड' बना रखा है, पर भीतर से वे सतर्क और रक्खू हैं। ऊपर से अपने को महत्त्वहीन दिखाते हुए भी भीतर से अपने महत्त्व के प्रति सजग। अपने विरोधाभासों को भी महानता के लक्षण होने के प्रति सजग।

इतने दिनों साथ रहने के बावजूद उन्होंने हमेशा मुझे हाशिए पर ही रखा। इसका कारण मैं समझता हूँ। मैं उनके व्यक्तित्व से कभी आतंकित या प्रभावित नहीं रहा-जैसा कि नई पीढ़ी के और समवयस्क लोग रहे।

श. के प्रति नई पीढ़ी के लोग आकर्षित रहे यह भी अपने आप में एक विचित्र विरोधाभास है। मार्क्सवाद में आस्था रखने वाले लेखक तक उन पर मुग्ध हैं। विभोर हैं। क्या श. की कविता के कारण? मार्क्सवादी विचारधारा में श. की कविता तो नितांत बूर्ज्वा और रुग्ण लगेगी। फिर भी लोग मुग्ध हैं। इससे निष्कर्ष यह निकलता है कि-

१. वे अधकचरे मार्क्सवादी हैं। किताबी।

२. वे शमशेर की कविता की अपेक्षा उनके जीवन (उनकी मोटी-मोटी

जानकारी) से प्रभावित हैं–खासकर उन्हें अज्ञेय जैसे कवियों के साथ रखकर।

३. स्वयं उनके भीतर ही पुराने मध्यवर्गीय रोमांटिक संस्कार अभी जीवित हैं।

मैं श. के दबदबे में नहीं आया। मैंने उनका पूरा ड्यू देते हुए उनका वास्तविक विश्लेषण किया। 'दिनमान' का लेख एक मिसाल है। उस लेख से श. खुश नहीं हुए थे। बाद में लोगों की उस लेख की प्रशंसा से कुछ नरम तो पड़े, पर भीतर उनके गाँठ पड़ गई। उन्हें लगता है कि मैंने उन्हें 'एक्सप्लायट' किया है–उन्हें विश्वास में लेकर बहुत-सी अनचाही बातें उगलवा लीं। और वह लेख छपा भी उस पत्रिका में जिसमें एक सम्पादक से उनके संबंधों में मनमुटाव पैदा हो गया। श. का व्यवहार बड़ा पॉलिश्ड है। मिलते बड़े तपाक से हैं। उन सम्पादक महोदय की तारीफ़ भी करते हैं, पर भीतर कहीं खटक भी है। इस विरोधाभास को दुरुस्त करने के लिए श. के पास कई खूबसूरत, उदारतावादी, सौंदर्यवादी तर्क हैं। जैसे कि व्यक्ति मुझे नापसन्द हो, पर उसकी कला की मैं तारीफ़ किये बिना नहीं रह सकता। जैसे कि मार्क्सवाद में आस्था रखते हुए भी वे एज़रा पाउण्ड की (जिसे वे बुर्जुआ पतनोन्मुख पूँजीवादी संस्कृति का कवि मानते हैं) तारीफ़ करते हैं। कविता कविता है, राजनीति राजनीति। इसीलिए जनसंघ के कट्टर विरोधी होते हुए भी वे जनसंघ प्रशासन द्वारा आयोजित कवि सम्मेलन में भाग लेना बुरा नहीं मानते। आखिर वे दिल्ली के नागरिक हैं। और एक नागरिक-कवि के नाते वे प्रशासन के कार्यक्रम में शामिल हो रहे हैं न कि जनसंघ पार्टी के कार्यक्रम में। श. के पास बड़े बारीक तर्क हैं। उस दिन रामदरश मिश्र को वे यही समझा रहे थे। समझा क्या उनको खुश कर रहे थे। मिश्र जी तो पहले ही जनसंघी हैं उनके आगे ये तर्क श. की अपनी सफाई देने से ज़्यादा मिश्र जी का हृदय जीतने के बराबर था। अंत में श. ने यह भी कहा कि और भई दो सौ कम नहीं होते।

तो इस तरह के अन्तर्विरोध। ये अन्तर्विरोध श. को बस एक आकर्षक व्यक्तित्व बनाए रखते हैं। कोई-कोई इसे उनका ढुलमुलपन भी कहते हैं।

'आप अपने वे पत्र मुझे दे दीजिए, मैं एक चयन कर दूँगा (अशोक वाजपेयी के लिए)।'

'नहीं, मैं ही करूँगा।'

शमशेर के इस उत्तर में (जिसकी मैं प्रतीक्षा ही कर रहा था) मेरे प्रति उनका अविश्वास है mistrust। उन्हें लगा होगा कि नहीं अब अपना 'शोषण' नहीं करने दूँगा।

श. के साथ लगता है अब कोई अन्तरंग संवाद नहीं हो सकेगा। केवल साहित्य की औपचारिक बातें। या मेरे उनके आरंभिक साहित्यिक जीवन के संस्मरण–जिन्हें वे अब प्राय: सबको सुनाने लगे हैं। उम्र बढ़ने के साथ वे कन्फ़ेशन के मूड में आते जा रहे हैं। पर भीतर वही चौकन्नापन है। अपनी कमज़ोर रग वे हमेशा छिपाए रहते हैं।

यहाँ आते हैं और अपनी अलमारी से अपने पुराने काग़ज़ात लेते जाते हैं। उन्हें डर है कि कहीं इन्हें मैं गायब न कर दूँ। फिर अपनी चीज़ों के प्रति उनका मोह बढ़ता जा रहा है–अपने छोटे–छोटे से काग़ज़, डायरी, पुराने अनुवाद, रफ़ वर्क, नोट्स। ज़्यादातर काम की चीज़ें पहले से ही उनके पास हैं। वे जानते हैं कि वे उनके पास हैं, पर 'भूल से पड़ी रह गई' चीज़ों में भी उन्हें काम की चीज़ों का अहसास होने लग जाता है और वे उन्हें समेट लेना चाहते हैं।

आख़िर यही तो उनकी कमाई है। साहित्य की पूँजी। इन्हीं के बलबूते पर तो उनका नाम जाना जाएगा। –कहाँ है वह लापरवाही, फक्कड़मस्ती, अपने को तुच्छ पराधीन केवल प्रयोगशील समझने मानने की अदा?

१७ अप्रैल, ७५

आजकल हिंदी में शमशेर जी के अनुकूल 'हवा' चल रही है। अज्ञेय एक तरह से अप्रासंगिक करार दे दिए गए हैं और मुक्तिबोध के प्रति जोशोखरोश भी उतर गया है। बड़ों में किसी के प्रति नेह–छोह और आदर–सम्मान युवा लोगों के मन में बचा रह गया है तो वह शमशेर जी के लिए। उनकी निष्ठा और विशिष्ट व्यक्तित्व सम्पन्नता की छाप–और उनके काव्य की निजी एकांत पर आत्मीय दुनिया का अपनापन–सब महसूस करते हैं। शमशेर जी के लिए प्रकाशकों के दरवाज़े एकाएक एकदम से खुल गए हैं। राधाकृष्ण, लोकभारती ... और भी अनेक छोटे–मोटे। शमशेर जी कुछ भी दें इस वक़्त छप सकता है। शमशेर जी के प्रति इस आकर्षण की एक वजह शमशेर जी का बहुत कम छपना है। यह कम छपना, जिसकी जो भी वजह रही हो, शमशेर जी की उत्कृष्टता के पक्ष में जाता है। उनके अभी भी संभावनाओं के पुंज होने के पक्ष में जाता है। हिंदी कविता के इतिहास की एक महान हस्ती होने के पक्ष में जाता है। अपनी तरह का एक अकेला निष्ठावान सादा लौ, अपनत्व और आत्मीयता का स्पर्श लिए। मुजस्सिम शायर, अपनी ही कवि की धुन में, दुनिया के दंदफंद से दूर, अपनी कवि–आत्मा में खोया–खोया और नजदीक आने पर अपनों में से ही एक लगने वाला कवि। शमशेर की कविता से ज़्यादा उनका व्यक्तित्व लोगों को मोहित किये हुए है। पुरानों को भी। नयों को भी। पुरानों में एक प्रगतिशील रुझानों वाले ईमानदार कवि की इमेज कायम है। नयों में इसलिए कि तमाम शेड और गहराई के वामपंथियों को वैचारिक चाहे न सही, एक भावनात्मक समर्थन शमशेर जी से मिलता है। जोकि उन्हें अज्ञेय और दूसरे लोगों से नहीं मिला। यह समर्थन भी शमशेर जी अपनी कविता से उतना नहीं जितना अपने व्यक्तित्व से, अपने उदार खुलेपन से देते हैं।

पर शमशेर जी को शक है, अंदर ही अंदर एक नामालूम संशय, कि उनका लिखा, खासकर कविता, एक साथ काफ़ी तादाद में छप जाने पर यह सम्मोहन टूट जाएगा। क्या यह महज संशय है या आत्मालोचन के बाद का ठंडा सत्य? शमशेर जी अपने कृतित्व को आज की युवा तेज़ी और संघर्ष के आगे चाहे कितना ही ग़ैर-ज़रूरी और रूमानी आदर्शवादी कहते रहें, अपने बारे में दो-टूक फैसला उन्होंने अभी नहीं दिया है। अपनी निगाहों में अपना महत्त्व वे नहीं खो बैठे हैं।

२९ सितंबर, ७५

कल शाम शमशेर जी आए। दफ़्तर से लौटते हुए यूनिवर्सिटी में गया था पर शमशेर जी जा चुके थे। घर पहुँचा तो शमशेर जी मौजूद। माचवे जी के यहाँ जाने का प्रोग्राम पूरा न हो सका। सारे समय साहित्यिक बातें होती रहीं। टॉमस कैम्पेल, बैनेट ब्राउनिंग की कविताएँ मेरी अंग्रेज़ी कविताओं की एक एन्थ्रालॉजी में से सुनाते रहे-पूरे जोशोख़रोश के साथ। अपने काव्यकाल का वह पीरियड याद करते रहे जब इन कविताओं के छंद और रिद्म और फार्म का उन पर ज़बर्दस्त असर रहा। बैलेड फार्म की हिंदी कविता उन्होंने नहीं लिखी-पर पी.सी. जोशी के कहने पर कभी एक भोजपुरी बैलेड का अंग्रेज़ी में तर्जुमा किया था। हिंदी में श्यामनारायण पाण्डे की 'हल्दीघाटी' एक बैलेड है। नरेन्द्र शर्मा ने भी 'लाल निशान' में कुछ बैलेड लिखे हैं।

आजकल शमशेर जी अमरीकी कवि वालेस स्टीवन्स की कविताएँ पढ़ रहे हैं। बोले, यह कवि मुझसे बहुत मिलता-जुलता है, इसका टेम्प्रामेंट और कवि-स्वभाव। उसकी समस्याएं भी मेरी जैसी ही हैं, हालांकि वह मुझसे कई गुना अच्छा और ग्रेट कवि है।

वालेस स्टीवेन्स में उन्हें क्या मिला, यह शमशेर जी बहुत स्पष्ट न कर सके। इस बारे में मैं कुछ जिज्ञासा करता तो शायद बता पाते, पर पता नहीं क्यों यह ख़्याल मेरे मन में नहीं आया।

वालेस स्टीवेन्स में Profoundity और Lucidity दोनों हैं, ऐसा शमशेर जी को लगा। एक अन्य अमरीकी कवयित्री मेरिअन मूर भी शमशेर जी को बहुत पसंद है-अपने वैज्ञानिक स्वभाव और विषय-रुचि के कारण। उसमें एक Clarity है।

एडिथ सिट्वेल का शमशेर जी पर प्रभाव रहा है, विशेष उसकी कविता में पाए जाने वाले 'मेकाबर' तत्त्व का। शमशेर जी ने अपनी एक पंक्ति भी उद्धृत की, जो इस 'मेकाबर' का ही असर है-'सूर्य मेरी अस्थियों के मौन में डूबा'। ये प्रभाव सीधे नहीं हैं, कवि की अपनी अनुभूतियों में घुल-मिलकर एक जान होकर आए हैं।

श्रीराम वर्मा के गद्य के बारे में बहुत उत्साहित थे। 'नया प्रतीक' में राव साहब

पर उनका जो संस्मरण छपा था उसकी ख़ूब तारीफ़ की। कहा, श्रीराम वर्मा बहुत अच्छा गद्य ('ग्रेट' शब्द का इस्तेमाल किया था) लिख सकते हैं। इस तरह बहुत तरह की साहित्यिक बातें शमशेर जी इतने नर्वस उत्साह में करते जा रहे थे कि मुझे लगा अभी कुछ देर बाद एक गैप महसूस करेंगे जिसमें उनके पास कुछ बात करने की वह अतिरिक्त ऊर्जा न रहेगी और वह एकदम के उकता कर घर वापस जाने की बात कहने लगेंगे। शमशेर जी के साथ अक्सर ऐसा होता है। किसी साहित्यिक मित्र के यहां जाकर-वहां जाने पर-वह उसी अतिरिक्त नर्वस उत्साह से पेश आते हैं, बातों का सिलसिला, एक शब्द में पूरी जागृति और तन्मयता और फिर एक गैप, जिसमें कमरे का माहौल उन पर भारी पड़ने लगता है। शमशेर जी इस तरह के गई गैपों का सिलसिला तोड़ते और अपनी नर्वस ऊर्जा को निभाते हुए जब कमरे से बाहर आते हैं तब मानसिक रूप से प्रायः निढाल होते हैं, यद्यपि उस कमरे का प्रभाव कुछ देर तक उन्हें एक गति में डाले रहता है। एक सुखद उत्तेजक अनुभव की खुमारी में मुब्तिला रखता है, पर इस प्रभाव के मिटते ही वही डिप्रेशन। हंसी-मज़ाक़ के दौर में भी शमशेर सहज रूप नहीं होते, एक अतिरिक्त नर्वसनेस की लहर उन्हें ब्रिलियेंट और पुरमज़ाक़ बनाते रहने के लिए भीतर से आती रहती है। यह लहर एक स्वीप में आती है, कभी एक कौंध में, कभी एक उछाल में। शमशेर जी शिष्टाचार को एक कला के बदले दे सकते हैं, कला की हार्दिकता में। वह इसी नर्वस उत्साह के कारण।

शमशेर जी शायद अपनी उम्र के दोस्तों-जैसे बच्चन, नरेन्द्र शर्मा, भगवती बाबू या जगत शंखधर आदि के बीच सहज हो पाते हों। मैंने इन लोगों के बीच उन्हें नहीं देखा। एक नरेन्द्र जी के साथ देखा है, पर उस समय शमशेर जी का व्यवहार भावोच्छ्वासपूर्ण होने के साथ उनकी नर्वसनेस के किस स्तर पर होता था, इसकी याद नहीं। पर रामविलास शर्मा के साथ उनके व्यवहार के रूप में उनका वह अतिरिक्त नर्वस उत्साह मैंने देखा है। नेमि जी के यहां भी।

शमशेर जी अपने इस नए संग्रह की छपाई और गेट-अप से दुखी हैं, उदास हैं। चयन के बारे में उन्हें कोई खास शिकायत नहीं, पर उसके प्रस्तुतीकरण से वे असंतुष्ट हैं। शमशेर जी को लगता है कि इस संग्रह का अनुकूल प्रभाव पाठकों पर-विशेषकर नई पीढ़ी के पाठकों पर-नहीं पड़ेगा।

इधर विश्वनाथ त्रिपाठी कहते हैं कि इस बार शमशेर जी की किताब पर अगर साहित्य अकादमी पुरस्कार नहीं मिला तो वे 'धनुष उठा लेंगे'। मतलब -

हर लफ़्ज़ को छूते हुए जो कांप न जाए
बर्बाद वो अल्फ़ाज़ की औक़ात करे हैं।

- जाँ निसार अख़्तर

१९ जनवरी, ७६

कल लाजपत नगर से शमशेर जी को लेकर राजघाट कॉलोनी में भवानी भाई के यहाँ गया। मिश्र जी लान पर धूप-सेवन कर रहे थे, लंबा ऊनी हाउसकोट पहने। घास पर ही सब बैठे। मैंने अपनी 'ज़ख़्म पर धूल' और शमशेर जी ने 'चुका भी हूँ नहीं मैं' की प्रतियां उन्हें भेंट कीं।

उड़िया के कोई एक और सज्जन भी पास ही श्रोतावत् बैठे रहे।

शमशेर जी ने राजनाथ पांडे का जिक्र छेड़ा कि उसी क्रम में रफ़्ता-रफ़्ता भवानी भाई के यहाँ आज आ टपकने की असली वजह पर आ गये। पर भवानी भाई को बातों-बातों में अपने सहज सरलता को सिद्ध करने में-रस आता है। वे एक-एक बात को लेकर उड़ जाते और शमशेर जी को अपने मूल मुद्दे पर आने के लिए राजनाथ पांडे का एक बार फिर जिक्र करना पड़ता। मूल मुद्दा यह था कि राजनाथ पांडे ने शमशेर जी और भवानी भाई की एक साथ वाली एक फोटो की फ़र्माइश की थी। मैं बहैसियत एक फोटोग्राफर के वहां था।

शुरू में भवानी भाई मुझे पहचान नहीं पाए। शमशेर जी ने परिचय कराया तो उन्होंने मेरी कविताओं के निमित्त से मुझे पहचाना।

बातें होती रहीं। कुछ ग़ज़लों पर कि किन भारतीय भाषाओं में ग़ज़ल की विधा में कविताएँ लिखी जा रही हैं। शमशेर जी को शायद यह विश्वास था कि भवानी भाई देश की कई भाषाओं की जानकारी रखते होंगे। क्यों यह सवाल किया उन्होंने भवानी भाई से? जबकि शायद माचवे इसका बेहतर जवाब दे सकते थे। हां, शमशेर जी ने दुष्यंत की ग़ज़लों का प्रशंसात्मक जिक्र किया था, उसी पर यह बात निकली। भवानी भाई का मत था कि दुष्यंत की ग़ज़लें जैसी वे हैं उन्हें उर्दू का कोई भी सेकेंड क्लास ग़ज़लगो लिख सकता है। उनमें हिंदीपन नहीं। फिर उन्होंने किसी एक और हिंदी कवि का नाम लिया जिसकी ग़ज़लें दुष्यंत की ग़ज़लों से ज़्यादा 'हिंदी' हैं-उस कवि का नाम याद नहीं रहा।

-तो ग़ज़लें उत्तर की कई जबानों में, मसलन गुजराती, पंजाबी, कश्मीरी, मराठी में तो हैं ही, दक्षिण की तेलुगू में भी हैं। तमिल, मलयालम और पूरब की असमिया बंगला आदि में-भवानी भाई की जानकारी के अनुसार-नहीं हैं।

शमशेर जी एक काग़ज़ पर यह सब कुछ नोट करते जाते थे।

भवानी भाई ने कहा हिंदी में जैसी कविताएँ आज लिखी जा रही हैं वे अन्य भारतीय भाषाओं से कहीं ज़्यादा अच्छी हैं।

पर स्थिति यह है कि हिंदी में श्रेष्ठ कविताएँ तो हैं, श्रेष्ठ कवि नहीं। -शमशेर जी ने और मैंने भी दबे स्वर में इसकी ताईद की।

बातचीत के सिलसिले में भवानी भाई अपनी कविताओं पर उतर आए। अपनी कविताओं की भाषा पर। उनका सहज प्रवाह उन्हें उर्दू के अध्ययन से मिला है, उर्दू की ग़ज़लों के मनोयोगपूर्ण अध्ययन-मनन से। फिर बात ग़ालिब पर टिकी-दो-चार शेर उसके कुछ इधर से कुछ उधर से सुने-सुनाए गए। भवानी भाई ने कहा, सबसे पहले ग़ालिब को पढ़ने के लिए ही मैंने उर्दू सीखी।

भवानी भाई दूर-दराज के छोटे नए युवा कवियों की अच्छी खोज ख़बर-सी रखते हैं। लगता है उनको काफ़ी पढ़ते रहते हैं। उनके पास युवा कवि अपनी रचनाएं भेजते भी रहते हैं। ऐसा उन्होंने बताया।

अब तीसरी या चौथी बार शमशेर जी ने राजनाथ पांडे का ज़िक्र छेड़ा। दोपहर के बारह-साढ़े बारह हो रहे थे। फोटो खींचनी है, इस बार शमशेर जी बात कह ले गए। मैंने फ़ौरन कैमरा निकाला और दनादन छः-सात शाट मार दिए। भवानी भाई का चेहरा साये में रहा, ज़्यादातर शाटों में। धूप में उनके सिर के सफेद बालों की एक ऊपरी रेखा चाँदी की तरह चमकती रही। उल्टे तरफ़ खींचे गए बालों से आगे का माथा उभरा हुआ लगता है और उस माथे समेत चेहरे का अधिकांश साये में रहा। पर उनकी सहज मुद्रा और बैठने के पोज़ को मैंने छेड़ना उचित न समझा। शमशेर जी अब भी 'कैमरा कांशस' हैं। अगर एक-दो सेकेंड की भी देर क्लिक करने में की जाए तो उनके चेहरे का बहाव एक जगह कस जाता है। दोनों के कम्पोज़ीशन में ख़ास ध्यान मुझे शमशेर जी के सहज बने रहने का ही करना पड़ा।

भवानी भाई ने बताया वे एक दिन में एक कविता लिख लेते हैं। या शायद ज़्यादा। याद नहीं पड़ता।

भवानी भाई अपने आलोचकों से ख़ुश नहीं हैं। बताने लगे कि एक आलोचक ने मेरी कविता की एक पंक्ति उद्धृत करते हुए लिखा कि भवानी मिश्र अपने मियां मिट्ठू कविताएँ लिखते हैं। अब अगर इसमें मियाँ मिट्ठू वाली बात इन्वर्टेड कामा में रख देते तो नीयत साफ़ रहती, पर उन आलोचक महोदय ने ऐसा न करके अपनी बदनीयती ही ज़ाहिर की। इशारा उनका 'दिनमान' में सर्वेश्वर की समीक्षा की ओर था। पर भवानी भाई अपने दुख की इस भड़ास को पर-निन्दा में बदलने को तैयार नहीं थे, हालांकि पर-निन्दा का भी एक रस होता है ऐसा उन्होंने स्वीकार किया। पर जो कहना हो मुंह पर ही कहना, चाहे खट्टी चाहे मीठी, भवानी भाई को यह सहज व्यवहार ज़्यादा भाता है। इसी सिलसिले में शमशेर जी की कविताओं का भी उन्होंने जिक्र किया-अपनी कही हुई एक पुरानी बात दुहराई कि शमशेर उर्दू में इतना साफ़ समझ में आने वाला लिखते हैं, फिर हिंदी में क्यों नहीं? यह बात कभी उन्होंने शमशेर जी से ही कही थी किसी जलसे में।

शमशेर जी ने आगे बढ़कर यह बात लोकी और बोले कि मेरी तो ऐसे ही लोगों

से दोस्ती है जो मेरी कविताओं को पसंद नहीं करते रहे हैं, मसलन रामविलास, नागार्जुन...

लोगों के साथ, खासकर कवि-लेखक, चित्रकार या बुद्धिजीवी के साथ शमशेर जी को मिलते हुए देखना एक अनुभव है। ज़्यादातर यह एकतरफ़ा मामला होता है। मिलने में दूसरे पक्ष की गर्मजोशी, उत्साह और एक हास्य-विट्युक्त नाटकीयता का हिस्सा भी शमशेर जी अपने ही खजाने से चुकाते हैं। अगर दोनों सज्जन एक ही उम्र और पेशे (शायरी) के हुए तो बात ही क्या। विनम्रता और बड़प्पन के इज़हार में शमशेर जी शर्त लगाने लगते हैं, अपनी तरफ़ से भी और दूसरे की तरफ़ से भी। दूसरे व्यक्ति का अपने अनुभव की ठोस धरती में शांत स्थिर और वास्तविक खड़े रहना शमशेर जी को अपने उकसाए गए भीतरी प्रवाह को देखते हुए कुछ अजब लगता होगा। एक चट्टान की तरह उसका खड़ा रहना अपने प्रवाह की गोल गोल उर्मियों में उत्ताल तरंगों के बहाव में उन्हें कुछ अनुचित, अवांछित लगता होगा। अतः शमशेर जी अपने प्रवाह में उस व्यक्ति की स्थिर वास्तविकता को ट्रान्सफार्म कर देते हैं। कुछ तो सचमुच और कुछ उस सचमुच को अपनी कल्पना और भावना से सच बनाते हुए। और इस तरह एक संवाद चालू हो जाता है।

पर यहाँ भवानी भाई उस तरह प्रवाह-रहित नहीं रहे। अपने सामान्य स्वस्थ शरीर में एक सरल मौज भरे हुए वे भावोच्छल तो न थे, पर एक ऊष्मा थी उनमें, जो शायद दोपहरी की सुनहली धूप और दो लेखकों के अप्रत्याशित सानिध्य से उनमें भर उठी थी।

चाय पर कमरे के भीतर उन्होंने अपनी कुछ कविताएँ सुनाईं। फिर शमशेर जी से बार-बार गले मिलकर हम लोगों से विदा ली। गेट तक छोड़ने आए।

राजघाट बस स्टाफ की तरफ जाते समय शमशेर जी ने एकाएक कहा कि इन सबका एक छोटा-सा स्केच लिख लेना। उनका मतलब भवानी भाई के स्केच से ही था। उस वक़्त तक मेरे दिमाग में यह बात न थी। मैं भवानी भाई की बातों में कम और अपने कैमरे के इस्तेमाल की जुगत की बात में ज़्यादा ध्यान रमा रहा था।

बस स्टाप पर शर्बत के दो 'गिलासों' को लेकर शमशेर जी ने एक छोटी-सी मनोरंजक स्थिति पैदा कर दी। आसपास खड़ी महिलाएँ हँसने लगीं। शमशेर जी भी हंसे। शर्बत वाले की "कैसे लोग चले आते हैं" वाली क्लासिक मुद्रा दर्शनीय थी।

बस के इंतज़ार से थककर आखिर स्कूटर से पुस्तक मेले आना पड़ा। दो रुपये सस्ता ही लगा।

यह निश्चय कर कि कुछ खा-पीकर ही अंदर धँसेंगे, मैं दो प्लेट पुलाव ले आया। दो रुपये प्लेट। खासा पुलाव था। पेट लगभग भर ही गया। एशिया ७२ वाले

उत्सव के मुक़ाबले इस बार खाने-पीने की चीज़ों के दाम मुनासिब लगे।

दो बड़े-बड़े हालों में सजी लाखों किताबें। पर काफ़ी देर हम दोनों हालों के बीच के चौक में सजी ओपेन एयर दुकानों पर ही लोटपोट होते रहे। योरुप के प्रसिद्ध चित्रकारों-देगा, मातीस, मान, ब्रॉक आदि-और शिल्पकारों के खूबसूरत अलबमों पर शमशेर जी मुग्ध होते रहे। बॉतीचेली के चित्रों से सजी और लांगफेलो के अंग्रेज़ी अनुवाद वाली दांते की 'कामेडी' सिर्फ़ २० रुपये में। माने ५ रुपये में। इन आकर्षणों को कड़वे घूंट की तरह पी जाने के अलावा और कोई चारा न था। बचाते-बचाते भी शमशेर जी ने २०-२५ रुपये की किताबें खरीद डालीं।

इनमें एक भारत भर की सड़कों का नक्शा था। काफी देर तक शमशेर जी उस नक्शे में दुर्ग जिले में नवागढ़ का नाम ढूंढते रहे जहां उनके छोटे भाई तेजबहादुर चौधरी रहते हैं। पर शायद उस नक्शे के लिहाज़ से नवागढ़ एक छोटा नाम था। शमशेर जी ने बताया कि नक्शा खरीदकर रखने की इच्छा उनकी बहुत पुरानी है। नक्शे हमेशा उन्हें आकर्षित करते रहे हैं...

चार बज गए थे और अभी हमारे मेन हालों में घुसने की नौबत ही न आई थी। थकान भी लगने लगी। प्यास भी। चौक के पास की सीढ़ियों पर बैठकर थोड़ी देर सुस्ता लें इस ख़याल से बैठे। शमशेर जी प्रीतीश नंदी द्वारा संपादित इंडो-एंग्लियन कविता की एक एन्थालॉजी लेकर देखने लगे। मैं इतने में दो कप चाय ले आया। शमशेर जी का ख़याल है कि वे आज के बहुत से इंडो-एंग्लियन कवियों से ज़्यादा अच्छी कविताएँ अंग्रेज़ी में लिख सकते हैं, अगर वे अपना अंग्रेज़ी में लिखने का पुराना रियाज़ जारी रखते। अंग्रेज़ी में लिखी अपनी कविताओं का ज़िक्र करते-करते शमशेर जी भावुक हो गए। अंग्रेज़ी में अपने काव्य-प्रयासों के लिए उनके मन में एक मोहयुक्त ममता है। उन्होंने इस बात को बार-बार दुहराया है कि अपने काव्य जीवन के शुरू के दिनों में-जब वे धड़ल्ले से अंग्रेज़ी में छंदबद्ध और छंदमुक्त काव्य रचना किया करते थे-उनकी अंग्रेज़ी कविताओं का एक संग्रह 'पायोनियर' प्रेस से छप सकता था अगर वे सिर्फ़ काग़ज़ का ख़र्च जुटा सकते। अमरनाथ झा ने उन्हें काफ़ी प्रोत्साहित भी किया था। पर शमशेर जी के पिताजी कविता-वविता बिल्कुल पसंद न करते थे, अतः उनसे मुँह खोलकर छपाई के काग़ज़ के लिए कैसे कहा जा सकता था। शमशेर जी ने अंग्रेज़ी कविता लिखने के अपने जज़्बे को काफ़ी कुचला भी। अपने को कुचलने, दबाने, मन मसोसने की प्रवृत्ति शुरू से ही उनमें रही।

पर उन दिनों की लिखी अपनी अंग्रेज़ी कविताओं के लिए उनके मन में कमज़ोरी अब भी है। दुर्भाग्य से दयानंद कॉलोनी के इस नए मकान में आने पर वे कविताएँ-जो एक रजिस्टर में थीं-न जाने कहाँ खो गयीं। उन्हीं के साथ शमशेर जी द्वारा मैक्सिम गोर्की के 'आन लिटरेचर' के दो-एक निबंधों का 'मेहनत से किया'

अनुवाद भी खो गया। खो गया या किसी ने गायब कर दिया। शमशेर जी के यहां तमाम तरह के लोग आते जाते रहते हैं। पता नहीं किसकी यह हरकत है। शमशेर जी एकाएक बहुत दुखी हो उठे। बोले, उनके खोने से मुझे इतना दुख हुआ है कि अब मैं बहुत खिन्न हो उठा हूँ। चाहे तो मेरी सभी चीज़ें कोई उठा ले जाए, मुझे कोई परवा न होगी। -इस तरह अपनी चीज़ों के ग़ायब हो जाने में-और इसके पीछे किसी आदमी का हाथ होने के शुब्हे में-शमशेर जी मानव-गरिमा का पतन देखते हैं, इंसान के दिल का छोटापन, टुच्चापन। और इस अहसास से उन्हें पीड़ा होती है। यह मानसिक पीड़ा उन्हें इस पीड़ा को भोगने वाले अर्थात स्वयं को ही तिरोहित कर देने, भुला देने, बेपरवाह हो जाने, बिल्कुल उदासीन हो जाने की तरफ़ प्रेरित करती है। न-कुछ की ओर।

मानव-गरिमा के पतन और इंसान के टुच्चेपन का कटु अहसास उनकी कई कविताओं में व्यक्त भी हुआ है। 'भाषा' कविता एक मिसाल है। मार्मिक रूप से पीड़ित होने पर अपना आपा खो जाने देने की कविताएँ भी हैं उनके यहां। बाहर का बदला इस तरह वे अपने से लेते हैं। कभी चिढ़कर, कभी खिन्न होकर, दुखी होकर।

फिर मेन हाल के भीतर। शमशेर जी ज़्यादातर कला संबंधी पुस्तकें-अलबम वगैरह देखते रहे। चश्मा उतारकर छपे पृष्ठों को आंख के बिल्कुल नजदीक ले जाकर, गौर से। कुछ टटोलते हुए। कला की विराट और अनंत दुनिया में डूबते और खोते हुए। एक-एक स्टाल पर वे इतनी देर लगाने लगे कि मुझे भय हुआ कि हम हाल के सिर्फ़ एक कोने में ही अटक कर न रह जाएं। खड़े-खड़े पैर भी थकने लगते थे, चलने में थकावट पैरों से बह कर थोड़ी निकल जाती थी।

रूसी स्टाल खासा बड़ा था। शायद सबसे बड़ा-अर्द्ध चंद्राकार-बीच में लेनिन की एक मूर्ति।

३० मई, ७६

प्रेमा को भेजे जाने वाले कैसेट टेप में अपने हिस्से की बातचीत और कुछ कविताएँ रिकार्ड कराने कल शमशेर जी आए। काफ़ी समय लगाकर सेकेंड सेकेंड का हिसाब लगाकर उनकी 'चीज़ें' रिकार्ड हुईं। शमशेर जी ने अपनी 'भावनाओं के कथ्य' को बहुत सधेपन और कैजुअल अंदाज में कहा-वह कुछ कहा जो वे कहने को महसूस करते रहे हैं।

५ जून को भोपाल जाने वाले हैं-अशोक वाजपेयी 'पूर्वग्रह' का वह विशेष अंक रिलीज कर रहे हैं जिसमें शमशेर जी पर विशेष सामग्री है और शमशेर जी की

उपस्थिति में यह सब होगा। शमशेर जी ने इस स्थिति को लक्ष्य करके ही कहा- "मुझे लोग एक 'सेफ़र बेट' समझते हैं।" उनका आशय था कि लोग उनकी कविता के खामख़्वाह प्रशंसक हैं, उसे गहराई से समझने, उसकी आलोचनात्मक पड़ताल के लिए किसी जहमत की ज़रूरत नहीं समझते। कहीं भी बुलाओ चले जाते हैं, यह मान लिया जाता है कि बेचारे शरीफ़ आदमी हैं (शायर हैं) कोई प्रतिरोध नहीं करेंगे। उन्हें बुलाकर आयोजन को सफल बनाकर वाहवाही लूट ली जा सकती है क्योंकि उनकी कविता को किसी चैलेंजिंग तरीके से समझने/समझाने की ख़ास ज़रूरत ही नहीं।

शमशेर जी ने इतना सब नहीं कहा। विश्लेषण-अपने समझने के लिए-मेरा है।

उम्र की इस सीढ़ी पर पहुँचकर अपनी काव्यात्मक उपलब्धियों के व्यावहारिक मूल्य के प्रति सचेत हो गए हैं। वे अब यह महसूस करने लगे हैं कि वे अंगुलियों में जीने वाले, कविता और सिर्फ़ कविता के लिए साँस लेने वाले एक समर्पित कवि मात्र नहीं हैं, बल्कि एक ऐसे कवि भी हैं जिनकी रचनाओं की बाज़ार में मांग है और जो क्रमशः बढ़ती ही जाएगी और इस स्थिति का लाभ अब कवि को मिलना ही चाहिए।

इसीलिए वे यह निर्णय नहीं कर पा रहे हैं कि अपनी नई किताब किस प्रकाशक को दें।

६ जून, ७६

पुनश्च : कई बार शमशेर जी सोचते हैं कि अपनी किताब राजकमल को दे दूं, क्योंकि राजकमल को देना उनके हित में, उनके लिए लाभप्रद रहेगा। (अकादेमी पुरस्कार?)

इधर जैसी कविताएँ शमशेर जी लिख रहे हैं वे रचनात्मक इरादे से किसी नई ऊर्जा से प्रायः रहित, अनुत्तेजक प्रेरणाहीन हैं। एक प्रकार की रुक्ष गद्यात्मकता सी उनमें भरती जा रही है। यह गद्यात्मकता भी किसी नई विचारात्मकता का वज़न लिए हुए नहीं है, एक सूखेपन, एक प्रेरणाहीन पठार का संकेत है। शायद शमशेर जी के पास कविता लिखने के लिए कोई नया रचनात्मक अनुभव नहीं रहा। कोई नई बाध्यता, विवशता और जुबान। शायद।

कल भोपाल गए। वहाँ 'पूर्वग्रह' का वह अंक उनके हाथों विमोचित होगा जिसमें उनके बारे में विशेष सामग्री है। और भी कई कार्यक्रम होंगे। यह महसूस करते हुए भी कि उनका एक शिष्ट प्रकार का 'इस्तेमाल' किया जा रहा है। शमशेर का वहां जाना अजब है-अजब नहीं है। शायद वे अपने प्रति अनुकूल हवा का ख़ुद भी

'इस्तेमाल' कर लेना चाहते है, समय रहते, अपनी कविता की इमेज को-अज्ञेय और मुक्तिबोध के प्रभाव से-कुछ स्थायी रूप से चमका लेने के लिए। शायद। जो लोग शमशेर को एक फक्कड़ मिजाज़, लापरवाह, मस्तमौला शायर (प्यारे पोयट) समझते रहे हैं उनके लिए यह स्थिति कुछ अजब लग सकती है-यह अपनी कवि-इमेज को जमाने की कोशिश। नेकी कर और दरिया में डाल-अब यह कहावत शमशेर पर फ़िट नहीं बैठती, वे अब अपने सब किये का मूल्य वसूल कर लेना चाहते हैं।

शायद मैं शमशेर जी को बहुत सख़्ती से जज कर रहा हूं। शायद मैं ख़ुद को बदली हुई परिस्थितियों के अनुसार न ढाल पाने की अपनी कमी को जज कर रहा हूँ। शायद मैं बहुत ज़्यादा सिद्धांतवादी हूँ-शायद मैं बहुत ज़्यादा अव्यावहारिक हूँ-शायद मैं बहुत ज़्यादा 'जड़' हूँ (जड़मूरत)-शायद मैं ज़िंदगी के तर्क को, उसके अप्रतिहत प्रवाह को, उसके उतार-चढ़ाव को नहीं समझता-शायद मैं ज़िंदगी को नहीं ज़िंदगी की एक सात्विक कल्पना को प्यार करता हूँ।

५ अगस्त, ७६

पूछने पर कि मैं इन दिनों क्या पढ़ रहा हूँ यह बताने पर कि सोल्ज़ेनित्सिन, बातचीत नोबेल पुरस्कारों की तरफ़ मुड़ गई और शमशेर जी ने कहा, "मुझे बिल्कुल आश्चर्य न होगा यदि किसी दिन अज्ञेय को नोबेल पुरस्कार दिए जाने की घोषणा हो। उसके लिए जिस तरह की राजनीति और स्पेडवर्क की ज़रूरत होती है वह अज्ञेय के पास है। विदेशों में उनकी रचनाओं के अनुवाद हैं और वे ख़ुद भी अपनी विदेश-यात्राओं द्वारा पुरस्कार पाने योग्य अनुकूलता बना चुके हैं...।" पर जिस तरह की अलग और डिस्टिंक्ट व्यक्तिमत्ता साहित्य में चाहिए-और जैसी कि हमें योरुपीय बड़े लेखकों में मिलती है-वह अज्ञेय में नहीं है, यद्यपि उनका साहित्य respect-worthy है ... पर सृजन की वह ऊँचाई उनमें नहीं ... वह कंटेण्ट नहीं ... बहुत कुछ वे पास्तरनाक की तरह से हैं ... व्यापक सामाजिक संघर्ष से दूर, सौंदर्यवादी ... कलाकार ...

३ अक्तूबर, ७६

शमशेर जी के यहाँ सुबह। शमशेर जी को इसी १२ अगस्त से उर्दू-हिंदी कोश वाले काम से छुट्टी मिल गई है-रजिस्ट्रार ने उनकी सर्विस ख़त्म कर दी है। शमशेर जी

को लगता है उन्होंने अपनी ज़िन्दगी के ये १० वर्ष जो कोश-कार्य में खर्च किये वे एक बड़ी कीमत थे, अपनी ज़िन्दगी के १० साल। इसमें उनकी बहुत-सी योजनाएं धरी रह गईं, बहुत-सी चीजें लिखने की, ज़्यादातर पढ़ने की। इस बीच सिर्फ़ एक काम से उन्हें थोड़ा संतोष मिला है : उनकी उर्दू पाठ माला जो 'दिनमान' में छपी। यही एक मसरफ का काम उन्होंने किया, ऐसा वे महसूस करते हैं। कविताएँ वैसे उन्होंने काफ़ी लिखीं इस बीच, छपे भी पर्याप्त, पर यह अहसास है कि वे इन दस कीमती वर्षों का ज़्यादा सही, ज़्यादा ठोस इस्तेमाल कर सकते थे।

बातचीत के दौरान दिविक रमेश आ गए। अपने एक काव्य-संग्रह की पांडुलिपि शमशेर जी के पास सम्मति-सुझाव के लिए छोड़ गए थे। मैं एक पत्रिका लेकर तटस्थ हो गया, शमशेर जी दिविक जी से बतियाते रहे। बाद में मैं और अजय सिंह भी बातचीत में शरीक हो गए। दिविक जी ने बताया कि हरियाणा भाषा विभाग ऐसे कृतिकारों को जो किसी न किसी रूप से हरियाणा से सम्बद्ध रहे हों अपनी कृतियों के प्रकाशन के लिए एक हज़ार रुपये तक अनुदान देती है। संयोग से दिविक जी एक नियम के अंतर्गत 'हरियाणवी' निकले, अतः इस सुविधा का लाभ क्यों न उठावें। शमशेर जी ने चुटकी लेते हुए एक सुझाव दिया कि एक कविता 'जय हरियाणा' पर भी लिख दी जाय, चाहे तीन पंक्तियों की हो, तो रुपये मिलना तय हो जाएगा।...आदि आदि।

२० फरवरी, ७७

हिंदूराव अस्पताल की कैंटीन में शमशेर जी, शोभा, अजय सिंह के साथ। शमशेर जी ने एक बात बताई कि सूर्य का सारथी अरुण जो है वह स्थाणु है-यानी उसके दोनों पैर कटे हैं। इस बात पर सबने अचरज प्रकट किया, किसी को यह मालूम ही न था। यह बात शमशेर जी के दिमाग में आई कैसे? शायद अस्पताल के मरीजों को देखकर-विशेष सर्जिकल वार्ड में दीवार से लगे खटोले पर पड़े उस मरीज को देखकर जिसकी एक टाँग घुटने से कटी हुई थी ...

७ अप्रैल, ७७

लाजपत नगर शमशेर जी से मिलने। मन में सवालों के कुछ प्रारूप बना लिए थे कि इन्हें ही केंद्रित कर उनसे बातचीत करूँगा। शमशेर जी घर पर न थे, पर पाँच मिनट बाद ही आ गए। आते आते-ज़रूरी हालचाल पूछने के बाद-तेज बहादुर चौधरी

का ज़िक्र छेड़ दिया। बात बच्चों की शिक्षा-पद्धति को लेकर शुरू हुई थी कि किस तरह शुरू से ही बच्चों के मन पर एक अयथार्थ शिक्षा को बोझ बनाकर लाद दिया जाता है। बात दो-चार नुक्तों के बाद ही एकाएक शमशेर जी पर होती हुई तेज बहादुर चौधरी पर। उनका खिलंदड़ा बचपन और दिन दिन भर पतंगबाजी का शौक। पर दिमाग से तेज़ और स्मरण शक्ति बेहद अच्छी।-शमशेर जी पूरे नास्टेल्जिक मूड में आ चुके थे-उनकी आँखों में स्मृति की रेखाएं तैरने लगी थीं और वे उत्साह के साथ तेज बहादुर चौधरी के शुरू के जीवन की कुछ मुख्य घटनाओं का वर्णन करने लगे। एक बार किसी ने उनसे पूछा कि किस क्लास में पढ़ते हो? जवाब, पता नहीं। यह जवाब या तो उस व्यक्ति को स्तब्ध करने के लिए दिया गया था या वाकई तेज बहादुर को यह याद न रहा था कि वे किस क्लास में पढ़ रहे थे। ...दसवीं पास करके वे ऋषिकेश भाग गए, वहां के किसी ऋषिकुल वैद्यकी के विद्यालय में दाखिला लेने के लिए। वहां संस्कृत में चरक और सुश्रुत पढ़ाया जाता था। तेज बहादुर सब टेक्स्ट कंठस्थ कर लेते थे। एक बार मौखिक परीक्षा में अध्यापक ने किसी पौधे की तरफ़ इशारा करके पूछा, यह क्या है? जवाब, यह पत्ती है। अध्यापक को शायद अपेक्षा थी कि विद्यार्थी प्रश्न के उत्तर में पौधे का नाम बताएगा। अतः उत्तर के 'अनौचित्य' पर रोष प्रकट किया। तब जवाब मिला कि आपके इस प्रश्न कि यह क्या है का यही जवाब हो सकता है कि यह पत्ती है-क्योंकि आपने यह नहीं पूछा था कि यह किस चीज़ की पत्ती है। फिर उस पौधे के सब गुण प्रभाव बता दिए और कुछ ऐसी बातें भी जो अध्यापक महोदय को भी याद न थीं।

शमशेर जी की माता का देहांत १९२० में हो गया था। तब उनके पिताजी की उम्र ३५ वर्ष से अधिक न थी। काफ़ी बाद उन्होंने एक रखैल भी घर में रख छोड़ी जो 'विमाता' की सी सख़्ती से पेश आती थी। उसी के कारण तेज बहादुर को पिता का घर छोड़ना पड़ा और पत्नी और बच्ची के साथ किराए के मकान में रहना पड़ा।

शमशेर जी तेज बहादुर चौधरी के संघर्ष, जीवट और अध्यवसाय की खूबी बयान करते हैं। उनकी डॉक्टरी के कमाल की चर्चा करते हैं कि कैसे उन्होंने कई असाध्य रोगियों को अच्छा कर दिखाया। शमशेर जी सन् ६१ में तेज बहादुर के पास नवागढ़ (दुर्ग) गए थे और वहां कुछ दिन रहे थे। वहां से तीन दिन के लिए वे राजनांदगाव मुक्तिबोध से मिलने गए। मुक्तिबोध के पिताजी को पांव में कोई तकलीफ़ थी। उसकी दवा भी तेज बहादुर से संग लेते गए थे। शमशेर जी को अफ़सोस है कि अगर वे मुक्तिबोध को किसी तरह राजी कर अपने डॉक्टर भाई (तेज बहादुर) को दिखा देते तो उनकी असामयिक मौत न होती। यह उनका पक्का विश्वास है। डॉक्टर तेज बहादुर का ख़ुद अपना अस्पताल और मरीजों को छोड़कर मुक्तिबोध के इलाज के लिए राजनांदगांव जाना कठिन था। पर मुक्तिबोध नवागढ़ जा सकते थे।

पर ऐसा न हो सका। शमशेर जी संकोचवश मुक्तिबोध के आगे यह प्रस्ताव न कर पाए। प्रस्ताव किया भी हो तो उसे कार्यरूप में परिणत न करवा पाए यानी मुक्तिबोध की मुलाकात डॉक्टर तेज बहादुर चौधरी से न करवा पाए।...

जबसे इस बी-८६ नम्बर वाले मकान में शमशेर जी आए हैं उनकी कई पांडुलिपियां खो गई हैं। गोर्की के 'आन लिटरेचर' का बहुत मेहनत से-लगभग मूल के जैसा आनंद देने वाला-किया हुआ अनुवाद, एक जापानी कहानी 'कैनरी आइलैंड' का अनुवाद और उनकी अंग्रेजी की लगभग ३०० कविताओं की कापी गायब हो गई। इस मकान में जब शुरू-शुरू में आए तब अजय सिंह के एक न एक नौजवान दोस्त आते रहते, कोई-कोई हफ्तों वहीं रहते भी थे। शमशेर जी कभी मूड में अपनी चीज-बस्त बिखेरकर कोई चीज़ निकालते और उन लोगों को सुनाते। उन्हें शक है कि उन्हीं में से किसी ने वे चीज़ें तिड़का दी हैं। उन्हें खो देने का मलाल वे धो नहीं पाते। इसकी चर्चा पहले भी कई बार कर चुके हैं। ये सभी चीज़ें अप्रकाशित थीं। शमशेर जी अपनी चीज़ों को पहले नष्ट कर देते थे। प्रगतिवाद के उस दौर में रामविलास शमशेर की कविताओं के कटु आलोचक थे। शमशेर जी रामविलास की आलोचना से सहमत हो जाते और अपनी चीज़ों को रुग्ण और बेकार समझ कर फाड़ डालते। इस तरह अपनी बहुत सी चीज़ें उन्होंने नष्ट की हैं। फिर उन्होंने संकल्प किया कि अब वे अपनी चीज़ें नष्ट नहीं करेंगे। इस संकल्प का हताशा और डिप्रेशन के कई दौरों के गुजरने के बाद भी उन्होंने पालन किया।

मेरे मन में जो सवाल थे वे न सिर्फ़ धरे के धरे रह गए बल्कि मैं उनके अस्तित्व तक को भूल गया।

फिर उन्होंने अपनी कुछ कविताएँ दिखाईं। मैंने गौर किया है कि कविता की मेरी परख के प्रति शमशेर जी में एक आदर का भाव है। वे मेरी राय की क़द्र करते हैं। अपनी कोई चीज़ पढ़ने को देते हैं तब जब तक मैं उसे पढ़ता रहूं वे मेरी राय जानने की सांस रोक कर प्रतीक्षा करते रहते हैं। मेरे कई सुझाव भी उन्होंने माने हैं। तो एक कविता बच्चन की सत्तरवीं वर्षगांठ पर-एक सानेट-उन्होंने लिखा था। तीन खंडों में। उसकी पहली पंक्ति थी- "सत्तर का हुआ सिन, मुबारक होवे।" यह पंक्ति बाजस्ता उनके दिमाग में गूँजी थी। रुबाई की तरह बह्र में उन्होंने सानेट बहुत परिश्रम करके लिख डाला। और उसकी एक प्रति बच्चन के पास पोस्ट भी कर दी। फिर शमशेर जी को एकाएक ख़याल आया कि चूंकि यह सानेट एक फ़ार्मल अवसर पर-उसी तरह जैसे पहले के शायर क़सीदा लिखते थे-था, अतः उसे उस काव्यरूढ़ि के आधार पर भी देख लें कि उसका आरंभ शुभ गणों पर है कि नहीं, तो पाया कि 'सत्तर का हुआ सिन मुबारक होवे' में जो गण बनते हैं वे अशुभ हैं। तब शुभ गण लाने के लिए उन्होंने उसे यों बदला-अति शुभ, सत्तर का सिन मुबारक होवे।

बच्चन ने सानेट भेजे जाने पर कोई पत्र नहीं लिखा। यह शमशेर जी को स्वाभाविक लगा। क्योंकि बच्चन कुशल शिल्पी होने के नाते तुरंत जान गए होंगे कि पहली पंक्ति में ही अशुभ गण हैं और कि नामाकूल आदमी को इसकी भी तमीज नहीं कि इस तरह की फ़ार्मल कविता की परंपरागत काव्यरूढ़ि क्या है, उसे जवाब क्या देना? शमशेर जी के इस तर्क पर हक्का-बक्का रह जाने के सिवा चारा ही क्या था।

फिर नेमि जी पर लिखी कविता दिखाई। पहले जो लिखी थी उसमें काफी संशोधन-परिवर्धन किया था। जब पहले पहल लिखी थी तब संस्कृत छंदों का अभ्यास करने का मूड चढ़ा हुआ था, अतः इस कविता का एक खंड संस्कृत के छंद में है और अंतिम दोहा में। बीच का खंड मुक्त छंद है। पहला और अंतिम फ़ार्मल, संयत और प्रयत्नपूर्वक लिखे गए-प्रयत्न की स्पष्ट छाप लिए हुए। दूसरा खंड सहज प्रवाहयुक्त शमशेर के प्रिय-परिचित बोलचाल वाले लहजे की आत्मालाप शैली में। पइले खंड के बारे में मेरा कुछ पंक्तियों को आगे पीछे करने का सुझाव उन्होंने माना।

शमशेर की दाढ़ी काफी छंटी हुई। बाल सब प्रायः सफेद। दाढ़ी बढ़ाने का इरादा है। शेव करने की इल्लत से बचाव की सूरत और बहुत दिनों की भीतरी इच्छा भी जो अब तक अज्ञेय की दाढ़ी को देख-देखकर मन ही मन दबी हुई थी। माचवे की दाढ़ी देखकर वह वर्जना शायद अब टूट गई थी और शमशेर दाढ़ी बढ़ा लेने को तैयार थे।

२९ दिसम्बर, ७७

कल शाम शीला संधू के घर पर शमशेर जी को साहित्य अकादमी का पुरस्कार मिलने पर बधाई देने के लिए जो गोष्ठी हुई थी उसमें मैं भी गया था। मॉडल टाउन से ही फ़रीदी साहब और प्रफुल्लचंद्र ओझा 'मुक्त' भी साथ थे, शमशेर जी भी। लाजपत नगर में थोड़ी देर हम नरेंद्र वशिष्ठ के यहाँ रुके, चाय के एक दौर के लिए।

वहाँ-शीला संधू के घर-कई जानी-मानी हस्तियाँ आईं। शमशेर जी ने अपनी कुछ कविताएँ-ज़्यादातर फर्माइशी-सुनाईं। सुनाने का ढंग उनका-जितनी दूर से मैं सुन रहा था-सहज, आत्मीय और उनका खास था : वे कविता के भीतर काफी दूर तक पैठकर उन मौलिक ध्वनियों और तरंगों को अपने स्वर में लाने की कोशिश कर रहे थे जो कभी वे कविताएँ लिखी जाती समय उनके भीतर रही होंगी। 'टूटी हुई बिखरी हुई' जो उनके मुँह से यहाँ सुनना एक अनुभव था। मैंने देखा, रघुवीर सहाय भी इस कविता को डूबकर सुन रहे थे और शायद अपने उस अनुभव को ताजा कर रहे थे जो उन्होंने 'टूटी हुई बिखरी हुई' पर लिखी अपनी टिप्पणी लिखते हुए महसूस किया होगा

(यह टिप्पणी उन्होंने वहाँ पढ़ी थी।)

पर शमशेर जी अपनी कुछ कविताओं की मूल आत्मा में अब प्रवेश नहीं कर पाते। जिन कविताओं को पढ़ने के पहले उन्होंने उसके बारे में कोई टिप्पणी वग़ैरह की वह इसी तरह की कविताएँ थीं। उन कविताओं के मूल उद्वेग, मूल राग को शमशेर जी संभवतः भूल चुके हैं। इससे यह बात भी क्या सिद्ध नहीं होती कि शमशेर जी का मूल राग एक होते हुए भी कई-कई पहलू रखता है, कई-कई शक्लें और प्रकार? उन कविताओं को उनके मुँह से सुनकर लगता था जैसे उन कविताओं को उन्हें रचने वाला कवि नहीं उन्हें रचने वाला भूतपूर्व कवि पढ़ रहा है। यह मेरे लिए एक अनुभव था। यह देखना कि एक कवि किस तरह अपनी कुछ बेहतरीन कविताओं से भी कितनी दूर चला जा सकता है।

३१ दिसंबर ७७ : रात १२ बजकर १० मिनट

१ जनवरी, १९७८

अभी-अभी शमशेर जी के यहाँ से लौटा हूँ। नए वर्ष की शुभकामनाएँ ले-देकर।

शमशेर जी से पंत जी के बारे में बातचीत होती रही। मैं पंत जी के बारे में शमशेर जी से कुछ व्यक्तिगत अनुभव सुनना चाहता था। इस वक़्त जेहन में जो बातें हैं वे सूत्र रूप में :

पंत जी से शमशेर जी का परिचय इलाहाबाद आने पर सन् ३१ में हुआ। पंत जी की साहित्यिक कृतियों से साबका इलाहाबाद आने पर ही हुआ। निराला की साहित्यिक कृतियों से परिचय शमशेर का इसके पहले 'परिमल' के प्रकाशन के साथ ही हो चुका था।

पंत जी की मदद से शमशेर जी को सन् ३८ में इंडियन प्रेस में अनुवाद का काम मिला। शमशेर की पढ़ाई-फीस का प्रबंध तब बच्चन कर देते थे, पंत जी द्वारा दिलाए अनुवाद के काम से शमशेर का और खर्च चलता था। शमशेर ने अमरीकी तथा अन्य कहानियों का मेहनत से अनुवाद किया जो विश्व की सर्वश्रेष्ठ कहानियों के एक संग्रह के रूप में इंडियन प्रेस से ही छपा। इंडियन प्रेस में जो इस काम के इंचार्ज थे उनसे शमशेर समय-समय पर पैसे लेते रहते थे। एक दफा हिसाब होने पर इंचार्ज ने बताया कि आपको पैसे ज़्यादा दे दिये गये। तब रहस्य खुला कि वे चार आना प्रति पृष्ठ अनुवाद का लगा रहे थे। जबकि शमशेर प्रचलित रेट के हिसाब से आठ आना प्रति पृष्ठ समझ रहे थे। तब वे बोले कि छः आना तो हम निरालाजी को देते हैं।

शमशेर इस जवाब को सुन चुप रह गए थे। सन् ३८-३९ में 'रूपाभ' निकलने पर शमशेर पंत जी और नरेंद्र शर्मा के साथ 'दिलकुशा' में रहने लगे थे। नरेंद्र शमशेर के यूनिवर्सिटी के दिनों के मित्र थे। पंत जी शमशेर को छोटे भाई की तरह लेते थे, नरेंद्र के साथ भाई और मित्र का मिला-जुला दर्जा रखते थे। नरेंद्र पंत जी के ज़्यादा निकट थे। 'रूपाभ' का ज़्यादातर काम नरेंद्र ही देखते थे। रूपाभ में उन्हीं दिनों पंत की ग्राम्या की अधिकांश कविताएँ छपीं। उन दिनों पंत जी पर पी.सी. जोशी का गहरा असर था और वे मार्क्स का अध्ययन कर रहे थे। पी.सी. जोशी उनके मित्र थे। पंत जी की इन प्रगतिशील कविताओं ने साहित्य-जगत् में एक हलचल-सी मचा दी, ज़्यादातर साहित्यिकों ने उसका विरोध किया। तब तक छायावाद प्रतिष्ठित हो चुका था और पंत जी की इस नई 'हरकत' से छायावादी काव्य के प्रेमी लोग क्षुब्ध हो चुके थे। शमशेर ने बताया कि उन्हें याद है कि पंत जी की इन कविताओं को देखकर अमरनाथ झा ने कहा था कि पंत का ह्रास आ गया है। पर एक तबके ने उन कविताओं का स्वागत भी किया। इनमें शमशेर, नरेंद्र, रामविलास शर्मा, चौहान, प्रकाश चंद्र गुप्त जी जैसे लोग थे। शमशेर ने ग्राम्या की कविताओं के समर्थन में एक लेख 'भारत' में उन्हीं दिनों छपाया जो वह उस अखबार के पूरे पृष्ठ में छपा। पंत जी उस लेख के विश्लेषण को देखकर दंग रह गए थे। फिर 'रूपाभ' में ही पंत जी के एक कविता कथन पर शमशेर का सख्त लेख भी छपा। शमशेर और पंत जी में एक अंडरस्टैंडिंग थी। वे अपने विरोध का भी उचित आदर कर सकते थे। उन्हीं दिनों-सन् ३९ में-इलाहाबाद से पहाड़ी और नरोत्तम नागर के संपादन में 'उच्छृंखल' निकला था। इस पत्र का रुख एंटी-पंत, एंटी-गांधी, एंटी-नेहरू था। पंत जी की प्रगतिशील कविताओं के लिए इसमें कोई समर्थन न था। शमशेर इस स्थिति को प्रगतिशील आंदोलन का अंतर्विरोध ही मानते हैं। 'उच्छृंखल' में शमशेर जी कार्टून बनाते थे। दो-तीन कार्टूनों की विषय-वस्तु शमशेर ने बयान की।

नरेंद्र पंत जी के ज़्यादा निकट भावनात्मक रूप से थे। उनसे उनका संबंध ज़्यादा भावुक स्तर का रहा, और नरेंद्र राजनीतिक गतिविधियों में सक्रिय बराबर रहे और बौद्धिक रूप से भी वे शमशेर के मुकाबले ज़्यादा तैयार थे। पर पंत की कविता से शमशेर जी ज़्यादा सही विश्लेषणपरक संबंध बना पाए-समय पड़ने पर शमशेर जी ने पंत की आलोचना भी की।

पंत और निराला के संबंध में पूछने पर शमशेर ने बताया कि दोनों एक-दूसरे को बहुत चाहते थे। एक कवि के रूप में और एक-दूसरे के प्रति आदर का भाव उनमें था। वे एक-दूसरे के प्रतिद्वंद्वी भी थे, पर मेरे ख़याल से इसके कारण उनके संबंध में कोई कड़ुवाहट नहीं आई। जिन लोगों ने इस कड़ुवाहट को देखा है वह बहुत कुछ उनके अपने दृष्टिकोण का आरोप है। वैसे निराला ने पंत जी की निन्दा-आलोचना भी

की है और पंत ने पल्लव की भूमिका में वैसा ही डटकर जवाब भी दिया है।

पंत निराला से मिलने कभी उनके घर पर नहीं जाते थे। निराला के पंत-विरोध में शायद एक तत्त्व इस वजह से भी उपस्थित हुआ कि पंत रेडियो में अच्छे पद पर आ गए थे। उनका रुतबा सम्मान बढ़ गया था। निराला शुरू से ही प्रतिष्ठान-विरोधी रहे। ज़्यादातर अपने अक्खड़ स्वभाव के कारण। पंत जी की यह 'सफलता' कहीं शायद उन्हें चुभती रही हो-एक प्रतिद्वंद्वी की 'सफलता'। पर वे पंत की दूसरों से निंदा नहीं सुन सकते थे। पंत की कविताएँ खुद गाकर बड़े लय-स्वर के साथ सुनाते थे। एवं चुनौती के साथ। पंत जी ने जब 'रूपाभ' निकाला तो बनारस के छायावादी आलोचक शांतिप्रिय द्विवेदी को पूरी आशा थी कि वे एक मात्र छायावादी आलोचक हैं। इसलिए पंत जी उन्हें ही 'रूपाभ' के संपादकीय विभाग में जगह देंगे। पर ऐसा न होने पर वे जगह-जगह पंत जी की निन्दा करने लगे और निराला की प्रशंसा। पंत-विरोधी के दूसरे मूड में एक बार वे लखनऊ में निराला से मिले और पंत को निराला के आगे हेय बताने लगे। निराला ने दो एक बार तो यह चुपचाप सुना, पर जब शांति-प्रिय बार-बार वही राग अलापने लगे तो उन्होंने क्रोध में अपना हाथ उठाया और धमकाते हुए शांति जी से बोले कि यहाँ से फौरन भाग जाओ वरना ख़ैर नहीं। शान्तिप्रिय को भागते ही बना।

शमशेर, निराला और पंत दोनों से ही प्रभावित रहे। भाव संवेदना और शिल्प दोनों ही स्तरों पर। पंत में जो कीटसीयन और शैलीपन तत्त्व थे उससे वे प्रभावित रहे, पर निराला का उन पर ज़्यादा असर रहा। यह बात रिमार्केबल है कि जिन दिनों इलाहाबाद और प्रकारान्तर से हिंदी साहित्य को पंत का काव्य प्रभावित कर रहा था और नई पीढ़ी के मिजाज का निर्माण कर रहा था शमशेर जी निराला की तरफ पंत की अपेक्षा ज़्यादा झुके। उन दिनों पंत का बोलबाला था। पंत कविता जगत् पर छाए हुए थे।

शमशेर पंत के यहाँ बाद में भी बराबर आते जाते रहे। पंत से उन्हें आत्मीय स्नेह मिला जैसा कि निराला से नहीं मिला। क्योंकि निराला के दबंग व्यक्तित्व से कहीं वे सिकुड़ते थे, उनसे दूर-दूर रहते थे। पंत ही सरल सुलभ थे। अपने जैसे लगते थे।

पर शायद पंत में एक छोटापन भी था। शमशेर इसे निष्कर्ष के रूप में नहीं कह सकते। पर यह तथ्य है कि उन्होंने न तो नरेंद्र की किताब की भूमिका लिखी न नरेश मेहता की। नरेंद्र पंत के निकट होने के कारण यह आशा रखते थे कि पंत उनकी किताब की भूमिका लिखेंगे। ऐसा ही नरेश मेहता भी समझते थे। पंत ने छोटे-छोटे कवियों के संग्रहों तक पर दो शब्द लिखे हैं।

शमशेर के एक काव्य संग्रह को तैयार करने-कविताओं को चुनने का काम भी पंत जी ने लिया था, पर पाण्डुलिपि उनके यहाँ साल भर तक पड़ी रही। केवल कुछ

कविता ही वे देख पाए। तब हारकर शमशेर वह संग्रह उनके यहाँ से उठा लाए। शमशेर पंत को व्यक्तिगत रूप से ज़्यादा न जान सके, उनका समय ज़्यादातर साहित्यिक किस्म का रहा। इसी से उनके पास पंत के कोई व्यक्तिगत संस्मरण नहीं हैं। शमशेर यह मानते हैं कि लोग पंत जी से इधर काफी अरसे से अघाए हुए रहे हैं।

१ जनवरी, १९७८

परसों नेमि जी के घर शाम को जब पहुँचा तब कोई नहीं आया था, मतलब शमशेर जी और नरेंद्र वशिष्ठ वग़ैरह।

पंत जी का प्रसंग आने पर नेमि जी ने कहा कि पंत के निधन का समाचार सुनकर शमशेर की यह सहज प्रतिक्रिया हो सकती है कि वे इलाहाबाद चले जाएँ। उनकी शवयात्रा में शामिल होने, पंत को श्रद्धांजलि देने। चूँकि मैं भी इधर दो-तीन दिन से शमशेर से नहीं मिल सका, विशेषकर पंत जी की मृत्यु का समाचार पाने के बाद और शमशेर जी नेमि जी के यहाँ तब तक न आए थे, सो नेमि जी ने शायद यह सोच लिया था कि शमशेर इलाहाबाद चले गए। पंत की मृत्यु से शमशेर को भावनात्मक आघात पहुँचा होगा, ऐसा नेमि जी ने कहा, और उसी मनःस्थिति में शमशेर जी जैसे जज्बाती इंसान के लिए गाड़ी पकड़कर इलाहाबाद के लिए एकाएक चल पड़ना कोई ताज्जुब की बात नहीं।

कल रात जब मैंने शमशेर से यह जिक्र छेड़ा तो उन्होंने कहा कि मैं इलाहाबाद क्यों जाता? पंत जी पूरी उम्र पाकर मरे हैं, फिर इधर करीब २० सालों से वे मधुमेह के शिकार रहे हैं।

फिर शमशेर जी से पंत जी के बारे में जो बातचीत हुई उससे भी यही निकला कि शमशेर पंत जी से किसी व्यक्तिगत जज़्बे से उतने ही बँधे थे जितने कि उनके साहित्यिक व्यक्तित्व से।

और अब इस उम्र में शमशेर जी की भावनात्मक रूप से प्रतिक्रिया करने की शक्ति में भी कमी आ गई है। हो सकता है आज से पंद्रह साल पहले पंत जी का निधन होने पर उनकी प्रतिक्रिया भावनात्मक रूप से ज़्यादा तीव्र होती, ज़्यादा जज़्बाती होती।

मुझे याद आता है इलाहाबाद में जब निराला की मृत्यु हुई थी तब नरेश मेहता जो शमशेर के आत्मीय मित्रों में थे, यह भी चाहते थे कि शमशेर निराला की शव यात्रा में श्मशान भूमि तक जाएँ। उन्होंने श्रीराम वर्मा और मुझे इस 'ड्यूटी' पर लगाया था कि वे शमशेर को भरसक अरथी से दूर ही रखें।

मुझे लगता है यहाँ भी नेमि जी के समान ही नरेश मेहता भी शमशेर को मिस जज कर रहे थे। निराला के प्रति यह सही है कि शमशेर पंत की अपेक्षा ज़्यादा झुके हुए थे-निराला उनके अपने कवि मत के ज़्यादा निकट रहे-(इस संदर्भ में 'कुछ कविताएँ' फिर पहली निराला पर लिखी शमशेर की कविता की सहज याद आ जाती है।) ज़्यादा प्रेरणा देते रहे-पर यह झुकाव शुद्ध जज़्बाती न था, शुद्ध पर्सनल न था। निराला की मृत्यु से, उनकी शव यात्रा में शामिल होने से निराला की देह को चिता पर जलते देखकर शमशेर इस हद तक विचलित न हो सकते थे कि अपना कुछ अनिष्ट कर बैठें या भावोद्रेक में डूब जाएँ, अपना आपा खो बैठें। शमशेर के दोस्त शमशेर के स्वभाव के मूल को कितना कम जानते थे। शमशेर में भावनात्मक तरलता, ऊष्मा और उत्कटता होते हुए भी उफान नहीं रहा, उनकी भावना में एक पुख़्तगी रही है, एक सेल्फ-कांशश तत्त्व जो उन्हें भरसक जज़्बे में डूबकर खो जाने से बचाता रहा है, क्योंकि जज़्बे का होकर रह जाने का मतलब अपने को नष्ट करना है, इतना शमशेर अपने सहज ज्ञान से जानते-महसूस करते थे। शमशेर डूबते थे सिर्फ़ भावनात्मक उथल-पुथल में चूर होकर, उसके दबाव और तनाव के चरम बिंदु पर पैदा होने वाले डिप्रेशन में। उनकी बहुत-सी कविताएँ चरम बिंदु के उसी डिप्रेशन से ही जन्मी हैं। वे कविताएँ शमशेर ने लिखी नहीं, वे उनसे लिख गई हैं। शमशेर ने कई बार खुद अपनी काव्य-प्रक्रिया को इसी रूप में बयान किया है।

१ फरवरी, ७८

कल रात शमशेर जी यहीं सोए-रात करीब ग्यारह बजे साहिबाबाद प्रगतिशील लेखक सम्मेलन से लौटे थे, घर पर दरवाज़ा खटखटाने के बावजूद कोई उत्तर न पाकर यहाँ चले आए थे। थके स्वर से कुछ देर सम्मेलन के बारे में बतलाते रहे। फिर बगैर कुछ खाए-पिए सो गए।

रात एकाएक मेरी नींद उचट गई। शमशेर जी के गले से बड़ी अजीब सी आवाज़ निकली थी, ख़ौफ़ में डूबी, सूखी, फटी सी आवाज़, जैसे किसी दुःस्वप्न के भीतर से आ रही हो। वह आवाज़ जैसे किसी यंत्रणा से या जैसे मौत के शिकंजे से मुक्त होने की छटपटाहट। उस शिकंजे के स्पर्श से उत्पन्न बेसाख़्ता भय और उससे दूर भागने की विह्वल कातरता में डूबी हुई आवाज़ थी और वह आवाज़ यह सब कुछ व्यक्त नहीं कर पा रही थी, सिर्फ़ कुछ टूटे-फूटे संकेतों में ढली जा रही थी।

अगर वह दुःस्वप्न था-नाइट मेयर-तो निश्चय ही शमशेर जी अपनी थकान के बावजूद पूरी तरह उसके कब्जे में थे, रात के उस पहर में।

५ फरवरी, ७८

फ़रीदी साहब के यहाँ मैं और शमशेर जी। बाद में-थोड़ी देर बाद ही-विश्वनाथ त्रिपाठी भी आ पहुँचे। दो-ढाई घंटे बहुत अच्छी काम की भी बातचीत रही। फ़रीदी साहब ने मैकश अकबराबादी के कुछ बेहतरीन शेर सुनाए-आगरे की सीधी-सादी पर तत्वपूर्ण ऊँचाई लिए हुए ज़बान में। मैकश साहब, आगरे के बाशिन्दे, जिगर, जोश और फ़िराक़ जिनके सामने मोहज्जब ढंग से पेश आए, कोई ७०-७१ साल के बुज़ुर्ग शायर, सूफ़ी, अरबी के प्रकाण्ड पंडित। उनके कई तजकिरे फ़रीदी साहब की जुबानी, बीच-बीच में कई दिलचस्प अवांतर प्रसंग। उर्दू साहित्य की अदबी दुनियाओं की जानकारी का फ़रीदी साहब एक छोटा-मोटा इन्साइक्लोपीडिया ही हैं गोया। अपनी दो ग़ज़लों के शेर भी सुनाए, अच्छे शेर। हम लोगों ने उसे तहेदिल से सराहा और यह बात फ़रीदी साहब को खुश कर गई, एक संजीदा ढंग से खुश। बातों की फुलझड़ियाँ फ़रीदी साहब की ख़त्म न होने में आती थीं और हम उकसाने के ज़रा मूड में न थे। हमारे आने के पहले फ़रीदी साहब डिप्रेस्ड से लग रहे थे, जाते समय उनका दिल हल्का-फुल्का और सरल प्रसन्न लग रहा था।

उनके यहाँ जाकर एक पूरी सिटिंग की गुफ़्तगू टेप करनी है। या फिर और नहीं तो मैकश अकबराबादी के अशआर तो ज़रूर ही।

जब उनके घर से उठे तो हम लोगों के साथ वे भी हो लिए। फिर एक मुकाम पर उन्हें विदा देकर हम तीन जने पैदल चलते बतियाते-विश्वनाथ जी ने कुछ कबीर के बारे में बताया-सेकंड स्टॉप की सड़क तक आए। शमशेर जी भी कुछ दूर आगे चलने के मूड में थे पर देर ज़्यादा हो गई थी। अतः विश्वनाथ जी को सलाम कर हम लोग अपने घरों की तरफ लौटे।

रास्ते में मैंने शमशेर जी को उस अर्जेण्टीनी फिल्म की कहानी बताई जो मैंने हाल में देखी थी। शमशेर जी को वह कहानी बोर्ख़ेस के जैसी लगी। शमशेर जी ने बिल्कुल सही पकड़ा था। पता नहीं मेरे दिमाग में यह बात पहले कैसे नहीं आई-आखिर बोर्ख़ेस से बड़ा प्रतिनिधि अर्जेण्टीना का और कौन हो सकता है।

२४ मार्च, ७८

किताबों की आलमारी के सामने कुर्सी पर बैठा जिसे मैं उदासी का ख़ूबसूरत नाम दे रहा हूँ वह दरअसल और कुछ नहीं बोरियत है।

शाम शमशेर जी आए। 'एफिनिटीज़' की तीन कहानियाँ लेटे-लेटे पढ़ गए।

बोले, कथा साहित्य मैंने साहित्यकारों में शायद सबसे कम पढ़ा है। जो कुछ पढ़ा वह अपनी यूनिवर्सिटी के दिनों में यानी सन् ३१ से ३३-३४ के दौरान।

२५ मार्च, ७८

जब सब बारी-बारी से बड़े-छोटे के क्रम में एक-दूसरे को गुलाल का टीका लगा चुके और शमशेर जी जाने लगे तब माँ ने कहा जरा ताऊ जी को बुलाओ। ताऊ जी जाते-जाते रुक गए, लौट कर आए। तब माँ ने नीचे झुककर उनके पैर छुए और माथे पर टीका लगाया। उस वक़्त माँ के चेहरे पर कितनी सहज प्रसन्न स्वच्छ मुस्कान थी। उनके दुबले, सूखे सिमटे चेहरे पर ओठों के दोनों फैले कोरों सहित वह मुस्कान समा नहीं पा रही थी। ताऊ जी ने कहा कि आप बहुत पवित्र आत्मा हैं। शुद्ध आत्मा हैं। केवल इन्हीं शब्दों में माँ के उस क्षण के रूप को महसूस किया जा सकता था।

वह छोटा-सा दृश्य आँखों में अभी भी अटका है। इस एक रूप के तेज में माँ के बुझे मंद चेहरे के वे सब रूप जल गए थे जो हम रोज़-रोज़ देखने के आदी हो चुके थे। इस अनभिव्यक्ति निस्संग मोद से रंगा उनका चेहरा चमक रहा था और वे सचमुच माँ लग रही थीं। एक जवान बेटे की माँ।

४ मई, ७८

दिन करीब डेढ़ बजे डॉ. तेजबहादुर चौधरी-शमशेर जी के छोटे भाई-शमशेर जी का घर खोजते-खोजते मेरे यहाँ पहुँचे। शमशेर ने लाजपत नगर वाला मकान छोड़ दिया है और अब मॉडल टाउन में हैं, इसकी सूचना उन्हें न थी।

श. के घर। सोफे पर श. उनसे बातें कर रहे थे। कुछ देर डॉक्टर साहब ने मुझे भी बातचीत में शामिल कर लिया। वे शमशेर के शुरू के दिनों के बारे में बता रहे थे। उनके गोंडा के दिनों की बात जब शमशेर नवीं कक्षा में पढ़ते थे। डॉक्टर साहब ने बताया उन दिनों 'उन्नति' नाम की जो एक हस्तलिखित पत्रिका शमशेर हिंदी-उर्दू-अंग्रेजी में निकालते थे उसकी एक प्रति उनके पास अब भी सुरक्षित है। यह सन् २६ की बात है।

डॉ. साहब एक तरफ कोच पर श. के साथ बैठे-श. को कोई संस्मरण सुनाते जाते थे (उनके इस सुनाने में एक कथा का-सा अंदाज़े बयां होता था) और दूसरी तरफ मुझसे बीच-बीच में मुखातिब होकर श. की उन दिनों गोंडा में लिखी ग़ज़लों के

शेर, जो उन्हें कंठस्थ थे, सुनाते जाते थे। उनका संवाद दो स्वरों में चल रहा था गो कि इन स्वरों के पीछे की भावभूमि एक ही थी। वे एक अजब आत्मीय ढंग से उल्लसित लग रहे थे और श. के बारे में रहस्योद्घाटन की तर्ज पर उन दिनों के बारे में बता रहे थे।

उन्होंने श. के जो शेर सुनाए मैंने उसी वक़्त नोट कर लिए। वे ये हैं :

जान ले लोगे तुम्हारी जान है
इससे आगे और क्या इम्कान है।

आदमी है तू अगर ईमानदार
हुब्बे आदम ही तेरा ईमान है।

तुमसे बातें रात भर करता रहा
दिल ने ये समझा कोई मेहमान है।

इसके बाद के शेर यह कहकर नहीं सुनाए कि वे भइया के पास हैं। इन शेरों को सुनाने के दौरान शमशेर की प्रतिक्रिया–जिसे वे बराबर व्यक्त भी करते जाते थे–यह थी कि शायद इसकी नकल उनके पास है।

एक दूसरी ग़ज़ल के ये शेर डॉक्टर साहब ने सुनाए :

अपने दिल का हाल यारो हम किसी से क्या कहें
कोई भी मिलता नहीं ऐसा जिसे अपना कहें।
हो चुकी जब खत्म अपनी ज़िंदगी की दास्तां
उनकी फ़र्माइश हुई है इसको दोबारा कहें।

श. ने कहा ये शेर मेरे संग्रह में हैं (कौन से?), इसलिए डॉ. साहब ने आगे नहीं सुनाए। मेरा ख़याल है कि अगर ये शेर श. के संग्रह में हैं भी तो संशोधित रूप में, इस तरह ज्यों के त्यों नहीं।

फिर गोंडा के दिनों का एक वाक़या डॉ. साहब ने बयान किया–श. के साथ उनकी मधुर नोक–झोंक चलती रहती थी। दोनों ही छात्र थे। उस तरह बड़े भाई छोटे भाई का अदब और गरिष्ठ शिष्टाचार का रिश्ता न था। छोटी–मोटी प्रतिस्पर्धाएँ इनके बीच चला करती थीं। एक बार श. ने तेजबहादुर चौधरी को एक शेर के ये दो मिस्रे सुनाए :

होते–होते हो गई अपनी हकीकतबीं नज़र
आते–आते राह पर इश्क़ेमजाज आ ही गया।

और कहा कि आज से एक महीने बाद मैं तुमसे फिर पूछूँगा, देखें तुम इन्हें ज्यों का त्यों याद रखते हो कि नहीं। तेजबहादुर ने उन मिस्रों को इतनी अच्छी तरह अपनी

याददाश्त में बिठा लिया कि महीने भर बाद तो क्या आज तक नहीं भूले। यह भी कोई सन् २६-२७ के दिनों की बात है।

श. को लगता है कि ये शेर उनके नहीं किसी और शायर के हैं। या शायद इनमें से एक मिस्त्रा उनका है, एक किसी और का। फ़िलहाल उन्हें ठीक याद नहीं रहा कि ये किसके हैं। बोले, फ़रीदी साहब से पूछूँगा उन्हें तो बहुतों के शेर जबानी याद रहते हैं, वे शायद यह बता सकें कि यह शेर किसका है।

१९ अगस्त, ७८

कल शाम शमशेर जी के यहाँ। बाहर नखरई खाट पर बैठे। बातों-बातों में भुवनेश्वर का ज़िक्र आने पर बोले, मैं भुवनेश्वर को अज्ञेय से ज़्यादा प्रतिभाशाली मानता हूँ और अगर उनमें सुपर बोहेमियनिज़्म और निहिलिज़्म न होता तो उनकी प्रतिभा निराला के स्तर की होती। अपने तमाम aberrations के बावजूद भुवनेश्वर पसंद हैं। फिर वे भुवनेश्वर की कुछ अंग्रेज़ी कविताओं के अपने यहाँ नष्ट हो जाने का अफ़सोस करते रहे कि उन्होंने क्यों नहीं उनकी नकल करके अलग रख ली। उनके कमरे में दीवार की झंझरियों से बारिश का पानी उस संदूक पर गिरता रहता था जिसमें उनके काग़ज़-पत्तर रखे रहते थे। मामूली-सा बक्सा साल दर साल वर्षा और हवा की धार झेल नहीं सकता था और फलस्वरूप भुवनेश्वर की वे सारी कविताएँ पानी से धुल गईं। साथ ही वे बहुत से पत्र भी नष्ट हो गए जो साहित्यिकों-लेखकों ने सन् ३०-४० और उसके बाद ४७ तक लिखे थे, मसलन बच्चन के, अमृत राय के, शायद रामविलास के भी।...

शमशेर जी ने कहा मुझे ऐसा कोई व्यक्ति लिटरेरी सहायक के रूप में नहीं मिला जिस पर मैं पूरी तरह एतबार कर सकूँ। जो मेरी चीजों को मेरे निर्देश में नकल करने, तरतीबवार रखने आदि का काम कर सके। शायद मैंने चाहा ही नहीं कि ऐसा आदमी मुझे मिले अपनी अतिशय Secretiveness के कारण ...

कुछ देर का मौन। बोले, मैं शांति और एकांत के लिए तरस गया। अपने काम के लिए ये दो चीज़ें मेरे लिए ज़रूरी हैं, पर सिवाय कुछ अर्से के मुझे वह नसीब नहीं हुआ। बहादुरगंज वाले मकान में कोई न कोई धमकता रहता था। फिर भी मैंने अपने काम के लिए एक कोना वहाँ बना लिया था। उस मकान में आने के पहले 'अन्नपूर्णा' होटल में, जहाँ मैं कुछ महीने रहा, काम के लिए मुझे आदर्श वातावरण मिला। बाद में जब बहादुरगंज वाले मकान में चमन लाल, इन्द्र और राजा आकर रहने लगे तो मैं उन्हीं लोगों की वजह से भागकर सारनाथ गया। वहाँ दो-तीन महीनों में (प्रेमा के आने

के पहले) मैंने ठोस काम किया। जम कर काम किया। कविताएँ, लेख, डायरी। इनमें से कुछ 'कल्पना' में छपीं भी। फिर किसी और प्रसंग में सहायक वाले मुद्दे को ही लेकर बोले कि जो व्यक्ति मेरी सहायता के लिए हो वह जैसा मैं कहूँ वैसा ही करता जाय, बिना टोके या अपनी राय व्यक्त किये, नहीं तो यह ख़तरा रहेगा कि मैं उसकी राय से ही सहमत होता चला जाऊँगा-यह कमज़ोरी मेरे भीतर है। मेरा अपना जजमेंट सही होता है। काव्य संबंधी, रचना संबंधी, पर अगर दूसरा अपना मत पुरज़ोर ढंग से रखे तो मैं सहमत होता चला जाता हूँ।

बातों में कोई क्रम न था। शमशेर जी ऊबे हुए, थके हुए-से थे। कितने दिनों से वे सोच रहे हैं कि दिल्ली के साहित्यिक माहौल से बाहर जाकर कहीं-या तो कानपुर अपनी बहन मुन्नी के यहाँ, या भाई तेजबहादुर के यहाँ दुर्ग में-रहूँ, पर शायद सफर लायक आवश्यक ऊर्जा नहीं बटोर पाते। इस राधाकृष्ण वाले प्रसंग ने भी उन्हें काफी शॉक पहुँचाया, काफी क्षुब्ध किया। वे ओम प्रकाश के पत्र का यथातथ्य जवाब देना चाहते हैं, पर बार-बार अपनी क्षुब्ध भावना के कारण derail हो जाते हैं।

६ मई, ७९

परसों से 'प्लाट का मोर्चा' की कहानियाँ नकल कर रहा हूँ। टाइप कराने में जो पैसा ख़र्च होगा वह मेरे पास नहीं है। शमशेर जी की इस गद्य वाली किताब की पाण्डुलिपि तैयार करके प्रकाशक (संभावना प्रकाशन) को देना मेरे ज़िम्मे है। यह काम जून तक हो जाना है। दो कहानियाँ उतार चुका हूँ। उनमें प्रूफ की गलतियाँ काफी हैं। कुछ शब्दों के बारे में कुछ भ्रम था सो उसे साफ़ करने आज सुबह शमशेर जी के यहाँ गया।

'प्लाट का मोर्चा' की कहानियों के कई डिटेल-ख़ासकर आत्मचरितात्मक डिटेल-शमशेर के काव्य-व्यक्तित्व के अध्ययन के लिए खासी सामग्री रख सकते हैं। उनमें आए कई चरित्र वास्तविक जीवन के हैं। कहानियों के नायक-जो ज़्यादा 'मैं' हैं-की प्रेमिकाएँ वास्तविक जीवन की प्रेमिकाएँ हैं, ऐसा मेरा विश्वास है। मैंने 'प्लाट का मोर्चा' की अपनी प्रति पर कुछ संकेत इस संबंध में टीपे भी हैं। ये संकेत स्वयं मुझे शमशेर जी से मिले। शमशेर की एक प्रसिद्ध कविता 'बाख़ का संगीत सुनकर' जिस 'अरुणा' को समर्पित है वह वास्तविक जीवन की 'मुन्नी' है-शमशेर जी की ममेरी बहन जिसके प्रेम में शमशेर कभी थे-पर बाद में जो एक मुस्लिम लड़के के इश्क में पड़ गई थी। ऐसा कई साल पहले शमशेर ने कन्फ़ेशन के एक विरल मूड में मुझे बताया था। 'प्लाट का मोर्चा' की कमो और रंभा वास्तविक जीवन की पात्राएँ थीं।

शमशेर जी जब बनारस में थे-रामेश्वरी देवी गर्ल्स कॉलेज में नरेंद्र शर्मा की एवज़ी में वहाँ मास्टरी करते हुए-तब वे पिस्ता देवी की लड़कियों के संपर्क में आए होंगे। पिस्ता देवी बनारस की एक समाज सेविका थीं, सामाजिक कार्यकर्त्री। उनकी चार लड़कियाँ थीं-रामेश्वरी देवी, मनोरमा, सरला और कमला। रामेश्वरी देवी प्रकाश चंद्र गुप्त की पहली पत्नी बनीं, बाद में उनकी मृत्यु के बाद सरला का विवाह भी प्रकाशचंद्र गुप्त से हुआ। 'प्लाट का मोर्चा' में जिस 'कमो' का ज़िक्र आता है वह बहुत संभव है कमला ही हो।

बनारस का जीवन शमशेर जी के जीवन में महत्त्वपूर्ण समय रहा होगा- इमोशनली। वहीं वे शिवदान सिंह चौहान के संपर्क में भी आए। त्रिलोचन के साथ यहीं रहकर 'कहानी' का संपादन भी किया।

बाद में इलाहाबाद में शमशेर 'माया' के संपादकीय विभाग में भी रहे।

क्या 'कहानी' और 'माया' में काम करने की वजह से ही शमशेर को कहानी लिखने की प्रेरणा या ज़रूरत महसूस हुई?

शमशेर कहानी को उस वक़्त एक पैसा-दिलाऊ विधा मानते थे। आज भी मानते हैं। मुझे याद है जब सन् ५६ में मेरा उनसे परिचय हुआ तब उन्होंने मेरी आर्थिक दशा को सुधारने के लिए मुझसे कहानी लिखने का ही सुझाव दिया था। कहानी लिखने के कुछ गुर भी शायद बताए थे जो मेरे लिए अव्यावहारिक थे।

'प्लाट का मोर्चा' की एक पात्रा रंभा-शमशेर जी ने अपने कभी पूछने पर बताया था-गोंडा के एक सुनार की लड़की थी। शमशेर तब चौथी-पाँचवीं में पढ़ते थे। क्या उम्र रही होगी उस वक़्त शमशेर की? रंभा भी एक प्रेमिका है।

एक बार जब शमशेर जी लाजपत नगर में थे तब उन्होंने अपनी पाण्डुलिपियों और चित्रों का बक्सा खोला था। उसमें उनके बनाए-ज़्यादातर पोस्टल-कुछ चित्र थे। कुछ नारियों के। कल्पना की प्रेयसियाँ? एक विधुर व्यक्ति की वासनाओं और दमित इच्छाओं के रंगीन चित्र? वे नारियाँ बड़ी सेंसुअल अदा में अंकित थीं-गोल वक्ष और जांघें, खासतौर से ध्यान खींचते थे। शमशेर इन चित्रों को सदा छिपाते रहे हैं-अपने संकोच के कारण। उनके कुछ चित्र बनारस के दिनेश चंद्र शर्मा के पास सुरक्षित हैं, ऐसा वे बताते हैं।...

'प्लाट का मोर्चा' में शमशेर के वास्तविक जीवन के तथ्यों की खुदाई मैं करना चाहता हूँ। पर शमशेर जी इस मनःस्थिति में नहीं हैं कि नॉस्टेल्जिक हो सकें, पीछे मुड़कर सोच सकें, फ़ील कर सकें। वे ८ को इलाहाबाद जानेवाले हैं। विश्वविद्यालय में चंद लेक्चर्स देने-आने जाने के किराए के साथ ५०० रुपये मिलेंगे। उनका दिमाग अपने भाषणों की सामग्री में फँसा है। फिर 'प्लाट का मोर्चा' को इतना समय हो गया- वहाँ से शमशेर जी इतनी दूर चले आए हैं-और वे अब मन से भी बूढ़े हो चले हैं कि

उन दिनों के वे उथल-पुथल कर देनेवाले, मन में घनघोर घुमड़ने वाले तथ्य और भावनाएँ दुबारा रीकैप्चर करना उनके लिए असंभव है। यह काम उनसे १० वर्ष पहले कराया जा सकता था-जब वे ई ४/२२ मा.टा. में रहते थे। तब मुझे इस बात की जुस्तजू न थी।

उस दिन अशोक अग्रवाल ने शमशेर पर एक बायोग्राफ़िकल किताब तैयार करने का प्रस्ताव दिया। इसकी योजना तो मेरे मन में पहले से ही थी। शमशेर जी से इस बारे में थोड़ा बातचीत भी की थी, पर वे ज़्यादा उत्साहित नहीं दिखे थे। शायद संकोचवश।

शमशेर के साथ इस तरह के प्रोजेक्ट पर काम करना बड़ा मुश्किल है। शमशेर इतने ज़्यादा सेल्फकांशस व्यक्ति हैं। जब वे सेल्फकांशस होकर अपने बारे में अपनी कविता के बारे में बता रहे हों तो वह सिर्फ़ डिग्री लेनेवाले रिसर्चार्थियों के ही काम का हो सकता है।

जब शमशेर जी लाजपत नगर में थे तब उन्होंने कुछ काव्यात्मक प्रयोग किये थे। किंचित कविता की तर्ज पर जो गंभीर प्रयत्न के रूप में-असमिया भाषा की कुछ ध्वनियों के आधार पर हिंदी में काव्य-प्रयोग-अर्थ-स्पष्ट नहीं ध्वनि-व्यंजना से कुछ प्रेषित करने का प्रयोग। इसे वे एप्लायड पोयट्री कहते हैं। अब उन असमिया शब्द-ध्वनियों की तस्दीक के लिए-कि वे वही हैं न जो उन्होंने समझा था-वे किसी विद्वान असमिया-भाषी की तलाश में पहले तो साहित्य अकादेमी गए फिर वहाँ से त्रिवेणी कला संगम जहाँ कोई ऐसे विद्वान हैं ऐसा उन्हें बताया गया। वे मिले, उन्होंने कुछ संशोधन सुझाए। शमशेर जी ये काव्य-प्रयोग शायद इलाहाबाद में सुनाएँ।

बातचीत चल ही रही थी कि पहले 'ज्ञानी जी' और बाद में त्रिलोचन जी पधारे। झोला लटकाए। त्रिलोचन जी जे.एन.यू. केदार नाथ सिंह के बुलावे पर जा रहे थे। कुछ देर रुके। इधर-उधर की बातचीत।

चलते-चलते मेरे उनके झोले का मुआयना करने पर एक मोटी किताब के बारे में उन्होंने बताया कि यह मधुसूदन दत्त की किताब है। बोले, निराला पर रवींद्र का प्रभाव ढूँढ़ने की तो बहुत लोगों ने कोशिश की, पर उन पर मधुसूदन दत्त का जो प्रभाव है उसे देखने-परखने की तरफ किसी का ध्यान नहीं जाता।

फिर वे चल दिए।

मैं भी कुछ देर बाद घर वापस लौटा।

इसके पहले 'प्लाट का मोर्चा' के बारे में दो-एक तथ्य की बातें मालूम की शमशेर जी से। 'प्लाट का मोर्चा' शमशेर जी के बहादुरगंज वाले मकान में आने के पहले छप चुका था, यह लगभग तभी छपा था। उस मकान में शमशेर जी सन् ५२ में आए। उसके पहले नरेश मेहता के साथ रहते थे। जब 'प्लाट का मोर्चा' छपा।

प्रकाशक कौन थे उनका नाम शमशेर जी को याद नहीं। शमशेर जी को जबलपुर जाना था, उनके बहनोई (मुन्नी के पति) बीमार थे उन्हें देखने के लिए। पैसों की सख्त ज़रूरत थी। शमशेर जी ने अपने पाण्डुलिपियों के अम्बार में से प्रकाशित-(?) अप्रकाशित चीजें छाँटीं, कुछ मूल उर्दू से हिंदी में नकल की। संग्रह के लिए प्रकाशक ने दो सौ रुपये एडवान्स देने का वचन दिया था। जब पाण्डुलिपि देने गए तब वह सिर्फ़ १०० रुपये देने लगा। शमशेर जी ने कहा कि आप कह दीजिए कि आपने २०० रुपये देने का वादा नहीं किया था तो मैं ये भी न लूँगा, कुछ भी न लूँगा, प्रकाशक से यह कहते न बना और उसने झख मारकर दो सौ रुपये दिए।

इसके बाद प्रकाशक ने अनबिकी प्रतियाँ शमशेर को देकर हिसाब-किताब साफ कर लिया। शमशेर ने वे प्रतियाँ राजकमल प्रकाशन को बेचने को दे दीं। उस समय इलाहाबाद में राजकमल की एक ब्रांच थी। उन्हें उससे कुछ रुपये बाद में मिले।

एकाएक मैंने पूछा, 'कुछ कविताएँ' से आपको कितना पैसा मिला? समय-समय पर मैं जगत से लेता रहा था, जब ज़रूरत हुई। उनसे कोई हिसाब नहीं था, दोस्त आदमी, छापा भी दोस्ताने अंदाज में ही था।

राजकमल की शीला संधू के व्यवहार से खिन्न थे। दो पुस्तकें दो साल से पड़ी हैं, छापने के कोई आसार नहीं। जो छाप चुके हैं उनकी बिक्री का कोई उत्साह नहीं। 'एलिस' पिछले साल सिर्फ़ तीस कापियाँ बिकीं, हिसाब आया है।

शमशेर जी की दाढ़ी अब बड़ी सरसब्ज हो गई है। सँवरी बनी सलीकेदार नहीं-जैसी कि त्रिलोचन की है-कुछ-कुछ झाड़-झंखाड़ जैसी। मूँछों के बाल ओठों पर आ जाते हैं। इलाहाबादियों के लिए शमशेर जी की यह नई छवि होगी।

उनके कमरे में बैठे-बैठे कुछ और तथ्य नोट किये।

१. नवम्बर सन् ७७ में शमशेर जी इस वर्तमान मॉडल टाउन वाले मकान में (जी ३/२८) में आए। इसके पहले लाजपत नगर में जब थे तब सन् ७७ में ही रूस गए थे।

२. सन् ७७ की नवंबर में भोपाल गए। म.प्र. साहित्य परिषद में तुलसी पुरस्कार (तीन हजार रुपये) लेने।

३. सन् ७७-७८ में साहित्य अकादमी का पुरस्कार (पाँच हजार)। पुरस्कार की घोषणा ७८ के आरंभ या ७७ के दिसंबर में हुई थी।

४. सन् ७८-७९ में दिल्ली की साहित्य कला परिषद का २००० का पुरस्कार। समारोह मार्च ७९ में संपन्न।

शाम को फ़रीदी साहब के आने की बात थी इसलिए उनसे मुलाकात के लिए फिर शमशेर जी के यहाँ।

बात को घुमा-फिराकर फिर 'प्लाट का मोर्चा' पर केंद्रित किया। 'प्लाट...' की अधिकांश रचनाएँ अप्रकाशित थीं, केवल उसमें की कुछ चीजें ही पत्र-पत्रिकाओं में छपी थीं, पहली कहानी 'प्लाट का मोर्चा' 'दैनिक भारत' में छपी थी।

इस किताब का रचना-काल सन् ४०-४१ से लेकर ५०-५१ के बीच का है।

ज़्यादा चीजें बनारस में जब पहली बार शमशेर, त्रिलोचन और शिवदान सिंह चौहान के साथ रहे तब लिखी गईं। त्रिलोचन और शमशेर में एक होड़-सी लगी- शमशेर को प्रतिदिन एक कहानी नौकरों-चाकरों, शहरी मामूली वर्ग के लोगों पर लिखनी थी, त्रिलोचन को गाँवों के लोगों पर। रोज दोनों मित्र कहानी कार्यालय में चाय के समय अपनी-अपनी कहानियाँ एक-दूसरे को सुनाते। यह सिलसिला पंद्रह एक दिन तक शमशेर के लिए चला। उसके बाद एक कहानी रोज लिखनी उनके लिए संभव न रहा। पर त्रिलोचन एक महीने तक रोज एक कहानी लिखते रहे।

कहानियाँ लिखने का सिलसिला कोई विधिवत् कहानी फार्म में लिखने का सिलसिला न था। यह बकौल शमशेर अपने अनुभवों, स्मृतियों और पर्यवेक्षणों को परिष्कृत करने, उन्हें माँजने के अभ्यास के लिए था। ये कहानियाँ आत्मकथात्मक ही हैं, कहानियाँ भी उतनी नहीं जितनी स्केच। डायरी में टीप ली जाती हुई ज्यादातर उर्दू ख़त में।

एक तरह की आत्म-अभिव्यक्ति के माध्यम।

स्टिल-लाइफ़ का वैसा ही चित्रण करने की मश्क जैसे पेंटिंग में होती है। 'स्मृति के अंक' एक तरह का स्टिल-लाइफ़ है। जबलपुर में लिखे कई स्केच भी स्टिल-लाइफ़ की शैली में हैं।

पहली बार शमशेर बनारस में ४०-४१ में साल डेढ़ साल रहे।

दूसरी बार ४३ में अमृत राय के मेहमान बनकर दो महीने उनके यहाँ रहे। वहाँ शिवरानी देवी प्रेमचंद उन्हें मानती थीं। 'प्रेमचंद : घर में' की प्रेस कापी शमशेर ने ही तैयार की काफी कुछ हिस्सा उसका शिवरानी देवी ने उन्हें बोलकर लिखाया। कहती थीं, "बचवा ज़रा भाषा को लिखा देईं।"

अमृतराय के यहाँ से वे अलग कुछ दिन एक मकान लेकर भी रहे। वहीं 'धरती और आकाश' (अनुवाद) का काम किया। २०० रुपये पर। उस समय ये रुपये काफी थे।

पूछने पर शमशेर जी ने बताया कि मुन्नी का पूरा नाम सावित्री देवी है।

'बाख़ का संगीत सुनकर' शमशेर ने बनारस में ही लिखी।

जबलपुर में शमशेर ने अपनी बेहतरीन ग़ज़लें लिखीं।

शमशेर के जीवन और कृतियों के संबंध में काफी जानकारी और तथ्य नरेंद्र वशिष्ठ ने जमा कर रखे हैं।

शमशेर को अपनी माँ की मरण-तिथि 'अभी भी याद है' - सन् २०। गोंडा में उनकी मृत्यु हुई। उस वक़्त वे २८ वर्ष की थीं। शमशेर तब नौ-दस साल के थे। माँ का चेहरा अब भी शमशेर को स्पष्ट नज़र आता है। उनकी याद भी। सुंदर थीं वे। ('लवली' शब्द शमशेर ने इस्तेमाल किया था)

मुजफ्फरनगर का एलम गाँव शमशेर का पैतृक स्थान है। इस स्थान से लगा हुआ ही केराना गाँव है वहाँ के नरेंद्र वशिष्ठ हैं।

२१ मई, ७९

कुछ दिन पहले जब शमशेर जी त्रिलोचन के साथ घर आए थे तब कविता के उक्ति-वैचित्र्य को उदाहृत करनेवाली ये पंक्तियाँ शमशेर जी ने सुनाईं-

हम उलटे = मह
बात उलटी = ताब
यार उलटा = राय

पता नहीं किसने ये पंक्तियाँ गढ़ी थीं। शमशेर जी ने इस संदर्भ में कुछ बताया था जो मुझे याद न रहा।

एक बात और उस दिन शमशेर जी ने बताई थी। 'दोआब' में वे अपनी एक समीक्षा भी शामिल करना चाहते थे जो 'रूपाभ' में छपी थी। यह समीक्षा वीरेश्वर सिंह की कहानियों के संग्रह 'उँगली का घाव' की थी। 'रूपाभ' के कुल छः अंक निकले। वह समीक्षा समय पर न मिल सकने के कारण 'दोआब' में न जा सकी। शमशेर जी को यकीन है कि 'रूपाभ' का वह अंक भी दिनेशचंद्र शर्मा (वाराणसी) के पास है।

अगस्त, ७९

पिस्ता देवी की बेटियाँ : रामेश्वरी देवी, धन्नो देवी, मनोरमा, सरला, लक्ष्मी, कमला। रामेश्वरी देवी और बाद में सरला प्रकाशचंद्र गुप्त की पहली और दूसरी पत्नियाँ बनीं। मनोरमा ने रुस्तम सैटिन से शादी की। पिस्ता देवी की ये बेटियाँ तत्कालीन भारतीय समाज में बड़ी 'प्रगतिशील' मानी जाती थीं। रुस्तम सैटिन से शमशेर की दोस्ती थी। नरेंद्र शर्मा पिस्ता देवी द्वारा स्थापित रामेश्वरी गर्ल्स कॉलेज में कुछ अरसे तक पढ़ाते रहे। बाद में जब वे जेल गए तब उनकी एवज़ी पर शमशेर काम

करते रहे। शमशेर का 'इन्वाल्वमेंट' कमला से था... 'प्लाट का मोर्चा' में 'कमो' कमला ही है, कई कहानियाँ उन दिनों की हैं। यानी बनारस के उन दिनों की। उन दिनों से शमशेर रागात्मक रूप से काफी दूर हैं ... स्मृति में से राग का रस निकल चुका, अब वैसी झंकार नहीं पैदा होती, या अगर पैदा भी होती हो तो उसकी आवाज़ मन के सूफ़ी-आकाश में ही सुनाई पड़ती होगी, बाहर से तो सितार का काठ मौन ही रहता है।

(काफी पहले शमशेरजी से पिस्ता देवी की बेटियों के नाम मालूम किये थे। यहाँ सिर्फ़ रिकार्ड के लिए लिख लिया है।)

१३ अगस्त, ७९

कल नरेन्द्र वशिष्ठ के यहाँ लाजपत नगर से-क.से.सा. की प्रति देने के बाद-आजादपुर उतर कर शमशेरजी के यहाँ।

उनके ५०-५२ के बनाए पेस्टल ड्राइंग देखे, झाड़-पोंछ कर उनका बंडल बनाया। एक-एक चित्र मैंने देखा, शमशेरजी भी साथ-साथ देखते और उन पर कमेंट करते जाते थे। उन्होंने भी मुद्दतों बाद ये ड्राइंग्स देखे थे।

ज़्यादातर बहादुरगंज वाले मकान और एलनगंज वाले मकान में बनाए हुए थे। माया प्रेस की नौकरी से लौटकर नियमपूर्वक शमशेर कापी खोलकर ड्राइंग बनाते। उसके बाद कुछ काम करते।

रंग और रेखाओं के अपने अहसास को हमड्रम जीवन में खो न देने, उन्हें डल न होने देने के लिए शमशेर ड्राइंग करते थे, रंग और स्याही पर हाथ आजमाते थे।

एक तरह की 'रिलीफ़' भी उन्हें मिलती होगी। अपनी भावनाओं कामनाओं के दबाव से। कल्पना को उड़ान भरने का मौका देती होंगी ये चित्राकृतियाँ। अपनी भावनाओं को अंकित करके उन्हें समझना-चित्राभ्यास का यह भी एक कारण रहा होगा।

नारी आकृतियों के चित्र भी थे। ख़ासे इरोटिक। नारी आवृत्ति को शमशेर ने मॉडल के तौर पर लिया है। उनके चित्रों की नारियाँ यथार्थ और कल्पना के मिश्रण से बनी नारियाँ हैं। ऐसा शमशेर का कहना है। एक नारी आकृति के साथ वाले पृष्ठ पर पहले अंग्रेजी और फिर हिंदी में कविता है जिसका विषय वह चित्रवाली नारी है-एक तरह का नख-शिख वर्णन।

जो चित्र जबलपुर में शमशेर ने बनाए, आयल में, वे नष्ट हो गए। वे दफ्ती पर गलत रंगों में बनाए गए थे। इससे नमी से चित्रों पर फफूँद लग गई। रख-रखाव भी ठीक नहीं रहा। उनमें एक चित्र मुन्नी का पोर्ट्रेट था। शमशेर की ड्राइंग्स में स्वयं उनका

सेल्फ़-पोर्ट्रेट भी है। कई-कई शीशे में देखकर बनाए हुए-सेल्फ़ पोर्ट्रेट।

एलनगंज के अपने कमरे के भी एकाधिक चित्र हैं।

अश्क, भैरव के पोर्ट्रेट भी।

ड्राइंग्स के लिए भूरे रंग का बादामी काग़ज़ शमशेर को पसंद था/है। इसके अलावा जो भी काग़ज़ मिल गया उसे ले लिया। ते.ब. चौधरी की किताब 'आग और पानी' के छपे हुए कवर भी। पेस्टल रंगों के खास स्ट्रोक से टेक्सचर पैदा किया गया है। कई चित्रों में आकृतियाँ, खासकर चेहरा, बोल्ड लाइनों में उकेरा गया है। किसी-किसी चित्र में रंगों का बहुत मुलायम स्पर्श-जैसा प्रभाव पैदा किया गया है, रेनुआ जैसा।

इन चित्रों के अध्ययन से शमशेर की रचना-प्रक्रिया के एक पहलू को समझने में मदद मिल सकती है।

शाम को फिर शमशेर के यहाँ देर तक बातचीत होती रही, विशेषकर शमशेर के बनारस और जबलपुर जीवन के बारे में।

बनारस पहली बार शमशेर सन् ४० के आख़िरी हिस्से में गए। वहाँ सन् ४२ के शुरू तक रहे। मुन्नी वहीं रामेश्वरी देवी कॉलेज में पढ़ती थीं। ४२ की गर्मियों की छुट्टियों में मुन्नी को लेकर शमशेर जबलपुर आए। सन् ४२ का आंदोलन जब हुआ तब वे जबलपुर में ही थे, इतना उन्हें बखूबी याद है।

दुबारा बनारस सन् ४३ में गए और अमृतराय के यहाँ रहे। वहीं उनके घर में ही उन्होंने 'बाख़ का संगीत सुनकर' लिखी। यह उन्हें निश्चयपूर्वक याद है। मुन्नी जो यह इसरार करती हैं कि यह कविता जबलपुर में लिखी गई उसके बारे में शमशेर का कहना है कि वह शायद इसलिए कि जिन्हें वह कविता समर्पित की गई है-अरुणा और ए-उनमें से एक-अरुणा-स्वयं मुन्नी ही है और इस एसोसिएशन के कारण मुन्नी का कहना है कि वह कविता जबलपुर में लिखी गई थी।

अरुणा और ए. में से ए. एक मुस्लिम युवक था जिसके प्रेम में मुन्नी पड़ी थी। शमशेर के मामा का कहना था कि अगर वह मुस्लिम न होता तो वे मुन्नी की शादी उससे कर देते।

'टूटी हुई बिखरी हुई' कविता शमशेर ने बहादुरगंज वाले मकान में लिखी थी, बतौर डायरी। एक दिन नामवर सिंह को जब डायरी का वह अंश सुनाया तो वे बोल उठे कि यह तो परफ़ेक्ट कविता है।

बनारस में लिखी अन्य कविताओं में 'एक मुद्रा से' की उन्हें याद है। 'बाले दीप' भी शायद वहीं लिखी गई थी।

'अंधेरे में'-मुक्तिबोध की प्रसिद्ध कविता की प्रति मुक्तिबोध के हाथ की लिखी शमशेर जी के पास है ऐसा उन्होंने बताया।

लगता है शमशेर के बक्सों, काग़ज़ के बंडलों पुलिंदों में कई नायाब चीज़ें हैं जो उनके काव्य-व्यक्तित्व और उनके युग पर काफी प्रकाश डाल सकती हैं। शमशेर की डायरी भी जितनी उनके पास है उसका एक छोटा अंश ही छपी है। डायरी शमशेर अब भी लिखते हैं, पर पर्सनल अंश अब उसमें बेहद कम हो गए हैं।

शमशेर ने यह भी बताया-बक्से में कुछ ढूँढ़ते हुए अपनी डायरियों में एक जगह देखकर-कि इलाहाबाद में मेरी कविताओं को समझने के लिए उन्होंने मेरी कई कविताएँ उतार ली थीं। कविता को समझने का यह शमशेर का अनुभव सिद्ध तरीका है-टेक्स्ट को बार-बार पढ़ना, नोट्स लेना, उन्हीं अंशों को अंडरलाइन करना, उन पर हाशिए पर अपने कमेंट लिखना। मेरी कविताओं के हाशिए पर उनसे सम्बोधित कमेंट भी हैं।

हमने कमरे की बत्ती नहीं जलाई थी। मगर सड़क की रोशनी भीतर आ रही थी। शमशेर का चेहरा जितना दिख रहा था उस पर दाढ़ी की उपस्थिति ज्यादा उभर कर आ रही थी। बहुत दिनों बाद लगता है शमशेरजी बोलने के अच्छे मूड में थे। घर में शांति भी थी-शोभा बच्चे वग़ैरह मेरे यहाँ टी.वी. देख रहे थे।

अपनी लिखी कविताओं के बारे में एक बात शमशेर ने कही कि कई कविताएँ जैसे वह 'टूटी हुई बिखरी हुई' ही-उन्होंने जब लिखी तब उनके पूरे अर्थ से वाक़िफ़ न थे। वे जैसे एक दबाव के बिंदु पर स्वतः अभिव्यक्त हो गई थी। अनुभव जो महीनों वर्षों उनके दिमाग और संवेदना को डिस्टर्ब किये हुए था वह किसी समय सक्रिय होकर कविता में व्यक्त हो गया। ऐसी कविताएँ लिखने में उन्हें ज्यादा समय नहीं लगा। मुद्दतों तक उन्होंने ऐसी कविताएँ लिख लेने के बाद उनकी तरफ दुबारा देखा भी नहीं। बाद में भी उनमें दो एक जगह कुछ शब्दों के घेर-घार के अलावा कुछ नहीं करना पड़ा। उन कविताओं के अर्थ का स्ट्रक्चर बाद में-काफी बाद में-स्वयं उनके सामने भी खुला।

इसके विपरीत दूसरी तरह की कविताएँ हैं-जैसे कि वह भारत भूषण अग्रवाल पर लिखी कविता-उसमें आरंभिक प्रेरणा और बेचैनी रही ज़रूर, पर बाद में उसे कांशसली वर्क आउट करना पड़ा। ऐसी कविताओं में भी प्रेरणा अंत तक रहती है पर उसकी अभिव्यक्ति उतनी अनायास नहीं होती।

सुबह ड्राइंग्स के पुलिंदे में शमशेर की दो कविताओं के फर्स्ट ड्राफ्टों की प्रति भी मिल गई। एक तो 'दो आदमियों कुहनियों से पहाड़ों को ठेलता' वाली और दूसरी 'सत्यमेव जयते' की। पहली कविता मूल रूप में अब प्रकाशित कविता से भिन्न है,

उसका विन्यास और कुछ शब्द भी भिन्न हैं। 'सत्यमेव जयते' पेंसिल की लिखावट में है। दोनों ही काग़ज़ शमशेर ने अलग करने चाहे, पर मैंने पहली कविता का ड्राफ्ट ड्राइंग्स के पुलिंदों में ही रहने दिया। क्योंकि उसकी मूल प्रेरणा एक चित्र की कविता में बदलने की थी या कविता का चित्रांकन करने की थी। उसकी लिखावट भी अलंकरण-प्रधान है, अक्षरों को ख़ास शक्ल देकर लिखा गया है।

कल एक अनुभव यह भी हुआ-या एक पूर्व अनुभव की और भी पुष्टि हुई-कि शमशेर अपनी रचनाओं-कृतियों के उपयोगी महत्त्व से अच्छी तरह वाक़िफ़ हैं। वे उन्हें इसीलिए एक साथ जग-जाहिर नहीं कर देना चाहते। दूसरे उनकी कृतियों के मसौदों, उनकी पर्सनल किस्म की चीजों-(प्रकाशन के पहले वे पर्सनल ही हैं)-को हाथ न लगाएँ, ख़ासकर साहित्यिक लोग। विद्यार्थियों को यह छूट शमशेर कभी-कभी दे देते हैं कि वे उनकी चीजों को हाथ लगा लें। उनके काग़ज़-पत्तर व्यवस्थित कर दें। मुझे लगता है इस मामले में शमशेर का मुझ पर भरोसा नहीं है। वे शायद मुझे कुछ ज्यादा inquisitive समझते हैं-तह तक जाने की मेरी कोशिश उन्हें ज्यादा पसंद नहीं आती, गो वे यह भी चाहते हैं कि उन्हें ठीक से समझा जाय, उनके रचनात्मक योगदान को हृदयंगम किया जाय। पर इस तरह की चेष्टा में वे चाहते हैं उनके नॉन पर्सनल को ही आधार बनाया जाय, पर्सनल को वे अब भी अपने भीतर दबाकर रखना चाहते हैं। उसके बारे में धीरे-धीरे मुनासिब दूरी के साथ खुलना चाहते हैं।

शमशेर के सर्वहारापन में भी एक तरह का आभिजात्य है। साहित्यकार की फक्कड़मस्ती के साथ-साथ एक साहित्यिक दर्प। अगर एक साहित्यकार उनके सामने बैठा हो तो शमशेर कभी घरेलू क़िस्म के व्यक्ति नहीं रह सकते, उस समय उस साहित्यकार की 'साहित्यिकता' शमशेर के भीतर के किसी 'साहित्यिक केंद्र' को चुम्बक की तरह आकर्षित करने लगती है। यही आम कैफ़ियत इन दिनों शमशेर की है। साहित्य में, लिखने में उनकी स्वयमेव दिलचस्पी, प्रेरणा, उत्साह नहीं रहा। बाहर का 'साहित्यिक' दबाव या प्रेरणा उन्हें कुछ लिखने को मजबूर कर देती है-वे साहित्य की तरफ ढकेल दिये जाते हों ज्यों।

उनकी स्वयं की इच्छा होती है चुपचाप बैठे रहें। मन आया तो पुराने धीरे-धीरे पढ़ते रहें, या भाषाएँ सीखते रहें। बच्चों को देखें, माँ और बच्चों के परस्पर व्यवहार को, उनके मनोविज्ञान को। तबीयत हो तो उनके स्कैच बनाएँ। ''पर लाइफ इतनी ओबलाइजिंग नहीं होती''-शमशेर कहते हैं। अर्थोपार्जन के लिए भी उन्हें एक दूसरी हक़ीक़त को स्वीकार करना ही पड़ता है। एकांत-शून्य लेखन।

१७ अगस्त, ७९

कल नरेंद्र वशिष्ठ से मिलने शमशेर के घर नहीं आए। देर तक बैठा रहा। शमशेर अपना बक्सा खोले अपने काग़ज़-पत्तर व्यवस्थित कर रहे थे। उन्होंने बादामी रंग की सन् ४१-४२ की वह लगभग जर्जर कापी दिखाई जिसमें 'रेडियो पर योरोपीय संगीत सुनकर' का फर्स्ट ड्राफ्ट था-उर्दू ख़त में। प्रकाशित रूप से थोड़ा भिन्न। कुछ ज्यादा पर्सनल टच लिए हुए।

शमशेर ने फिर कहा कि यह कविता बनारस में ही लिखी गई थी और जैसे लिखी गई थी उसकी उन्हें स्पष्ट याद है-अमृतराय के घर पर। शायद अमृत को भी यह याद हो, बाद में यही कविता जबलपुर में मुन्नी और मामा को सुनाई। जिन्हें कविता समर्पित की गई थी-मुन्नी (अरुणा) और ए.ए. सिद्दीकी (मुस्लिम युवक-असली नाम?) उनमें मुन्नी स्वयं थी इसलिए उसने आग्रहपूर्वक न. वशिष्ठ को यही बताया कि वह कविता जबलपुर में लिखी गई थी।

शमशेर ने बताया कि अपनी बेहतरीन ग़ज़लें उन्होंने अलबत जबलपुर में लिखीं। क्योंकि मुन्नी को ग़ज़लें ही पसन्द थीं। बनारस का वह पीरियड शमशेर का काव्य की दृष्टि से फलप्रद काल नहीं था। 'योरोपीय संगीत' वाली कविता के अलावा जो एक दूसरी महत्त्वपूर्ण कविता उन्होंने लिखी वह 'लहरों में अर्द्ध द्वितिया टूट जाता है' वाली कविता है। उस काल की लिखी ज्यादातर कविताएँ उन्होंने रिजेक्ट कर दीं। एक कविता अंग्रेजी, हिंदी और उर्दू में सम्मिलित रूप से लिखी गई है। उसमें हिंदी अंश निकालकर उन्होंने एक कविता बनाई। वह उनके तीसरे संग्रह में छपी है।

२१ अगस्त, ७९

'पूर्वग्रह' के ये अंक भोपाल से मँगवाने हैं -

१. अंक-१९ (मार्च-अप्रैल, ७७)
२. अंक-२० (मई-जून, ७७)
३. अंक २२-२३ (सितंबर-दिसंबर, ७७)
४. अंक २५-२६ (मार्च-जून, ७८)

'पूर्वग्रह' में प्रकाशित शमशेर की डायरी को पुस्तक में संकलित करने के लिए।

दोपहर को आरफी साहब के यहाँ शमशेर के साथ ईद मुबारक देने।

१ अक्तूबर, ७९

शनिवार–२९ सितंबर को अशोक अग्रवाल स्वप्निल श्रीवास्तव के साथ आए। शमशेरजी भी आ गए। बातचीत। ज़्यादातर प्रकाशकीय। खाना–पीना। शमशेरजी को एक हज़ार रुपये का चेक बतौर पेशगी दिया। 'बात बोलेगी' (कविता संग्रह) की पाण्डुलिपि ले गए। शमशेर ने बताया ये एक हज़ार वे राँची के उस प्रकाशक को भेज देंगे जिससे उन्होंने एक हज़ार रुपये चंद साल पहले लिए थे। उस प्रकाशक को 'दोआब' और 'प्लाट का मोर्चा' छापने को उन्होंने दिया था पर प्रकाशक मर गया और उसका व्यवसाय ठप्प हो गया। राँची के उस प्रकाशक को शमशेर ने अपनी किताबें शिवचंद्र शर्मा की प्रेरणा से दी थीं। एक दफ़े शमशेरजी राँची भी गए थे तब शिवचंद्र शर्मा जीवित थे।

२ अक्तूबर, ७९

साढ़े ११ बजे नेमिजी के यहाँ पहुँचा। कुछ देर बाद कोई बिलासपुर से एक आ गए–नाटककार हैं। बातचीत में देर हो गई थी, इसलिए साथ खाना। रेखाजी शमशेरजी के बारे में कोई संस्मरण सुनाने जा रही थीं–उन दिनों की जब इलाहाबाद में शमशेरजी उनके परिवार के साथ ही रहते थे–कि तभी दो बच्चे आ गए और रेखा जी उधर मुखातिब हो गईं। रश्मिजी–नेमिजी की लड़की–भी थीं। बीमार–हाई ब्लड प्रेशर पाया गया। एकाएक ही अभी चंद दिनों पहले। थकी–थकी निढाल लग रही थीं।

'कल्पना' के पुराने अंक नेमिजी ने खोज–निकालकर दिए–वे जिनमें शमशेरजी की डायरी के अंश छपे थे। इन्हें ही लेने मैं आया था। 'कृति' का कविता विशेषांक और 'लहर' का कविता विशेषांक नहीं मिला। ६५ तक के कल्पना के अंक ले आया। ६६ में भी शायद कुछ अंश छपे हैं। बाद में देखने होंगे...।

रेखाजी को देखकर एक ममतामयी कुशल गृहिणी माँ की कल्पना साकार लगती है...।

वहाँ से नरेंद्र वशिष्ठ के घर–कि लाजपत नगर से ही सीधे 'मुद्रिका' पकड़ लेंगे। वे क्रिकेट कमेंट्री सुन रहे थे। घंटे भर कोई वहाँ रहा। ज़रूरी आराम मिला शरीर को। लेटे–लेटे उनकी बात सुनता रहा। शमशेरजी के प्रति काफी क्रिटिकल हो गए हैं और कहीं यह भी लगता है कि होस्टाइल भी–उनके आलोचनात्मक नुक्तों में हमलावर का सा, एक चोट खाए से योद्धा का, अंदाज़ है। क्यों भला? यद्यपि उनके आलोचनात्मक नुक्ते अपनी जगह पर सही थे बेशतर।

(नेमिजी के मकान में किस कदर मच्छरों ने मुझे काटा, मैं खुजला-खुजला कर रह गया। मच्छर भी कहाँ? ठीक उनके सजे सजाए ड्राइंग रूम में ई सी टी वी के डीलक्स मॉडल के पास जहाँ कि मैं बैठा था जाकर क़मबख़्त।)

शमशेर और अज्ञेय की तुलना में कई बातें काम की बता रहे थे जो क्रिकेट कमेंट्री की आवाज़ में गड्डमड्ड होकर मेरे कानों के पास पहुँच रही थीं। वे धकाधक गणेश मंगलूर बीड़ी ५०१ का कश पर कश लगाए जा रहे थे। मैं शायद कुछ ज्यादा ही देर वहाँ रह गया शायद। वे इत्मीनान से क्रिकेट कमेंट्री सुनने के मूड में थे। बहरहाल मैं सवा चार पर ही वहाँ से उठा।...

१६ दिसम्बर, ७९

शाम शमशेरजी के घर : उन्होंने रघुवीर सहाय पर एक कविता लिखी है-'रघुवीर सहाय को एक पर्सनल खत'-उसे पढ़ने को दिया। कविता पर्सनल म्यूज़िंग्स की तर्ज़ पर ही है, कुछ अंश काव्यात्मक लिए हुए हैं। रघुवीर सहाय के पचास बरस पूरे करने से स्फूर्त यह कविता है।...

उस दिन भोपाल में रघुवीर सहाय शमशेरजी के बारे में बता रहे थे। एलनगंज में शमशेरजी रहते थे, किसी बंगले के सर्वेण्ट आउट हाउस के एक कमरे में। मुख्तसर सा सामान। एक महरी रोज आकर सफाई वगैरह के साथ रोटी बना जाती थी। चाय वगैरह शमशेरजी खुद तैयार कर लेते थे, बिना चीनी की, कभी-कभी गुड़ की। शमशेरजी 'माया' कार्यालय में काम करते थे। उन्होंने रघुवीर सहाय को यहाँ-वहाँ जाने-आने के लिए एक साइकिल किराये पर ला दी थी। उन दिनों नेमिचंद्र जैन भी इलाहाबाद में थे। 'मनमोहन' नामक एक बाल-पत्रिका के संपादक थे। उसमें रघुवीर सहाय की दो कविताएँ छपी थीं। उनका पारिश्रमिक उन्हें न मिला था। रघुवीर सहाय इस बारे में बहुत सजग शुरू से रहे कि उनकी छपी चीजों का पारिश्रमिक उन्हें अवश्य मिले, वे उसे छोड़ना नहीं पसंद करते थे। इसलिए शमशेरजी के साथ एक दिन 'माया' कार्यालय गए और अपना पैसा ले आए। 'अमृत पत्रिका' में छपी अपनी चीज़ों का-छोटी-छोटी रिपोर्ट टाइप की चीजें-पेमेंट भी उन्होंने वसूल किया।

पंद्रह दिन रहकर-शमशेरजी के घर के लोग आने वाले थे-रघुवीर सहाय लखनऊ वापस लौट गए।

१६ मई, ८०

मुझे कल शाम की याद हो आई। शमशेरजी को उनके घर से लेकर छोटे वाले पार्क में। अच्छी साहित्यिक चर्चा रही। मैंने रौ में कुछ बहुत अन्तर्दृष्टिपूर्ण बातें कहीं। शुक्ल जी का ज़िक्र शमशेरजी ने छेड़ा था। बात छिड़ने पर मेरे मन में उस युग में शुक्ल जी का अवदान एक विलक्षण प्रेरणा की तरह उदित होता चला गया। छायावाद-विरोध शुक्ल जी का एक बुनियादी नुक्ता था और वह अपनी जगह कितना जायज़ था इसे लोग अभी ठीक से पहचान नहीं पाए हैं-क्योंकि छायावाद की कोख से पैदा हुए आधुनिकतावाद की लहर युग की सच्चाई बनकर जीवन-चेतना के रग-रेशे में पैठ चुकी है। पर जो धारा छायावाद के पहले बह रही थी-गद्य में और पद्य में-उसे छायावाद ने रवींद्रनाथ और पश्चिमी प्रभावों के रास्ते से (इसमें संस्कृत काव्य परम्परा का भी योग है : निराला, पंत) दूसरे अस्वाभाविक अप्रकृत रास्ते पर छोड़ दिया। जिस हिंदी को, चाहे वह गद्य की हो या पद्य की, महावीर प्रसाद द्विवेदी अपने खून-पसीने से सींचकर नई शक्ल दे रहे थे उस काम को छायावाद ने एकदम से मटियामेट कर दिया। प्रेमचंद ने जो भाषा लिखी उसकी ठेठ भारतीयता छायावाद ने फूँक मारकर उड़ा दी और उसके बदले एक काल्पनिक असहज तनोवा सा कसके तान दिया। शुक्ल जी ने छायावाद-रहस्यवाद में निहित इस ख़तरे को पहचान लिया था। यह बात कुछ चौंकाने वाली लग सकती है पर लगभग सच लगता है कि छायावाद ने ही उर्दू-हिंदी के बीच भेद का बीज डाला-छायावाद के पहले की भाषा में (प्रेमचंद, बालमुकुंद गुप्त, बालकृष्ण भट्ट स्वयं भारतेन्दु) जो हिंदी-उर्दू की एकरूपता थी, अभिन्नता थी, वह छायावाद के कारण फट गई, अलग-अलग हो गई। इसका एक दूरगामी परिणाम यह भी हुआ कि हिंदी जनजीवन के मुहावरों से वंचित एक किताबी और गढ़ी हुई भाषा के रूप में काव्य और गद्य में आगे चलकर आई। इस कृत्रिम भाषा का सर्वोत्कृष्ट उदाहरण अज्ञेय हैं। अपनी ज़मीन से कटे सिर्फ़ आधुनिक। देश की ठोस संस्कृति की धूल-मिट्टी-हवा-पानी से रहित, एक अस्वाभाविक भाषा और चिन्तन में जीते। अज्ञेय को जो देसी लेखक कहता है वह कितनी बड़ी भूल करता है। वे आधुनिक हैं और अन्तरराष्ट्रीय, कास्मोपालिटन। केवल संघर्षों से कोई देसी नहीं बनता। सिर्फ़ परिवेश का इस्तेमाल देसीपन का सबूत नहीं। अज्ञेय का होना-जैसे कि छायावाद का होना-एक ऐतिहासिक अनिवार्यता थी, एक ऐतिहासिक नियति-और इसी रूप में इन्हें स्वीकार किया जा सकता है। इस नियति को अनहुआ नहीं किया जा सकता था। शुक्ल जी की सीमा यह थी कि वे इस ऐतिहासिक नियति को स्वीकार न कर सके थे, अपने संस्कारों के कारण।

प्रगतिशीलों ने देसीपन का सिर्फ़ नारा उठाया, उसका न अन्वेषण किया न

उसके लिए कुदाल चलाई।

अब देशी-विदेशी आपस में इतने घुल गए हैं कि स्वतः ही-विवेक और प्रतिभा के बल पर-इनसे कोई मिला-जुला रूपाकार विकसित होगा।

७ जुलाई, ८०

कल बहुत दिनों बाद शाम शमशेर जी के यहाँ। वहाँ शमशेर जी, दिवाकर और एक अन्य सज्जन बैठे मिले। नाम कैलास राठी 'विशाल', हिंदी-उर्दू-फारसी-संस्कृत के विद्वान, सैकड़ों रुबाइयाँ लिखी हैं, लंदन भी हो आ चुके हैं, संप्रति रोहतक में महर्षि दयानंद कालेज में पढ़ाते हैं-शमशेर जी ने बताया। आदमी काफी दिलचस्प लगे। रुबाई पढ़ने का उनका अंदाज फटके दे देकर था जो कि शायद 'फ़ाइलुन फ़ाइल, न' आदि की राइम को लिखित शब्द के अलावा बोलकर भी जतलाने के उद्देश्य से था। रुबाइयों के बारे में क्या कहना-शिल्प और टेकनीक की दृष्टि से निर्दोष होंगी (इस टेकनीक के बारे में मेरी जानकारी नहीं), पर भाव पक्ष पेडेस्ट्रियन और कहीं-कहीं चमत्कारप्रियता की कौंध लिए हुए ही था। मुश्किल तुकों को बाँधने की फिक्र उनमें ख़ासी दिखी। शमशेर जी हस्बमामूल प्रभावित थे। जबरन 'आशीर्वाद रूप' 'इतने पास अपने' की एक प्रति विशाल जी ने शमशेर जी से प्राप्त की-बड़ी देर तक किताब हाथ में लिए शमशेर जी कोई मौजूँ समर्पण-वाक्य लिखने को बैठे रहे। बातचीत में उर्दू की फुलझड़ी छोड़ते हुए, बेशतर प्रभाव में मज़ाकिया लगता था, राठी शमशेर जी को 'कविवर' तो कभी 'हुजूरे मुनव्वर' सम्बोधित करते। दिवाकर और मैं ज्यादातर ख़ामोश उनकी बातचीत का आनंद लेते रहे। उनके फ़िराक़ के संस्मरण, इलाहाबाद में उनसे मुलाकात का ज़िक्र, वगैरह बातचीत में अद्‌भुत आत्मविश्वास, अपने ज्ञान पर। जाहिर था कि वे प्रभावित करने की कोशिश कर रहे थे। प्रभावित करने की एक अतिरिक्तता थी उनकी बोल-चाल में। किसी मुसलमान उर्दूदाँ के सवाल पर कि लैला के घोड़े का नाम क्या था, आपने झट फरमाया दुलदुल। इसी तरह हज़रत मुहम्मद जिस घोड़े पर सवार होकर स्वर्ग गए थे उसका नाम? राठी के पास जवाब हाजिर-बुराक। बुराक होगा मुहम्मद साहब का घोड़ा, मुझे पता नहीं, पर दुलदुल तो हज़रत अली के घोड़े का नाम था और फिर अरब देश की स्त्रियाँ ऊँट या ऊँटनी पर चलती थीं न कि घोड़े पर। एतराज उठाने पर खुद जाकर उर्दू डिक्शनरी बाहर लाई गई, दुलदुल के बारे में मेरा अनुमान ही सही निकला। इससे राठी थोड़े हतप्रभ हुए।

इकबाल के बारे में शमशेर जी ने एक महत्त्वपूर्ण बात कही-बात का महत्त्व इसलिए कि उसका संबंध शमशेर जी से है-कि इकबाल का मेरे जीवन मेरे काव्य पर

गहरा असर रहा है। 'इकबाल मुहब्बत का सबसे बड़ा कवि है। रवींद्रनाथ और इकबाल दोनों ही प्रेम के कवि हैं। प्रेम उनके यहाँ आत्मा की शक्ति है।'

राठी और दिवाकर के चले जाने के बाद कोई घंटे भर और रहा। शमशेर जी अपने बारे में ही बताते रहे।

रात भर ठीक से सो नहीं सका, न ही मुन्ना और न ही बाबूजी। माँ और दिनों से कुछ ज्यादा ही चिल्लाती-रोती रहीं। कम्पोज का भी उतनी देर तक असर न रहा जितना आमतौर पर रहा करता था। बाबूजी ने बताया, माँ कहती हैं कि रोने-चिल्लाने से उन्हें तस्कीन मिलती है। (तसल्ली, रिलीफ़!)

(कई दिन बाद शमशेर जी ने विशाल का एक पोस्टकार्ड दिखाया। रुस्तमे-रुबाई इस बार। शीरीं के घोड़े का नाम 'गुलगूँ' अपने को दुरुस्त करके रख लिया था।)

२ सितम्बर, ८०

प्रेमा का पत्र कल आया था, एक मेरे नाम, एक सरोज के नाम। मेरे पत्र में शमशेर जी के व्यक्तित्व का बहुत सूक्ष्म विश्लेषण है-वह पत्रों के पुलिंदों में खो न जाए इसलिए यहाँ-वह अंश-उतारे ले रहा हूँ :

"मैंने इस बार यह भी महसूस किया कि शमशेर जी में कोई Artificial तत्त्व है जो उनके स्वभाव का बेहद स्वाभाविक अंग है कि दूसरे आदर्श को असलियत का धोखा दे सकता है। मुझे उनके स्वार्थी होने का भी आभास होता रहा है। अपनी किसी 'आदत' की आड़ में वे कई सच आसानी से तो छिपा ही लेते हैं, मगर अपने दोष को भी (प्यारे ढंग से) Justify कर जाते हैं। इस तरह की समझ मेरे भीतर horror पैदा करती है ...

समस्या ये है कि मैंने उन्हें इस तरह समझा है अतः Horror मेरे ही पल्ले पड़ता है... वे तो अपने इस प्रभाव से निहायत अनजान ही होंगे, उनको तो ये खबर नहीं होगी कि किसी ने उनको discover कर लिया है या कर रहा है...। या फिर शायद वे कुछ समझते भी हों-इसीलिए मुझे वे बर्दाश्त करने की हैसियत में नहीं हैं और कतराते हैं, वे इसीलिए मुझसे डरते हैं। शमशेर जी भीतरी ऊर्जा का बाहरी और सीधा (direct) प्रस्फुटन बर्दाश्त नहीं कर सकते। निहायत कमजोर इन्सान मैंने उनमें पाया है। वो आदमी दुनिया को अपने भीतर सिकोड़ कर इतना संतुष्ट है कि बाहरी दुनिया से कुछ प्राप्त करने के लिए कोई संघर्ष नहीं करता। साफ है कि रिस्क लेने की किसी भी तबियत से दूर प्रकृति है।

गनीमत है उन्हें शोभा जैसी मुलायम, उन्हीं की प्रकृति की बेटी मिली है और

इस तरह सपाट चिकने ढंग से, बिना किसी खड़खड़ाहट के जिया जा सकता है गृहस्थी में। शोभा उनमें कोई Conflict नहीं पैदा करती।

पता नहीं तुम क्या सोचते हो। क्या मैं शमशेर जी के प्रति अन्याय कर रही हूँ? ऐसा है तो मुझे बता देना।" –तारीख २२.८.८० का पत्र।

२५ सितम्बर, ८०

कल हरिद्वार में माँ की अस्थियों के एक कलश का विसर्जन कर बाबूजी, शमशेर जी, सरोज, निर्मल और मुन्ना आज वापस लौट आए। सरोज ने सब वृत्तान्त बताया। मैं अपने स्वास्थ्य की वजह से न जा सका।

निर्मल, दूधनाथ और मानू के साथ पिछले सोमवार को, २२ तारीख़, आईं।

जस्ट फ़िट

श्रीराम वर्मा

चीन में एक राजा था। उसे मुर्ग़े बेहद अच्छे लगते थे। उनकी हरकतों और अदाओं पर वह फ़िदा हो जाता। यह देख कर दरबारियों ने राजा को राय दी कि क्यों न सबसे अच्छे चित्रकार की खोज की जाय और उस चित्रकार से मुर्ग़े का एक लाजवाब चित्र बनवाया जाय। फिर आप उस चित्र को अपने कक्ष में लगायें। राजा इस बात से बेहद खुश हुआ। और पूरे चीन में सबसे बड़े चित्रकार की खोज होने लगी। अन्त में वह चित्रकार खोजियों को मिल ही गया। उन्होंने राजा को ख़बर की।

राजा घोड़े पर चढ़ कर चित्रकार के घर पहुँचा। बड़ी उतावली से उसने चित्रकार से कहा : मुझे एक मुर्ग़े का नायाब चित्र बनाकर दे दो। जो माँगोगे, दूँगा। चित्रकार ने झुक कर जवाब दिया : महाराज, मैं अपने राजा के लिए चित्र बनाऊँ, यह मेरा अहोभाग्य! लेकिन मुझे समय चाहिए।

राजा ने पूछा : कितना?

चित्रकार ने कम से कम एक साल का समय माँगा।

राजा को चित्र की जल्दी थी। उसने कहा : मैं तो सोचता था आज ही दे दोगे। लेकिन चलो, कल दे देना।

आख़िरकार करते-कराते चित्रकार के बहुत कहने-सुनने-समझाने पर राजा ने पन्द्रह दिनों बाद चित्र बनाकर दे देने के लिए राज़ी कर लिया। चित्रकार मन मारकर मान गया आख़िरकार। क्या करता, राजा की आज्ञा थी।

चित्रकार लगा चित्र बनाने। वह रोज़ अनथक मेहनत करता और दिनों-रात, रातों-दिन नये-नये चित्रों में डूबा रहता। पर उसे किसी चित्र से सन्तोष न होता।

पन्द्रहवें दिन राजा आया। चित्रकार ने पन्द्रह दिन और माँगे। वह निरन्तर चित्र बनाता जाता और सोचता कि राजा को अपनी सर्वोच्च कलाकृति भेंट करूँगा और उसे संतोष न होता। इस बीच राजा कई बार आया और चित्रकार को बेहद मशगूल देख कर और समय देकर लौट गया।

इस तरह छह महीने बीत गये।

राजा का धैर्य जाता रहा।

वह यह सोचकर कि आज चित्र लेकर ही लौटूँगा, घोड़े पर सवार हुआ और तेज़ी से चित्रकार के घर की ओर चल पड़ा। चित्रकार के घर का द्वार खुला हुआ था। वह सीधे उसके घर के अन्दर चला गया। चित्रकार के चारों ओर चित्र ही चित्र थे। उन्हीं के बीच वह एक नया चित्र बना रहा था। राजा घोड़े से उतरा और चित्र उठा-उठा कर देखने लगा। वह जो चित्र उठाता, वही उसे सर्वश्रेष्ठ लगता और वह चित्रकार से कहता, यह चित्र दे दो। चित्रकार उसके अवगुण बताता और कहता : आप मेरे ऊपर विश्वास करें, मैं जिस दिन अपने बनाये चित्र से सन्तुष्ट हो जाऊँगा, आपको स्वयं आकर भेंट करूँगा। राजा कहता : तुम पागल हो गये हो। ये चित्र बेहद सुन्दर हैं। इनमें जो तुम्हें सबसे सुन्दर जान पड़े, वह तुम दे दो। चित्रकार ने पाँच-छह चित्र दिखाये, जिनमें से कुछ अच्छाइयाँ नज़र आती थीं। राजा ने उनमें से एक चित्र चुनने को कहा। चित्रकार ने आख़िरी चित्र उठाया, लेकिन देने के लिए नहीं, क्योंकि वह उससे भी सन्तुष्ट नहीं था। उसने राजा से विनती की : महाराज, मैं आपको अपनी सर्वश्रेष्ठ चीज़ समर्पित करना चाहता हूँ और वह यह नहीं है। जो मैं देना चाहता हूँ वह कुछ और ही है; यह तो कुछ भी नहीं है। लेकिन राजा को तो अब चित्र चाहिए था, उसे आख़िरी चित्र अद्वितीय भी लग रहा था, उसने चित्रकार के हाथ से वह चित्र छीन लिया। चित्रकार और राजा के बीच छीना-झपटी शुरू हो गयी। चित्र को न पाता देख राजा आगबबूला हो गया। उसने म्यान से तलवार निकाली और चित्रकार के पेट में तलवार घोंप दी और चित्र लेकर घोड़े पर बैठ राजमहल की ओर प्रसन्न मन चल पड़ा।

वही चित्र आज मिलता है। माना जाता है कि संसार भर में वैसा मुर्ग़े का चित्र दूसरा नहीं है।

तो ये होती है सच्ची कला, सच्चा आर्ट। लगन, अभ्यास, नये की तलाश, धीरज, ये सब सच्चे कलाकार की ज़रूरतें हैं।

और वे उठे। प्रायः दौड़कर गये और हाथ में एक पुराना काग़ज़ लेकर लौटे। मेरे हाथ में देते हुए बोले : उस चित्रकार का मुर्गे का यही चित्र मिलता है। सचमुच में वह अद्वितीय चित्र था। मुर्ग़े समूह में थे, किन्तु सबका रूप अलग-अलग था, आकार अलग-अलग था, गतियाँ अलग-अलग थीं। परिवेश भी उन्हें अद्वितीय बनाता था। बाँस की नुकीली पत्तियाँ शायद पानी में प्रतिच्छायित थीं। कोने में बँसवट थी।

शमशेर जी छत पर चटाई पर बैठे – प्रायः उकड़ूँ बैठे – कहानी सुन कर सीधे तन कर लेट गये थे। उनकी कमर बोली – 'क्या'?

गर्मियों की उस चाँदनी रात के तब तीन बज रहे थे।

२

मैं बी.ए. में था। विश्वविद्यालय से पैदल चौक के लिए आ रहा था। पब्लिक लाइब्रेरी के पास मौलसिरी के एक पेड़ के नीचे सीमेंट की बेंच पर शमशेर जी लेटे हुए मिले। लू चल रही थी। वे लेटे-लेटे एक स्कूली कॉपी पर कुछ लिख रहे थे। बातचीत से पता चला, वे बीजगणित के कुछ सवाल हल कर रहे हैं। मैंने जिज्ञासावश चौंक कर पूछा : किसलिए? बोले : कवि को बीजगणित से कविता के लिए काफ़ी कुछ मिलता है। एक ट्रेनिंग तो कम से कम मिलती ही है। बहुत बाद में समझ में आया कि बीजगणित, शब्द और अनुभूति के क्या संबंध हैं। ख़ास कर गिज़लेन की 'क्रियेटिव प्रॉसेस' में पॉल वेलरी का लेख पढ़कर और पाउंड के 'इक्वेशन' पर ध्यान देने पर। शमशेर ने कम्पनी बाग़ में एकांत ढूँढ़ कर लिखने और पढ़ने की राय दी, पब्लिक लाइब्रेरी अटेण्ड करने की सलाह दी। यह नहीं कि मैं ऐसा करता नहीं था, पर उन्होंने जिस तरह कहा, वह एक आत्मीय की अनुभूति का मर्म था, जो व्यक्त हो रहा था, इसलिए अप्रत्याशित, आश्चर्य-युक्त तथा नया लग रहा था। क्यारियों में फूल दिखते थे, दरख़्तों का हरा सुहानापन दिखता था और लू के झोंके मानो ओझल हो गये थे।

दोपहर के अवकाश के बाद पब्लिक लाइब्रेरी के खुलते ही शमशेर जी उठे और हम दोनों विपरीत दिशाओं की ओर चल पड़े। वे लाइब्रेरी की ओर, मैं महाजनी टोला की ओर।

भूखे वे भी थे। भूखा मैं भी था। चिन्ता दोनों को न थी।

३

वे भाषा विज्ञान की एक किताब पढ़ रहे थे। नाम था : 'रोमांस लैंग्वेजेज़।' 'रोमांस' का अब तक जो अर्थ मैंने समझा था, उससे भिन्न अर्थ क्या हो सकता है, मैंने जानना चाहा। उन्होंने बताया : रोमन जाति की अनेक भाषाएँ हैं, पुरानी और नयी। उनके पारस्परिक संबंध को समझना बहुत ज़रूरी है। उनके काल और समाज को, उनकी समृद्धि के कारणों को जानना भी ज़रूरी है।

'पर हिंदीभाषी के लिए क्यों ज़रूरी है?'

'किसी के लिए भी ज़रूरी है। इससे समझ विकसित होती है। इससे हम अपनी भाषा को ज़्यादा जानने और समझने लगते हैं और अपनी भाषा के मूल और उसके विकास को समझने की दृष्टि ईजाद कर लेते हैं। देखिए, मैंने राहुल जी की 'संस्कृतमाला' क्रमशः पढ़ी। उससे मैं फ़ारसी, उर्दू और हिंदी को अधिक समझ सका। दरअसल ट्रेनिंग ज़रूरी है। साइंटिफ़िक समझ से ही भाषा को समझा जा सकता है।

भाषा को समझने का मतलब अपने समाज, अपने इतिहास और अपने भूगोल को समझना है।'

'तो क्यों न रामविलास जी की किताब 'भाषा और समाज' पढ़ लें। क्यों न ग्रियर्सन को पढ़ लें। क्यों न...'

वे बीच में ही बोल पड़े : 'रामविलास जी की वह किताब अच्छी है। मगर हमारा काम उतने से ही नहीं चलता। जानने के लिए आत्म-निर्भर होना पड़ता है। अपनी दृष्टि विकसित करनी पड़ती है। कइयों को पढ़ना पड़ता है। हम औरों को क्यों पढ़ें, पाणिनि को क्यों न पढ़ें। वह क्लासिक है। क्लासिक के बिना गति नहीं', कुछ रुक कर : 'और रामविलास जी, देखिए, मुझे लाइक नहीं करते। या तो मुझमें कमी है या उनमें। वे बहुत बड़े आलोचक हैं। वे बहुत कुछ कर सकते हैं। पर अक्सर मैं उनसे इत्तफ़ाक़ नहीं कर पाता। अच्छा बताओ, क्या तुम्हें नहीं लगता कि आलोचक को, अगर आपको सिरजन करना है, पढ़ना छोड़ देना चाहिए?' (यह बात उन्होंने कालिदास अकादमी के अध्यक्ष पद से भी कही थी।*)

'आपकी बात मैं नहीं कर सकता, पर हम लोगों को तो पढ़ना चाहिए।'

फिर तो शमशेर ने शिवप्रसाद सिंह की 'विद्यापति' और रामदहिन मिश्र की 'काव्य-निर्णय' पढ़ने की राय दी। दोनों की बेतरह तारीफ़ की। इतनी कि मैंने क्रमशः दोनों विश्वविद्यालय से निकलवायी और पढ़ने लगा। 'विद्यापति' पढ़ते हुए उन्होंने नहीं देखा, लेकिन 'काव्य-निर्णय' देख लिया। देखते ही बोले : यह किताब मेरी है न? मैंने कहा : नहीं, मैंने यूनिवर्सिटी से निकलवायी है। वे अलफ़। नहीं, मेरे पास यह किताब नहीं है। श्रीकान्त व्यास की माँ ने मुझे प्रेज़ेन्ट की थी। आपने ली है। मैंने फिर दुहराया : आपकी किताब आपके पास कहीं होगी या आपने किसी और को दी होगी। यह किताब तो यूनिवर्सिटी की है। आप मेरे साथ यूनिवर्सिटी चलें। मैं वहाँ अपने नाम के आगे दिखा दूँ।

अन्ततः वे माने नहीं। दूसरों ने भी आग में घी का काम किया। मैं कसमसा कर रह गया। बाद में दोनों के दिमाग़ से यह कटु निकल गया; किताब मिली या नहीं, पता नहीं।

४

श्रीकान्त व्यास से ही पहली बार पता चला कि शमशेर इलाहाबाद के बहादुरगंज मुहल्ले में 'जस्ट फ़िट' नामक दर्जी की दुकान के ऊपर रहते हैं। कि वे बहुत अस्त-व्यस्त, औला-मौला से आदमी हैं। कि उनकी कविताएँ कहीं किसी मसाले के डिब्बे के नीचे पड़ी मिलती हैं, कहीं तकिये के नीचे। कि उनकी माँ को वे बहन मानते हैं और

---

* शमशेर 'प्रेमचन्द पीठ' (उज्जैन) के अध्यक्ष थे, न कि 'कालिदास अकादमी' के। - सम्पादक

राखी बँधवाते हैं। कि पहले 'माया' में काम करते थे, अब कुछ नहीं करते। उनकी कविताओं की सुरक्षा आवश्यक है।

विचित्र यह कि मैं आज तक इलाहाबाद में रहते हुए भी यह नहीं जानता था कि शमशेर ज़माने से यहीं रहते हैं और मैंने उन्हें देखा तक नहीं। किसी ने मुझे बताया क्यों नहीं। हाईस्कूल तक मैं इलाहाबाद के प्रायः सभी साहित्यकारों के दर्शन कर चुका था। लेकिन शमशेर? उन्हें तो यही समझता था, वे मेरठ में रहते हैं। उन्हें थोड़ा-बहुत ही पढ़ा था, लेकिन ठीक से समझ नहीं पाया था। 'तार सप्तक' की उनकी समीक्षा भी पढ़ चुका था; मुझे उस समय साजिश से भरी लगती थी। अब तो सार्थक और ऐतिहासिक लगती है।

मैं सीधे मुट्ठीगंज से 'जस्ट फ़िट' के लिए चल पड़ा। तब तक बहादुरगंज की भी मुझे जानकारी न थी। श्रीकान्त व्यास ने जैसे-जैसे बताया था, बहादुरगंज आ गया। फिर 'जस्ट फ़िट' का बोर्ड भी दिखायी दे गया। टेलर मास्टर से पूछने पर पता चला, बग़ल में दरवाज़ा है, ऊपर रहते हैं। देखा, दरवाज़े पर तीन छोटे-बड़े ताले लगे हैं। सोचा, नहीं होंगे। पास गया तो ताले थे ज़रूर, लेकिन एक कुण्डी ख़ाली थी। देर तक खटखटाने पर दरवाज़ा खुला। सीढ़ी पर शमशेर जीवन में पहली बार दिखे।

रोमांच को जैसे शरीर दे दिया गया हो। मझोला क़द। साँवला बदन। पतले किशमिशी होंठ। हल्के से बिखरे बाल - ज़्यादा काले, थोड़े से पके। चेहरे पर भाव उड़ते-फरफराते। आँखें छोटी चौंधियाई, लेकिन उनमें भी चिड़ियाँ उड़ती-सी। वे उस समय मोटी कमानी का मोटा चश्मा साफ़ कर रहे थे। साफ़ दाढ़ी भी कण्टकित-सी जान पड़ती थी। होंठ भी जैसे रोमांचित से, फरफराते से। वह मद्धम आवाज़ - आज समुद्र पार से आती जान पड़ती है : किशमिशी गोरी अम्न का राग गाती आवाज़ - जैसे बाख़ का संगीत। जीवन्त नहीं, शान्त, ममतालु इतनी कि स्वतन्त्र करती। वह आवाज़ जैसे रोमांच की लय हो, ध्वनि हो और अन्तर्तम तक को स्पर्श करती हुई। 'ये लहरें घेर लेती हैं।' 'अर्धद्वितीया टूट जाता है।'

परिचय में देर लगी। उन्होंने काफ़ी जानकारी खड़े-खड़े ले ली। फिर नीचे उतर आये। हाथों से मेरे बालों को स्नेहिल स्पर्श देकर मानो सँवार दिया।

पहली बार शमशेर की सीढ़ियाँ चढ़ा। आगे-आगे शमशेर, पीछे-पीछे मैं। ऊपर एक बन्द दरवाज़ा। दो सीढ़ी। नीचे बग़ल में एक कमरा। कमरे के ऊपर एक क्युबिकिल। इस कमरे में बारजे के पास दो दरवाज़े। खोल दीजिए तो हवाएँ ही हवाएँ। लेकिन बन्द रहते हैं ये दरवाज़े। क्योंकि सामने के, सड़क के उस पार के मकान और बारजे दिखते हैं। एक दरवाज़ा तब खुलता है, जब यहाँ लोग दीवार से सटकर बैठते हैं। न इनको बाहर वाले देख पायें, न ये बाहर वालों को देख पायें। नीचे रजाई बिछी है। रूई सिकुड़ कर कहीं-कहीं इकट्ठी हो गयी है। सीलिंग फ़ैन है। बग़ल में ट्वायलेट

है। पानी की टंकी काफ़ी नीचे है। बाथरूम छोटा नहीं कहा जा सकता। यहीं नल पर शमशेर कोयले की राख से बर्तन साफ़ करते हैं। बर्तन भी चीनी मिट्टी या तामचीनी के। राख से धोने के बाद डिटॉल से ज़रूर धोते हैं। लिखने का काम हमेशा क्युबिकिल में ही करते हैं। उसमें पंखा नहीं है। यह शमशेर का एकांत क्षेत्र है। तुड़ा-मुड़ा, अस्त-व्यस्त, भुसा हुआ एकांत। इसमें कभी कोई घुस नहीं सकता। वह वर्जित क्षेत्र है। इसमें वही प्रवेश कर सकते हैं। और यदि वे वहाँ हैं तो उन्हें बुलाया भी नहीं जा सकता। वे लीन हैं : रचनालीन। पसीना, गंदगी, ग़र्द-गुबार, सबसे बेख़बर। कुर्सी पर बैठे शमशेर मेज़ पर बस मौन अनिवार अभिव्यक्ति के खो-से गये नैरन्तर्य। वे कहाँ हैं, कहीं नहीं हैं। ऐसे ही में किसी दिन भुवनेश्वर आये थे। कीचड़-सने जूते पहने, तार और अख़बार दबाये-रूथ उनकी प्रेमिका थी। उनकी इंग्लिश कविताओं का शमशेर ने अनुवाद किया था। सुना था मैंने। *[१]लमही की सड़क पर वे मरे पाये गये थे। उनके दिमाग़ में फोड़ा हो गया था। शमशेर जी उनके अनेक प्रसंग सुनाते। उन पर अपनी एक कविता सुनायी थी।

ऊपर के दरवाज़े के बाद एक कमरा और फैली हुई छत। कमरे में एक छोटी सी काठ की आल्मारी जिसका नीला रंग हल्का हो गया है। वहीं एक लोहे की अँगीठी और पत्थर के कोयले। फ़र्श पर एक गद्दा बिछा है, चद्दर को तरसता फटा-चुँथा गद्दा। सीलिंग फ़ैन शायद है।

शमशेर जी कोयले कूट चुके हैं। अब माचिस ढूँढ़ रहे हैं और माचिस है कि मिल नहीं रही है। दीवार में दो ईंटें नहीं हैं। वहाँ गोरी दूब उग आयी है – अंकुरित जौ जैसी। माचिस वहाँ है। वे अक्सर भूल जाते हैं। माचिस क्या मिली, जहान मिल गया। उनका चेहरा खिल उठा है। आँखों में चमक आ गयी है – भोली सी चमक। वे आज मुझे 'टिल्क' पिलायेंगे। 'टिल्क' माने ख़ालिस दूध की चाय। 'मिल्क' से बनी 'टी'। वे पास से ही नीचे सुबह चबूतरे पर बैठे ईमानदार ग्वाले से दो सेर (तब किलो नहीं चलता था।) दूध लेते हैं। उधार। चार साल हो गये। पैसा नहीं माँगा। जब कभी पैसे होंगे, दे देंगे। आज की दुनिया में ख़ालिस दूध मिल जाय, बहुत है। ज़िन्दगी में मैं और कुछ करूँ, न करूँ, अपने ग्वाले पर एक सानेट ज़रूर लिखूँगा। त्रिलोचन जी कहते हैं, 'चाह' शुद्ध शब्द है, 'चाय' नहीं। शेक्सपीयर ने 'टे' लिखा है। शायद शेक्सपीयर के समय में 'टी' उच्चारण नहीं होता था। 'टी' 'टे' का विकास है। मैंने कहा : चाय चुनी जाती है। 'ची'*[२] धातु से तो 'चाय' ही बनेगा, 'चाह' नहीं। शमशेर जी ने तपाक से कहा : आपकी बात मानें कि त्रिलोचन जी की। त्रिलोचन जी कई भाषाएँ जानते हैं। हो सकता है इच्छा से जुड़े होने के नाते 'चाय' को 'चाह' कहते हों। मैंने चीन से लौटे

---

*१. ऐसा कुछ निश्चित नहीं है। – सम्पादक।
२. 'चि' धातु है, न कि 'ची'। – सम्पादक।

नेहरू जी का हवाला दिया और बताया : चीन में भी चाय बोलते हैं। चीन स्वयं संस्कृत शब्द है और चीन में ही सबसे पहले चाय का प्रचलन हुआ। शमशेर जी बोले : 'चाय' सही हो 'चाह', लेकिन चाय का कल्चर जापान में है। लीजिए, न 'चाय', न 'चाह', टिल्क। लगता था मलाई पी रहे हैं निकोटीन के साथ। फ़्लेवर भी अद्भुत था।

शाम ढलने लगी थी। आसमान बादामी, फालसई और गहरे नारंगी रंग के बादलों से एक सुन्दर कैनवास बन गया था। शमशेर जी नीचे से एक चटाई ले आये और छत पर बिछा दी। हम लोग खुले आसमान के नीचे आ गये : चटाई पर टिल्क लिये। कोने में बड़ी सुन्दर, लेकिन पुरानी सुराही रखी थी।

अचानक बोले : त्रिलोचन जी जब पहली बार मिले तब मैं उनकी बात ही नहीं समझ सका। कई बार पूछने और उनके बताने पर समझ सका, वे कह रहे हैं : एक महिला यहाँ केशप्रक्षालन कर रही थीं। 'केशप्रक्षालन' के 'शप्र' पर बल देते समय वे इस तरह हँस रहे थे जैसे यह तो बोलने की कोई भाषा न हुई। दरअसल उनकी दूर की एक दबंग बहन आयी हुई थी। वह बाल धो ही रही थी कि तभी त्रिलोचन जी आये। शमशेर थे नहीं। उन्होंने उसी हालत में वाराणसी से आये त्रिलोचन जी को शमशेर जी की अनुपस्थिति की सूचना दी और यह भी बता दिया कि वे कब मिलेंगे। शायद शमशेर क्लिष्ट तत्सम शब्दावली बोलने-सुनने में इतनी कठिनाई महसूस करते थे कि उनके लिए ऐसी भाषा बोलना भी कल्पना से परे था।

नीचे जब मुझे छोड़ने के लिए उतरने लगे तो मैंने पूछ लिया : आप इस क्युबिकिल में कैसे काम कर पाते हैं? बोले : क्यों, इसमें क्या कठिनाई। काम के लिए एकांत चाहिए। मुझे दूसरे की उपस्थिति मात्र काम से रोक देती है। बस, कोई डिस्टर्ब न करे। अब देखिए न, हेरम्ब मिश्र मेरे एक शुभचिन्तक मित्र हैं, पत्रकार हैं, विद्वान हैं, एक दिन आये। मैं काम में मुब्तिला था। पसीने में सराबोर मुझे देख बेचारे मेरे भले के लिए बोल पड़े : आप इस तरह कब तक काम करेंगे। खुले में आ जाइए। मैं उन पर बरस पड़ा। मुझे बाद में बेहद अफ़सोस हुआ। ऐसी सहानुभूति किस काम की, जो काम में ही बाधा बनकर खड़ी हो जाय।

मैं पहले से ही सोच कर चलता था कि उनसे कहूँगा कि मैं आपकी बिखरी हुई सारी कविताएँ लिखकर एक जगह एकत्र करना चाहता हूँ और चाहता हूँ कि आप उसे सहेज कर रखें और कोशिश करें कि आप का संग्रह आ जाय। उनका कोई संग्रह तब तक आया न था। मेरी बलवती सदाशयी इच्छा पर प्रायः हमला बोलते हुए उन्होंने ठहाका लगाया, मानो ठहाका मुझे एक फूः में उड़ा देगा और कहने लगे : अव्वल तो मैं किसी का शोषण पसन्द नहीं करता, दूसरे मैं धीरे-धीरे या जब ज़रूरत होगी, यह काम ख़ुद करना पसन्द करूँगा, आप ख़ामख़्वाह क्यों परेशान हों। मैंने कहा : आपको जल्दी नहीं है। पर हमारी पीढ़ी आपसे अपरिचित रहे यह किसी भी तरह उचित नहीं है।

मैं आपकी कविता उतार कर एकत्र करने को शोषण नहीं, पवित्र कार्य मानता हूँ और इस कार्य से मुझे शिक्षा और प्रेरणा मिलेगी। यानी जो चीज़ मिलेगी उसका मूल्य आँका नहीं जा सकता।

लेकिन वे तरह-तरह से पगहा तुड़ाकर भागने की कोशिश करते रहे और मैं खूँटा गाड़े उन्हें पगहा पकड़ कर बाँधने की कोशिश करता रहा। अन्ततः मान गये, लेकिन कविताएँ ढूँढ़ कर देने के लिए समय माँगा। कब, पता नहीं।

मैं जाऊँ, वे कभी न मिलें, ताला मिले, कभी मिलें और टाल जायँ। जब बहुत दिन हो गये तब 'कल ठीक इसी समय आइए' कह कर दरवाज़ा बन्द कर लिया।

दूसरे दिन जाते ही बोले : पहले चाय पियेंगे तब काम शुरू करेंगे या पहले काम, तब चाय। मैंने कहा : क्यों बेकार चाय में ख़र्च करेंगे, मैं तो काम करूँगा और चला जाऊँगा। - नहीं-नहीं ये कैसे हो सकता है, टी इज़ मस्ट। अच्छा, मैं कविताएँ और काग़ज़ ले आता हूँ। आप लिखिए। मैं चाय बनाता हूँ।

वे थोड़ी-सी ही कविताएँ ले आये और काग़ज़ भी थोड़ा-सा। पहली कविता के तीन प्रारूप थे। किसे उतारना है, पूछा। बोले : आप तीनों ही उतार दीजिए, बाद में मैं ख़ुद सोचूँगा। बाद में डेढ़ पृष्ठ की एक कविता मिली, जिसमें क्रियापद एक भी न था, केवल संज्ञाएँ थीं और प्रत्येक संज्ञा के बाद विराम। विराम भी कई तरह के। संज्ञाएँ भी इतनी क्लिष्ट कि बिना कोश देखे अर्थ स्पष्ट करना कठिन। मुझे लगा, यह कविता तो नहीं है और चाहे जो भी हो।

जब बाक़ायदा पूरा चायाचार बरतते हुए उजली केतली में चाय लिये शमशेर जी हाज़िर हुए और करीने से चाय बनाकर दी तो मैंने वह डेढ़ पृष्ठ उनकी ओर कर दिया। वे चश्मा हटाकर काग़ज़ को आँखों के बिल्कुल क़रीब ले जाकर आँखें सिकोड़ कर पढ़ने लगे। फिर मुझे थम्हाते हुए बोले : ये तो नोट किये हुए शब्द हैं। क्लिष्ट शब्द। इन्हें इसलिए नोट कर लिया है कि शायद किसी दिन किसी काम आ जायँ। नोट इसलिए भी किया कि कभी ये भी प्रचलित रहे होंगे, आज ये भुला दिये गये हैं, इनका उच्चारण भी अब बेहद मुश्किल हो गया है। उन्होंने माइकेल मधुसूदन दत्त के क्लिष्ट शब्दों के आग्रह के क़िस्से सुनाये, निराला के 'तमस्तोम' की जगह 'तमोतोम' को सही बताया, त्रिलोचन के तत्सम संवादों पर व्यंग्य किया और फिर नोट किये शब्दों को कब कहाँ पढ़ा और उनके अर्थ भी बताये। फिर अज्ञेय की इंग्लिश को पण्डिताऊ और उनकी हिंदी को बनावटी बताया। यह भी कहा कि मैं जिन्हें जितना ही पसन्द करता हूँ, उनकी उतनी ही निर्ममतापूर्वक आलोचना भी करता हूँ।

मैंने उन्हें चलते हुए चाय के लिए धन्यवाद दिया तो वे पास खिसक आये। पीठ पर धौल जमाते हुए मुझे आधा चिपटा लिया और मेरे बालों को सहलाने लगे।

अब क्रम बन गया। कविताचार और चायाचार। तरह-तरह की कविताएँ। बहुत

छोटी। बहुत बड़ी। गीत और लोकगीत के निकट। लयबद्ध। गद्यमय। शब्द और चित्र एक साथ। ऐसी ही एक कविता मिली : कुछ दूर तक पंक्तियाँ, फिर चित्र, फिर पंक्तियाँ, फिर चित्र। अब क्या करूँ, चित्र तो बना नहीं सकता। उनसे पूछा तो बोले : उसे वैसे ही छोड़ दीजिए और अपनी हस्तलिपि वाली कविताओं में रख दीजिए।

मैंने पूछा : इसे क्या माना जाय – कविता या चित्र, या दोनों? बोले : यह तो कविता ही है। ये चित्र शब्दों के अर्थ को थोड़ा और ले जाते हैं। जहाँ शब्द व्यर्थ या बेकाबू हो जाते हैं, वहाँ चित्र शब्द का और खुलासा करने लगते हैं। दोनों परस्पर मिल कर कविता को पूरा करते हैं।

'क्या आप चित्रकार भी हैं?' – मैंने पूछा।

उन्होंने एक आह भरी, फिर उठ गये।

जब लौटे तब उनके हाथ में पेन्सिल रंगों के कुछ चित्र थे। दिखाते हुए बोले : चित्रकला महँगा सौदा है। इसलिए चाहते हुए भी बना नहीं पाता। वे सभी चित्र अमूर्त थे और मैं उस समय उन्हें समझ नहीं सकता था। यहाँ तक कि कविता में जो चित्र थे, उन्हें भी बहुत बाद में समझ पाया। उन्हें उस समय जगदीश गुप्त याद आये।

इन्दारा स्टेशन पर सुबह के समय सफ़ेद बादलों में चाँद इस तरह छिपा हुआ था जैसे बादल दो मुँदती पलकें हों और चाँद आँख की पुतली – नीम होशी का चित्र! सहसा कविता के बीच के एक चित्र का रहस्य खुल गया।

उन्होंने श्रीपत राय के चित्रों की बड़ी तारीफ़ की। लेकिन पेरिस की कूँचियों और रंगों के महँगेपन का उल्लेख वे नहीं भूले। उनकी समीक्षाओं की बारीकियाँ भी बतायीं। पेरिस के कलान्दोलनों पर देर तक व्याख्यान देते रहे। जब थक गये, तब 'टिल्क' बनाने लगे। फिर छत पर चटाई पर टिल्क पीते-पिलाते उन आन्दोलनों की बारीकियों में उलझे रहे।

उन्होंने सम्पूर्ण हिंदी कविता में विद्यापति, सूर और तुलसी के बाद निराला को बहुत पसन्द किया था। निराला को जिन कोणों से वे देखते थे, शायद ही कोई देख सका हो। उन्होंने स्वयं इनसे प्रभावित लेकिन मौलिक दो गीत लिखे थे : 'सावन की उनहार' और 'फिर कस उठो।'* सूर के रंग-संयोजन पर उन्होंने जो कुछ बताया, दूसरा वैसा नहीं बता सका। त्रिलोचन जी के विषय में बड़े उल्लास से बोले : उन्हें निराला अत्यन्त प्रिय हैं। उन्होंने निराला का गहरा अध्ययन किया है और जो नोट्स लिये हैं, वे नायाब हैं। लेकिन उन्हें न निराला जी ग़ज़लें पसन्द थीं, न त्रिलोचन की। निराला की कजरी और भारतेन्दु की लावनियाँ उन्हें पसन्द थीं। शंभूनाथ सिंह के लोक-प्रयोग उन्हें प्रिय थे, लेकिन अज्ञेय के ऐसे प्रयोग बनावटी लगते थे। हरिवंश राय 'बच्चन' की लोकप्रियता उन्हें मुग्ध करती थी; नागार्जुन के प्रति उन्हें रश्क था, क्योंकि वे उन्हें

---

* १. कविता का शीर्षक 'एक मुद्रा से' है। – सम्पादक।

सर्वोच्च प्रगतिशील ऐसा कवि मानते थे, जो जनता के बीच रह कर जनता की वाणी में लिखता था। वे प्रायः पत्रिकाएँ नहीं पढ़ते थे, क्योंकि माँगना और ख़रीदना तो सम्भव ही नहीं था, यदि किसी ने दे भी दिया तो वे क्लासिक्स पर बल देने के कारण प्रायः पढ़ नहीं पाते थे। या टालते जाते थे।

नागार्जुन के विषय में उन्होंने बताया कि उनकी 'चना-जोर गरम' शीर्षक एक कविता है, जिसे छपा कर वे रेलगाड़ी के डिब्बों में गाते हुए बेचते थे। एक कविता है : 'प्रेत का बयान', जिसे वे लाखों के मजमे में पढ़ते थे और उसका प्रभाव ज़बर्दस्त होता था। बच्चन जी की धाक उन पर अमिट थी तो नागार्जुन में वे अपनी विफलताओं की जगह अपना इष्ट पाते थे। वे साफ़ कहते थे : मैं लाख कोशिश करता हूँ मार्क्सवाद ले आऊँ अपनी कविता में, लेकिन पूरी तौर पर ऐसी कविताएँ बहुत सफल नहीं हो पातीं। मेरे संस्कार कुछ दूसरे हैं, स्वभाव भी कुछ ऐसा संकोची और प्राइवेसी भरा है कि बहुत सोशल चाह कर भी नहीं हो पाता। और फिर मेरी आर्थिक हालत ऐसी है कि जो अपेक्षाएँ मुझसे की जाएँगी, मैं पूरी नहीं कर पाऊँगा। और दूसरों की आत्मीयता मुझे भारी पड़ जायेगी। उन्होंने बड़े गर्व से बताया कि उनके ननिहाल और ददिहाल के लोग शायर थे। वे उसी परम्परा में पले-बढ़े। उर्दू, शेर, क़ते, रुबाई और ग़ज़ल उन्हें घुट्टी में मिले थे। वे मानते थे कि सामन्ती व्यवस्था में कलाओं की उन्नति होती है। मसनवी और मर्सिया के विकास से वे सुपरिचित थे। अक्सर ग़ालिब, मीर और इक़बाल को सव्याख्या सुनाने में रात की रात गुज़ार देते थे। ग़ालिब की वैसी व्याख्या शायद उग्र जी ने भी नहीं की। इलाहाबाद विश्वविद्यालय के उर्दू विभाग के अध्यक्षों में वे अक्सर एजाज़ हुसैन और एहतेशाम हुसैन की बड़े अदब से चर्चा किया करते थे। एहतेशाम हुसैन के उर्दू इतिहास का उन्होंने हिंदी में तर्जुमा किया था।* उन्हें नाटक और कथा-साहित्य भी कम प्रिय नहीं थे। कुर्रतुल ऐन हैदर उनकी प्रिय लेखिका थीं। 'आग का दरिया' का उन्होंने अनुवाद किया था। कभी-कभी वे फ़िराक को भी उद्धृत कर देते थे। लेकिन मजाज़ को शायद ज़्यादा ही पसन्द करते थे। मन्टो से मेरा परिचय उन्हीं के द्वारा हुआ। इक़बाल और एलियट, दोनों के बारे में, 'दिया और जुगनू' तथा 'हिप्पोपोटामस' पढ़ाते हुए उन्होंने इतिहास, मिथक और प्राचीन भाषा के सन्दर्भित रहस्य खोले। कभी-कभी केशु और रमेशचन्द्र शाह वैसा कर पाते हैं। उन्हें सुनते हुए अक्सर हजारी प्रसाद द्विवेदी की सांस्कृतिक-ऐतिहासिक उड़ानें याद आ जाती थीं।

उन्होंने ही रामकेर और बिसराम जैसे महान् लोक-कवियों से मेरा परिचय कराया। स्वयं संगीतकारों की तरह एक भाषा से छलाँग लगाकर दूसरी भाषा में लिखा। खाँटी भोजपुरी में गीत लिख लेना उन्हीं का बूता था। वह भी इस दृष्टि से कि

---

* इसका कोई प्रमाण उपलब्ध नहीं है। - सम्पादक।

मार्क्सवादी दर्शन की गहराइयाँ कविता के भीतर से निकलें। पंत की तरह कुछ भी आरोपित नहीं लगता। कविता की दूसरी तरह से व्याख्याएँ भी यद्यपि सम्भव हैं। 'निदिया सतावे मोहें सँझही से सजनी' काश, लता जी ने गाया होता।

एक दिन अपने हिन्दू हॉस्टल के दिनों का संस्मरण सुनाते हुए बताया कि नरेन्द्र शर्मा को जापानी कविताएँ पसन्द थीं और मुझे चीनी कविताएँ। माओज़ेटुंग उनके प्रिय कवि थे। 'क्यूनलून पर्वत के प्रति' को वे माओ की सर्वश्रेष्ठ कविता मानते थे। हर दृष्टि से। विश्व-राजनीति और एशियाई राजनीति, दोनों दृष्टियों से। उन्होंने ही बताया कि 'क्यूनलून' को हिंदी में 'कराकोरम' कहते हैं। कराकोरम तिब्बत, नेपाल, भारत और चीन सबको प्रिय है। इसलिए अमरीका की आँखें भी उस पर लगी हैं। माओ उसे पड़ोसी तीन देशों को बाँट देने की कामना यूँ ही नहीं करते। छपाई और शैली, दोनों दृष्टियों से माओ ने प्राचीनता को स्वीकार किया, लेकिन बात उसने नयी कही। इसीलिए उन्हें वे प्रेरक भी लगते थे। वे इसे चुनौती मानते थे। कोरिया मार्च का सविस्तार वर्णन उनसे सुना, उस रोमांच की अब तक याद है। उसके चौदह बच्चों की मौतें शमशेर के नाटकीय लोकमहर्षक अन्दाज़ में अब तक गूँज रही हैं।

बाद में मैंने एक चीनी विद्यार्थी से, जिसे मैं हिंदी पढ़ाता था और जो अब पेइचिंग रेडियो में है, माओ की कविताओं के हिंदी अनुवाद सुने, बाँस के काग़ज़ पर पुरानी शैली में छपा उसका संग्रह भी देखा। इसी रौ में लुमुम्बा और हो ची मिन्ह की कविताएँ भी पढ़ीं। यूनिवर्सिटी रोड पर चचा की दुकान पर मैं रूसी और अन्य प्रगतिशील साहित्य पढ़ता था।

उर्दू में शमशेर शायद इक़बाल को सबसे अधिक पसन्द करते थे। उनके ऐतिहासिक ज्ञान और काव्य-मर्म से भी प्रभावित थे। एक दिन कहने लगे : इक़बाल एक चर्च में नमाज़ पढ़ रहे थे। इस पर किसी क्रिश्चियन ने एतराज़ किया तो इक़बाल ने सन्-संवत् सहित वहाँ कभी मस्जिद के होने की बात कही। क्रिश्चियन चकित। लेकिन निराला को उनसे कम किसी प्रकार नहीं आँकते थे। उन्हें ही प्रयोगों का पुरस्कर्ता मानते थे, अज्ञेय को नहीं।

यह सारा ज्ञान कविता-लेखन के दौरान हुआ। एक दिन-लगभग दो माह बाद-अचानक उन्होंने घोषणा की कि अब उतारने के लिए कविताएँ नहीं हैं। खेद है कि पारिश्रमिक के रूप में आपको कुछ दे नहीं सकता। वे सचमुच दुखी थे। मैंने उनके इस दुख को भरसक दूर करने की कोशिश की। पर मुझे शमशेर से रोज़ मिलने के इस सुयोग के सहसा नष्ट हो जाने का बेहद कष्ट हुआ और यह भी कि अब चाय कहाँ मिलेगी। वह भी शमशेर की चाय। वह चाय पूरी शमशेरियत होती थी। लेकिन वह शमशेरियत मुझमें रच-बस तो गयी ही थी।

लाख ढारस देता था, पर अन्ततः अनाथ ही महसूस करता था।

५

अब तक मैं मलयज और उनकी कवयित्री दोनों बहनों को शमशेर के विषय में ख़ूब बता चुका था। मलयज तो मेरे साथ ही शमशेर से मिले। फिर अपने घर पर आमन्त्रित किया। फिर रब्त-ज़ब्त इतना बढ़ा कि दोनों बहनों और मलयज के वे आजीवन 'काका' हो गये। शमशेर ने एक दिन श्रीकान्त व्यास के पिता से अपनी छत पर कहा : बड़ी मुझे अपनी सहेली जैसी लगती है। छोटी अपनी नन्ही गुड़िया जैसी। धीरे-धीरे वे उनकी समस्याएँ तक हल करने लगे। कभी-कभी उनके साथ बच्चों जैसी हरकतें भी करते, किलकारियाँ भी मारते। बड़ी को झुक कर दूध पिलाते। इस बात से हंस प्रकाशन के एक सज्जन बहुत चिढ़ते और कहते : बताइए अब ये बिल्ली आकर उनका दूध पीने लगी है। सोचती तक नहीं कि शमशेर किस हालत में हैं। पर न शमशेर को ग़म, न बड़ी को चिन्ता।

उन बहनों का परिचय शमशेर की दूर की उनकी बहन और एक लड़की-दामाद से भी हो गया, जो कभी-कभी आते थे। रमाप्रसाद घिल्डियाल 'पहाड़ी' भी उस समय ज़रूर आते थे, जब उनकी बहन आती थीं। वह शमशेर जी पर और मुझ पर भी प्रेम भरे रौब के साथ ख़ूब हुकुम चलाती थीं। शमशेर जी जब दौड़ते-दौड़ते सीढ़ी चढ़ते थक जाते तब कहते : 'ज़रा दम ले लेने दो। जाता हूँ।'

एक दिन उन्होंने मुझे अपने छोटे भाई डॉ. तेजबहादुर सिंह से मिलाया। वे मध्य प्रदेश में कहीं बड़े सेवापरायण डॉक्टर हैं। खड़ी बोली में दो अच्छे उपन्यास लिखे हैं। एक उन्होंने मुझे पढ़ने को दिया। शमशेर जी के प्रति आदर और प्रेम अनन्य देखा मैंने। वे उन्हीं के आग्रह पर एक बार उनके यहाँ गये भी थे। याद नहीं, पर किसी को लिखा कि मैं छोटे-छोटे फूल, घास-फूल मुग्ध होकर इकट्ठा कर लाया। वे मुरझा गये। लगता है मेरी छोटी-छोटी कविताएँ भी ऐसी ही हैं। वे शायद स्वास्थ्य-लाभ और हवा बदलने के लिए गये थे। डॉक्टर साहब को एक ही बार देखा।

मलयज की बहनों ने एग्निन्स कोआल्स्का का परिचय शमशेर से कराया। एग्निन्स पोलैंड से हिंदी में शोध करने आयी थीं। उन्हें मकान की ज़रूरत थी। शमशेर जी का मुहल्ले में इतना आदर था कि उनके घर के सामने ही ऊपर एक कमरा मिल गया। एग्निन्स के सुनहरे बालों पर हाथ फेरते हुए एक दिन हठात् बोल पड़े : 'इनकी एक बात मुझे बहुत अच्छी लगती है। वह यह कि भारतीय घरों में बड़ी आसानी से प्रवेश कर जाती हैं। इससे होता यह है कि हिंदी की पकड़ मजबूत होती है।' उन्हें तब बेहद दुःख हुआ था जब वे उनके अभिन्न मित्र मुक्तिबोध से मिलने उनके घर गयी थीं और निरन्तर खुफ़िया पुलिस उन्हें बेमतलब तंग करती रही। एग्निन्स ने कुछ कवियों के पोलिश में अनुवाद किये थे, उन में मुक्तिबोध शमशेर तो रहे ही होंगे, मेरी

भी चार कविताओं के उन्होंने अनुवाद किये थे। उनके चित्रकार-पत्रकार-अभिनेता पति से भी मैं मिला था। मेरी पत्नी से भी उनके अच्छे मधुर संबंध थे। मटियानी जी के घर पर उन्होंने हमारे कुछ चित्र खींचे थे, जो रोम के हवाई अड्डे पर अन्य सामानों सहित चोरी चले गये।

एक दिन शमशेर जी के यहाँ गया तो देखा : खड़िया मिट्टी की स्याही से एक बच्ची ने लिखा है : स्मेकल मामा। शमशेर जी ने बताया : थोड़ी देर पहले डॉ. ओदोलेन स्मेकल आये थे। भारत के विषय में हमसे भी ज़्यादा जानते हैं। बड़ा अफ़सोस हुआ कि भेंट होते-होते रह गयी। सबसे ज़्यादा अफ़सोस तो तब हुआ, जब शमशेर जी के यहाँ एलेन गिन्सबर्ग आये थे और बाक़ायदा छह घण्टे तक अमरीकी संस्कृति और साहित्य पर इस तरह बात करते रहे थे कि शमशेर जी दंग। 'कल्पना' में उन्होंने गिन्सबर्ग पर दस कविताएँ भी छपायी थीं। शमशेरजी कहते थे : परम्परा का सटीक ज्ञान कोई गिन्सबर्ग से सीखे। शायद वही समय था, जब शमशेर ने मलयज की बड़ी बहन के साथ सारनाथ में रह कर बौद्ध साधना से भी परिचय प्राप्त किया। शायद वहीं रहते हुए उन्होंने बड़ी को आगरा वि.वि. से एम.ए. कराया।

उनका घर साहित्यिक लोगों का जमघट था। वे लाख एकांतप्रिय क्यों न हों, जब नये-पुराने कवि-लेखक आ ही जाते थे तो उत्सव जैसा मनाने लगते थे। कवि-गोष्ठी भी कर डालते थे। एक उभरता कवि था, देवनारायण (कविनाम देवकुमार)। उसकी एक कविता का तो उन्होंने अनुवाद भी किया था अंग्रेज़ी में। 'ऊर्णनाभ' शब्द के लिए उतना ही क्लिष्ट इंग्लिश शब्द रखा था। अनुवाद में यह प्रवृत्ति शायद गिरधर राठी और वीरेन्द्र कुमार बर्नवाल में देखी जा सकती है। मूल पाठ को दोनों महत्त्व देते हैं। प्रभात को तो वे इतना पसन्द करते थे कि 'कृति' में अपने पसंदीदा कवियों की सूची में रखा था। इस अर्थ में मैं अभागा था। यहाँ तक कि उन पर लिखी मेरी एक कविता की उन्होंने ऐसी धज्जियाँ उड़ायीं कि मैंने उसे न कहीं पढ़ा, न छपने को भेजा। लक्ष्मीधर मालवीय, उमाकान्त मालवीय भी उनसे मिलते। शमशेर उमाकान्त के गीत बेहद पसन्द करते, लक्ष्मीधर की पेन्टिंग उन्हें अच्छी लगतीं। कुँवर नारायण की कविता को कारख़ाने में ढली समझते थे। आश्चर्य होता था।

वे स्वयं पहल नहीं करते थे, लेकिन जब दूसरे उन्हें उकसा देते तब शमशेर के क्या कहने। जहाँ एकांत में 'शम्स' की तरह सिकुड़े हुए पत्थर हैं, वहीं उकसा देने पर पसरकर हो जाते थे शमशेर। होली में बन्द-बन्द से रहते थे, लेकिन जब हुड़दंग उन पर हावी होने लगता था तब वे रंग में सराबोर क्या चेहरा लिये आते थे, कितने ज़ोर से गले मिलते थे। मलयज के पिता को उन्होंने ऐसे ही रंग-अबीर में उठा लिया, लंबे पिता का खल्वाट सर टिन के सुन्दर शेड से जा टकराया। रंग में ख़ून भी मिल गया। शमशेर जी का चश्मा होली में जो रंगदार होता था सो हमेशा रंगदार ही बना

रहता था।

एक दिन सड़क पर मिल गये। बग़ल में एक मुस्लिम होटल था, जहाँ मैं बीस रुपये महीने पर उधार खाना खाता था। ईद-बकरीद के दिन मेरी चाँदी रहती थी। शमशेर जी ने बहुत आनाकानी की, लेकिन मैंने अपने साथ बिठाकर खाना खिलाया। उन्होंने मियाँ जी से बाअदब सब कुछ पूछ डाला और खाने की वो तारीफ़ की कि मियाँ उन पर फ़िदा। मेरी भी इज़्ज़त बढ़ गयी। आधा प्लेट सामान्य गोश्त, चन्द चपातियाँ और आधा प्लेट चावल माँगने पर शोरबा। गोश्त बड़े का नहीं होता था। शमशेर जी मान गये मुझे उस दिन। बोले : अच्छा है, सस्ता है, सेहत के लिए भी अच्छा है। यहाँ आना चाहिए। मगर कभी जा नहीं पाये। मेरे कहने पर भी नहीं। यह ज़रूर कहा : कभी मैं आपको खिलाऊँगा और इतनी कृतज्ञता व्यक्त की कि मैं अब तक पानी-पानी हूँ।

वाराणसी से क्रमशः तीन व्यक्ति आ गये। त्रिलोचन जी पहले। मैंने उन्हें निराला जी के जन्मदिन की गोष्ठियों में गोद में बिठाये उनके बच्चे* के साथ देखा था। शमशेर जी दिन डूबने के बाद बताने लगे : जानते हैं, त्रिलोचन जी अद्भुत जीवट के आदमी हैं। यहाँ 'माया' में जब काम करते थे तब एक महीने तक दस बजे दो लोटा पानी पीकर दफ़्तर जाते थे। फिर बोले : वे खाते हैं तो माँगते नहीं। उन्हें दो रोटी खिलाइए, उठ जाएँगे। खिलाते जाइए तो चालीस भी खा जाएँगे। मैंने मोटी-मोटी रोटियाँ सेंक दी हैं और एक काम से जा रहा हूँ। मुझे लौटने में देर हो जाय और वे आ जायँ तो आप उन्हें खिला दीजिएगा। यह मत पूछिएगा कि और दूँ। सिर्फ़ देते जाइएगा। याद नहीं कि उन्होंने कितनी रोटियाँ खायीं। यह ज़रूर याद है कि उनका बदन लोहे जैसा कठोर था। उन्होंने ही बताया और मार कर परीक्षा लेने को कहा। फिर ऐसा ठहाका कि आसमान फट जाय। वे भी मलयज के यहाँ मिलने जाते थे। उनकी कुछ बातें अब तक याद हैं : छायावाद सशक्त काव्य नहीं है। जिस काव्य में क्रियापद नहीं होते, वह अशक्त होता है। निराला इसके अपवाद हैं। हिंदी का छन्द निराला में है, पंत में नहीं। सरलता बड़ी मुश्किल से आती है। वे एक से एक किंवदन्तियाँ और कहानियाँ सुनाते। कभी-कभी संस्कृत छन्दों के शब्दों के ऐसे अर्थ बताते कि मैं उन्हें आँखें फाड़े देखने लगता।

एक दिन शिवप्रसाद सिंह आये। पहली बार देखा। गद्गद। विद्वान् और कथाकार। शमशेर ने अलग ले जाकर कहा : इन्हें जल्दी है। आटा है नहीं। दाल भी नहीं है। सिर्फ़ चावल है। मैंने कहा : आप अँगीठी सम्हालिये। मैं गया और आया। मैं आधा सेर रोहू ले आया। बना रहा था, तभी भूखे शिवप्रसाद बोले : अरे भाई, अभी कितनी देर है। किसी तरह बनाकर सबसे पहले उन्हें परोसा। मछली क्या अच्छी बनी

---

* किसी पड़ोसी के बच्चे होते थे। - सम्पादक।

होगी, लेकिन खुश थे। वे शायद नहाते ही भोजन चाहते थे। उन्होंने बड़ी कृपा की, जो पान नहीं माँगा, वर्ना हम दोनों करते क्या। मैं भी तब पान नहीं खाता था और कोई पान वाला इतना परिचित नहीं था कि उधार दे देता।

शमशेर जी के साथ शिवप्रसाद जी को एक ही बार देखा था, वह स्वयं में एक अलग अनुभव है। वह सम्मान, वह प्रीति अब शायद प्रतीति ही है।

पता चला, सुबह-सुबह मेरे प्रिय कवि केदारनाथ सिंह शमशेर जी के यहाँ आये हुए हैं। उन दिनों मैं 'गली का परिवेश' का आरम्भिक अंश 'गंदी गली की सुबह' नाम से लिख चुका था। सोचा : केदार जी को सुनाऊँ, देखूँ क्या कहते हैं। उनसे पहली बार मार्कण्डेय जी और श्रीकृष्ण दास के घर पर विवेकानन्द के अनुज की उपस्थिति के समय भेंट हुई। अनुज नितान्त वृद्ध थे और उनकी विशेषता याद नहीं। 'अभी, बिल्कुल अभी' आने-आने को था। उनकी आवाज़, उनकी धजा और स्वभाव से मैं बिद्ध था। आकर्षण गहरा था। सुनाने पर शमशेर ने तो कुछ नहीं कहा, लेकिन केदार जी ने उस कविता के विषय में ऐसा कहा कि मैं अब तक गद्‌गद हूँ। शमशेर-केदार-मिलन तो अद्‌भुत था ही, मेरी दुहरी-तिहरी खुशी का भी कुछ कहना नहीं। मैं केदार जी के साथ रिक्शे पर प्रेम टाकीज़ तक गया। रास्ते में पता चला कि यह संयोग है कि उनके ज़्यादातर मित्र कम्युनिस्ट हैं, पर और भी हैं जिन्हें हम परस्पर पसन्द करते हैं। फिर भेंट होगी। मिलते रहिए। - सुनकर अच्छा लगा।

एक दिन केदारनाथ अग्रवाल को सौ कविताओं के अंग्रेज़ी अनुवाद के साथ शमशेर से विचार-विमर्श करते देखा। परिचय हुआ। उन्हें भी शमशेर जी के प्रिय कवियों में पाया। अग्रवाल जी अज्ञेय की 'अरी ओ करुणा प्रभामय' के दर्शन पर काफ़ी आपत्ति कर रहे थे। शमशेर तो शीर्षक में ही 'प्रभामय' को 'प्रभामयी' कह कर सही कर रहे-थे। अग्रवाल जी शमशेर जी की डायरी की दाद दे रहे थे, तभी शमशेर जी मेरी ओर मुखातिब होकर कहने लगे : एक बार नामवर जी आये। मैंने अपनी डायरियाँ सुनायी। उन्होंने एक अंश को सुन कर कहा : यह तो कविता है। शायद उन्होंने ही शीर्षक दिया : 'टूटी हुई, बिखरी हुई।'

जिन दिनों कमलेश्वर आदि ने प्रगतिशीलों का बृहद् सम्मेलन किया था, शमशेर के घर मुक्तिबोध और नरेश मेहता आये थे। तीनों का प्रेमालाप देखते बनता था। नागार्जुन भी आ गये थे। नयों में मलयज थे और मैं था। शमशेर ने मुक्तिबोध से पैसे माँगे और कुछ सामान लेकर लौटे। वह व्यवहार इतना अप्रत्याशित था, लेकिन सबने उसे स्वाभाविक सिद्ध कर दिया। सभी प्रेमालाप में मशगूल थे। चायाचार के बाद मुक्तिबोध ने अपनी दो कविताओं का पाठ किया 'चाँद का मुँह टेढ़ा है'* और 'अँधेरे में'। उस समय तक मुक्तिबोध को समझना मेरे लिए टेढ़ी खीर थी। लेकिन

---

* 'चाँद का मुँह टेढ़ा है' का नहीं, बल्कि 'ब्रह्मराक्षस' का पाठ किया था। - सम्पादक।

उनके अतिरंजना की हद तक नाटकीय अन्दाज़ और शारीरिक व्यायाम-सा करते हुए भरपूर उतार-चढ़ाव के साथ कविता पढ़ने से सब कुछ स्पष्ट होने लगा। वे कभी-कभी उठ जाते थे। उनकी अँगुली आसमान को मानो छेदती मालूम पड़ती थी। उनकी नसें तन जाती थीं। शिराएँ फूल उठती थीं। अतिरंजनाएँ अर्थोत्तेजित करने लगती थी। वे बीड़ी खूब पीते थे और चाय कड़क। उनके मुँह से अक्सर 'पार्टनर' और 'अपन को' निकल जाता था। तब वे बड़े आत्मीय और भोले लगते थे। क्या उनकी कविता उसी तरह पढ़े जाने के लिए है? मौखिक है? मैंने उन्हें जगदीश गुप्त से मिलाया। गुप्त जी ने गद्गदभावेन उनसे कविताएँ और लेख माँगे। वे बड़े अन्यमनस्क लगे। लेख तो भेजा, पर कविताएँ नहीं। मैंने उन्हें आलूचाप के साथ कड़क चाय पेश की तो वे कृतज्ञ हो आये। 'अपन को तो पार्टनर, चाय ही काफ़ी थी।' कहकर मुस्कुरा उठे। मुस्कान में भारी दर्द था। मीटिंग के बाहर कमलेश्वर से बुलवाकर मेरी पीठ ठोंकी थी 'वन्ध्या का गीत' के लिए। देखने में वे रेलवे के चतुर्थ श्रेणी के कर्मचारी लगते थे - आदिवासी कंकाल पर चमड़ी और चमड़ी जैसे ही कपड़े। शायद इलाहाबाद रेडियो पर माथुर जी ने उन्हें बुलाया था। तब उन्होंने 'औरांगउटांग' पढ़ी थी।

नागार्जुन पहले तो शमशेर जी का बदन दबाते रहे। फिर सर पर तकिया रख कर नाच-नाच कर कविता पढ़ने लगे। वह हास्य वह नृत्य-नाट्य भी उनकी कविता के अर्थ में निश्चित रूप से कुछ जोड़ता था।

अज्ञेय और शमशेर का संबंध द्वन्द्वात्मक था। दोनों स्वीकार और अस्वीकार के बीच बेंत की तरह कभी तन जाते, कभी झुक जाते। शमशेर चले जा रहे हैं पैदल आशा मुकुल दास के घर आमन्त्रित करने अपने चित्र दिखाने के लिए और अज्ञेय भी कह रहे हैं : आई लव टु डू दैट। शमशेर ने स्वयं बताया : अज्ञेय जी मेरे यहाँ आये। मुझे चाय बनाते देख बोले : आप तो हमेशा ही बनाते हैं, आज मैं बनाऊँगा।

शमशेर पंत के 'रूपाभ' से प्रयोगवाद का उभार मानते थे, नरेन्द्र शर्मा को इस दृष्टि से काफ़ी महत्त्व देते थे। मेरी दृष्टि में शायद उन्हें 'दूसरा सप्तक' में न हो कर 'तार सप्पक' में होना चाहिए था। नेमि जी तो उनके इलाहाबादी साथियों में थे। 'तार सप्तक' में उन्हें ख़ुद ही क्यों छोड़ दिया। लगता है आरम्भ में 'तार सप्तक' मध्य प्रदेश के ही सात कवियों का संकलन था। और छपे 'तार सप्तक' की समीक्षा यदि शमशेर ने न की होती तो 'दूसरा सप्तक' में न आते। 'रूपाभ' के सम्पादकों में ही गिने जाकर रह जाते।

अब देखिए अज्ञेय ने 'साहित्य अकादमी' के लिए इंग्लिश में एक लेख लिखा। मैं टैगोर टाउन में अज्ञेय जी से मिला। उनसे बड़े भारी गले से इस बात पर खेद व्यक्त किया। अज्ञेय जी ने ध्यान से सुना, बोले : इधर उन्होंने कुछ लिखा नहीं है। ज़ोर देकर मैंने कहा : और जो लिखा है, वह! मैं शायद क्रुद्ध था। बहुत जल्दी

लौट आया। शाम को शमशेर जी से मिला और इस बात की शिकायत की। उन्होंने तुरन्त अज्ञेय का समर्थन किया। बोले : मैंने अब तक किया ही क्या है जो अज्ञेय जी मेरी चर्चा करें। मैं तो जाने कब से नर्वस ब्रेकडाउन का शिकार हूँ, कुछ लिख नहीं पाता।

बाद में जब बहुत हो-हल्ला हुआ तो हिंदी में उन्हें 'कवियों का कवि' घोषित कर दिया। शमशेर ने इस पर भीषण आपत्ति की। इसके चार अर्थ बताकर आपत्ति की।

यही नहीं, उन्होंने साही जी के घर पर 'परिमल' में अज्ञेय जी की उपस्थिति में एक कविता पढ़ी यह कहते हुए कि यह कविता 'एक बहुत बड़े आलोचक से' शीर्षक से पढ़ रहा हूँ : 'जो नहीं है, उसका ग़म क्या'। यह कविता 'अज्ञेय से' शीर्षक से जहाँ तक याद है, शमशेर के किसी संग्रह में छपी है।

अज्ञेय ने जब 'आ तू आ तू' लिखा और राजेन्द्र किशोर ने कविता लिखकर तथा जगदीश गुप्त ने लेख लिखकर जब विरोध किया, तब शमशेर ने नये कवि से 'कुछ और आगे मुझे लिये चल', जैसी प्रसन्नताकारी पंक्तियाँ लिखीं।

सर्वेश्वर को वे पसन्द करते थे। उन्होंने मिलने का समय भी दिया था। शमशेर इन्तज़ार करते-करते थक गये और सर्वेश्वर आये नहीं। इस दुख को उन्होंने 'कृति' में सर्वेश्वर को कवि रूप में पसन्द करते हुए लिखा भी था। पर उन्हें 'लाश' जैसे शब्द कविता की दृष्टि से बहुत अनुचित लगते थे। मुझे उन्होंने ऐसे बहुत से शब्द बताये थे, जो वे कविता में नहीं होने देना चाहते थे।

सर्वेश्वर दिल्ली से साही जी के घर आकर ठहरे थे। मैंने उनसे शमशेर जी से मिलने के लिए पूछा। वे दूसरे ही दिन मिलने के लिए तैयार हो गये। उन्होंने कुछ कविताएँ लिखी थीं, जो शमशेरियत के क़रीब थी। ऐसा सर्वेश्वर मानते थे। मैंने शमशेर जी को सूचित किया। शमशेर ग़द्गद। सर्वेश्वर आये लक्ष्मीकान्त के साथ। उन्होंने बिम्बपरक कविताएँ सुनायीं। अच्छी बतकही भी हुई। इलाहाबाद में शमशेर की सर्वेश्वर से वही आख़िरी मुलाक़ात थी।

विपिन कुमार अग्रवाल कभी शमशेर से मिले नहीं थे। उन्हें पढ़ा भी था। उन पर थोड़ा-बहुत, लेकिन सबसे अलग मार्मिक लिखा भी था, लेकिन कभी मिले नहीं थे। उन्होंने मुझसे मिलने की इच्छा के तहत समय माँगा। मैंने जब शमशेर से कहा तो वे तुनक गये। बोले : मैं क्यों मिलूँ! मैंने कहा : वे भी कवि हैं, चित्रकार हैं और एब्सर्ड नाटक भी लिखते हैं। आपकी कविताएँ और डायरियाँ उन्हें पसन्द हैं। अब मिलना चाहते हैं तो आपको क्यों एतराज है? बोले : मिलने का मतलब जानते हैं? ख़ाली दूध से क्या होगा? मैं चुप। जो दिन और समय तय था, मैं मारे डर के ग़ायब था। बाद में गया तो शमशेर जी ने बताया : हाँ, वो आपके विपिन जी आये थे। बड़े इन्टरेस्टिंग आदमी हैं। साथ में लक्ष्मीकान्त जी को भी लाना नहीं भूले थे। विपिन जी

ने बताया : भाई, शमशेर जी तो ग़ज़ब ढाते हैं। उन्होंने सिर्फ़ खीर खिलायी। लगा कि हमने क्या नहीं खाया जैसे स्वर्ग-सुख लुटाते हैं शमशेर।

६

शमशेर जहाँ हाशिये पर चले गये थे, वहाँ 'कृति' के प्रवेशांक के आते ही केन्द्र में आ गये थे। वे नयी कविता के प्रथम नागरिक मान लिये गये। नामवर और मुक्तिबोध ने उनके काव्य-व्यक्तित्व को बड़ी सूक्ष्मता और गहराई से पकड़ा और प्रतिष्ठित किया। नरेश मेहता और श्रीकान्त वर्मा ने शमशेर को हिमालय पर बिठा दिया। स्वयं शमशेर ने मुक्तिबोध की तत्त्व-दर्शिनी समीक्षा की। मुक्तिबोध भी केन्द्र में आ गये।

जगदीश जी ने 'नयी कविता' के लिए सवक्तव्य कविताएँ माँगने के लिए स-पत्र मुझे शमशेर के पास भेजा। जगदीश जी का वे आदर करते थे। मेरे आग्रह से तो अभिभूत हो गये। तुरन्त मेरा उल्लेख करते हुए छोटा सा वक्तव्य-सारगर्भित वक्तव्य-लिखा और दो छोटी-उस समय के लिए परम क्लिष्ट-कविताएँ दे दीं : 'शिला का खून' और 'सींग और नाखून'। वक्तव्य और कविताएँ पढ़कर जगदीश जी विभोर। उन में अतियथार्थवाद था।

'विवेचना' में साही जी ने जब 'शमशेर की काव्यानुभूति की बुनावट' लिखा तो पहली बार शमशेर की आवाज़ में उनकी दो कविताएँ भी टेप कर लेख-वाचन के बाद सुनायीं। लेख और साथ में शमशेर की थरथराती आवाज़ में दोनों कविताएँ सभी ने न केवल बेहद पसन्द कीं, बल्कि सबको शमशेर के प्रति नयी दृष्टि मिली। लेकिन शमशेर ने साही जी से स्पष्ट कहा : मैं आपका लेख समझ नहीं पाया। बाद में तो प्रगति-प्रकोष्ठियों ने उस लेख के जाने क्या-क्या अर्थ निकाले।

उन्हीं दिनों पता चला राव साहब और पंत जी शमशेर जी की कविताओं का संग्रह तैयार करने के लिए चयन कर रहे हैं। पर देर पर देर होती जा रही थी। शमशेर जी भी व्यग्र और उदग्र थे। हम लोगों के लिए यह उद्दीपक प्रसंग, उल्लसित आशा के नाते स्वागत्य था, पर हम भी प्रतीक्षातुर थे।

एक दिन पंत का नया संग्रह 'कला और बूढ़ा चाँद' निकला। और शमशेर की कविताएँ शमशेर के हाथ में आ गयीं। 'कृति' से प्रस्ताव आया उस संग्रह की समीक्षा का शमशेर के पास। उस समय शमशेर बहुत डूबकर लिख रहे थे। ज़रा-सा भी डिस्टर्ब होने पर मुझे डाँट देते। जब लेख छपकर आया तो उसमें एक वाक्य था : पंत जी के हाथों यह नयी कविता की विजय है। मैंने हँस कर कहा : आख़िर आपने लिख ही दिया कि पंत जी नयी कविता से प्रभावित हैं और मैंने आप दोनों को पढ़कर देखा है कि पंत जी आपसे प्रभावित हैं। शमशेर जी मुस्कान छिपा गये और बिगड़ गये।

कहा : मुझसे कहा तो कहा, किसी और से भूल से भी मत कहना। और मैंने पंत जी से जाकर स्पष्ट कह दिया। पंत जी बड़ी बेबाकी से बोले : एक समय में एक-सी चीज़ें अलग-अलग कवियों में आ सकती हैं। कौन किससे प्रभावित है, यह आप कैसे कह सकते हैं। अब इसका क्या जवाब होता।

शमशेर 'वसुधा' में भी लिखते थे। परसाई जी का प्रायः आग्रह भी रहता था। उन्हीं के कहने पर मैं 'वसुधा' में कविताएँ भेजता रहा था। अचानक एक दिन परसाई जी आ धमके। और शमशेर को बड़े प्रेम से लिया सरसेट। कारण यह था कि अर्से से वे 'वसुधा' के लिए कुछ भेज नहीं पा रहे थे। शमशेर से परसाई जी ने कहा : मैं टस से मस नहीं होने वाला। कोई न कोई चीज़ 'वसुधा' के लिए लेकर ही जाऊँगा। क्या करते शमशेर, स्वयं अपना लिखा तो इतनी जल्दी दे नहीं सकते थे, उन्होंने पाकिस्तान के एक बहुत बड़े आलोचक द्वारा लिखित ग़ालिब पर एक नायाब लेख की चर्चा की और कहा, कहो तो उसी का हिंदी तर्जुमा दे दूँ। परसाई जी ने हामी भरी और कहा : जाइए, तर्जुमा कीजिए। मैं चौकीदारी कर रहा हूँ। शमशेर जी ने चाय-नाश्ते के बाद अपने क्युबिकिल में धँस कर तर्जुमा करना शुरू किया और परसाई जी ने मुझे ऐसी-ऐसी कहानियाँ और गप्पें सुनानी शुरू कीं कि हँसते-हँसते झलफलिया हो गयी और इस तरह हम दोनों जागते रह गये। एक-दो बार शमशेर जी मार्के और काँटे की बातें आकर सुना गये थे, जिनका संबंध ग़ालिब और उस लेख से था। ग़ालिब से किसी ने पूछा : आप कहते हैं 'उठाये न बने', बात समझ में नहीं आती। ग़ालिब ने समझाया : अब देखो, एक आदमी सर पर तेल लिये जा रहा है। ठोकर लगी, सन्तुलन गड़बड़ाया और तेल ज़मीन पर। यही हालत है उस दर्द की, जिसे उठाये न बने। यही याद है। और सब भूल गया। रात भर में परसाई का एक नया रूप सामने आया। वे कवि नहीं हैं। पर कवि-सम्मेलनों की अध्यक्षता और संचालन निरन्तर करते रहते हैं। श्रोताओं को रात भर हँसाते रहते हैं। उन्होंने अपनी विधवा बहन और उनके नन्हें परिवार का पूरा दायित्व अपने ऊपर ले लिया है इसलिए क्वाँरे हैं। इलाहाबाद में उनसे जार्ज टाउन में एक जज के बँगले के सामने और भेंट हुई थी।

'कृति' में शमशेर ने अपने पसन्दीदा कवियों पर लेख लिखा था, जिसका तत्कालीन कवि-जगत में बहुत महत्त्व माना जा रहा था। जैसे वह प्रमाण-पत्र हो। मैंने वह लेख पढ़ा। मैं कहीं नहीं था। बेहद दुःखी हुआ। और उसी दुख में शमशेर जी से पूछ बैठा। शमशेर जी ने मेरे बाल सहलाये और बड़े प्यार से बोले : श्रीराम, तुम्हारी कविता मुझे इन्टरेस्टिंग लगती है, पर कन्विसिंग नहीं लगती। और फिर बहुत से बड़े शायर हैं जो मुझे कन्विसिंग नहीं लगते जैसे भास को ही लो। और फिर मैं कोई सर्टिफ़ाई थोड़े ही कर रहा हूँ हरेक का रास्ता अपना होता है। – मैं फिर अनेक दिनों उनसे नहीं मिला। सबसे बड़ा दुःख तो यह था कि 'कृति' में मैंने अनेक बार कविताएँ

भेजी थीं और उनके विषय में न श्रीकान्त वर्मा कुछ लिखते थे और न नरेश मेहता। और शमशेर – न इस विषय में कुछ सुनने को तैयार, न कुछ करने को। 'कृति' में पहली बार विनोद कुमार शुक्ल उदित हुए, सतीश चौबे उदित हुए (और 'निकष' में छपते ही असमय अस्त हो गये।) न जाने कितने नये चेहरे सामने आये। पूरे 'कृति' काल से मैं बाहर था : 'वसुधा' में श्रीकान्त समुद्रगुप्त नाम से मेरी प्रशंसा करते थे, मैं 'नयी कविता', 'निकष' और 'कल्पना' में छपता था, पर 'कृति' (मेरे लिए वह ऐतिहासिक पत्रिका थी उस समय।) में लाख चाहने पर भी नहीं। मैंने श्रीकान्त जी से बात की, नरेश मेहता से बात की, अलग-अलग दोनों ने न छापने के तर्क तो दिये, पर कवि रूप में मुझे कतई अस्वीकार नहीं किया। तर्क सही लगते थे, साहित्यिक राजनीति से सर्वथा दूर। भेजी गयी कविताएँ बाद में तो मुझे भी बेकार ही लगीं। न छपना शायद संयोग था। यही मैंने माना। पर 'कृति' की ओर से न कभी कुछ माँगा गया, न कुछ भेजने पर किसी तरह का कोई पत्र आया। 'परिमल' के हर सदस्य को 'कृति' से दूर रखा गया। नरेश मेहता श्रीकान्त वर्मा को लेकर आये थे। दोनों के हाथ में अपने-अपने प्रथम संग्रह थे और गोष्ठियों में श्रीकान्त वर्मा का अशान्त, व्यग्र, विद्रोही तेवर बड़े-बड़ों को मात देने पर तुला हुआ था। प्रयाग संगीत समिति के हाल और कक्षों में श्रीकान्त वर्मा की गूँज और नरेश मेहता का सौम्य स्मयमान मौन अभी भी सुगबुगा रहा होगा। 'कृति' ने अज्ञेय को उखाड़ फेंकना चाहा, लेकिन न 'परिमल' का कुछ बिगड़ा न अज्ञेय का। 'परिमल' ने नरेश मेहता को आमन्त्रित भी किया, श्रीकान्त वर्मा को एक गोष्ठी का अध्यक्ष भी बनाया, जिसमें अशोक वाजपेयी भी शरीक हुए। निर्मल जी तो श्रीकान्त के साथ ही आये थे। कमलेश भी थे। एक बार कमलेश 'कल्पना' की ओर से आये। मेरे साथ शमशेर से मिले। शमशेर की हालत को लेकर सक्रिय भी हुए। पर मैंने उन्हें बताया : वे बुरा मानेंगे। क्या करते, रचना भेजने का इसरार कर के रह गये।

मैं 'कृति' के हर अंक की प्रतीक्षा करता था। शमशेर जी कभी उलट-पुलट लेते, कभी एकाध चीज़ पढ़ लेते। 'कृति' शमशेर की आख़िरी सीढ़ी पर डाकिये द्वारा फेंकी मिलती। कभी शमशेर उठाते, कभी मैं उठाकर उन्हें देता। मैं कभी उन्हीं के यहाँ जा-जाकर पढ़ लेता, कभी वे दे देते और मैं पढ़कर लौटा देता। मलयज भी ऐसा ही करते। एक बार भारती जी ने श्रीकान्त जी के नव रोमांटिसिज़्म जैसे एक लेख की बड़ी तारीफ़ की। औरों ने हँस कर कहा : अरे भाई, भारती जी कुछ कम शरारती थोड़े ही हैं। एक ने कहा : शरारती श्रीकान्त हैं। उन्होंने भारती को लुभाया है।

एक काल था, जब हिंदी में श्रीकान्त-ज्वर आया था। शमशेर उसी ज्वर में तापमान की तरह उभरे थे। बाद में मुक्तिबोध भी।

७

*मलयज का पूरा परिवार दिल्ली जा रहा था। शमशेर विदा देने आये। मेरी बड़ी बहन ने मुझे एक दरी और एक बॉक्स और बीस रुपये देकर मुझे शमशेर को सौंप दिया। शमशेर के साथ मैं उनके 'जस्ट फ़िट' आ गया। तुरन्त हम लोग स्टेशन पहुँचे। सब जा रहे थे। मैं अकेला छूटा जा रहा था। मन होता था दहकते इंजन की आग में अपने को झोंक दूँ। कहाँ गया अभिभावकत्व, ममता और प्रेम का दुर्निवार समुद्र! सब कुछ वाष्प हो चुका था। रह गया था मैं 'असमर्थ हिलता हाथ' और मेरे साथ थे शमशेर** – शायद बेख़बर, शायद बाख़बर!

हम लौट आये। थोड़ी ही देर में कोई आया। मैं फफक-फफक कर नीचे वाले कमरे में दबाकर रो रहा था। कमरे में अँधेरा था वह व्यक्ति सीधे ऊपर चला गया था। अचानक शमशेर तेज़ी से उतरे और मुझसे बोले : हाथ तंग है। मेरे रिश्तेदार आ गये हैं। जस्ट फ़िट वालों से ज़रूरत पड़ने पर ले लेता हूँ। अभी गया था, है नहीं। तुम ऐसा करो, वे बीस रुपये मुझे दे दो। क्या करता, दे दिया। सोचने लगा, अब क्या होगा। रात को हम तीनों ने साथ खाना खाया। छत पर चटाई और दरी पर सोये। उस समय एक बज रहे थे। मैं सुबक रहा था। इस तरह कि कोई सुन न पाये। रिश्तेदार लेटते ही सो गये। शमशेर भी। मेरी आँखों में नींद न थी। कोई साढ़े तीन बजे मुझे लगा कि मेरी रीढ़ के भीतर दरारें मारती कोई भारी आवाज़ रेंग रही है। मैं उठ बैठा। आवाज़ अब सड़क से आ रही थी। झाँक कर देखा तो तीन ठेला गाड़ियाँ जा रही थीं, एक भैंसा गाड़ी भी।

सुबह चाय के समय मैंने शमशेर को बताया। उन्होंने कहा : धीरे-धीरे आदत पड़ जायगी। जब मैं आया था तो यहाँ पड़ोस में ज़ोर-ज़ोर से नगाड़े बजते थे। उस भीषण शोर से मेरे कानों से पस आने लगा था। फिर धीरे-धीरे सब ठीक हो गया।

'नगाड़े क्यों?'

'यहाँ मुसलमान भाई रहते हैं। आपको मालूम नहीं, उनका वह त्यौहार, जिसमें पूरी ताक़त से नगाड़े बजाये जाते हैं। बहुत बड़े नगाड़े होते हैं। उन्हें धौंसा कहते हैं।' (शायद दमामा भी।)

फिर रुक कर : यहाँ दिन भर सड़क का सारा शोर कमरों में आता रहता है। जस्ट फ़िट की सिलाई मशीनों की आवाज़ें अलग। मगर आदी हो जाने पर ये आवाज़ें डिस्टर्ब नहीं करतीं, हमारी प्राइवेसी को इन्टेन्सिटी दे देती हैं।

ग्यारह बजे के क़रीब वे 'तुम यहीं रहो, मैं इन्हें स्टेशन छोड़कर आता हूँ' कह

---

* यह बात स्मृति का विभ्रम है। मलयज का पूरा परिवार एक साथ दिल्ली नहीं गया था – सम्पादक।

** शमशेर और प्रेमा सबसे पहले दिल्ली चले गये थे। अतः मलयज के माँ-बाप के दिल्ली जाते समय शमशेर इलाहाबाद में नहीं थे। – सम्पादक।

कर चले गये। मैंने नीचे जाकर दरवाज़ा बन्द कर दिया। अब मैं हर तरह से अकेला था, निहत्था और बेजान। ऊपर वाले कमरे में गद्दे पर ढह पड़ा – निढाल और भीतर से बेतरतीब। अचानक देखा : एक किताब पड़ी है, 'अँतड़ियों की ऐंठन'। लेखक : प्यारेलाल 'आवारा'। बड़ा ताज्जुब हुआ, यह किताब और शमशेर के पास। फिर नींद आ गयी।

कोई ढाई बजे लगा कोई दरवाज़ा पीट रहा है। चौंक कर उठा। नीचे लगभग दौड़कर गया। शमशेर थे। पेशानी से पसीना चूकर चश्मे पर आ गया था। बाहर लू और चिनगियाँ थीं। वे ऊपर खट-खट चढ़ने लगे, मैंने पट दरवाज़ा बन्द किया और उनके पीछे-पीछे।

वे कपड़े उतार रहे थे। देखा : पैंट को सुतली से बाँध रखा है। वे भाँप गये। बिना किसी गाँठ के बोले : क्या करें, एक पेटी हुआ करती थी। उसने बहुत साथ दिया। पर कब तक? अब ये साथ दे रही है। यह भी वैज्ञानिक तरीक़ा है। कमीज़ के नीचे कौन देख रहा है पेटी है, कि सुतली।

'वैज्ञानिक ही क्यों, मौलिक भी।' – मैंने कहा।

वे मुस्कुराते हुए नहाने चले गये। लौटे तो हरे लग रहे थे।

उन्होंने एक थाली में रात भर पानी में भिगोया गेहूँ निकाला और ढेर-सा दूध दिया। फिर सविस्तार उसके फ़ायदे बताये। किसी तरह दूध के साथ खाया। उन्हें कोई ग़म नहीं, कोई परेशानी नहीं।

चार बज गये। मैंने आवारा की चर्चा की। बोले : बड़ा प्यारा आदमी है। कभी मिलो। फिर 'अँतड़ियों की ऐंठन', देकर कहा : प्रगतिशील उपन्यास है। भूख पर गोर्की की एक बहुत अच्छी कहानी है और यह भूख पर पूरा उपन्यास है। पढ़कर देखो। अच्छा, अब मैं सोऊँगा। मुझे अच्छी नींद के लिए नंगे सोने की आदत है। बस, ये कम्बल डाल लेता हूँ।

'इतनी गर्मी में?'

'किसी भी मौसम में। फिर पंखा है न।'

'कम्बल गड़ता नहीं?'

'मुझे खुरदुरापन पसन्द है।'

'नंगे सोते हैं। प्रहर्षण नहीं होता?'

'कहा न, मैं सोने के लिए नंगा होता हूँ।'

मैं नीचे वाले कमरे में उपन्यास लिये आ गया और रजाई पर फिर लुढ़क गया। पंखे के बावजूद उमस थी। बत्ती जलाकर उपन्यास पढ़ने लगा। उपन्यास ने जब बाँध लिया, तब नींद ने फिर आ घेरा। मानसिक तनाव ने विचित्र थकान दे दी थी। पर उमस इतनी थी कि नींद टूट गयी। उपन्यास में कहीं, अश्लीलता नहीं, भूख की पीड़ा थी,

पढ़ने का मन भी था, पर उमस ने पढ़ने नहीं दिया। अब करूँ क्या, टेरेस पर आ गया और सड़क के दृश्य देखने लगा, आवाज़ें सुनने लगा। तभी कुछ खटका। नीचे उतरने को हुआ तो देख रहा हूँ : सीढ़ियों पर पानी बह रहा है। नीचे 'कृति' का विशेषांक पानी से फूलकर ख़ूब मोटा हो गया है। किसी तरह सावधानी से उठाया। एक अख़बार के टुकड़े पर रखा और पंखा तेज़ कर दिया। अब यह जानना था कि पानी कहाँ से आ रहा है। बड़ी मुश्किल से समझ में आया कि पानी लेट्रिन की टंकी से आ रहा है। शमशेर नहाते समय टंकी शायद खोल गये थे। पानी नहाने की जगह पर भर गया था और ऊपर होकर सीढ़ियों की ओर बह रहा था। जब बन्द किया, तब पानी तेज़ी से कम होना शुरू हुआ।

अब 'कृति' को पन्ने-पन्ने सुखाना शुरू किया। आठ बजे तक 'कृति' थोड़ी गीली थोड़ी सूखी थी। तभी शमशेर जी कुछ बर्तन लिये उतरे। मुझे वे बर्तनों को हाथ नहीं लगाने देते। सोचा, जब वे न रहें, तब ये काम किया करूँ।

उन्होंने पहले 'कृति' को उल्टा-पुल्टा। फिर हम लोगों ने मिलकर आमलेट, टिल्क और दो-दो सिंकी स्लाइसेज़ का सेवन किया। फिर आकर छत पर बैठे। लगा शमशेर समयहीनता में जीते हैं। किसी चीज़ का कोई समय नहीं है। क्योंकि चीज़ निश्चित नहीं है। पूछने पर वे खुल गये। टुकड़ों में धीरे-धीरे पता चला, वे नर्वस ब्रेक डाउन के शिकार हैं। मॉडर्न आर्ट को वे नर्वस ब्रेकडाउन का आर्ट क्या इसीलिए मानते हैं। ठीक से काम नहीं कर पाते। आँखें भी चश्मे का पावर बदलने को कहती हैं। काफ़ी मोटा शीशा है, उनके चश्मे का। उन्हें भूलने की लत पड़ चुकी है। एक दिन तो घण्टों अपना चश्मा ढूँढ़ते रहे, कहाँ नहीं ढूँढ़ा, चश्मा साफ़ कर-कर के लगाते थे और ढूँढ़ते थे। मैंने पूछा, क्यों परेशान हैं? बोले! चश्मा पता नहीं कहाँ रख दिया है। मिल नहीं रहा। मैंने मुस्कुराते हुए कहा : चश्मा? वो तो आपकी आँख पर है। वे चकित। मैं मुग्ध।

वे कहते थे : योग मुझे बचाये हुए है। जब योग सवार होता तो वे शीर्षासन तक करते। मुझे भी दसियों आसन खटाखट करके दिखा देते और करने को कहते। मैं एक बार इन्हीं आसनों की कृपा से बुरी तौर से बीमार पड़ा था और एक व्यक्ति को मरते तक देखा था। वह व्यक्ति बहुत तेज़ और बुद्धिमान था। मेरे मन में योग के प्रति तभी से दहशत है। किताब से योग घातक है। गुरु के बिना योग व्यर्थ है। शमशेर को गुरु बना सकता था, लेकिन दहशत ने मुझे योगी होने नहीं दिया।

मैं चकित विस्मित उनकी आसन-मुद्राएँ देखता। योग पर उनकी एकाध अनेकार्थी कविताएँ पढ़ी। अनुभूत कविताएँ।

उन्हीं से ज्ञात हुआ कि उनका विवाह एक टी.बी. पेशेन्ट से हुआ था। उन्होंने बड़ी सेवा की, उनके डॉक्टर ससुर ने बड़ी दवा की, पर पत्नी को बचाया नहीं जा

सका। डॉक्टर ससुर ने उन्हें कम्पाउण्डरी सिखायी। वे इंजेक्शन बहुत अच्छा लगा लेते थे। उनके पास तामचीनी के तसले और कटोरे अब भी थे, जो उनके खुले किचेन-कोने की शोभा बढ़ाते थे। दवाओं का उन्हें अच्छा ज्ञान था। एलोपैथी और तिब्बी, दोनों का। शायद आयुर्वेद का भी। उनका ज़िन्दगी का सारा तरीक़ा वैज्ञानिक और अस्पताली ढंग का था। अस्पताल की-सी गंध उनके बर्तनों और कमरों से धीमी-धीमी आती थी। वह गंध मुझे प्रिय है। कही-कहीं यह गंध उनकी कविताओं में भी है। 'मवाद से भरा तसला' मुझे याद आ रहा है। डिटॉल की महत्ता उन्हीं के साथ रहते समझ में आयी थी। शायद फ़िनायल की भी।

अन्ततः उनका मन नहीं लगा और वे देहरादून छोड़ अपने पुराने शहर इलाहाबाद चले आये। देहरादून की सफ़ेद-काली चट्टानों का समूह उन्हें गायों के रेवड़ जैसा प्रतीत होता था। उन्होंने एक कविता में इसे बिम्बित भी किया है। उन्होंने इलाहाबाद में इंग्लिश में एम.ए. करना शुरू किया, लेकिन फ़ाइनल नहीं कर सके। शायद प्रीवियस की परीक्षा भी नहीं दे सके।

उन्हें रोमांटिक्स में शेली और शायद ब्राउनिंग पसंद थे। वे अक्सर पाब्लो नेरूदा, लुई अरागाँ, लोर्का और जाने किसकी-किसकी कविताओं पर विस्तार से बात किया करते थे। एक दिन बताया कि कश्मीर में प्रगतिशीलों के बीच एक प्रगतिशील ने कुछ प्रेम-कविताएँ पढ़कर सुनायीं। सब ने भरपूर जमकर आलोचना की, किसी ने फ़्युडल कहा, किसी ने प्रतिक्रियावादी, जनविरोधी आदि-आदि। जब पूछा गया कि ये कविताएँ किसकी हैं तो पता चला मैक्सिम गोर्की* की हैं। सारे आलोचक चुप।

उन्होंने मुझे मार्क्स की कविताएँ अनुवाद सहित सुनायी थीं। घनवाद, अतियथार्थवाद, दादावाद आदि पर छोटी-छोटी पुस्तकें न केवल पढ़ने को दीं, बल्कि बड़े सरल ढंग से खुलासा भी किया। पिकासो उन्हें बेहद प्रिय थे। उनके बारे में वे घण्टों बतियाते थे। पिकासो ने कोई नाटक लिखा था। उसने उसके लिए एक रंगमंच का नक्शा बनाया था। उन्होंने दिखाया। 'एलिस इन वन्डरलैंड' का उन्होंने अनुवाद किया था, उसके रेडियो नाटकीकरण पर विस्तार से बात की और यह भी बताया कि नरेश मेहता इन दिनों बारह खण्डों में रेडियो से अपना वर्ज़न ब्राडकास्ट करा रहे हैं।

एक दिन उन्होंने 'गुएर्निका' दिखायी और महायुद्धों आदि की दिन भर चर्चा करते रहे। न जाने कहाँ से गुएर्निका गाँव के भीतर से वे निकाल लाये डॉ. एस.सी. देब के छोटे भाई आर.एन. देब को। उनके साथी थे वे - चित्रकार थे। मैं नहीं जानता था। यही जानता था कि इंग्लिश पढ़ाते हैं। लक्ष्मीधर मालवीय से वे मुद्ग्लियानी आदि की भी बात करते थे।

उन्होंने पहले त्रिलोचन की 'गुलाब और बुलबुल' दिया। ग़ज़लों का संग्रह था।

---

* यह एक बढ़िया मज़ाक़ होगा। मैक्सिम गोर्की ने कभी कोई कविता नहीं लिखी। - सम्पादक।

पसन्द नहीं आया। उन्होंने उनके 'धरती' संग्रह को पढ़ने की सलाह दी। उन्हें वह संग्रह अत्यन्त प्रिय था।

बहुत बाद में देखा वे टंकित एक पुथन्ना पढ़ रहे हैं। त्रिलोचन के आठ सौ सानेट थे। शायद त्रिलोचन राय जानने के लिए दे गये हों। फिर तो शेक्सपीयर के सानेट, मिल्टन के सानेट, राव साहब के सानेट और किसके-किसके सानेट के रूपों पर टुकड़ों-टुकड़ों में उनके विचार सुनते-सुनते मेरे होश फ़ाख़्ता हो गये और मैं दूधनाथ के साथ घूमने निकल पड़ा। दूधनाथ मुक्ति देने में माहिर हैं और बन्दी बना कर मुक्त हो जाने में भी।

त्रिलोचन के सानेटों का भारतीय रूप और शिल्प-वैविध्य अविस्मरणीय है। कथ्य के तो कहने ही क्या। सानेट में त्रिलोचन के विविध प्रयोग भी ध्यातव्य हैं। शमशेर ने त्रिलोचन के सानेटों पर ज़्यादा बातें नहीं कीं, क्योंकि वे उन्हें रह-रह कर पढ़ते थे और महीनों छोड़े रखते थे। (शमशेर ने उन्नीस पंक्तियों का एक सानेट छपाया उस पर हम दोनों का लम्बा पत्राचार हुआ। बाद में त्रिलोचन से भी।)

व्यवस्था उनकी अपने ढंग की थी, जिसे साथ रहते-रहते ही समझा जा सकता था। वे 'साँचे ढले समाज में कुंठारहित इकाई' थे।

मैंने उन्हें 'गली का परिवेश' पढ़ने को दिया। वे दो साल तक मुझे ग़ज़लें और शेर और क़ते, यहाँ तक कि क़सीदे (विशेषकर नरेश मेहता के विवाह पर जिसे उन्होंने पढ़ा था।) सुनाये। अन्त में रात भर जाग कर उन्होंने मुझी से सुना। बहुत कुछ पूछा, बहुत कुछ राय दी, कहीं-कहीं आपत्ति की और अन्त को झूठी आशावादिता बताया। ले-देकर वे दंग थे लेकिन पूरे सहमत नहीं हुए। एक हद तक ख़ुश। कुछ ख़ास नहीं। तब भी लौटाया नहीं। पूरा पढ़ने के लिए रखे रहे।

वे मेरे दुखों और मेरी कुण्ठाओं को शायद मनोवैज्ञानिक ढंग से बड़े प्रेम से दूर करने में लग गये थे। अब महसूस होता है। एक पॉज़िटिव दृष्टि दी उन्होंने। जिससे दृढ़ता आती है, रीढ़ मजबूत होती है। निराशाएँ छँट जाती हैं। (उन्होंने सर्वप्रथम 'भोर' कविता सुनायी। फिर 'माँ'* या उसके बिम्ब वाली)।

किसी के यहाँ जाओ तो उसकी कोई भी चीज़ मत छुओ।

उसकी आर्थिक स्थिति के विषय में मत पूछो।

प्रेम करो। शौक से करो। चूमाचाटी को प्रेम मत समझो।

इश्क वही है, जो दूसरे को ऊँचाइयाँ दे।

जो सही बात लगे, उसे कहो। उसे ही कहो। उस पर डटे रहो। लेकिन इस तरह मत कहो कि वह आघात दे, नम्रता से कहो।

स्वाभिमान मत छोड़ो। दूसरे के स्वाभिमान को चोट मत पहुँचाओ।

---

* इस शीर्षक से शमशेर की दो कविताएँ हैं : 'ओ, माँ शक्ति' और 'माई'। - सम्पादक।

समझौते मत करो। महत्त्वाकांक्षा के लिए अवसरवाद का सहारा मत लो।

जीने और जिलाने के तरीक़े ख़ुद ईजाद करो। ईजाद कर सकते हो।

ज़बान मत चलाओ। सधा हुआ बोलो। शब्द मन्त्र से कम नहीं।

पाखण्ड और फेंटेसी में मत जिओ। क्या सही है, क्या ग़लत है, क्या और कितना, पहचानो।

ये शमशेरियत के कुछ सूत्र हैं, जो उस समय की डायरी से मैंने टीप दिये हैं। एलियट के रचयिता और भोक्ता की दूरी के सिद्धान्त को वे समझते न थे।

उन्होंने नरेश मेहता की 'संशय की एक रात' पर छपने से पहले उनसे बात की। शेक्सपीयर की पंक्तियाँ बार-बार सुनता था। नरेश जी उस दिन गद्गद हो गये। बाद में शमशेर बग़ल के एक मुस्लिम ढाबे में ले गये। तन्दूर की दो-दो रोटियाँ और आधा-आधा प्लेट गोश्त उन्होंने मँगाया। सवा रुपये में यह खाना बेहद सस्ता और सुस्वादु था। मैंने पूछा : गोश्त काहे का था। बोले : भैंसे का रहा होगा। मन में कसमसा कर रह गया। वे चुप। मैं चुप। उनकी चुप्पी में निस्संगता थी।

शाम को वे लोकनाथ ले गये। एक साथ हज़ारों गन्ध। बोले : इस दृश्य का वर्णन सिर्फ़ बाणभट्ट ही कर सकते हैं। फणीश्वरनाथ रेणु शायद कर पायें। फिर लगे 'बाणभट्ट की आत्मकथा' और 'मैला आंचल' की मिली-जुली तारीफ़ करने। रेणु को उन्होंने बहुत अच्छा कवि बताया, जिसने उपन्यास में ढेरों कविताएँ जज़्ब कर दीं। याद नहीं किसलिए गये थे लोकनाथ।

वहीं मुझे याद आया, तिलक के बाद मैं इलाहाबाद रेडियो पर पहली बार कवि-गोष्ठी में कविता-पाठ के लिए आया था। उस पैसे से शमशेर, प्रेमा और निर्मला को ताँगे पर बैठाकर सिन्धी होटल लाया था। शमशेर की इच्छा से आलूचाप और कोल्ड कॉफ़ी मँगायी थी। टिप मैंने अलग से दी, उधर शमशेर ने बचे पैसों से दी। अब क्या किया जाये। सभी की ख़ुशी में यह बात फू : हो गयी। फिर शमशेर और दोनों भांजियों की राय से (वे मेरे सहपाठिनें भी थीं, प्रायः समौरिया भी, अन्तरंग भी) मैंने एक बॉक्स ख़रीदा, जो मेरे विवाह में गया था। अब तक है।

विवाह के बाद शमशेर ने मेरी पत्नी को देखने के लिए घर बुलाया। बाद में अकेले में मैंने पूछा : कैसी है? बोले : देखो श्रीराम, अस्ल चीज़ है स्वास्थ्य। स्वास्थ्य ही सौन्दर्य है। और वह है। क्या चाहिए। उन्होंने पत्नी को आशीर्वाद दिया, एक बर्फ़ी खिलायी। पाँच रुपये दिये। सर के आँचल पर हाथ फेरा। पत्नी से उनकी वह एक भेंट है। पहली और आख़िरी।

एक दिन दूध फट गया। संयोग से चाय और चीनी भी नहीं थी। मुझसे कहा : पैसे हो तो बर्फ़ी लेते आइए। मैं लाया। वे पानी में सौंफ और काली मिर्च उबाल रहे थे। अब बर्फ़ी डाल दी। फिर दो कप चाय तैयार। चाय का यह विकल्प तो मैंने सोचा

भी न था। निकोटीनरहित ऐसी चाय। स्वाधीनचेता का यह अन्वेषण, ऐसा आविष्कार। नयी खोज में नया स्वाद था।

मुझे कहीं इन्टरव्यू देने जाना था : बोले : कपड़े जैसे भी हों, साफ़ और इस्तिरी किये हुए होने चाहिए। साबुन नहाने का न हो तो चोकर से नहाना चाहिए। मैंने चोकर-स्नान किया, लोटे से इस्तिरी किये साफ़ कपड़े पहने, अब तक याद है।

किसी ने मुझे बताया था कि नरेश मेहता का विवाह शमशेर ने कराया था। मैंने एक दिन पूछ दिया। उन्होंने वह स्थान दिखाया, जहाँ पहली बार महिमा जी नरेश जी से मिली थीं। बस।

लक्ष्मीकान्त जी ने बताया था : जब नरेश जी का विवाह था, शमशेर जी आवभगत में व्यस्त जब साही जी के पास पहुँचे, साही जी ने उनका हाथ पकड़ लिया और कहने लगे, शमशेर जी, आप हमें काँटों में न घसीटिए। आप बड़े हैं, आप हमारे लिए यह सब करें, हमारे लिए डूब मरने की बात है। और शमशेर जी थे कि कहे जा रहे हैं, हम लड़की वाले हैं, और आप ठहरे बाराती। लेकिन साही ने उन्हें रोक ही लिया। उस समय शमशेर का चेहरा देखते ही बनता था।

एक दिन विष्णु शर्मा शमशेर के यहाँ आये। वे 'कवि' के सम्पादक थे। श्रीपत राय की 'कहानी' में काम करने आये थे। अब हम तीन हो गये। शमशेर जी ने न केवल परिचय कराया, 'कवि' की वह प्रति भी दिखायी, जिसमें उनकी कविताएँ थीं। शायद शमशेर जी वाराणसी चले गये। उनके एक मित्र थे जगत शंखधर। किसी दिन उन्हें मैंने शमशेर के घर देखा भी था। लाल गोराई, सफ़ेद बाल। शमशेर की नज़र में वे उनके सबसे निर्मम आलोचक थे। लौटे तो पता चला : जगत शंखधर ने उनका पहला संग्रह तैयार किया है। बड़ी निर्ममता से कविताएँ चुनी हैं। बड़ी खुशी हुई।

दूसरे दिन विष्णु शर्मा जब चले गये, शमशेर जी ने मुझे चीनी गणतन्त्र का चीनी लिपि में मोटो दिखाया और उसका हिंदी में अर्थ बताया। फिर बिना शीर्षक बताये एक कविता सुनायी। फिर बताया : इसका शीर्षक है 'चीन'। कविता स्वतः पूर्ण थी। पर चीनी लिपि के चित्राक्षरों के साथ पढ़ने पर और अच्छी लगती थी। चित्राक्षर चित्र को अर्थ और अर्थ को चित्र में रूपान्तरित करते लगते थे। हिंदी में वह पहली ऐसी कविता है। शमशेर ने पाउंड का फिर विस्तार से ज़िक्र किया और ई.ई. कमिंग्स की कविताएँ सुनायीं। नाज़िम हिकमत की चंद्रबली सिंह द्वारा अनूदित कविताएँ सुनायीं। बाद में दोनों के संग्रह पढ़ने को दिये।

मैंने कमलेश्वर से नाज़िम हिकमत की चर्चा की तो वे एक कश्मीरी कवि नादिम को पढ़ने पर ज़ोर देने लगे। मैंने शमशेर से नादिम का ज़िक्र किया तो वे पुनः कमिंग्स और हिकमत के विषय में नयी से नयी बारीक से बारीक जानकारियाँ देने लगे।

नये और ख़स्ताहाल लेखकों-कवियों के बीच शमशेर खिले और खुले दिखते थे। पुरातत्त्व संग्रहालय के सामने एक सस्ता होटल था। छोटा-सा। वहाँ बेंच पर बैठ कर उन्होंने 'होली' शीर्षक कविता सुनायी। वे बीच-बीच में प्रसंग और सन्दर्भ भी तार्किक ढंग से समझाते चलते थे। नये और ख़स्ताहाल निहाल।

रास्ते में उन्होंने मंटो की एक किताब बतायी, जो अभिनेताओं पर थी। संस्मरणात्मक। बाद में मैंने ख़रीद कर पढ़ी। उग्र की 'अपनी ख़बर' और अपनी 'दोआब' भी दी। दोनों पुस्तकें नायाब थीं। शमशेर का कथात्मक गद्य भी चित्रात्मक है, पहली बार जाना।

उनका संग्रह आया : 'कुछ कविताएँ।' क्या धूम थी, उन दिनों। उन्हीं दिनों शायद लन्दन से कीर्ति चौधरी और ओंकारनाथ शमशेर से मिलने आये। शमशेर ने उन्हें कुछ कविताओं की पाण्डुलिपि भेंट की। पाण्डुलिपि के उपहार पर उन्होंने महत्त्वपूर्ण एपीसोड भी सुनाये।

विष्णु शर्मा को छोड़ फिर वे कहीं चले गये। जाड़ों के दिन थे। विष्णु शर्मा ऊपर रजाई ओढ़े सो रहे थे। मैं नीचे रजाई को दुहरी कर उसी में घुस कर सो रहा था। अचानक मुझे लगा, मेरे पैरों के पास ठण्डी लाश है। मैं डर कर जागा और ऊपर भागा। झकझोर कर उन्हें जगाया और बताया। वे आये। लाइट जलायी और रजाई का परीक्षण-निरीक्षण किया। स्वयं मेरी तरह घुस कर लेटे। तब पता चला कि रजाई की रूई एक जगह काफ़ी इकट्ठी हो गयी है और फर्द तेलउँस और गन्दी हो गयी है। वही पानी से निकाले माँस-पिण्ड-सा ठण्डा प्रतीत हो रहा था। – उन्होंने कहा : तुमने तो मुझे डरा ही दिया था। और फिर ऊपर सोने चले गये।

शमशेर जी के पास एक दिन बच्चन जी का बड़ा प्यारा-सा पत्र आया। उन्होंने अटक-अटक कर पढ़ा। राइटिंग कलात्मक थी : पढ़ने में कठिनाई होती थी। 'कृति' में उन पर छपे लेखों और उनके पहले संग्रह से बड़े मुतास्सिर थे। शमशेर जी प्रसन्न थे। ऐसे में एक दुःखद प्रसंग उन्हें याद आ गया। वे अश्क से एक व्यवहार की चर्चा करने लगे और 'हरा चेक' शीर्षक कविता सुना गये। उन्होंने भैरव के बेलाग व्यक्तित्व और व्यवहार की खुल कर तारीफ़ की। कहा : भैरव के पास रीढ़ है।

किसी बात पर कहने लगे : पत्रिका कोई भी हो, उसे पारिश्रमिक देना चाहिए। चाहे चार आना दे, लेकिन दे। उन पत्रिकाओं की बात अलग है जो अपनी हैं। उन्हें 'वसुधा' और 'कृति' अपनी पत्रिकाएँ लगती थीं। 'संकेत' और 'निकष' नहीं। भारती जी से वे इसी बात पर रुष्ट थे। टैगोर टाउन वाले अपने किराये के सुन्दर मकान में भारती जी ने 'परिमल' बन्धुओं के बीच शमशेर के गुस्से का ज़िक्र भी किया था। गुस्से का सन्दर्भ याद नहीं।

एक दिन घर और गृहस्थी को महत्त्व देते हुए उन्होंने प्रेम को एडजस्टमेन्ट का प्रतिरूप सिद्ध किया, परिवार की महत्ता समझायी, परिवार समाज की केन्द्रीय इकाई है, बताया। और अज्ञेय को परिवारमुक्त, समाजमुक्त व्यक्तिवादी बताया (व्यक्तित्त्ववादी नहीं)। उन्होंने उनके प्रेम-प्रकरण, विवाह-प्रकरण और तलाक़-प्रकरण के क़िस्से सुनाये, उनकी नैतिकता, साहस और मूल्यों की तारीफ़ की, कहा कि इसे 'ए-प्राइराई' कहते हैं। वैसी नैतिकता, वैसा साहस उनमें है। उन्होंने गुपचुप जो आर्थिक सहायताएँ की थीं, उनके क़िस्से सुनाये। वे मदद करते थे लेकिन किसी तरह की चोट न पहुँचे, इसका पूरा ख़्याल रखते थे। वे अपने बड़े से बड़े विरोधी की भी सहायता इस तरह करते थे कि उसे यह न पता चले कि मदद वे कर रहे हैं। उन्होंने अज्ञेय की फ़ोटोग्राफ़ी और चित्रकला की भी तारीफ़ की, लेकिन बार-बार उनके प्रेम को प्राइवेट बताया, परिवार से कटा बताया। ऐसा आदमी आख़िरकार रोमांटिक ही होता है, सिद्ध किया और गृहस्थी पर बल दिया। कहा भी : तुम कभी व्यक्तिवादी मत बनना। गृहस्थ बनना। बने रहना। राष्ट्रीयता का केन्द्र यह गृहस्थी है। परिवार है। संयुक्त रहना बहुत बड़ी बात है। - यह सब कहते हुए वे मुझे माउंट एवरेस्ट पर बैठे एक ऋषि लगे। उनकी आँखों में गीली चमक थी। फिर पंत जी और अपने अकेले रहने का विश्लेषण करने लगे। शायद दोनों अनेक कारणों से अकेले थे, लेकिन उनकी गृहस्थी अपने-अपने ढंग से थी, उनका परिवार भी था, जिसमें हम सब थे। मैंने कहा : पर यह स्थिति क्या अज्ञेय की नहीं है? वे क्या ज़्यादा गृहस्थ नहीं हैं? मैंने उदाहरण भी दियां कैसे हम लोगों के जाने पर उन्होंने नन्हीं नीलू को छोटी सी गिलास में पानी दिया। सब के लिए बड़ा गिलास, उसके लिए -' तपाक से बोल पड़े : समझते नहीं, उन्होंने उसे पुचकारा भी होगा, यह सब सही है, स्वाभाविक है, बल्कि उच्च नैतिक का सदाचार है, लेकिन दृष्टिकोण पर विचार करो। गहराई में उतर कर देखो। शेखर-भुवन, सब मिल जाएँगे, होरी नहीं मिलेगा। अरे, मुक्तिबोध को देखो, उनकी गृहस्थी, उनका परिवार, उनकी जद्दोजहद!

एक दिन मैंने 'त्रिधाराधारमध्य विलास' के विषय में पूछा। उन्होंने सुभद्रा जी और उनकी कविता के तीन रूपों का सविस्तार उल्लेख करते हुए मातृत्व, परिवार, देशप्रेम का अद्वैत समझाया। त्रिलोचन की सरलता और सुभद्रा जी की सरलता का रहस्य देर तक समझाते रहे, फिर बच्चन और नागा बाबा को ले लिया। फिर 'यामा', महादेवी और उनके गद्य की चर्चा की। सुभद्रा जी की कहानियों की चर्चा की। एक भारतीय आत्मा को खाँटी राष्ट्रकवि घोषित किया। सियारामशरण गुप्त को प्रतिभा का धनी बताया। फिर पूछा : 'हरबोलों' का क्या मतलब है? 'झाँसी की रानी' में पढ़ा तो था, पर अर्थ? उन्होंने ही पर्दा उठाया : भोर में तीन बज़े के आसपास गंगा नहाने लोग जाते हैं, और कहते जाते हैं, 'हर बोल, हर बोल'। उन्हीं को कहते हैं 'हरबोला'।

बुंदेलखण्ड में ये हरबोले लक्ष्मीबाई के दुस्साहस और युद्धों की, आज़ादी की उमंग की चर्चा किया करते थे। हरबोले तो भक्त हैं और जब जनता से वे यह कथा सुनायें तो बात में बहुत वज़न आ जाता है। उन्होंने ही पहली बार बताया : वह किताब आल्हा शैली में है।

वे कभी-कभी 'इप्टा' के बारे में बताते। प्रेमचन्द, सज्जाद ज़हीर (बन्ने भाई), अश्क, नागर और साहनी के बम्बई के क़िस्से सुनाते। शायद वे बम्बई में रहे थे, बाक़ायदा कम्युनिस्ट पार्टी के मेम्बर थे, इप्टा से भी जुड़े थे। पर सब छोड़ दिया। छोड़ने का उन्हें दुःख नहीं था, क्योंकि उन्होंने मार्क्सवाद नहीं छोड़ा था। उसके प्रति अडिग थे। अखिल के हठ के समान। फ़िल्म और रंगमंच की उनकी जानकारी कितनी थी, नहीं मालूम। लेकिन 'नया दौर' देखने की ताईद ज़रूर की। उसमें एक गाना है : 'हमारे भी तो दिन हैं आने वाले।'* उसके रचयिता के बारे में वे बताते थे कि वह बम्बई में तरह-तरह की पतंगें बनाकर बेचता था और प्रगतिवादी गीत लिखता था। वैसे गीत शील, नीरज और शैलेन्द्र भी नहीं लिख सके। वह खुद गाता भी है। नीरज तो बाद में प्रगतिशील नहीं रहे, बच्चन की होड़ में आ गये, शील और शैलेन्द्र अब भी प्रगति की जोत जलाये हुए हैं। 'नया दौर' सचमुच 'नया दौर' है। शायद उन दिनों लगी भी थी। मैंने देखी : वाकई, उसमें शमशेर का स्वप्न साकार था।

मैं जानसेनगंज के पास हीवेट रोड पर रात में एक ठेलेवाले के यहाँ कभी-कभी गोश्त, कबाब और पराठे खाया करता था। वहीं कम्युनिस्ट पार्टी के एक साँवले शान्त मझोले क़द के सज्जन से भेंट हो जाया करती थी। उन्होंने एक दिन पार्टी-कार्यालय में उस बंबइया पतंग बनाने वाले गीत रचयिता के आने और गाने की चर्चा की। मैं पहुँच गया। रात भर वह गाता रहा, श्रोता सुनते रहे। मुग्ध। फिर उसने पतंगें बेचीं। खूब बिकी। मैंने भी एक ख़रीदी। और नंगी छत पर सो गया।

शमशेर को जब दिन में आकर बताया तो उसी रौ में वे ग्वालियर में मज़दूरों के रोटी को झण्डा बनाकर चलने वाले जुलूस की थरथराती आवाज़ में चर्चा करते हुए इस तरह बुलन्द आवाज़ में उनके ऊपर कविता पढ़ने लगे कि जोश साहब भी चुप होकर सुनने लगे। फिर 'माई' सुनायी। पता नहीं कहाँ से पॉल एलुआर, लोर्का की ग़ज़ल और ब्रेख़्त की कविताएँ आ गयीं। फिर वे अपनी प्रगतिवादी कविताओं की कमज़ोरियाँ गिनाने लगे। अपने आप के प्रति ऐसी निर्मम दृष्टि मैंने किसी में नहीं देखी। उनमें क्या सचमुच ऐसा स्वभाव-वैषम्य, अन्तर्विरोध और विरुद्धों का असामंजस्य था?

'उदिता' को प्रगतिशीलता की दृष्टि से अपना सर्वश्रेष्ठ संग्रह मानते थे। उसकी भूमिका भी उन्होंने बड़े मन से लिखी थी। लेकिन वह संग्रह छपते-छपते रह गया था।

---

* 'नया दौर' में इस तरह का कोई गाना नहीं है। - सम्पादक।

इसका उन्हें बेहद अफ़सोस था। आगे उन्होंने बताया, उनके दो संग्रह या उनके बराबर कविताएँ ट्रेन में खो गयीं। (बाद में 'उदिता' छप गयी।)

उन्हें यूनिवर्सिटी जाते कभी नहीं देखा। लेकिन प्रकाशचन्द्र गुप्त से वे उनके घर पर मिलते थे। एक बार होली में मिलने गये तो सामने नौकर या मेहतर मिल गया। तपाक से गले मिले और बोले : यही तो लोग हैं जो अपने हैं। प्रकाश जी को बुरा लगा, पर कहें क्या। बाद में मैंने कहा : प्रकाश जी तो देखने-सुनने में रईसी ठाट-बाट वाले लगते हैं। वे तो प्रगतिशील नहीं मालूम पड़ते। बोले : उनके विचार देखो, उनसे बात करो, उन्हें पढ़ो ज़रा। और नज़ीर अकबराबादी को याद करने लगे : 'सब ठाट पड़ा रह जायेगा।' (एक बार रामकुमार जी के यहाँ हमें ले गये थे। हम एम.ए. के पहले साल प्रथम आये थे।* रघुवंश जी को तो मित्र ही मानते थे।) वे बात-बात पर शेर कहते थे। ग़ज़लों में दूसरों के शेर पर समस्या-पूर्ति के क़िस्से सुनाते थे। अपने भी। शेर को इस तरह पेश करते कि उसका अर्थ भी बदल जाता, मौज़ूँ भी लगता। कभी-कभी गुनगुनाते भी - कोई अपना गीत, कोई ग़ज़ल, कोई लोकधुन, कभी निराला के परवर्ती लोकरंगी गीत। नहाते समय कुछ ज़ोर से गाते : इंग्लिश में भी। प्रायः शास्त्रीय और लोकरंग मिले हुए। बैठे रहते तो जाँघों पर हाथ पटक-पटक गाते।

कोई चार बजे होंगे शाम के। बोले : मुझे एक महिला से मिलने जाना है। क़िले के पास। उन्होंने बुलाया है। तुम भी चलो। हम दोनों उतरे। वे तेज़ी से चले। जैसे दांडी मार्च कर रहे हों। मैंने कहा : उतनी दूर पैदल! बोले : फिर घूमो। जल्दी नहीं पहुँचा तो वह मिलेंगी नहीं। और वे अर्जुन के धनुष से छूटे तीर की तरह यह आ, वह जा।

लेकिन मैं भी चलता गया। आसमान में नारंगी चाँद था। शमशेर की सुदूर एक झलक भर मिली थी। मैं गंगा की लहरों से खेलता रहा। फिर लौट आया। उस रात टण्डन पार्क में इस बेंच से उस बेंच तक सोने की कोशिश करता रहा। वे लौटे होंगे, पर शायद देर रात गये।

वे मुझे पहले ताली दे देते थे। बाद में लोगों ने समझाना शुरू किया, मैं 'परिमल' का जासूस हूँ। चोर हूँ। वे सुनते थे, मुझे बता भी देते थे और ताली छोड़ जाते थे। एक दिन वे बहुत रात गये आये। बहुत खटखटाया, बहुत चिल्लाये, मैं मौत जैसी नींद में सुन नहीं सका। अगल-बग़ल के लोग जग गये। किसी ने सीढ़ी लगायी। वे चढ़कर ऊपर आये। तब तक मैं उठकर आँखें मींचने लगा था। उन्होंने हाँफते-डाँफते मुझे शालीन ढंग से बहुत कुछ कहा और अब जब बाहर जायँ, तब मुझे भी बाहर जाना पड़े। अक्सर बे-खाये। कई-कई बार आना पड़े, तब वे मिलते। कभी-कभी तो रामबाग या जंक्शन स्टेशन पर रात बितानी पड़ती।

---

* एम०ए० में पहले साल निर्मला वर्मा (अब 'ठाकुर') प्रथम आयीं थीं, श्रीराम वर्मा नहीं। - सम्पादक।

हम दोनों में एक मौन समझौता था। एक आले पर कभी वे, कभी मैं, कुछ पैसे रख देते थे। कभी मैं ले लेता था, कभी वे। वे जो अनुवाद या पत्रों या कार्यक्रमों से पैसा पाते थे, मैं नहीं पूछता था। मैं जो प्रूफ़ और रेडियो और पत्रों से पाता था, वे नहीं पूछते थे। साबुन-मंजन कभी वे, कभी मैं ले आता था। किचेन और कोयला वे ज़ोर-शोर से ख़ुद सम्हाले हुए थे। चाय साथ पीते थे, खाना अनिश्चित था। इसलिए भी अक्सर वे आलस्य और स्वास्थ्य की दृष्टि से ऐसे प्रयोग करते थे कि खाते हुए मुझे नानी याद आ जाती थी। एक दिन उन्होंने खड़ी पालक-बटलोई भर पानी में डाली और गोल-गोल लोइयाँ उसी में छोड़ दीं। मुझसे कह गये, जब पानी आधा रह जाय, उतार देना। कोई ढाई बजे लौटे। परोसा। जड़ सहित लम्बी-लम्बी पालक और उबली हुई लोइयाँ। ऊपर से नमक डाल दिया। चम्मच से पालक का जूस पीजिए। लोई खाइए। पालक खाइए। – मैं भन्ना गया। भाँप कर हँसते हुए बोले : लज़ीज़ खाने नुक़सान करते हैं। ब्वायेल्ड खाना अच्छा होता है। मान के चलो मुक्तिबोध की कविता का यह किचेन संस्करण है। फेंटेसी और बिम्ब, दोनों। किसी तरह निगल लिया और उनकी भोजन-पद्धति को प्रणाम कर लिया।

याद नहीं आता कि वे कभी कॉफ़ी हाउस गये हों। रिक्शे पर अकेले कभी देखा हो।

मैं दो साल उनके साथ रहा। वह मेरा, मेरे जीवन का स्वर्ण-काल था। मुझे एक क्रिश्चियन फ़ादर, एक दाक्षिणात्य रंग का दोस्त, एक महान् काव्य-गुरु मिला, जो इन्सानियत को शमशेरियत से पुख़्ता और पोढ़ा कर रहा था।

वैसे मैंने वहाँ रहने से पहले और बाद में भी उनसे मिलना नहीं छोड़ा। वे स्वयं भी मिलना नहीं भूले।

मैं बॉक्स उन्हीं के यहाँ छोड़ आया था। वे अक्सर उसे ले जाने को कहते। मैं जाने क्यों टाल जाता। उसमें कुछ किताबें थीं : न्यायशास्त्र की, नीतिशास्त्र की, मनोविज्ञान की, संस्कृत की। दो साल बाद जाफ़र रज़ा के साथ गया और ले आया।

८

मुक्तिबोध की बीमारी की ख़बर सुनकर वे जो दिल्ली गये तो एक तरह से लौटे नहीं। मकान लेकिन छोड़ा नहीं। मुक्तिबोध की 'चाँद का मुँह टेढ़ा है' की भूमिका उन्होंने लिखी। माचवे जी का आतिथ्य स्वीकार किया। मुक्तिबोध की कराह और निश्चेतना को सहते-सहते अन्ततः उनकी अरथी को कन्धा भी दिया।

बाद में जामिया मिल्लिया* में उर्दू-हिंदी कोश के सम्पादक हो गये। और

* जामिया मिल्लिया में नहीं, दिल्ली यूनिवर्सिटी में। – सम्पादक।

मलयज के पड़ोस में शोभा और अजय के साथ रहने लगे। ऊपर त्रिलोचन रहते थे। मलयज और इन दोनों में काफ़ी रब्त-ज़ब्त था। मलयज के पत्रों से शमशेर-संवाद मिलता रहता था। पहले से ठीक-ठाक थे। स्मृति और आँखें पहले से भी कमज़ोर हो गयी थीं। जीजा को योग सिखा दिया था। मलयज ने उनका एक चयन सम्पादित किया था। वे 'दोआब' ढूँढ़ कर ख़रीद लाये थे। उसे पुनर्प्रकाशित देखना चाहते थे। शमशेर के गद्य पर फ़िदा थे।

शमशेर पत्र लिखना चाहकर भी पत्र नहीं लिख पाते थे। माचवे जी के छन्दोबद्ध पत्रों का छन्दोबद्ध उत्तर वे सुनाते, उनमें 'मरहट्टा' और 'हरहट्टा' जैसे कठिन तुक होते, लेकिन भेज नहीं पाते। मुझे उन्होंने कभी पत्र नहीं लिखा, यद्यपि मलयज को लिखा। जब वे इलाहाबाद में थे, तब।

उनके एक नये संग्रह पर साहित्य अकादमी ने पुरस्कार की घोषणा की। मुझे शमशेर के पुरस्कृत होने से इतनी खुशी हुई, जितनी किसी के पुरस्कृत होने से कभी नहीं हुई थी। मैंने उन्हें एक हृद्य पत्र लिखा। एक बृहद् पत्र के साथ उन्होंने अपना नया संग्रह भेजा, वही संग्रह, जो पुरस्कृत हुआ था। उस लम्बे पत्र में उन्होंने प्रूफ़ की न जाने कितनी ग़लतियों की शुद्धि लिखी थी, प्रकाशक की लानत-मलामत की थी और संग्रह के विषय में राय जाननी चाही थी। मेरे विषय में, मेरे परिवार के विषय में एक अभिभावक की तरह जानकारी चाही थी। काफ़ी लम्बा पत्र था। कहीं होगा मेरे अस्त-व्यस्त पुस्तकालय में। मैंने संग्रह पढ़कर पत्र क्या लिखा, एक लम्बी समीक्षा ही पत्र रूप में भेज दी थी। एक कविता आपात और आपात्कारी पर थी। उसकी भाषा में लोकरंग था। तेवर भी था। 'हरि मोरे आड़' जैसे कठिन तुक वाले भजन लिख सकने वाले सन्त कवि की वह उग्रवाणी मुझे भा गयी थी। वे कुछ सहमत थे, कुछ असहमत, कुछ प्रश्नाकुल। उनके दूसरे थोड़े लम्बे पत्र से पता चला। मलयज ने मुझे लिखा था : शमशेर जी आप पर अभिभूत हैं।

९

वे एक दिन उज्जैन चले गये। 'प्रेमचन्द सृजन पीठ' के निदेशक के रूप में। भोपाल में मिले। साथ में एक लड़की थी। उनकी सहायिका टाइपिस्ट। बोले : बहुत अच्छा टाइप तो नहीं करती, फिर भी ...ठीक ही है।

बाद में पता चला, माचवे जी की 'शमशेर की आँखें' शीर्षक कविता के साथ के टिप्पण से पता चला कि उन्होंने अहमदाबाद में अपनी आँखों का ऑपरेशन कराया है।

फिर उनकी भीषण बीमारी का पता चला। सोमदत्त को अशोक ने सुरेन्द्र नगर

भेजा। सोमदत्त ने उन्हें अहमदाबाद में संस्कृति सचिव, म.प्र. के पत्र के बूते न केवल एडमिट कराया, बल्कि पूरी सुविधा भी दिलवायी। उन्हीं दिनों उनकी शोधार्थिनी रंजना अरगड़े की असामान्य सेवाओं का भी ज़िक्र सामने आया। मैंने रंजना अरगड़े का पता सोमदत्त या अशोक से प्राप्त किया। खुलासा समाचार जानने के लिए चिट्ठी लिखी। रंजना ने लिखा कि अहमदाबाद के इलाज से कुछ फ़ायदा तो था, वे प्राय: ठीक हो गये थे। फिर मेरठ चले गये थे। वहाँ एक हकीम को दिखाया था। एक महीने की दवा लेकर आये थे। बहुत लाभ था। अब कैसे मँगायी जाय। उन्होंने तो पुर्जी भी खो दी है। हकीम का नाम-पता, कुछ नहीं मालूम। हकीम बूढ़े हैं। इतना ही मालूम है।

उन्हीं दिनों मेरे पड़ोसी मेडिकल रिप्रेज़ेन्टिव शर्मा के पिता आये हुए थे। वे मेरठ के निकट रूपवास के निवासी थे। मुझसे खूब पटती। जब आते, मिलते ज़रूर। शर्मा जी से मैंने मेरठ, हकीम और शमशेर की चर्चा की। उन्होंने बड़ी संजीदगी से कहा : मैं पता लगा लूँगा। आप निश्चिन्त रहें। मेरठ मेरे यहाँ से कोई सवा सौ कि.मी. है। जाना-आना होता ही है। आप उनका पता दे दीजिए। मैं दवा का पैकेट भिजवा दूँगा। डाक से।

मैंने पता दे दिया। समझा भी दिया, जल्दी है। यह भी कहा कि इस काम के लिए आपको घर जाते ही मेरठ चले जाना चाहिए। पैसे देने चाहे तो बोले : अभी नहीं। दवा भेज दूँगा, तब आपको पत्र में खुलासा कर दूँगा। आप भेज दीजिएगा। अभी क्या ज़रूरत है।

मैंने रंजना को तुरन्त पत्र द्वारा सूचित किया : घबड़ाओ नहीं। मैं हकीम की दवा भिजवा रहा हूँ। ऐसा था कि शमशेर की हालत गम्भीर थी। वे संसार से कट से गये थे। वे स्वयं कुछ नहीं कर सकते थे। वे एक जातक हो गये थे और उनकी स्मृति भी चली गयी थी। शरीर तो काँपता ही था, रक्त में भी कम्पन होता था। इसलिए उन्हें पत्र लिखने का कोई अर्थ न था।

कुछ ही दिनों बाद शर्मा जी ने लिखा : मेरठ में दो हकीम हैं। दोनों बूढ़े हैं। दोनों के यहाँ गया। एक के रजिस्टर में शमशेर जी का नाम मिल गया। हकीम ने फिर एक ही महीने की दवा दी। मैंने दो महीने की माँगी थी। मगर हकीम का कहना था एक महीने की ले जाइए। हाल मिलने पर दवा में हेर-फेर भी तो करनी पड़ सकती है। मैंने उन्हीं के यहाँ से दवा पोस्ट कर दी है। हफ़्ते भर में मिल जायेगी।

मैंने आने-जाने का किराया, दवा का दाम और पोस्टेज पर ख़र्च के बारे में पूछा। उन्होंने तीनों चीज़ें लिख तो दीं, लेकिन ज़ोर देकर लिखा : किराया मत भेजिएगा। मुझे भी थोड़ा-सा कर लेने का मौका दीजिए। मैंने मनीआर्डर कर दिया। उधर रंजना ने पैसे पूछे। मैंने साफ़ मना कर दिया। मुझे भी कुछ करने दो, शमशेर का मुझ पर बहुत क़र्ज़ है, थोड़ा-सा ही सही, अदा हो जाने दो, लिख दिया। रंजना

मुश्किल से मानी। लिखा : दवा तो वही है, लेकिन इस बार कोई फ़ायदा नहीं। बल्कि अहमदाबाद की एलोपैथी से धीरे-धीरे फ़ायदा ज़रूर है। फिर उसने लिखा : हकीमी दवा की ज़रूरत नहीं। एलोपैथी ही ठीक रहेगी।

मैं शमशेर को देखना चाहता था। तीव्र इच्छा थी क्योंकि तीव्र चिन्ता थी। परिवार मेरी हालत को देखते हुए जाने नहीं देना चाहता था। तभी अशोक ने एक गोष्ठी में बुलाया। मैंने धीरे से रंजना को लिखा कि मैं भोपाल जा रहा हूँ। वहाँ से शमशेर को देखने आऊँगा। तुम सूचित करो कि पहुँचने का रूट और साधन क्या है।

उसने अहमदाबाद तक ट्रेन से आकर सुरेन्द्र नगर के लिए बस पकड़ने को लिखा था। अहमदाबाद से सुरेन्द्र नगर एक सौ पच्चीस किमी० है, लिखा था। रेलवे स्टेशन से बस स्टेशन किधर पड़ता है, कितनी दूर है, किस तरह की बस से आना है, खुलासा कर दिया था।

भोपाल से सुरेन्द्रनगर जाते समय बीच में उज्जैन आया। उज्जैन में मुझे नरेश जी की हूक की तरह याद आयी। मन हुआ, उतर जाऊँ, उज्जैन देखने की ललक थी। पर रिज़र्वेशन अहमदाबाद का था। मन मसोस कर रह गया।

अहमदाबाद में गुजराती से सम्पर्क हुआ। हिंदी की जगह ज़्यादातर गुजराती अक्षर। कुछ अटपटा सा लग रहा था। भाषा की भी कुछ कठिनाई हुई। स्टेशन के टी-स्टाल पर चाय-नाश्ते और दवाएँ खाने के लिए पानी पीने में थोड़ी तरद्दुद हुई।

अहमदाबाद पर एक सरसरी नज़र डाली। रिक्शेवाले को समझाया। किसी तरह बस पा सका। शायद प्राइवेट बस। खड़े होने भर की जगह मिली। भाषा मराठी और गुजराती। कण्डक्टर भी सुरेन्द्र नगर छोड़ नहीं समझ पाता था। तीन टिकट मिले। याद नहीं, क्यों। पसीने से लथपथ, प्यास से बेहाल, धचकों से गिरने को लगता था कितनी दूरी है। आगे किसी के संकेत पर बोरे पर बैठा। चलो, सहूलियत हुई। थोड़ा और आगे सीट मिल गयी।

सुरेन्द्र नगर में उतरने पर थ्री व्हीलर वालों से बात करना मुश्किल। अन्त में एक मिला। टूटी-फूटी हिंदी जानता था। पता बताया। जब पहुँचा तो देखा : एक स्त्री सीढ़ियों से उतर कर नल खोल पानी भर रही है। मुश्किल से तीन चार सीढ़ियाँ। एक चौकोर सीमेन्टेड गड्ढे में नल। ऐसा कभी देखा न था। वह स्त्री पीतल का घड़ा लिये आती दिखी। उसी से घर पूछा, घर सामने ही था। उसने बताया : अरगड़े तो कॉलेज में है। चार बजे आयेगी। माँ है। मैंने कहा : ज़रा बुला दीजिए। रंजना की माँ : गोरी मांसल, मुझसे उम्र में कुछ बड़ी। मुझसे थोड़ी लम्बी भी। खुली और खिली। उन्होंने समझ लिया : मैं कौन हूँ, कहाँ से आया हूँ। रंजना ने बताया होगा। मैंने पूछा : शमशेर जी कहाँ हैं? बोली : वो सो रहे हैं। पूछा : कब तक जगेंगे? जवाब दिया : कोई ठीक नहीं। मैंने देखना चाहा। वह बग़ल के कमरे में ले गयीं। शमशेर बच्चे की तरह उकड़ूँ

एक ओर करवट लिये सो रहे थे। लुंगी में पहली बार देखा। लुंगी एक जगह गीली थी।

माँ ने पूछकर नहाने के लिए पानी गरम किया। ख़ूब डटकर साबुन से स्नान किया। कपड़े बदले। कड़ी चाय पी। बातचीत से पता चला : मराठी पवित्र ब्राह्मण हैं। रंजना के पिता रेलवे में हैं (या थे)। शायद रंजना के एक भाई भी हैं। उज्जैन से रंजना यहाँ लायी शमशेर जी को। उन्हें लिखा कर गयी है।

उन्होंने डेढ़-दो बजे क़रीब काले कम्बल पर बिठाकर खाना खिलाया। गाढ़ी दाल में मेथी का साग था। कोई अजनबी लेकिन अच्छी तरकारी थी। चपातियाँ थीं। शायद महकता पुराना थोड़ा-सा चावल भी था। एक कटोरी में जीरे से छौंका घी भी था। शायद दो-तीन तरह के घर के ही बने अचार भी थे।

खाया। उन्होंने एक कमरे में बिस्तर लगा दिया। मैं सो गया।

जब उठा तो रंजना आ गयी थी। मैं समझता था मैं भोपाल में उससे मिल चुका हूँ। लेकिन उसने भ्रम तोड़ा। वह तो शमशेर जी की टाइपिस्ट थी। हम दोनों पहली बार मिल रहे हैं।

रंजना : साँवली। बाब्ड हेयर। सिर्फ़ इसलिए कि झंझट न रहे। व्यस्तताएँ बहुत हैं। रंजना मराठी, गुजराती, हिंदी और इंग्लिश चार भाषाएँ जानती है। बोल्ड, लेकिन विनम्र, समझदार, सदाशयी, स्पष्ट और खुली। युवती किन्तु मस्तिष्क से व्यस्क, जागरूक, दृढ़ और सुश्रुषा में दक्ष। कोई हिचक नहीं। नर्स की तरह नहीं, माँ की तरह शमशेर के साथ ट्रीटमेन्ट।

शाम की चाय उसी ने बनायी। क्या फ़्लेवर और क्या कलर! दूध शुद्ध। नमकीन पेश किया उसकी सहेली अध्यापिका ने। गोरी, उससे लम्बी। सर से पैर तक सफ़ेद चकत्ते। लेकिन अकुण्ठ। एक अध्यापक भी थे। साँवले। खल्वाट। शायद लम्बे। दोनों उनका ख़ूब मज़ाक़ बनातीं। वे बुरा नहीं मानते, मज़ाक़ में हिस्सा लेते हैं।

शमशेर के पास रंजना ले जाती है। वे मुझे पहचान लेते हैं। कितनी ख़ुशी होती है। यानी स्मृति लौट रही है। यानी दवा का असर अच्छा है। काँपते हाथों मुझे पास बैठने का इशारा करते हैं। स्पर्श नहीं करते। बोलने में कठिनाई महसूस करते हैं। बहू और बच्चों का हालचाल पूछते हैं। अशोक के विषय में। एक अनन्या के विषय में पूछने पर बताते हैं : वे तो हमेशा यहीं कहीं रहती हैं। उनका गहरा लगाव इतना हरा था। वह दूर, समुद्र-पार थीं। मैंने बताया : लोग मेरे आने को व्यर्थ बता रहे थे। मुझे आश्चर्य हुआ। बोले : आना। यह भी बहुत है।

फिर वे उठे। रंजना ने समझा। मुझे वहाँ से हटाया। वहीं उन्हें पतले दस्त हुए। उसने कपड़े से पोंछा। उन्हें उठाकर बाथरूम की ओर ले गयी। वे झुके-झुके उसका सहारा लिये बहुत धीरे-धीरे गये और आये और तख़्त पर ढह गये। हाँफते हुए।

शायद शमशेर सहज हो गये। बाहर जाड़े का दिन डूबने के पहले का रंग और

रोशनी थी। हवा से पेड़-पल्लव हिलते अच्छे लग रहे थे। रंजना ने बाहर तीन-चार कुर्सियाँ डाल दीं। शमशेर जी को लाकर बिठाया। बहुत देर हम तीनों बतियाते रहे। उस हल्की हवा, उस रंग बदलती रोशनी और उनसे सँवरे हुए खुलेपन में शमशेर की प्रसन्न वार्ताएँ, सुखद संवाद, और साथ में रंजना की माँ के हाथ की चाय भूल नहीं सकता।

उसने बताया : शमशेर जी अब प्रायः अपनी आर्थिक स्थिति को लेकर चिन्तित रहते हैं। मैंने उनके पुरस्कार के पैसे बैंक में जमा करा दिये हैं। थोड़ा-थोड़ा निकाल कर ख़र्च किया जाता है।

मैंने पूछा : अच्छा, यह बताओ, शमशेर इस क़दर बीमार कैसे हुए? आख़िर क्या घटित हुआ था?

वह दबे हुए दर्द को दबाये हुए बोली : मलयज की बड़ी बहन यूरोप* से भारत आयीं। दिल्ली से उज्जैन आयीं। उज्जैन में शमशेर ने उन्हें भ्रमण कराया। फिर दोनों दिल्ली गये। गर्मियाँ थीं। शमशेर जी को बुख़ार हो गया। उन्होंने न परवाह की, न दवा ली। तुरन्त मलयज के पिता को उज्जैन के महाशिव का दर्शन कराने ले आये और फिर जब ट्रेन पर बिठाकर लौटे तब तक भाग-दौड़, अफ़रा-तफ़री और भावुकता में पारकिन्सन डिजीज़ के शिकार हो गये। मैंने उनसे साक्षात्कार के लिए समय माँगा था। उन्होंने जिस तिथि को बुलाया था, मैं गयी। दरवाज़ा खुला था। थपथपाने पर कोई आवाज़ नहीं। मैं अन्दर गयी। शमशेर ज़मीन पर पड़े काँप रहे थे। बोल नहीं पा रहे थे। शरीर तप रहा था। मैंने पिताजी को ट्रंक करके उसी दिन बुलाया। उन्हें एहतियात से यहाँ ले आयी। उसके बाद जो कुछ हुआ, आपने अख़बारों में पढ़ा ही है।

सुबह उसने शमशेर को ढेर सारी दवाएँ खिलायी : कई-कई रंग की। शमशेर का पेट भी ख़राब रहता था। उसके लिए भी दो-एक दवाएँ थीं।

मैंने शमशेर से प्रकाशन की बात की। बोले : प्रकाशकों से मुझे चिढ़ होती है। उनसे मेरा छत्तीस का संबंध है। उन्हीं दिनों एक पत्रिका ने कई कवियों के स्केच, बायोडाटा और कुछ कविताएँ छापी थीं। दो प्रयोगी कविताएँ शमशेर की थीं : एक में ग्रीक अंकों को बग़ल में छापकर एक कोरस तैयार किया था शमशेर ने। 'चीन' के बाद यह दूसरी ऐसी कविता थी। दूसरी में धोती पहने घोड़े का विचित्र बिम्ब था। शमशेर जी से उनके बारे में जब तारीफ़ की तो वे ऐसे चुप जैसे सुन ही न रहे हों। नरेश मेहता से मुलाक़ात के बारे में पूछने पर इतना ही बोले : बस उज्जैन में मिले थे जब मेरे पद पर नियुक्त हुए थे।

क़रीब साढ़े नौ बजे रंजना मुझे बाज़ार ले गयी। टेम्पो नहीं मिला। पैदल बतियाते चले। शमशेर की भतीजी का ज़िक्र किया, जिसे वे बहुत मानते थे। लेकिन

---

* 'यूरोप' का अर्थ यहाँ पश्चिम से लें। दक्षिण अमरीका से। - सम्पादक।

उसके स्वभाव से परेशान होकर हमेशा के लिए मेरठ छोड़कर चले आये।

अब तक एक बहुत बड़ा पुल आ गया था। पुल के पास क्लॉक टावर था। क्लॉक टावर सुन्दर और लम्बा था। रंजना के अनुसार क्लॉक टावर कभी मौर्वी के राजा ने बनवाया था। पुल के पार कभी मौर्वी राज्य था। काशी हिन्दू विश्वविद्यालय के मौर्वी छात्रावास का रहस्य समझ में आया। सुरेन्द्र नगर है तो गुजरात में, लेकिन सौराष्ट्र का क्यों कहा जाता है, यह उस समय ज़ाना तो, पर अब भूल गया हूँ।

पुल पार करने के बाद उसने बताया : सुरेन्द्र नगर स्वास्थ्य लाभ के लिए प्रसिद्ध स्थान है। यहाँ टी.बी. सेनीटोरियम भी है।

दोनों ओर दुकानें थीं। उसने सब्ज़ियाँ और फल ख़रीदे। चाकू भी ख़रीदा फलों में। फिर मिठाई की दुकान पर एक भूरे रंग की खोये जैसी मिठाई को उधर की प्रसिद्ध मिठाई बताया। कहा : शमशेर जी ने इसे आपके घर ले जाने के लिए ख़रीदने को कहा है। मैंने भी रंजना के परिवार और शमशेर के लिए ख़रीद ली। श्री व्हीलर मिल गया। जल्दी लौट आये।

पता नहीं, उस दिन कॉलेज बन्द था या नहीं, वह कहीं गयी नहीं। माँ के साथ किचेन में लगी। सबने एक साथ भोजन किया। शमशेर भी थे। रंजना के भाई और पिता की याद नहीं। पर कई लोग थे। कई सब्जियाँ थीं। साग भी। उसने फलों का सलाद बनाया था। मेरे डायबेटिक होने का उसे पता न था। उसका मन खिन्न न हो, दो-चार टुकड़े खा लिये। मिठाई भी चखी। बड़ा ही सुखद था वह समय।

उस दिन उसने रोक लिया। रिज़र्वेशन का भी वादा किया। मैंने अकेले में शमशेर के लिए कुछ पैसे देने चाहे। उसने रोक दिये। उसने मुझे बड़े सुन्दर कुछ झोले दिखाये। कहा : इन्हें लेते जाइए। ऐसे झोले यहीं मिलते हैं। मैंने नहीं लिये। अब सोचता हूँ : ले लेना चाहिए था। उस दिन शमशेर के मन में कठिन कई पर्तों के होने का उसने उल्लेख किया। धीरे-धीरे उन्हें खोलना पड़ेगा, तभी वे ठीक होंगे। यह भी कहा।

उसने बताया : उसे हफ़्ते में एक दिन पढ़ाने बड़ौदा जाना पड़ता है। और कल सुबह ही उसे जाना है। इसलिए रिज़र्वेशन के लिए अभी जाना पड़ेगा। वह एक झोला कन्धे पर लिये दन्न से चली। दिन ढूबे लौटी। मेरा रिज़र्वेशन अहमदाबाद से हुआ था। उसने बताया : यहाँ से ट्रेन भी जाती है। माँ को भी उधर जाना है। वो आपको छोड़ देंगी। मेरी सहेली रहेगी ही।

'क्या तुम बड़ौदा में ही रह जाओगी?'

'नहीं, तब तक मैं लौट आऊँगी। लेकिन स्टेशन नहीं जा पाऊँगी। शमशेर जी को कौन देखेगा!'

रात को उसने नामवर जी और परमानन्द जी के सुरेन्द्र नगर में पूर्व आगमन की

सूचना दी।

गाड़ी दूसरे दिन शाम को थी। तीन बजे तक वहीं रहना था। माँ थी। शमशेर थे। मैं था।

रंजना दो बजे तक बड़ौदा से लौट आयी थी। मैं सामान सहेज रहा था। थोड़ी देर बाद वह आयी। मैं उसके साथ शमशेर के कमरे में गया। वे लेटे हुए थे। मैंने चलने की बात बतायी। उन्होंने बहू और बच्चों को आशीर्वाद कहा। मैंने झुक कर उनका माथा चूमा और फफक कर रो पड़ा। आगे बढ़ना मुश्किल था। रंजना ने सहारा दिया। बाहर आकर मैंने उसके चेहरे को हाथों में ले लिया और कहा : अपना और शमशेर का ख्याल रखना और थ्री व्हीलर में आकर बैठ गया। माँ पहले से ही बैठी थीं।

स्टेशन पर कई लोग छोड़ने आये थे। चलते-चलते रंजना ने माँ से कहा था : श्रीराम जी का ख़्याल रखना, बहुत भावुक हैं। ट्रेन देर में चली। छोड़ने वाले देर तक साथ रहे। रंजना से पत्राचार जारी था। शमशेर का हालचाल मिल जाता था। उनमें सुधार था।

शमशेर को मैथिलीशरण गुप्त सम्मान मिलना था! मुझे उन पर लेख पढ़ना था। भारत भवन में शमशेर मिले। थके और प्रायः उदास। वे देर तक बैठ नहीं सकते थे। उन्हें मंच के पीछे एक बेड पर लिटा दिया गया। रंजना से विदित हुआ, शमशेर हवाई जहाज से लाये गये हैं। रंजना के साथ उसकी गोरी सहेली भी थी। वहीं पर एक लाल गोराई वाली मोटी महिला मिलीं, जिन्हें मैंने 'शमशेर जी को आराम करने दीजिए' कह कर हट जाने के लिए कहा। रंजना ने बताया : ये दिल्ली दूरदर्शन से शमशेर का इन्टरव्यू लेने आयी हैं।

शमशेर पर एक फ़िल्म दिखायी गयी। वे भारत भवन के सामने के पेड़ के नीचे कविता-पाठ कर रहे थे। हरहराते पेड़ के नीचे थरथराती शमशेर की भीतर तक भेदती-भिदती सौम्य आवाज़- फ़िल्म का यही अंश याद है। एक मधुमक्खी/हिला कर फूल मुख/उड़ गयी।'*

कुछ दिनों बाद अख़बार में पढ़ा : शमशेर दिल्ली में। रंजना को पुरस्कार। इलाहाबाद और लखनऊ भी गये शमशेर। रघुवंश जी ने शमशेर के अनेक व्याख्यान कराये। राम स्वरूप जी ने बताया : इधर इलाहाबाद शमशेरमय रहा। पता चला, वे जस्ट फ़िट भी गये थे। उनकी किताबें सड़ चुकी थीं। लखनऊ में लोगों ने 'चौथा सप्तक' के औचित्य के विषय में पूछा। वे अपने अन्दाज़ में बोले : अज्ञेय जी समर्थ हैं। पाँचवाँ सप्तक भी निकाल सकते हैं।

'धर्मयुग' में माचवे जी ने शमशेर से क्षमा माँगते हुए 'चीन' की पैरोडी की थी।

---

* कविता यों है : एक मधुमक्खी/हिलाकर फूल को/बहुत नन्हाँ फूल/उड़ गयी। - सम्पादक।

सम्मेलन में रमेशचन्द्र शाह और मुझसे कहा : यहीं शमशेर रहते थे। जस्ट फ़िट में। सचमुच वह आदमी जस्ट फ़िट था। फिर बोले : साहित्य अकादमी के लिए बायोडाटा भेजा तो उसने अपनी भाषा हिन्दुस्तानी लिखी। हिंदी नहीं। मैंने उन्हें बताया : मैंने शमशेर को 'नकेन के प्रपद्य' पढ़ने को दिया तो पढ़कर बोले : इन्टरेस्टिंग है। और इस तरह लौटाया कि सम्पूर्ण उपेक्षा ज़ाहिर हो गयी। शमशेर मेरी एक सहपाठिनी की साड़ी की तारीफ़ कर गये। बाद में माफ़ी माँगी, उन्हें बेहद शील विरुद्ध लगा था।

एक बार एक आदमी आया एक काग़ज़ पर हस्ताक्षर कराने। मैं भी था। शमशेर ने हस्ताक्षर कर दिया। फिर मेरी ओर देखा : बोले : यह प्रगतिशीलों के लिए है। मार्क्सवादियों के लिए है। कम्युनिस्टों के लिए है। सोच लो। मैंने हस्ताक्षर कर दिया। बोले : परिस्थितियों ने तुम्हें मार्क्सवादी बनाया है। मैंने हँसते हुए कहा : राठी तो कहते हैं मैं पूँजीवादी हूँ। अरे, मैंने इसलिए हस्ताक्षर किया, क्योंकि आपने किया।

रंजना का शोध प्रकाशित हुआ : 'कवियों का कवि शमशेर।' कहीं समीक्षा पढ़ी। सुरेन्द्र नगर में ही कह आया था : छपे तो भेजना। वह बताती थी : किसी ज्योतिषी के कथन पर शमशेर को विश्वास हो गया कि उनके बीच कोई तीसरा आ जायेगा। वे चिन्तित रहते थे।

वे स्पर्श संवेदना के अद्‌भुत धनी थे। मेरा कथन सुनते ही रामकमल जी ने बताया : उज्जैन में शिव मन्दिर के सामने एक भिखारी साँप लिये बैठा था। साँप फन फैलाये हुए था। शमशेर जी ने अपना हाथ साँप के फन पर इधर-उधर किया और फन को सहलाने लगे। पर वह स्पर्श सहज स्नेह और जिज्ञासा का था। आकर्षण का था। शायद उस स्पर्श में वह संगीत था, जिससे फ़ौजों की तोपों के मुँह उलट जाते हैं। उस स्पर्श में दृष्टि थी और गंध भी बसी हुई थी।

अन्ततः शमशेर चुके नहीं। काल से होड़ थी उनकी। उनके भीतर एक कूबड़वाला बैल था। वे लेकिन सात शीशों में बन्द भागते ख़रगोश थे। वे जितने बड़े कवि थे, उससे भी बड़े मनुष्य थे - साबुत और सही इन्सान। सबसे पहले हिन्दुस्तानी, फिर ग्लोबल कवि और मनुष्य - कभी-कभी कहते थे : मेरी कविताएँ कम अच्छी नहीं हैं, उन कवियों से जो अनुवाद में हिंदी में सराहे जाते हैं। पर ऐसा बहुत कम ही कहते थे। उनके लिए आज उन्हीं की एक पंक्ति याद आ रही है : 'एक एड़ी पर उठाये मौन।' इतना जस्ट फ़िट शायद कोई और नहीं हुआ।

इब्ने मरियम हुआ करे कोई

प्रेमलता वर्मा

उरुग्वे देश के मशहूर लेखक 'ओनेती' ने कहा है कि लेखक इसलिए नहीं लिखता कि उसे किसी किस्म का कर्तव्य पूरा करना है अपने प्रति, किसी अहम कार्य क्रिया की हिफाज़त करनी है या फिर मंत्रालय से कोई इनाम पाना है, वह लिखता है और आगे भी लिखता जायेगा क्योंकि उसके पास लिखने के सिवा और कोई चारा नहीं, क्योंकि लिखना उसका व्यसन है, उसकी वासना और उसकी बदकिस्मती भी...

एक लम्बे अरसे बाद अपने जिगरी अजीज़ों पर, अपनी याद्दाश्तों को खंगालते हुए कलम उठाना कुछ ऐसा ही है जैसे एक सुरंगनुमा गुफा में से ज़माने तक सँवारे-संजोये सँभालकर रखे गये उपकरणों को उनकी छतों, मोखों, दीवारों तथा अँतरों-कोनों से खींच-नोंच बाहर समेट निकालना, धूप में उनकी चकाचौंध से अपनी ही आँख का मुँद जाना, तथा चौंध चुक जाने पर उनकी सावधान निगहबानी कर उन्हें तरतीब देना हो-ताकि उनकी मौलिक तस्वीर-सूझ समझ में आ सके सबके सामने मगर तब वे पुनः गुफा में वापस रहने लायक न रह जायेंगे...

यूँ तो अपने किसी स्वजन प्रिय के इस दुनिया से कूच कर जाने पर अपनी भी थोड़ी मौत हो ही जाती है। मगर अपने उस अजीज़ से नाता रखने वाली बातें, माहौल एवं विचार आदि अपने ही तरीके से कुछ ज़्यादा जादुई तरीके से जुड़ जाती हैं। ये भी घटता ही है उन जुड़ी बातों की अहमियत के तहत-शायद कुछ बेहतर तरीके पर-अपने को ज़िन्दा रखने का पैमाना मिल जाता है।

संघर्ष के जिस दरवाज़े से हम निकले थे उसी के आगे एक और दरवाज़ा निकल जाता है जिसे खोल पाना कुछ ज़्यादा ही मुश्किल काम होता है...

मलयज की मृत्यु से मेरी कुछ ज़्यादा मौत हुई (इसलिए नहीं कि वे मेरे भाई ही थे)। शमशेर जी के निधन से एक बार अपना और मरना हुआ। किन्तु दोनों ही मौतों के बाद अपने मरण से एक पुनर्जन्म भी हुआ अपना। मेरी दर्दनाक संवेदना के भीतर कोई कीमती तथा ऊर्जावान तत्त्व जगा। यूँ ये भी कम अहम बात नहीं कि अपने प्रियजन की मृत्यु अपने भीतर एक अपराधबोध-एक पछतावा उगा ही देता है। मुझमें

भी यह बोध जन्मा। अपनी अक्षम्यता का तीव्र बोध ज़माने बाद अपने ही तर्क से मिटा। ये दोनों बातें विरोधाभासी लग सकती हैं।

लम्बे समय तक अपने इन दोनों घनिष्ठ जनों पर कलम चलाने से अपने को रोकने के पीछे उनके और अपने बीच एक ज़रूरी फासला बना लेने की दरकार बनी रही। सापेक्ष तरीके से उन पर बोलने से कोई मतलब की बात नहीं बनती। मगर यह एक लेखक की नियति है, ऐसा मान अपने को कहीं बहकाने की चेष्टा नहीं कर रही... दरअसल झूठ और सच के बीच, हक़ीक़त और फैन्टेसी के बीच की सतह इतनी बारीक होती है (इस सिलसिले में) कि कब वह ज़रा से झटके से टूट कर आपस में एक होने का मुगालता पैदा कर सकती है, वह भी दावे के साथ, इसी का ख़तरा तो रहता है तेज़ी में। एक मज़बूत तथ्य को मद्देनज़र रख कर ही पहल करनी है कि अगर एक ही झूठ सौ आदमी...या हज़ार जनों के सामने बोलो तो एक ही झूठ सौ क्या हज़ार झूठ में तब्दील हो जाते हैं...एक बीज बोओ तो उससे हज़ार फल निकलते हैं का सच यहाँ लागू है ही।

फिर एक बात यह भी है कि नाते-रिश्ते बड़े पर्टीकुलर और नाज़ुक मसले होते हैं, उनमें अपने सिवा और किसी से भी साझा उस तौर पर नहीं हो सकता जैसा हम उसे महसूस करते हैं, न वे बिल्कुल ग़लतफ़हमी रहित होकर लिए ही जाते हैं...आमतौर पर। आख़िर किसी को अपनी कल्पना जोड़ने से कौन रोक सकता है?

फिर मैं तो हाथ में एक टूटी निब और अंधड़ लिए...सपने में दौड़ते बाघ की पदचाप पर निगाह जमाये एकदम तनहा, अपनी काँच की खिड़की के आगे ऋषि मुद्रा में खड़े अराउकारिया के दरख़्त को गवाह बनाकर अपनी डायरियों में ही न जाने अपने कितने जाने-पहचाने चेहरों से गुफ़्तगू करती रही इस पराये देश में जहाँ एक चिड़िया तक हिन्दुस्तान से आकर हिंदी में मुझसे चूँ-चूँ नहीं करती। बस अराउकारिया ही सिर झटका, या कभी गुमसुम, शाम की नारंगी रोशनी अपने तन पर मलते हुए, किसी अजनबी पंछी को अपने तन से फुर-फुरकर निकाल देते...अपने तक कोई पैगाम रवाना कर देते...

दूर तक खसखसाते कुहरे की छवि बनी हुई है। इस सुदूर कुहरे की एक छवि मैं भी हूँ। मेरी तस्वीर में क्या नींद है? अभी फिलहाल उस तस्वीर पर धूल जमी है और उस धूल को मैं नाम लिख-लिख कर पोंछ रही हूँ।

मेरे बोइनोसाइरेस के फ़्लैट की दूसरी मंज़िल और कुहरे का ठहराव...इसमें पाँव दल-दल कर चलने वाली सिर्फ़ मैं ही तो न रहूँगी मानव इतिहास में। सुबह-सुबह, रात भर के दौरान रात की एक-एक मांसपेशियों से गूदा खींचकर पुख़्ता हुई शिला, ठीक दरवाज़े के सामने जब मिलती है रोज़ ब रोज़, सरे तनहा सन्नाटे को फाड़कर और उस शिला को दरवाज़े के बाहर ठेल देने की जद्दोजहद में जब समूचा

दिन हाँफ-हाँफ गुज़र जाता है कुहरे की लेई ऊब की तरह काट कर...तब यादों का पूरा एक कारवाँ उसी पर बेल-बूटे की तरह चढ़ जाता है। तमाम चेहरों में एक चेहरा आगे-पीछे से झाँकता रहा है-दो छतों के बीच एक मियानी, एक खोह पीले काग़ज़ों के ढेर पर झुका पसीने से चुहचुहाता, हरी दाढ़ी वाला, विचारमग्न भाव-मग्न मुद्रा वाला एक चेहरा...दाँतों तक चिपका हुआ पसीना अधखुले मुँह से चमक जाता, होंठ ज़रा से टेढ़े होकर खुलते और उसी तरह बन्द होते अपनी ही भाव छवियों के साक्षात्कार पर...

...यह शमशेर जी हैं।

और यहीं से कलाकार शमशेर जी की ऊँची-ऊँची सीढ़ियों और काव्यमयी छतों का सफर शुरू होता है। अगर तुम कवि हो तो काव्य धर्म का निर्वाह करो। कलाकार को विवाह वग़ैरह नहीं करना चाहिए। सन्तान के बवाल में नहीं फँसना चाहिए। और मेरे जैसा कोई पूछने से रह गया-भला क्यूँ? यह कविता बनने की शर्त है...न-न-न...भले ये बवाल एकेलुउस की ट्रेजेडी बन जाये। अनुभव बग़ैर जिये और उसके ज्वार भाटे को पहचाने भला....ख़ैर वह उम्र आस्था की, श्रद्धा की थी, ऐसे जटिल सवालों की नहीं।

हालाँकि मुझे मालूम है कि उनके व्यक्तित्व के कांट्रडिक्शन का एक कोण यह भी है... अपने घर के सोफे पर बैठी, या सान तेल्मों के निहायत पुराने मुहल्ले की गलियों में रात को कान तक ओवरकोट खींचे, चलती हुई मलयज और शमशेर जी के साथ गुफ़्तगू छेड़ती रही हूँ अपनी इच्छा के ख्याली पन्ने पर। या उन्हें अपने ड्राइंग-रूम के दीवान पर कुशन के सहारे, सितम्बर की मुलायम, गुलाबी, रेशमी शाम में लपेटे, बैठाकर उनसे तमाम सवाल करती, तमाम वे बहसें छेड़ती जो उनके जीते जी कभी न छेड़ पायी। शमशेर जी को अपनी रसोई में ले जाती, जहाँ अपने हाथ का पकाया कोफ्ता उनके मुँह में डाल देती हूँ टेस्ट करने को। या कोई गरम एम्पनादा हथेली पर ही पेपर नैपकीन में लपेटकर रख देती हूँ। और वे पहला निवाला दाँतों के नीचे ले जाते ही 'वाह-वाह' (हमेशा की शैली में) कह उठते हैं। कविता की तरह रसोई में भी प्रयोग...वाह, आपकी उपस्थिति यह प्रयोग कुछ और ज़्यादा करवा देती है। यूँ जानते हैं आप? रसोई में ही कुछ काटते-पकाते कितनी कविताओं की रचना हो गयी। हालाँकि कितनी बार कुछ जल भी गया। जैसे कि देखिये एक दूध ही...वह इतना सम्पूर्ण खाद्य होता है कि जलने के बाद उसकी महक सदियों तक बनी रह सकती है। जिसे भगाने के लिए सारी खिड़कियाँ और दरवाज़े खोल देने होते हैं। मगर आप लोग धीरज धरिये कविता बन ही जायेगी। वह साँस की तरह है न...और शमशेर जी जवाब देते-'बिल्कुल मुकम्मिल बात।'

कभी मैं उन्हें ला बोका की गोल चक्कर में बहती नदी रियाच्वैलों की ओर ले

जाती हूँ सौ दो सौ साल पुराने जलपोतों का नजारा कराने, उनमें से किसी के डेक पर टैंगो नाचने वालों की विभिन्न मुद्राओं से परिचय कराने...कमीनीतों के मेले में स्थानीय चित्रकारों की पेण्टिंग की नुमाइश दिखाने तथा कमीनीतों के चौकोर आँगन जैसी सड़क के दोनों तरफ दीवालों पर बने नावों के लंगर खींचते मजदूरों तथा विदा में हाथ हिलाती उनकी बीवियों या प्रेमिकाओं के भित्ति-चित्र को उँगली के इशारे से बताने...गरचे उन्हें वह सब बताने जिनके सपने उन्होंने कभी देखे थे। यानी अर्जेन्टीना के एक गाँव की बाबत उनकी कविता की स्मृति में यह सब डिटेल दिखाना लाज़िमी ही तो है। इनके बाद हम यानी शमशेर जी, मलयज और मैं सर्दी में हाथ मलते नुक्कड़ वाले 'लोस अमीगोस' नामक नन्हें से कॉफ़ी बार में 'कपूचीनो' पीने बैठ जाते हैं और वहीं से बोइनोसाइरेस शहर की बुनियाद के बारे में सोचने और बतियाने लगते हैं।

आख़िर उन्हीं मंज़रों को ले के जोखिम उठाने का फ़ैसला कर चली उनकी बाबत बताने का बीड़ा उठाकर, जिनकी ज़िन्दगी किसी फ्रेम में बँधी ही नहीं कभी, जिनकी शख़्सियत सूक्ष्म कीमती मणियों का सैलाब थी; जिससे वे बाहरी प्लेटफार्म गढ़ने या उस पर पैर जमाने के बजाय, जीने की तरतीब देने के बजाय (लोगों की बतकही की तरफ से बेपरवाह) उससे निराली छवियाँ बनाया करते तथा उन छवियों के नेह में विह्वल हो जाया करते। कभी-कभी वे छवियाँ उनका डिफेन्स भी हुआ करतीं।

शमशेर जी। जी हाँ शमशेर जी ही। जिनकी शमशेरियत का आतंक किसी पर नहीं पड़ा शमशेरियन पीढ़ी बन जाने के लिए, या फिर इतनी हिम्मत ही न की गयी या रियायत बख़्श दी गयी उन्हें...आदि-आदि। मगर मुझे क्या करना इस चकल्लसबाजी से। शमशेर जी का अन्तरतम तो नारीमय कोमलता, एक करुण तत्त्व से ही नहीं पुरुष तत्त्व से भी बना था। समानान्तर ही दोनों जिसके तहत वे अपनी आज़ादी की हिफ़ाज़त और किसी किस्म के बन्धन में न पड़ने की पॉलिसी के तहत एक बहुत बारीक़ किस्म का अत्यन्त शालीन, सुसंस्कृत डिफेन्स तैयार रखते...उनके अन्तर की नारी भाव में सहजता होती, वहाँ उन्हें कोई ख़तरा नज़र न आता मगर तब उनका पौरुष अपनी भरपूर आइडियोलॉजी के संग प्रस्तुत हो जाता तो बात का मोड़ कुछ और हो जाता। उनकी एक ही, भली मुद्रा को कई कोणों से जाँच परख करने वालों ने दरअसल उनके संग कोई न्याय नहीं किया। प्रेम के बेमिसाल कवि को 'रोमेण्टिक', 'एण्टी मार्क्सिस्ट' का'आरोपण आसानी से कर लेने वाले उन्हीं के सघन दोस्त भी सामने आये नाक-भौं चढ़ा, आक्रोश के तेवर मचान पर रख। दूसरी तरफ उन्हें मिथ बनाने वालों ने प्रशंसा का करीब एक ही श्रद्धानत राग गाया। उनकी रचना का तेवर और उनका निहायत शिष्ट, मधुर, उदारपूर्ण व्यवहार, एक ही में मिला दिये गये। कितने कम लोगों को या शायद किसी को नहीं पता कि शमशेर जी कितने ज़िद्दी भी थे अपने विचार में। वे

किसी के आगे आत्मसमर्पण नहीं करते थे जो कि कलाकार का एक मौलिक गुण भी होता है। स्वयं अर्पित कला का ही उनके जैसा आज़ाद प्रयोग बड़ा कलाकार करता है जिसे दुनियादारी से मतलब नहीं, साबका होने पर भी। दरअसल ओढ़े हुए आदर्श से उनके जैसा कलाकार कवि मुक्त होता है।

शमशेर जी ऐसे ही शुद्ध सौन्दर्य के प्रेमी कलाकार हैं। मगर उस शुद्ध सौन्दर्य की परिभाषा भी जान लेना उचित है।

अब अपनी स्पष्ट उक्तियों के विलोम अर्थ न लगाने वालों के आगे कह सकती हूँ कि मैं शमशेर जी पर अपनी कलम, उनके प्रति श्रद्धा से गद्‌गद होकर नहीं चला रही हूँ। न मेरी मंशा उनके अन्तरंग जीवन के पन्ने चीथने की है बेढब-बेढब अनुमान लगाकर, न ही किन्हीं जनों की बेहूदी उत्सुकता का शमन करने या उनका विकृत आनन्द भाव उभाड़ने से कोई मतलब। मेरा सारा पर्यवेक्षण एक तटस्थ नज़रिए को पेश करने में है। उनका नाम भुनाकर कुछ अपना सिर ऊँचा करने, मैं तो यश की चटनी चाटने वाले भद्रजनों से सैकड़ों मील दूर बसी एक इन्सान भर हूँ। यह तो सच ही है कि एक बड़ी हस्ती के इर्द-गिर्द तमाम हातिमताई, या तोता-मैना, बेताल पचीसी तर्ज़ के किस्से गढ़ लेने की सुविधा लोग जुटा लेते हैं (जिनके जीवन में गर्मी की कमी होती है वे लोग)। कभी-कभी शरलॉक होम्स...बनने में भी उन्हें हिचक नहीं होती। मगर दरअसल असली पाठक को किसी ऐसी 'अन्तरंग' किस्म की रस्साकसी से नाता नहीं होता।

मेरा अपना ख्याल है कि बड़ा रचनाकार मूलतः एक नैतिक प्राणी होता है तथा शोहरत के साँड़ को डण्डा लेकर हाँकने वालों से उसे सहानुभूति नहीं होती। उसके व्यक्ति से सहज रूप से फूटने वाले सरल सीधे व्यवहार में ही बहुमूल्य गुणों के प्रकाश की किरणें लहर उठाती रहती हैं, वही लहर उसे सच्ची रचना की ओर उन्मुख करती है। शमशेर जी के व्यक्तित्व के इतिहास में देश-विदेश के किसी भी महान रचनाकार की सर्वोत्तम संवेदना का ही परिपाक था। ऐसे में गम्भीर और असली रचनाकारों के लिए रघुवीर सहाय के कथनानुसार सच न बड़ा होता है न छोटा, बस सच होता है, तब वही सच जो न बड़ा होता है न छोटा यानी बिना तोला हुआ सच ही एक अच्छे रचनाकार को पराये में अवतार लेकर, उसके मनोविज्ञान में पैठ, मनोरचना और अन्तश्चेतना की गतिविधि को पढ़, मनुष्य के समस्त इतिहास की अनुभूति को साकार करते हुए उसका साक्ष्य भी बन जाता है। तब जिस हकीकत का रूपान्तरण वह करता है वह मैग्नेटिक और अद्वितीय हो सकती है। दुनिया का सच और अपने निजी सच मिलजुल कर एक ऐसी निश्छल तथा अहंकारहीन तस्वीर पेश करते हैं जो अन्तर को सनसनाती है उस तरह जैसी और दूसरी कोई चीज़ कर ही नहीं सकती। शमशेर जी की दुनिया कुछ इसी तरह की थी, कुछ इसी तरह से वाइब्रेण्ट। वे ऐसे ही थे-

छलरहित मगर चुम्बकीय आकर्षण वाले व्यक्तित्व के।

शमशेर जी ऐसे ही मनुष्य थे। ऐसे ही रचनाकार थे। आइडियोलॉजी, एकपक्षीय आइडियोलॉजी परास्त नहीं कर सकती थी। उनके जीवनमंथन की कमाई में कहीं लिंगभेद मौजूद न था। अपने मौलिक आदर्श पर चोट किये जाने पर वे उदास हो सकते थे, कड़वे कभी नहीं।

विधि निषेध की बुनियाद पर टिके समाज के प्रति उनकी निगाह पैनी और अस्वीकारात्मक होती थी। मनुष्य को सिकोड़-सिकोड़ कर दायरेदार और कैदी दिमाग बना देने वाली परम्परा और रिवाज से उन्हें घोर सहानुभूति होती, जबकि वे लोक कला और लोकभावना की पूरी कद्र करते...जनभावना की ऊर्जा से जोड़ते। उनका विश्वास पब्लिक फ़ोर्स में था। हाई क्लास भद्रजनों से उन्हें एलर्जी होती चाहे वे प्रतिभावान ही हों, उनसे किनारा कर लेने में ही उन्हें आसानी दिखती। निश्चय तौर पर ही उन्हें पूँजीवादी व्यवसायी संस्कृति से वजनी तौर पर असहानुभूति थी। और पूँजीवाद में विश्वासी लोगों से वे एकदम दूर ही रहना पसन्द करते, चाहे वे उनके कवि को कितना ही सम्मान से पुचकारें।

उनकी फ़ितरत की एक सिफ़त ये भी थी कि वे अपनी मानवीय कमज़ोरियों और अपने कन्ट्राडिक्शन के बीच सन्तुलन कहीं न कहीं कर ही लेते थे। उनकी रचनाएँ इस सन्तुलन का सबसे बेहतरीन नमूना हैं। उनकी परिपक्व सौन्दर्य दृष्टि के तहत ही उनकी नैतिक चेतना का समागम उसमें होता था। इसी नैतिक सौन्दर्य चेतना के रहते वे स्तनपान करा रही युवती माँ के सम्पूर्ण नारी रूप पर मुग्ध हो सकते थे। एक सेहतमन्द मानस से महज एकपक्षीय भौतिक सौन्दर्य ही नहीं देखा जाता, बल्कि भौतिकता के भीतर से उभरते आन्तरिक सौन्दर्य की अनुभूति ही उसे मोहित करती है। शमशेर जी स्त्री के भोले रूप पर मुग्ध होते थे-भोला, स्वतन्त्र, निर्मल और अलंकार रहित। सोफ़िस्टीकेट शैली का तेज़-तर्रार, अलंकृत और टेढ़ी नज़रवाला नहीं।

अलंकारहीनता वाली बात पर एक प्रसंग याद आ गया। शमशेर जी ने एक बार मेरे गले में माला देखकर मुझे तुरन्त उतार डालो का आदेश-सा दिया। मैं भौंचक उनका मुँह ताकने लगी तो स्पष्टीकरण में उन्होंने बताया कि उन्हें जंज़ीर वगैरह से घिन आती है। बचपन से ही ऐसा जाने क्यूँ। मैं अपनी माँ के गले में कण्ठी या माला पहने नहीं देख पाता था। जब तक वे उतार न देंती मैं उनके पास ही न जाता। फिर अपनी सफ़ाई में भी बोले- 'अरे अच्छी लड़की, कुदरती सुन्दरता को बाहर से थोपे गहने-वहने की क्या दरकार, सुन्दरता तो खुद ही अपना साज-श्रृंगार है।'

तब से मैंने कभी अपने गले में कोई माला वगैरह नहीं डाली। उनके सामने तो कभी नहीं। आज भी गले में कोई हार डालते समय हिचक होती है, उनके शब्द याद कर।

शमशेर जी आदमी को उसके आदमी होने का सम्मान देते थे। उपाधि या वाद के तहत अहमियत पा गये लोगों से आमतौर पर उन्हें एलर्जी होती। या फिर वे बड़े शिष्ट तरीके से उपेक्षा कर देते थे। आदमी की आज़ादी की सबसे सुन्दर मिसाल मुझे यहीं मिली–यानी शमशेर जी में। उनमें जस्ट फ़िट टेलर की सीढ़ी पार कर दो कमरे और एक आँगन जैसी छत वाले मकान में समाज के हाशिए पर रखे, बेपढ़े, गँवार या बेहूदी ज़िन्दगी जीने वाले गरीब गुरबा समझे जाने वाले सज्जनों को शमशेर जी उतनी ही तवज़्ज़ो का हकदार बनाते थे जितना वे धुरन्धर विद्वान, उच्चकोटि के साहित्यकार, बौद्धिक जगत के रत्नों को। अपने धोबी, जूते गाँठने वाले, सड़क पर बोझा ढोने वाले, बर्तन माँजने वाली महरी और अपने सुनार मकान मालिक के आतिथ्य सत्कार और उनका तथा उनके परिवार का हालचाल जानने को उतना ही बेक़रार होकर उन पर तवज़्ज़ो देते और चाय-पानी पेश कर देते जैसे अपने घर आने वाले हर भद्र सुसंस्कृत मेहमान का या अपने भाई तेज बहादुर चौधरी और उनके परिवार में व्यस्त हो जाते। जी हाँ तेज बहादुर चौधरी जिन्हें शमशेर जी के दोस्त मेहमान फूटी आँख न भाते और उनके दोष वे खुद ही अन्वेषित कर लेते अपने दबंग और खुदगर्ज़ स्वभाव के मुताबिक ... मगर शमशेर जी को कभी अपने छिन्द्रावेषण के प्रति सहमत न कर सके। शमशेर जी के ऊपर उनका कुछ आर्थिक दबाव था। इसलिए वे चौधरी साहब के उस एटीच्यूड पर लीपापोती भी कर देते अपने मित्रों के आगे उनकी काबिलियत की प्रशंसा करके, मगर एक बार वे अपने को रोक न सके जिस दिन श्रीमान तेज बहादुर चौधरी ने अपने जाट मिजाज का परिचय कस के देते हुए सुरजा बाई (उनकी दूसरी पत्नी बहुत सेवापरायण सीधी और आदिवासी परिवार से आई) को धड़ाधड़ पीटा जैसा कि वे पहले भी करते थे जिसका गम्भीर नतीजा सुरजा बाई भोगती आई थीं। शमशेर जी की वह नाराज़गी देखने लायक थी। मजा आ गया था चौधरी जी को लताड़ने का उनका तेवर देखकर।

निश्चय ही इस पूरे मंजर का गवाह मेरे सिवा कोई न हुआ। शमशेरजी अपने सगे भाई की असली तस्वीर बराबर छिपाते रहे लोगों के आगे उनकी एक श्रेष्ठ डॉक्टर के रूप में प्रशंसा कर करके। दरअसल शमशेर जी किसी की भी आलोचना या अवगुण देखने के चक्कर में नहीं पड़े। उनका कहना ही था– 'हमें दूसरों की बुराइयों से क्या मतलब। वे हैं तो उन्हीं के लिए। हमें तो अच्छी बातें देखने की चेष्टा करनी चाहिए।'

उनकी दयानतदारी का नाजायज़ फ़ायदा उठाने वाले भी कम न होते और उनमें ज़्यादातर उनकी सुदामा वाली आर्थिक हालत में आटा गीला करने वाले उनके साहित्यकार मित्र ही होते जिनकी मेजबानी उधार-खाते के बल पर चलती। कभी-कभी तो उधार-खाते में चाय, बिस्कुट, राजमा की दाल, और बोतल से बेलकर

बनायी रोटी का सिलसिला महीनों धरना देने वालों की खातिरदारी में चलता। बदले में गरमा-गरम बहसें हर मुद्दे पर, जिनका फ़ायदा शमशेर जी उतना उठा भी न पाते। वे खुशी-खुशी सब झेल जाते बिना चेहरे पर शिकवा-शिकायत की शिकन लाये। मगर कर्ज़दार तो वे नाक तक हो ही जाते और इन्तज़ार करते किसी दयालु सम्पादक की तरफ़ से कुछ चुंगी-चारा आ जाने की ताकि सब्जी वाले और राशन वाले का बकाया कर सकें। दरअसल शमशेर जी भी भीतर से हक़ीक़त जानते थे मगर वे सच के ऊपर आ जाने से चोट खाने से अपने को बचाने के लिए शान से अपनी भावना को धोखा देना भी सीख ही चुके थे। पता नहीं वह उनकी कमज़ोरी थी या मजबूरी या कुछ और या फिर शिक्षा-दीक्षा का तकाज़ा। मैं आज तक ठीक से बूझ नहीं पाई। जो मज़ेदार बात इन सब उदास घटनाओं के बीच थी कि शमशेर जी सब्जी वाले, सुनार, मकान मालिक या धोबी, सभी को कविता पढ़ने की राय दिया करते। उनकी इस राय का वे कहाँ तक पालन करते ये तो नहीं मालूम मगर वे लोग शमशेर जी की इज़्ज़त तहे दिल से करते। उनके दिल के कोने में उनके लिए स्नेह ममता की धारा भी बहती ही थी। तभी तो शमशेर जी की उधारी समय पर न चुका पाने या छः-छः महीने मकान का किराया चढ़ जाने पर भी उन्हें माफ कर देते।

शमशेर जी की उदारता का ये हाल था कि किसी की भी बात चाहे वह हनुमान की सुलगती पूँछ ही क्यों न हो सुनने का अपार धीरज होता था उनमें। कितनी ही फिजूल बात क्यों न हो वह घण्टों सुनते रह सकते थे। इस सुनने की क्रिया में और सुनाने वाले की रफ़्तार पर, उनके चेहरे पर कई बार उतार-चढ़ाव की बारीक उर्मियाँ लहरातीं कुछ-कुछ परेशानी झलकातीं मगर वे अपार धैर्य की परीक्षा से पीछे न हटते। इस कर्बला-कुरूक्षेत्र वाली बैताल कथा के दौरान वे बीच-बीच में उठकर केतली गरम करने का काम भी जारी रखना न भूलते। इस तरह बेजोड़ कवि उसी कदर बेजोड़ मेज़बान। प्लेट में कुछ नमकीन, बिस्कुट या मूँगफली रख कर पेश करने की अदा भी बेजोड़ और शाही ही होती थी। बड़ी नज़ाकत भरी विनम्रता से लबालब अदा में- 'भाई अभी तो यही कुछ सूँघ, चख लो, अगली बार कुछ बेहतर पेश कर पाऊँगा।' कह कर वे एक शर्मीली हँसी भी परोस देते जिसमें उनके स्वच्छ दाँत खुलते और एक सरल आभा पूरे चेहरे को रोशन कर जाती। मगर शमशेर जी के लिए कुछ पकाने-खिलाने का काम सिर्फ़ मेरे ही हाथों होता।

उनकी बड़ी भतीजी तो शमशेर जी से ही अपनी पूरी सेवा करवाती- उन्हें भला वे क्या आराम देतीं। मेरे हाथ की बनायी कोई मीठी चीज अपनी दुछत्ती की मेज पर पाकर, शमशेर जी का चेहरा चमक उठता। वे बड़े दुलार से मेरा गाल बड़े खलीफा अन्दाज़ में सहलाकर- 'भली, प्यारी, मीठी लड़की' आदि का ख़िताब पहनाकर उत्फुल्ल भाव से वह मिठाई मुँह में रख लेते-'वाह-वाह! हुई न ये असली बात।'

अपनी कृतज्ञता जताने का उनका यही छलछलाता लहज़ा होता था। आज जब मैं देशी ही नहीं विदेशी मिठाई बनाने में भी दक्ष हो गयी हूँ अपनी ही रुचि के तहत तो पछतावे से रँगी यह सुनने के व्यर्थ इन्तज़ार में बैठी हूँ कि– 'ऐसी उम्दा, खुशनुमा और जायकेदार मिठाई भला प्रेमा के सिवा कौन बना सकता है। और यह ग्रीक सूप क्या कहने।' इतनी छोटी-सी और इतनी प्यारी सी बात कविता के लिए कितनी अद्‌भुत प्रेरणा की बात हो जाती। शमशेर जी को इतने मन से मैं जानती हूँ कि मेरी बहन शोभा जो शमशेर जी की बेटी बनकर उनके साथ सपरिवार रहीं– वही पीढ़े पर बैठाकर जीमा सकती थी मेरे बाद...और कोई नहीं यह कर सका बाद में, न हम दोनों से पहले कोई... शमशेर जी के पास एक अन्तर्दृष्टि थी जिसके तहत वे व्यक्ति का स्वभाव और उसकी स्वायत्तता सूँघ लिया करते थे।

शमशेर जी जान गये थे शुरू में ही कि मैं एक व्यक्ति की तरह– एक समूचे इन्सान की तरह जीना चाहती रही। विधि निषेधों के बलि की बकरी बनकर नहीं, न ही पालतू बनकर। मेरे भीतर एक विद्रोह था उल्टी-सीधी परम्परा के प्रति। कुल मिलाकर मैं सही मायने में एक नैतिक प्राणी की तरह अपनी राह स्वयं बनाना चाहती थी और उसकी जिम्मेदारी भी स्वयं वहन करना और यदि कहीं कोई चूक-भूल हुई तो उसके अंजाम के लिए किसी दूसरे को कभी दोषी ठहराऊँगी नहीं स्वयं अकेले भुगतूँगी। शमशेर जी जानते थे अपनी शर्तों पर मुझे जीने की मंशा थी और मैं इसके लिए अपने को तैयार करने में लग भी रही थी। शमशेर जी ने मुझे उत्साह दिया, मेरी कई मानसिक उलझनों, ऊहापोहों को समझने, समझाने में मदद की। जो मुझे अन्य किसी से उस समय न मिली थी। शमशेर जी ने सहानुभूति से मेरे किशोर युवा मन की समस्याएँ समझीं।

वे आसानी से किसी का दिल जीत लेने में माहिर तो थे। इसकी एक वजह तो यही मान लीजिए कि उन्होंने अपना मिथ नहीं बनाया। अपने बड़े साहित्यकार होने का आतंक नहीं फैलाया। हर कोई उनसे सहज ही मिल सकता था। किसी को उनसे एप्वाइंटमेंट नहीं लेना पड़ता था। वे दुनियादारी कमाने वाले सफलधर्मी सम्भ्रान्त जनों में नहीं थे। मानवीय स्तर पर उनका बरताव आम लोगों से इतना खुला, सुथरा और सौहार्द्रपूर्ण होता था कि वे उन बिरले प्रतिष्ठित कवियों में से थे जिन्हें शोहरत नामक छूत की बीमारी नहीं लगी कभी और इसी के तहत वे उन लोगों के भी स्नेहपात्र बन गये जिन्हें कविता से छत्तीस का नाता था, न ही वे सुसंस्कृत की श्रेणी में कहीं रखे जा सकते थे। शमशेर जी ने कभी उनके 'मामूली' होने के नाते उनसे इनकार नहीं किया, उपेक्षा नहीं की, न अपने से दूरी पर रखा। किसी भी बड़े रचनाकार के सहज गुण के तहत वे सीधे रचना के उत्स में, यानी जीवन की बुनियाद में जाते थे। बिना किसी पोज़ के। मगर उनके किसी प्रिय मित्र ने उनकी किसी समस्या में न दिलचस्पी दिखाई न

अपने स्वार्थ से तनिक भी बाहर आकर उनकी चटाई के छेद को देखने की कोशिश की। इसके विपरीत उनकी महीन दर महीन दयानतदारी को अपना हक़ समझ जी खोल उसका इस्तेमाल करते और बदले में चनाजोर गरम वाली गरम-गरम साहित्यिक प्लस राजनैतिक या विद्वतापूर्ण बहसों का पिटारा दस्तख़ान पर पेश कर देते। शमशेर जी अक्सर कवि हरिवंशराय बच्चन का ज़िक्र श्रद्धा के साथ करते थे कि किस तरह उन्होंने ही उनकी एम.ए. (प्रथम वर्ष) की पढ़ाई में आर्थिक मदद की थी। मगर किसी और का ज़िक्र इस सिलसिले में शमशेर जी के मुँह से सुनने में नहीं आया। वे अपने को किसी भी किस्म की माँग से सिकोड़ लेते, एक तो अपने संकोची स्वभाव के तहत, दूसरे वे किसी से आशा रखते ही न थे। यूँ कवियों के सौ ख़ून माफ़ करने की उनकी कूवत भी लाजवाब होती...

क्या उनके भीतर किसी क़िस्म की हीनभावना की हैसियत थी? इसका ठीक अन्दाज़ा मुझे कभी न लगा, वह भी भला क्यों? काव्य क्षेत्र में उनके प्रयोगों की कीमत चढ़ी हुई थी ही, जो कुछ वे वहाँ कर रहे थे उसके बारे में आश्वस्त भी वे थे ही। वे तो आसानी से किसी का भी दिल जीत लेने में माहिर थे। तब?

एक बात ज़रूर उनके स्वभाव की खास थी कि वे जब किसी के प्रति ज़रूरत से ज़्यादा शिष्टता, सौजन्यता और सुसंस्कृत व्यवहार करने लगते तो उनके नज़दीक के व्यक्ति को पता हो ही जाता कि यह शमशेर जी के उस भद्रजन से असहानुभूति जताने की शैली होती थी। यूँ ही उन्हें अपने 'शायर मामा' की संगत में बहुत उच्च किस्म के सुसंस्कृत संस्कार मिले थे जिनके बारे में वे बड़े मुग्ध भाव से बताया करते। कहते-भला सोचो...वरना जाट घरों में तो....'। तकल्लुफ और शराफ़तवाली उर्दू शैली की संस्कृति का पहला पाठ उनके मामा जी ने ही पढ़ाया था। मगर कहा न धनपतियों, सामन्तों आदि यानी समाज के मठाधीशों से जो आम आदमी के मनोविज्ञान की नकेल अपने हाथ में लिए जब तब उसे पेंच दिये रहते हैं-शमशेर जी का व्यवहार कुछ जटिल किस्म का था, जैसे यही कि उनसे फासला न बनाये रखने के फैसले में वे उनके अपने सामने पड़ जाने पर, निहायत औपचारिक शिष्टता पर उतर आते। उनसे अपना कन्नी काटने का उनका अपना मौलिक तरीका बड़ा सूक्ष्म होता कि आमतौर पर सीधी बुद्धि वाले को समझ न आता। कम ही लोग जानते थे कि ऐसी शिष्टता में कितनी बड़ी उपेक्षा शासन कर रही होती थी।

अगर तुम कवि हो तो काव्यधर्म का निबाह करो। कलाकार को विवाह और सन्तान के पचड़े से हटकर एकाग्र मन से पूरी तरह अपने को रचना में लगा लेना चाहिए। यह उनकी राय थी और उपदेश भी समझ लीजिए। मेरे लिए या किसी भी उस लेखक के लिए जो इस राह पर चला आया। मगर देखिए मेरे लिए आयरनी और शमशेर जी का कन्ट्राडिक्शन कि उन्होंने ही मेरे विवाह के लिए सबसे पहले पहल

करते पत्थर की नींव रखी। वह भी किस तर्क पर? ये विद्वान व्यक्ति हैं। तुम्हें दुविधा नहीं होनी चाहिए। मानो विद्वान होने का मतलब है जीवन की समस्त कला में पारंगत हो जाना और जीवन के तथा मानवीय संबंधों के प्रति समूचे तौर पर, विवेकी तरीके से ज़िम्मेदार हो जाना। हुआ या होता है करीब हमेशा ही इसका उल्टा।

मगर जब शमशेर जी के सर से वह भूत उतरा अकस्मात एक हादसे का गवाह बनने के तहत तो वे अपने आगे पीछे एक किस्म की समस्या का गुँथा जाल और शायद अपने को उसके लिए कुछ ज़िम्मेदार समझ और उसी के तहत किसी गिल्टी कान्शसनेस में आकर परेशान हुए तो, उससे निकलने के पहले उस पर सुझाव की नीलम मणि रख देना अपना फ़र्ज मान गये होंगे। मेरे विदेश जाने से भी सहमत न हुए, वही अपना फॉर्मूला–तुम एक कवि हो और तुम्हारे पास अपूर्व सम्भावनाएँ है यहाँ। वे मुझे मेरी बेटी की तलाश वाले संकल्प से सहमत न हुए। खैर यह बाद का प्रसंग होगा। मैं भी उनसे तमाम बातों में सहमत न हो पाती। जीवन के उस इतिहास को बिसरा कर या उसमें न पड़कर जिसमें दाम्पत्य, सन्तान, और उसी के घर नामक संसार की रचना होती है। साहित्य रचने की बात से मेरा मतभेद किसी भी वैसे साहित्यकार से हो सकता था जो ऐसे संघर्ष से बच कर मिलने वाली आज़ादी में साहित्य रचने के लिए अपने को झोंक देता हो।

मेरे इस संकल्प पर शमशेर जी क्रूरता की हद तक मुझसे तटस्थ हो गये थे। यह एक अलग किस्सा है।

मेरे लिए तो जिसका मेरे ऊपर काफी असर पड़ा और आज भी वह है– ये कि शमशेर जी के दुनियादार होने की मध्यवर्गीय गर्वीली धारणा की हैसियत में न होने के बावजूद उनका आम व्यवहार आम लोगों के प्रति इतना सुथरा और सौहार्द्रपूर्ण था कि वे उन बिरले कवियों में से थे, जिनको कविता से कोसों दूर तक नाता न रखने वालों का भी तथा अपने दुश्मनों का भी–जो उँगली पर गिन कर ही थे, स्नेह, सम्मान प्राप्त था। उनकी उदारता से मैंने जितना सीखा उतना उनकी रचना से भी नहीं। जिन लोगों के पास कुछ होता है, वे भी पहले अपना स्वार्थ बचाकर ही किसी के लिए कुछ करने की पहल करते हैं– यदि चाहना हुई तो–मगर शमशेर जी के पास तो उन दिनों यानी जब वे इलाहाबाद में रहते थे–कोई नौकरी न थी, न ही प्रकाशक इतने उदारमना थे उनके प्रति और पत्रिकाओं से कुछ पत्रम्पुष्पम् की सत्तू इतनी जल्दी न इतनी आसानी से ही हासिल हो पाती उन्हें। इतनी लम्बी चौड़ी उधारी का जिसमें से ज्यादातर मेहमानों की उत्फुल्ल ख़ातिरदारी पर उत्सर्ग हो जाता–मुँह न जोहना पड़ता, जिसका भुगतान कर पाना शमशेर जी की कूव्वत के बाहर ही हक़ीक़त होती। मगर शमशेरजी को समझा पाना टेढ़ी खीर और अपने मन की कुढ़न को मसल-मसल कर हलुवा बना डालने का अपना जतन ताकि शमशेर जी की भावना को चोट न पहुँचे काफ़ी वज़नी पड़ जाता,

क्योंकि शमशेर जी अपनी बात से टस से मस होते ही नहीं चाहे उधर की दुनिया इधर और इधर की दुनिया उधर हो जाय। अपनी कुढ़न का मलीदा बनाने की प्रक्रिया में अक्सर मुझमें एक बेढब-सा ख्याल उगता। शमशेर जी की सृष्टि करते वक़्त ईश्वर खुद नींद में ऊँघ रहा होगा और नींद की गठरी में इन्हें बाँधकर उसने इस दुनिया में लुढ़का दिया होगा। नरेश जी कहते प्रेमा, तुम्हीं शमशेर जी को कुछ समझा सकती हो और मैं सोचती...कोई मुझको यह तो समझा दो कि समझायेंगे क्या?

शमशेर जी यूँ अपने घनिष्ठ मित्रों की बाबत जमकर मुझे बताते उनसे परिचय कराने के बाद। मगर उनके अन्तरंग जीवन की उनकी मानसिकता की मौलिक निजी या पर्सनल डिज़ाइन के बारे में मुझे कभी कुछ जानकारी न दी। वे महज़ उनके गुण उजागर करते ताकि मैं भी उनके गुणों से प्रभावित हो उनसे कुछ सीख सकूँ।

पता नहीं मैंने कुछ सीखा या नहीं मगर उनके नन्हें से मकान में किस्म-किस्म के जादूगर साहित्यकारों और शिक्षकों, विद्वान भाषाविदों से नम्र परिचय और उनके जमावड़े से प्राप्त ज्ञान के स्फुलिंगों ने मेरी संवेदना को जगाया ज़रूर। उस घर में मुझे अपने मध्यवर्गीय समाज की सूई की छेद से जीवन देखने वाली विधि निषेध वाली सीमा और सरहद का भी भाव हुआ। यानी मेरी सोच को ही राह मिलती गयी। अपने परिवार में इस किस्म के माहौल की गुंजाइश ही न होती थी। तब मलयज भाई अंग्रेज़ी साहित्य के छात्र थे इलाहाबाद विश्वविद्यालय में, मगर उनकी दुनिया के प्रिय लेखक हमसे 'हलो' तक कहने न आते। पिता को उर्दू शायरी का शौक, मगर उर्दू शायरी का असली रस शमशेर जी की ही सुरीली सोज़ भरी आवाज़ से चखा। भला बताइए मिल्टन, शेक्सपियर, गार्सिया लोर्का, निराला, मोमिन, इक़बाल, फ़ैज़ अहमद फ़ैज़ और सबसे ऊपर असदुल्ला खाँ ग़ालिब। अपने भीतर के तमाम नन्हें-मुन्ने ताले टूटने शुरू हो गये। शमशेर जी का वह दूसरी मंज़िल का मुख्तसर सा कोज़ी मकान हमारी यानी मेरी साहित्यिक पाठशाला थी दुनिया भर के ज्ञान-विज्ञान की; जो तमाम लेखकों, विद्वानों, भाषाविदों के अद्‌भुत जोड़ से बनी थी, वह भी हमारे लिए एकदम फ्री, बिना फ़ीस की। नमकीन और चाय के साथ की गयी बहसें हमारे मस्तिष्क की रन्ध्रें खोल देतीं। पूर्वग्रहों को तोड़ने का काम करतीं। उस पाठशाला में एकेडमिक शैली की उबाऊ दुनिया की महक तक न होती, बल्कि आमतौर पर बिना हिप्पोक्रेसी की स्वच्छ मनोविज्ञान आधारित पाठशाला थी। ऐसा नहीं कि एकदम फ़ीस ली ही नहीं जाती...आखिर वह उधारी की बुनियाद पर पेश की गयी चाय...आदि फ़ीस शमशेर जी को ही तो अदा करनी होती। मगर मैं जो एक केंचुए जैसी गली में गली के महज कुत्ते बिल्ली की खों-खों, भौं-भौं जो बंशी पण्डा की एक गरज में ही समा जाती, सुन-सुन अपनी किशोर उम्र पालने वाली, एक मामूली-सी नवयुवती, जिसने इलाहाबाद यूनिवर्सिटी में अभी मुश्किलों का सामना करते हुए डर-डर कर कदम रखा ही था, के

लिए वह एलिस का आश्चर्य लोक ही था, एलिस जब पत्ते खाकर बड़ी या खूब छोटी हो जाती है, क्योंकि उसे पत्ते का इस्तेमाल मालूम हो गया होता है...मुझे भी वैसा ही पत्ता मिलने की और वैसे ही देश में पान के पत्ते पर बैठ, ताल में बहने की तबीयत हो आती ...

स्मृतियाँ जीवन के बहुरूपों का कैसा निराला संचयन होती हैं। वहाँ बीता हुआ कुछ भी बीता हुआ नहीं होता...संवेदना के भीतर वे अनुभव, अनुभूतियाँ- नयी की डोर पर पुरानी भी जोड़कर- बार-बार जिये जाते हैं। बार-बार उनकी सिलाई-बुनाई भी होती है। ऐसी पूँजी चुकने में ही नहीं आती, बल्कि नये-नये रूप धारण करती जाती है। ऐसे में कुछ बिम्ब ऐसे समूचे, और कम्पनदार बनकर साक्षात होते हैं कि उन्हें वर्तमान परिवेश में ज्यूँ का त्यूँ रख पाने की समस्या ही मौजूद हो जाती है कि कहीं वे शब्दों में समाने तक अधूरे ही न रह जाएँ और असली अनुभूति भाप न हो जाय। फिर स्मरण कर लिखने में तो कुछ-कुछ गलती कर जाने की सम्भावना से इन्कार नहीं किया जा सकता, क्योंकि याद्दाश्त इतनी धवल वस्तु नहीं होती कि बातें ठीक-ठीक उसी तर्ज़ पर पेश हों जैसे वे अहसास में लहर बन के आयीं और संवेदना के ऊपर रगड़ी गयीं। तब अतीत को वर्तमान बना-बना कर लाने का एक साफ और वफ़ादार ज़रिया डायरी लिखना है। अतीत उसमें कम नज़दीकी पर होता है और वर्तमान के कुछ ज़्यादा पास सन्देह की कम गुंजाइश के साथ शायद यूँ तो जितना हम सोच और महसूस करते हैं ठीक उसी मात्रा में तो कभी नहीं और न ही सही-सही रूप में उस क्षण को दुबारा गिरफ़्त में ले ही पाते हैं। बात वही जैसा बुद्ध ने कहा- जिस नदी में एक बार पाँव पड़ा, दुबारा पाँव पड़ने पर वही नदी नहीं होती...

यूँ मैं जानती हूँ कि शमशेर जी की पूरी तस्वीर मैं नहीं उकेर पाऊँगी। लगता है जैसे एक अप्रत्याशित शुरूआत हुई...जिसका ओर-छोर पता नहीं...किनारा कहाँ हैं और कहाँ जायेगा और यह छलछलाता...पता नहीं मगर शुरुआत हुई...अन्त मेरे वश में नहीं मगर इस शुरूआत पर मैं कुछ बेचैन ज़रूर हूँ...

खैर चलिए बहुत देर हो गयी। पित्सा और एम्पनादो के संग थकान दूर कर अब बहादुर गंज की उस सड़क का भी मुजरा कर लें जहाँ से जस्ट फ़िट वाले मकान में आप राजमे की दाल के साथ बेलन की जगह बोतल से रोटी बेलकर मेरे बाल सहलाते हुए-स्वादिष्ट और सेहतमन्द खाने का भेद बताया करते थे।

दशहरे का आख़िरी दिन और अलस्सुबह की भीड़ छाँट, नाक की सीध में सड़क पार कर अब देखिए एन्टीक की दुकान के सामने ही जादुई कालीन आ गयी। वाह। इससे तो दुनिया के अन्तिम छोर तक पहुँच सकते हैं। मगर हमें तो ठीक जस्ट फ़िट के आगे ही उतर जाना है...

जी.टी. रोड की वही सड़क तो जहाँ आज भी करीब रोज ही भैंसा गाड़ी,

भारी-भारी माल-टाल लादे गुजरा करती हैं, ठेले आहिस्ता-आहिस्ता सरकते तेल से चीकट, चौक के, चबूतरे पर, कैल्शियम की कमी ही कमी वाले मजदूर के जिस्म से उतार कर माल रख लेते। सस्ते खोमचे वाले अपनी फटीचर हालत के नमूने में आवाज़ दम-खम से लगाते, जस्ट फ़िट टेलर की दुकान से गुजरते जाते। नीचे भूसा गिराती ठुमक-ठुमक चलती बैलगाड़ी नाक की सीध पर ही ठहर जाती। वहाँ से चौक की ओर रास्ता मुड़ता। फिर जाने कहाँ-कहाँ मुड़ता। शायद सिन्धी प्राइमरी स्कूल की तरफ जहाँ २१ साल की उम्र में ही मैं हेडमिस्ट्रेस होकर एक दिन पहुँची थी।

दशहरे का दिन कहा न। रतजगे के बावजूद थकान का नामोनिशान नहीं। ऐसा जोश रहा करता रामलीला देखने के चाव में। श्रीराम मामा के साथ भीड़भाड़ की ठेलठाल छँट जाने के बाद ही हम जी.टी. रोड पहुँचे थे घर जाने के लिए। एकदम साँस रोकने के अन्दाज़ में। तभी सड़क के उस पार से अपनी तरफ को आते एक मँझोले कद के उड़े-उड़े बाल वाले, भटकी निगाह पर मोटा चश्मा लगाये-निगाह जो इस दुनिया के साथ किसी अन्य दुनिया के चक्कर लगाया करती थी-कुर्ता पायजामाधारी महोदय को आते देखा।

मामा ने लपक कर मेरी बाँह खींची और उधर बढ़े-'अरे शमशेर जी आप।' और तपाक से मेरा परिचय कराया- 'ये हैं मेरी भाँजी, प्रेमलता वर्मा, अच्छी कवयित्री हैं। अच्छा हुआ आप मिल गये।' जैसे कवयित्री के रूप में ही शमशेर जी मेरी क़दर करेंगे और जैसे वे कवियों को ही अपनी तवज़्ज़ो के काबिल समझते हों-ऐसा कुछ मामाजी के दिमाग में रहा होगा। आश्चर्यचकित होकर शमशेर जी ने प्रफुल्ल मुद्रा में मेरी तरफ देखा, कुछ मज़ाक़ के लहज़े में कहा-अरे महिला कवि, महिला कवि और इतनी सुन्दर। मैं तो समझता रहा था कि कवयित्री सुन्दर तो क्या ज्यादातर बदसूरत ही हुआ करती हैं। अगर खूबसूरत हुईं तो कवि नहीं और अगर कवि हुईं तो खूबसूरत नहीं। तब आप में ये दोनों खूबियाँ कैसे एक साथ पड़ गयीं? कवयित्री भी और सुन्दर भी। वाह। यह कैसे हो सकता है? मामा और शमशेर जी दोनों ठठाकर हँसे और मैं अपांग लज्जा से रँग गयी। उसके साथ आक्रोश की भी एक लहर-सी कपोलों को सुर्ख़ बना गयी। मगर शमशेर जी के चेहरे पर निर्दोष सहजता पाकर आश्वस्त हो आयी। जरा सोचिए उस कूढ़मगज़ जमाने में इलाहाबाद की विधि निषेध की सरहदी दायरे में जिसमें नैतिक अनैतिक के बीच की रेखा कन्फ़्यूज़्ड ही होती है- में पली निहायत शर्मिली और चुप्पी किशोरी को सुन्दर की उपमा पहनायी ही कब जाती? ठीक नववधू होने के वक़्त मुहल्ले टोले की औरतें घूँघट उठाते वक़्त ही सुन्दर असुन्दर के तराजू पर रखती हैं। पुरुष वर्ग के कहने का तो सवाल ही नहीं उठता चाहे वह वधू का खसम ही क्यों न हो। कोई कहे तो उसे शोहदा मान लिया जाता है। चाहे वह किसी भी उम्र का हो। शमशेर जी के चेहरे पर कोई व्यंग्य-भाव मेरे कवि होने के नाते न पाकर

मैं सहज हो आयी। शमशेर जी आवभगत करने के भाव से हमें अपने मकान पर झटाझट सीढ़ियाँ चढ़वा कर ले गये। वहाँ अच्छी-सी कॉफी पिलाई। मैंने पहली बार जाना कॉफी का स्वाद वह भी कितनी दूध मिली हुई थी। मज़ा आ गया। मामा शगूफे छोड़ने में माहिर। हमारा असली जलसा, असली त्यौहार वहीं उनके घर मन गया।

उनके घर आने-जाने का सिलसिला शुरू होना मेरे लिए बहुत-सी बातों में एक ऐसी दुनिया-सहज और भरपूर, निश्छल और ऊर्जावान, एक खुले आसमान वाली साबित हुई जिसने मेरे जीवन की दिशा, विचार की भी दिशा बदलनी शुरू कर दी। वे मुझे साहित्यिक गोष्ठियों में भी ले जाने लगे जिनके बारे में कभी सोच ही न सकती थी। उन दिनों घर में कविता छुप-छुप कर लिखना होता जैसे कविता लिखना कोई कसूर हो। हालाँकि ऊपर से मनाही न थी। पिता इतने उदार थे कि घर में ही मास्टर चुन्नीलाल को रखकर नृत्य की शिक्षा दिलवाते थे। आर्ट स्कूल में मेरे नाच में ट्रॉफी पाने पर खुश भी होते। मगर हमारे पितामह को लड़कियों को पढ़ाना समय और पैसा और शक्ति का क्षय लगता था। आखिर बेटियाँ परायी थाती होती हैं। वे हमारे खानदान का नाम तो चलाती नहीं। उनकी इस ज़बर्दस्त दलील की पूरी हामी भरने वाले हमारे बड़े मामा राजदुलारे लाल होते थे जिनका चेहरा मुझे किताब में मशगूल देखकर हत्यारी मुस्कान भरे गुस्से से तमक उठता और वे एक निहायत घृणित सजा मुझे दे डालते : मेरा मुँह हाथ से जबर्दस्ती खोलकर वे अपनी खूनी पान की पीक उगल देते...तथा सन्तोष से मुस्कुराते बोलते-समझ में आ गयी बात या नहीं? मैं इसके लिए अपने उन दिवंगत मामा को आज भी माफ़ नहीं कर सकती हूँ।

पिता की उदारता भी उस वक़्त मात्र अपने बेटे (मलयज) के लिए ही थी जिनकी हद से ज्यादा तवज़्ज़ो ने मलयज को कहीं डिफेन्सलेस बनाया, परनिर्भर कर दिया अपने पिता पर...वे अपनी पिताभक्ति में हम बहनों पर किये गये भेदभाव को नहीं देख पाये...वे कहीं उनके ही नियमों-पारिवारिक नियमों के तहत हम लड़कियों के अन्दर पनपते स्वतंत्र विचारों को सह नहीं पाते थे। उनका बड़ा दबदबा था हम बहनों पर बड़े भइया के रूप में।

मगर शमशेर जी उस समाज के विचारों की उल्टी गंगा बहा देते...यानी जिसके हिस्से हमारे परिवार के लोग थे उस समाज की मान्यताओं के। यूँ वे हमारे माता-पिता का बहुत सम्मान करते, मेरी माँ को बहू जी और पिताजी को भाई साहब का सम्बोधन उनसे मिला था, अत्यन्त आदर के साथ। वे हमारे घर आते और धीरे-धीरे हमारे परिवार के अंग बनते गये। माँ हमें उन्हें अच्छी चाय या खाना परोसने का आदेश देतीं तथा चिलकती गर्मी में वे हमारे सबसे ठण्डे मगर अँधेरे कमरे में दिन में सो भी जाते। पिता का अटल आदेश उपदेश-परिवार की सेवा करना लड़कियों का मूल धर्म है, इसे न भूलना- से मेरे मन के तमाम प्रश्नों का बिल्कुल समाधान न होता। कम उम्र में सर

पर ठोंकी गयी जिम्मेदारियों ने किस्म-किस्म की ऊहापोह भी डाल दी थी मानस में...जिस निस्पृहता की चाह की जाती, वह एक उदासी के रूप में आती और अपने प्रति आने वाली रचनात्मक जिम्मेदारी हमेशा छौंक में पड़ती गयी।

मानस के ऊहापोहों की उलझन में उगते-उमड़ते प्रश्नों की बधिया कर डालने वाले मुहल्ले मेहतसिमगंज में जो कुछ होता था उसके उल्टे शमशेर जी की सीख मनोविज्ञान की बुनियाद पर होती। वे हमारे किशोर मन की उलझनें कुछ ज्यादा ही समझते, क्योंकि उनके पास उसे समझने की एक सहज उदारता थी। वे हमारी दिमागी खलल को बूझ जाते। कई ऐसे प्रसंग हैं मेरे नन्हें से जीवन में जिनमें कई जटिल समस्याओं के समाधान उस वक़्त शमशेर जी की सूझ-बूझ भरी उदारता के तहत ही हो जाया करते थे। उस ज़माने के मध्यवर्गीय नियम करम के ढाल-तलवार वाले, नर-मादा के भेदभाव वाले हाशिए पर बोसीदा हो गये समाज के रेगिस्तान में, शमशेर जी की सेहतमन्द हस्ती एक नखलिस्तान की तरह, हम किशोरियों के लिए होती। शमशेर जी की सोच हमें राहत देती। कम से कम मुझे तो बहुत ही जैसे किसी ने वर्षों से हाथ में पड़ी हथकड़ी खोल दी हो। मगर हथकड़ी भला कहाँ साथ छोड़ती है। चाहे आपका कसूर सिद्ध न हुआ हो। मन की ग्रन्थियाँ भी खुलीं।

घर में एक हिंसक स्वभाव के होने के बावजूद मामा श्रीराम होते थे जो एक दोस्त की तरह पेश आते और कविता में भी साथ देते। पढ़ाई में भी मदद करते। वे कुछ फ़्लेक्सिबल भी थे। शमशेर जी के सम्पर्क में आने के बाद बौद्धिक स्तर पर मुझे उस दायरे का अहसास ज्यादा स्पष्ट रूप से होने लगा जिसका मूढ़ शिकार, निम्न मध्यवर्ग, तमाम जड़ रिवाज़ों को अपने पेट के केंचुए की तरह पालता-पोसता आया है। उस दिन तो और भी जिस दिन शमशेर जी ने कम्युनिस्ट मेनिफ़ेस्टो की लाल किताब अपनी मियानी से निकाल कर मुझे दी और कहा- 'इसे पढ़ो और अपनी राय बताओ।' यह उस वक़्त का सबसे कठिन काम था। राजमा की दाल और कोयले पर सिंकी रोटी के साथ मीर, ग़ालिब, मिल्टन, इक़बाल और निराला सभी के साथ परिचय की घड़ी शमशेर जी की उसी दुछत्ती में मिली जिसमें प्रवेश की इजाज़त मेरे सिवा शायद ही किसी को मिली हो। वजह ये थी कि मैंने कभी शमशेर जी की प्राइवेसी में दखलन्दाज़ी करने की जुर्रत न की। कभी उनके काग़ज़ चाहे वे कितने बिखरे हों, उन्हें छूने तक की हिम्मत न की। मुझे अपने इन्ट्यूशन से ही शमशेर जी के रिज़र्व स्वभाव का पता चल चुका था, जिसका मैंने पूरा सम्मान किया। वे अपनी तकलीफ, अपनी मानसिक व्यथा, अपना अभाव, अपने फ्रस्ट्रेशन अपने ही तक कुल जमा रखने के आदी थे। मैंने कभी किसी किस्म की बेवकूफ जिज्ञासा उनके अन्तरंग जीवन, या उनके काग़ज़ों को लेकर नहीं व्यक्त की। ऐसा करती तो निश्चय ही उनका विश्वास मुझे कभी प्राप्त न होता। जितना वे खुद सुना देते, उतने से ही सन्तोष कर

लेती। या उनसे कुछ पूछ लेती।

उस समय भला तमीज़ ही कहाँ थी कि मैं इक़बाल की भाषा या उनका 'मूड' समझती। आमतौर पर शमशेर जी ही जब अच्छे मूड में होते तो उर्दू कविता की एलिगेंस, नफ़ासत, एवं बारीकी का बयान दिल लगाकर कर देते। कुछ ज्यादा समय बीत जाने के बाद यानी मेरे एल.टी. कर लेने के बाद जब मुझे सिन्धी प्राइमरी स्कूल में बड़ी बहन जी का पदभार सम्भालने का मौका मिला अपने परिवार की गिरती आर्थिक दशा को कुछ हल्का करने के ख्याल में तो शमशेर जी ने मुझे एम.ए. करने की राय जोर-शोर से दी। अब विश्वविद्यालय में हिंदी के अलावा कोई एक देशज भाषा चुन लेने का विधान पाकर शमशेर जी ने मुझे उर्दू भाषा ले लेने का सुझाव देने में रत्ती भर भी देर न की। साथ-साथ खुद ही मुझे उर्दू भाषा पढ़ाने का बीड़ा भी उठाया। उनकी राय में, अगर उर्दू के संस्कार मेरे अन्दर पड़ेंगे तो मेरी हिंदी कविता समृद्ध बनेगी। हाली भला मेरे पल्ले क्या पड़ते? ऊब होती उनके लम्बे-लम्बे व्याख्यानुमा काव्य की धारा सुन-सुन कर जिसे शमशेर जी तरन्नुम से सुनाते, गोया वे मुझे पढ़ाने के बजाय खुद ही उसके रस में डूब गये हों। मगर मुझ पर बड़ा ज़ोर डालते जैसे मुझे पिछले जन्म में ही कोई विद्वता का रस पिलाया गया हो। नतीजा ये कि शमशेर जी मुझे एक मुल्ला की शक्ल में नज़र आने लगे। मैं शमशेर जी की मौलिक शिक्षण विधि का विरोध नहीं करती, उनकी भावना को चोट पहुँचाने का भय तो था ही तथा उनके उत्साह पर पानी फेर देने से मुझमें अपराधबोध जग जाने का भी खतरा प्रस्तुत था। उससे मैं बचना चाहती। मगर हाली वाला सिलसिला टूटा अपने ही तर्क से। माजरा ये कि शमशेर जी कुछ तो अपनी आँखों की कमज़ोरी से पैदा हो जाने वाली नींद, कुछ आलसी तबीयत आदि के सबब एवं कुछ तो मेरा उनके घर रोज़-रोज़ जाना मुमकिन न होने के कारण, हाली मुझसे विदा हो गये। फिर शमशेर जी का आग्रह-कुछ भी करने से पहले कुछ खा पी लेना चाहिए- वाले प्रस्ताव से इतना समय ज़ाया हो जाया करता कि मुझे घर वापस होने की हड़बड़ी लग जाती। मुझे उन दिनों खाने में दिलचस्पी नहीं के बराबर होने से शमशेर जी का आग्रह भीषण लगता।

ख़ैर मैं हाली को तो हजम न कर सकी, मगर ग़ालिब ज़रूर मेरे कण्ठ चढ़ गये। मैंने शमशेर जी को हाथ में दाढ़ी बनाने का रेज़र लिए, तरन्नुम से, निहायत सोज़ और मिठास से गाते हुए सुना है तो भला क्यों न ग़ालिब से इश्क मुझे भी हो जाय। बीच-बीच में शमशेर जी स्पेनी महाकवि गार्सिया लोर्का से भी मेरा परिचय कराते रहे। आज बखूबी- 'ते केरो वेर्दे ते केरो वेर्दे' की व्यंजना समझ आती है तथा समस्त संवेदना 'हरे-हरे' में डूब जाती है-हरेपन की तरलता के साथ। स्पेनी में लोर्का की इस कविता का अनुवाद किसी भी भाषा में एक असम्भव बात होगी। शमशेर जी ने भी मुझे अंग्रेजी में ही सुनाई थी। उसकी वहाँ वही फजीहत। मौलिक संवेदना में वही

पलीता अगर आज पढ़कर कहना हो तो। मगर तब तो बड़ी प्रभावित हुई थी। यूँ तो शमशेर जी ने अर्जेन्टीना के किसी गाँव की सूचना अपनी किसी कविता में दी थी। मगर स्पेनी भाषा की कविता से और गार्सिया लोर्का से मेरा यह प्रथम परिचय था– कालिदास के प्रथम 'आषाढ़ के दिन' की तरह।

शमशेर जी ने कभी मेरी कविता सुधारने की बात न की, बल्कि कहते जैसा है उसी तरह रहने दो...ऐसे ही आई है तुम्हारे मानस में।

शमशेर जी को अव्यवहारिकता का ख़िताब मिला हुआ था अपने आदर्शवादी होने के नाते जो अपनी तरह झूठ भी नहीं था। व्यवहारिकता की परिभाषा अगर झूठ, मक्कारी, चंटई, धूर्तता से अपने काम बनाने की निपुणता, पैसे के घाघ तरीकों से अगर है– तो शमशेर जी उससे हजारों कोस दूर थे। फिर यूँ भी एक आदर्शवादी से नये पुराने रिवाज वाली व्यवहारिकता या दुनियादारी की बात मत करिए। वे सामन्तवाद के घोर विरोधी होकर भी अगर अपने कुलीन वर्गीय उस्तादों की इज़्ज़त करते थे बहुत ही नम्रता से तो उसके पीछे उनके गुरुओं का इल्म, सयानापन, विवेक, ज्ञान, तहज़ीब तथा तरीका शामिल था। आदर्शवादियों का कोई इलाज अगर नहीं तो कुंद विचारों के भेजे पर चाहे जितनी रस्साकसी करो, वह भी घिसता ही नहीं। आदर्शवादी होना आसान नहीं है। उसके लिए तो समुद्री गुफाओं में तैरने की दक्षता चाहिए गहरा से गहरा जोखिम लेकर।

मगर शमशेर जी की अव्यवहारिकता के दूसरे मजेदार पक्ष हैं। जैसे यही कि किसी किसी गोष्ठी में जाने के ठीक पहले उन्हें अपनी कमीज़ में बटन टूटा मिलेगा, या पायजामे में नाड़ा गायब तो नाड़े और बटन की ढुँढ़ाई या किसी रस्सी से ही नाड़े का काम ले लिये जाने की नई तरतीब या एक पायजामे का नाड़ा निकाल गोष्ठी वाले पायजामे में डालने की जुगत। पायजामा एकदम साफ–सुथरा होना चाहिए चाहे वह कहीं से फटा ही हो। शमशेर जी सूई डोरा लिए फटी बनियान या कमीज सिल या सिलवा रहे हैं। उन्हें कोई जल्दी नहीं। इस बीच वे कुछ सो जाने की भी सोच रहे हैं। इसके बाद ही नहाना और दाढ़ी बनाना होगा। अभी तो तीन ही बजे हैं। अरे भाई अभी तो पूरे डेढ़ घण्टे हैं। इस सारे वक़्त में क्या–क्या नहीं हो सकता। तुम घबराओ नहीं। मगर मुझे सौंपी गयी जिम्मेदारी तो सफलता से पूरी करनी ही है। जाने से पहले कुछ खा–पी लेना चाहिए वाला सिद्धान्त आड़े आ जाता है। लो चार तो यहीं बज गये। शमशेर जी ने अभी तक दाढ़ी शेव नहीं की। आखिर किसी तरह तैयार हुए मेरे हो–हल्ला मचाने, उनके साथ युद्ध करने जितनी ताकत खर्च करके, रुआँसी होकर, हबड़–तबड़ उन्हें तैयार किया तो सीढ़ी से उतरते उन्हें सम्भवतः ही अपने जाने का ख्याल बदल देना पड़ता और जरा अपनी नाक सहला कर कुछ शर्माते से अन्दाज़ में बोलते– अगर न जाऊँ तो... तमाम लोग तो आयेंगे ही...एक मेरे ही न जाने से क्या

बन-बिगड़ जायेगा? बस अपना तो ! जी ही जल-भुन जाता। इतनी मिन्नत से तो उन्हें तैयार किया और अब मुकर गये। ऐन मौके पर। तब कोई और हथियार निकालना पड़ेगा। आखिर किसी तरह वे रिक्शे पर चढ़ जाते और मैं नरेश जी को कोसती कि क्यूँ कह दिया कि एक तुम्हीं शमशेर जी को ले जा सकती हो गोष्ठी में और किसी के बूते की बात नहीं। उनको किसी गोष्ठी में ले जाना किसी बहुत बड़े दरबार में महाराजा को ले जाने की तैयारी जैसा होता। फ़र्क़ सिर्फ़ इतना ही कि यहाँ राजा एक कवि भी है और आर्थिक विपन्नता का शिकार भी। आमतौर पर किसी भी गोष्ठी में जाना उन्हें नागवार गुज़रता।

उन्हें कई बार गोष्ठी में जाने की बात याद दिलानी होती। ठीक जाने के कुछ पहले वे अपनी दुछत्ती में घुस कर कुछ पढ़ने-लिखने में मशगूल हो जाते या मोमिन या मीर की कविता पर बोलने लगते या अपने मामा जी के प्रसंग सुनाते और अन्त में मेरा ऊबा चेहरा देख बोलते, 'तुम्हें उर्दू के साथ अरबी और फारसी भी सीख लेनी चाहिए। तुम्हारे बहुत काम आयेगी। कई भाषाएँ जानना बहुत आवश्यक है।' मियानी से सिर निकालते हुए वे एक कप चाय की गुज़ारिश करते। मैं अक्सर खीझ कर मुँह फुला लेती। उनकी इतनी लम्बी-चौड़ी यात्रा की बेढब तैयारी जैसे उन्हें सिविल लाइन्स या कम्पनी बाग न जाना हो बल्कि किसी सुदूर महाद्वीप की यात्रा करनी हो। गहमागहमी और तनाव भरे घण्टे बीत जाने के बाद ही वे रवाना होते। दिमाग से भारी चट्टान सरकती मालूम होती। अगर किसी सभा-गोष्ठी में शमशेर जी कुछ समय से ही पहुँच जायें तो नरेश मेहता मुझे दाद देते-अरे प्रेमा, तुमने तो मैदान मार लिया। ख़रामा ख़रामा बिना जल्दी के दाढ़ी बनाते हुए कितनी बार इसी तरह शमशेर जी ने मेरी गम्भीर, घबराई और आक्रोश भरी मुद्रा देखकर कहा होगा-अरे अच्छी लड़की। नाराज़ नहीं हुआ करतीं अच्छी लड़कियाँ। चलूँगा भाई, आराम से। ज़रा आराम से चलना चाहिए। भला ऐसी जल्दी भी क्या? मेरा धीरज भी अथाह कहा जायेगा। घर में चादर ओढ़ पड़े रहने के बाद उठकर वे पहले तो अखबार पढ़ेंगे उसकी आखिरी सतर तक यानी इश्तहार तक पढ़ जायेंगे। फिर उनका योगासन का सिलसिला शुरू होगा। यही कोई डेढ़ घण्टे तक। मेरी हालत खस्ता हो जाती इन्तजार में। फ़िलहाल।

बोतल से रोटी बेलना ईजाद करने की नयी टेकनिक पर कई सुधी कवि आलोचक गद्गद हुए। रोटी भी बड़ी सन्तुलित गोल-मोल, कोयले के चूल्हे से तप-फूल कर निकलती, जिसे वे घण्टे भर पकाई राजमा के संग मुझे भी परोसते जब उनके घर में होती। हाँ गरम रोटी के साथ राजमा के राज़ और गुण का बखान करने से रुकते नहीं। सेहत के लिए मुफ़ीद। मगर बौद्धिक समाज को ये पता नहीं कि बोतल से रोटी बेलना उनका कोई सुर्रियलिस्टिक प्रयोग नहीं उनकी मजबूरी थी। शमशेर जी को कितनी शिद्दत से काजू-बादाम और मिश्री पसन्द थी, लाल-लाल गोल-गोल ताजे

टमाटर के प्रेमी शमशेर जी को आलू-प्याज से ही सब्जी के नाम पर सन्तोष करना पड़ता। काजू-बादाम किशमिश और पनीर के साथ लाल टमाटर भी शमशेर जी को सपने में ही मयस्सर था। उस समय भी नहीं मिला जब वे बुरी आर्थिकता से निकल गये थे और सुरेन्द्र नगर में थे ...

दो छतों के बीच एक दुछत्ती जिसे शमशेर जी मियानी कहते-एक खोखल जहाँ सिर झुकाकर ही जाना होता...एक खोह...पुराने काग़ज़ों की तह, कलम काग़ज़ पर झुके हाथ में पेन्सिल से कुछ निशान बनाता हुआ, हरी दाढ़ी में चुहचुहाता चेहरा...भावमग्नता में अपनी पेशानी से जीवन को निचोड़ रेशे-रेशे निकालता हुआ। मियानी से झाँक कर मैं देख सकती हूँ। ऊपर कमरे में दो-तीन घण्टे इन्तज़ार कर लेती हूँ। बगैर उन्हें डिस्टर्ब किये किसी का भी दिल न दुखाने के अपने सिद्धान्त के तहत वे कुछ न कहते, मगर अपने एकांत मौन में किसी किस्म का खलल उन्हें बेहद नापसन्द होता। इसे मैं बख़ूबी जानती थी। हाँ उनकी शेव की हुई दाढ़ी में हरापन जिस पर पसीने की ताजी स्वस्थ बूँदें - करोड़ों मील दूर टिमटिमाते तारों की रोशनी वाली बन जाया करती टेबिल लैम्प की रोशनी में। ख़ूब सफेद नरम स्वच्छ हास तथा कोमल भाव वाले चेहरे पर लीला मग्न असीमता-असीमता में वात्सल्य की विभोर चमक कुछ-कुछ थरथराती हुई। उनका चेहरा उस वक़्त धूप का कोना थामे हुई कविता ही बन जाया करता। सच कविता लिखने वाले कवि नहीं होते, जो वाकई कविता अपने दैनन्दिन की ज़िंदगी में जीता है वही कवि हो पाने की शान पाता है। अनेक जन तो ऐसे भी होते हैं जो कविता न लिखकर भी अपने में हमेशा ताज़ी कविता सरसराते तैयार रखते हैं।

यूँ तो जिनके पास बौद्धिक दिवालियापन रहता है वह भी काग़ज़ पर कविता उतारने की भोंड़ी कोशिश कर अपने को ही बदसूरत बना लेता है। अब समझ आता है कि शमशेर जी को 'कवियों का कवि' क्यों कहा गया। मगर कहने वालों ने वह मुहूर्त नहीं देखा जिसमें वाक़ई शमशेर जी जैसा मनुष्य कवि कविता जीता हुआ होता था। शमशेर जी मस्त जीव थे, अपने में मगन और करुणावान। उनकी कविता उन्हें अपने मनोरूप छवियाँ गढ़ने और उनसे प्रेम करने के लिए आज़ाद रखती थी। मगर उनकी महानता उनकी छोटी-छोटी हरकतों में ही झलकती रहती थी जैसा कि एक शालीन महाकवि का जन्मजात गुण है। कम से कम मैं तो ऐसा ही मानती हूँ। वरना चतुराई से विदेशी लेखकों को ध्यान से पढ़कर उनके ख़्यालों और थीम की भी नकल बड़े गोरखधन्धे के साथ करके शोहरती लेखक बन जाने वाले भी अपने या पराये देशों में तो हैं ही। मगर एक दिन सच का पता तो लगता ही है न। उन्हें पता या अहसास भी क्या कि आदमी का इलाज आदमी खुद है। वरना उसका कोई इलाज नहीं। और उसी को तुम धोखा देते हो तो भला कैसे और किस किस्म का? और कब तक का इतिहास

अपना बनाने की तमन्ना में यह चोरी-चकारी की हरकत करते हो।

मगर मैं तो शमशेर जी की बात कह रही थी। हाँ तो शोर से दाँत कटकटाती सड़क और एक मुख़्तसर से मकान की कमान पर सरसराती बरसाती शान्ति। एक पनाह। वे बड़े नरम लहजे से बालों को उँगलियों से सहलाते जैसे कुछ तलाश रहे हों... कि उँगलियाँ बादल बन जातीं। चेहरा सहलाते वक़्त तो उँगलियों का दबाव पड़ा ही नहीं था। उँगलियाँ जैसे कुछ नहीं, हंस के पंख हों। ऐसा अहसास मालूम नहीं सिर्फ़ मुझे होता था या मेरी छोटी बहन शोभा, नीलू या शमशेर जी की भतीजियाँ सरोज और इन्दू को भी, मैं नहीं जानती।

वात्सल्य और सख्य से मेरे अत्यन्त श्रद्धेय स्नेहिल मित्र और माँ जैसे वे कहा करते-जिस चीज को हम शेयर नहीं कर सकते उसे पसन्द ही क्यों करें? और ऐसा करते वे बहुत ही ख़फ़ीफ़ तरीके से गाल सहला देते मुस्कुरा कर। समझ रही हो न? शायद मैं कुछ-कुछ भावुक हो रही हूँ। दरअसल इतना ज़माना बीत गया और दूरियाँ मानस में पुरानी छवियों को टटका कर देती हैं...उन्हें पुरानी रहने नहीं देतीं। फिर मूल्यवान बातें क्या कभी पुरानी होती हैं।

उन दिनों मेरी तबीयत काफी नासाज़ रहा करती थी। घरेलू, आर्थिक, सामाजिक परेशानियाँ। मेरे बड़े भाई की गम्भीर बीमारी के तहत पैदा हुई तमाम गलतफ़हमियाँ और भयावह संघर्ष। उसके पहले दो-दो बहनों की मौत जिसे उनके एकदम नजदीक रहकर कच्ची उमर में मेरे तन-मन दोनों ने भोगा। ये तमाम हादसे भरी परिस्थितियों ने मुझे एक ग़मगीनी से रँग रखा था और चेहरे पर उदासी का ही राज़ था। शायद इसीलिए जब शमशेर जी को पहली बार अपनी दाढ़ी में रेजर चलाते हुए बड़े सोज़ और तरन्नुम के संग गाते सुना- **'इब्ने मरियम हुआ करे कोई, मेरे दुख की दवा करे कोई...** 'तो एकदम मेरा चेहरा और मेरे हाथ थरथराने लगे। उनकी अद्‌भुत वाणी से निकली गालिब की दो सतरें अपने ही जीवन पर किस कदर उतरती गयीं, इसका गवाह कोई नहीं। मगर मेरे समय का जीवन-रथ कहाँ से शुरू हुआ इसके गवाह ही नहीं, साक्षी भी शमशेर जी ही रहे एक महत्त्वपूर्ण समय तक जो बहादुरगंज के जस्ट फ़िट की ऊपरी मंजिल से उतर कर खुरदुरी सड़क से होता हुआ सात समुन्दर पार चला आया...तथा उस संगीत की धार ने मानस में एक बारीक लाइनों वाली जापानी शैली की बहादुरगंजी पेन्टिंग बना दी।

एक ब्लेड से पन्द्रह बार दाढ़ी बना चुकने के बाद जब सोलहवीं बार वे उसी ब्लेड से दाढ़ी बनाते तो उस बार भी गुनगुनाते जाने के सिलसिले के बावजूद रेजर उनकी दाढ़ी काट खून निकाल अपने बेहद इस्तेमाल का बदला निकाल लेता। मगर वे गुनगुनाना बन्द न करते। बस खून को आहिस्ता से पोंछ देते।

तब? उस निराले मकान में जो कुछ आया था सबसे पहले उसमें निराला का

बादल राग...उसी में घुल-मिल कर उनके तहे दिल से निकलते मध्यम स्वर में अपने ही मौलिक तरीके से घुल-मिल, पूरे कमरे को, पूरी छत को, पूरे घर को, उनकी दो गज की मियानी को, यहाँ तक कि उनकी सीढ़ियों तक को भाव परिवर्तन की उर्मियों से सहला दिया करते। कालिदास का ऋतुसंहार और निराला का बादल राग, क्या दोनों की रूह में कोई साम्य था? यह तो आप शमशेर जी से पूछिए। उनकी विश्व में बेजोड़ प्रेम कविता 'मुझे प्रेम वह्नि से सुहाग दो' से पूछिए और 'जब भूख लगती है तो इंकलाब आते हैं' के समूचे इन्सान से पूछिए, उस आशावान करुणामय व्यक्ति कवि से पूछिए जो 'प्यास के पहाड़ों पर लेटने' को कह कर भी 'लौट आ ओ फूल की पंखुरी फिर फूल से लग जा' की कामना में जीता रहा। अथवा 'लौट आ ओ धार' की करुण तबीयत में हाड़ तोड़ती तट वाली लहरों की हकीकत में उलझा हुआ है शिद्दत के साथ, ऊर्जा के आह्वान में। मगर अब आप क्या कर सकती हैं प्रेमा जी? क्या वह सब एक उम्दा कवि की नीयत से निकली नियति मान बैठेंगीं?

बताइए कबीर और रवीन्द्रनाथ के सिवा है कोई इतना महिम प्रेम कवि जिसने विरह से सुहाग देने की बात लिखी है? दक्षिण अमेरिका में तो सिर्फ़ एक ही कवि हुआ प्रेम की इसी शान की कविता लिखने वाला जिसका नाम है पाब्लो नेरुदा। प्रेम की कविता लिखना तो सबसे ज़हमत का काम है, इने-गिने कवियों के बस का।

मगर देखिए जरा आयरनी। उनके मार्क्सवादी या प्रगतिवादी मित्रों ने ही उन्हें सीधे-सीधे एक ही शब्द को पापी शब्द की तरह उन पर पेंच कर दिया। नाक-भौं सिकोड़-'रोमैन्टिक' और जाति बाहर कर दिया। क्या शमशेर जी कम मार्क्सवादी रहे? मैं तो कहूँगी कि उन्होंने ज्यादा सही रूप से मार्क्सवाद को समझा। गहरे अध्ययन के साथ ही नहीं केवल बल्कि अपने परिवेश और अपनी मौलिक विचारधारा और हिन्दुस्तान की परम्परा की निहायत गहरी व्याख्या के तहत भी। जैसे आप देखिए एक प्रसंग मुझे याद आ रहा है- शमशेर जी मेरे साथ एक बार वृन्दावन गये। उन दिनों मैं अपना एम.ए. का पहला साल आगरा विश्वविद्यालय से कर रही थी और मुझे इम्तिहान के लिए शमशेर जी के साथ जाना हुआ। इम्तिहान ख़त्म होने पर सीधे मथुरा वृन्दावन की घुमाई की। उन्होंने मुझसे कृष्ण मन्दिर की परिक्रमा करने को कहा तो मैंने उन्हें मना कर दिया यह कह कर कि वे कैसे वामपंथी हैं कि मन्दिर की परिक्रगा करते हैं और तब वे बोले-परिक्रमा हमेशा धार्मिक भाव से नहीं की जाती। उनके सम्मान के लिए की जाती है जिन्होंने कहीं अपने अच्छे काम के इतिहास को एक दिशा दी। उन्होंने खुद तीन परिक्रमा की और मैंने उनका साथ दिया उसके बाद। इस तरह मार्क्सवाद का सही अर्थ और उसकी व्याख्या का सही गुण उनमें था। फिर उनकी सौन्दर्य-दृष्टि के आगे पीछे किसी 'वाद' का ताला नहीं लग पाया।

जनवादियों-वामपंथियों ने उनके सूक्ष्म सौन्दर्य के पीछे छिपी हुई मानव प्रेम

की, मानव पीड़ा की अग्नि को नहीं पहचाना, न उनकी भावनाओं के उस ताने-बाने वाले बिम्बों के संवाद सुने जिनके भीतर उनकी मानवीय सोच दुनिया भर के लिए पैगाम बन जाने की तैयारी करती रहती थी। बस उन्हें रोमैन्टिक कह कर भौं तान कण्डम कर दिया। तो शमशेर जी के मन में कहीं उनके अपने समाज-बहिष्कृत कर दिये जाने का अफसोस रेंग ही गया। भला कब शमशेर जी ने नहीं माना कि जन भावना एक बहुमूल्य सत्य होती है। बहुमूल्य सत्य शब्द के हिज्जे बस आप लगाते रहिए। बताइए पहले क्यों नहीं लगाया शमशेर जी को कण्डम करने से पहले? उससे यूँ ही किसी बने बनाये सिद्धान्त के तहत खिलवाड़ नहीं किया जा सकता। उसके विश्वासों के किसी तयशुदा सिद्धान्त के तहत ढहाया नहीं जा सकता।

शमशेर जी ने अपनी पार्टी से निकल जाने के कारण बताये थे मुझे एक बार, मगर कहीं भी उनके मन में कोई दगाबाज़ भाव पार्टी के प्रतिवाद को लेकर नहीं आया। हालाँकि कारण बड़े ठोस थे कम्युनिस्ट पार्टी से बाहर हो जाने के। मगर वे सारे जीवन मार्क्सवादी बने रहे विचारों और भले आचार में भी। बावजूद अपने स्वभाव के चन्द कन्ट्राडिक्शन के जिसमें वे हर बात की स्कीम बनाकर चलने की बात दुहरा-दुहरा कर कहने के बावजूद खुद स्कीम बनाने से बाहर रहते। शमशेर जी कभी किसी वाद के फ़ैनेटिक रवैये में तो चले नहीं। भेदभाव यानी नर-नारी भेद, हिन्दू-मुस्लिम भेद आदि को वे निहायत हेय दृष्टि से देखते ही थे। फ़िलहाल।

अरे मैं तो उस परिक्रमा वाली बात अधूरे में ही छोड़ आयी। हाँ तो परिक्रमा वाली बात सिर्फ़ हिन्दुस्तानी मसला नहीं है। मास्को में लेनिन की ममी के चारों ओर चक्कर लगाने वाले श्रद्धालुओं में हैं। लेनिन की समाधि पर मैंने अपनी आँखों ही यह घटना देखी और शमशेर जी के कथन का असली भेद खुला।

जिनके पास विचारों का लचीलापन न होगा, तथा विस्फोटक लफ़्ज़ों को वे अपनी ढाल और अपना देवता समझते हैं, उनके लिए यह समझना मुश्किल तो होगा ही कि छोटे-छोटे शब्दों से डर ही ऐसी हालत पैदा कर देता है। मगर बुद्धि तो सरल शब्दों पर पहले तैरती है। जटिल शब्दों पर भारी पड़ जाती है। सीधे सरल शब्दों का सौन्दर्य ज्यादा दीप्त होता है। सीधे सरल शब्द जैसे शमशेर जी का सरल व्यवहार जिसमें कहीं से भी एच-पेंच न होती थी। सीधे बहते हुए मांस के भीतर प्रवेश कर जाते हैं। संवेदना को हिला-झुला देते हैं। या फिर उनमें ज्वालामुखी भी लगा देने की ताकत है। बस उन्हें तरतीब देनी होती है। उनमें लचीले घूँघर डालने होते हैं जिन्हें शमशेर जी मुहावरा कहते थे। वरना बसन्त के आने से क्या होता है? कमज़ोर बीज तो पनपेंगे नहीं, या पनपे भी तो उनकी डालें और पत्तियाँ कितनी कमज़ोर होंगी, कितनी सिकुड़ी-मुकुड़ी होंगी। इतिहास के भीतर हम सब बीज हैं- अपने डेलिरियम की हालत में शमशेर जी ने यही वाक्य कहा होगा निहायत मन्द बुझती आवाज़ में। सभी

बीजों का एक ही मौसम नहीं होता। बसन्त में भी सब किस्म के बीज नहीं पनपते। कोई बीज सिर्फ़ पतझड़ में ही अंकुरित होता है तथा अनेक बीज बसन्त के होकर भी बसन्त में फूटने से रह जाते हैं। यह सब मैंने भला क्यों सोच डाला? भला किस सन्दर्भ में?

शमशेर जी प्रकृति के हर रूप के गाढ़े प्रेमी थे। मगर वे जिस प्रकृति से स्नेह करते थे वह अलहदा किस्म की थी। वे छोटी-छोटी बातों में भी सौन्दर्य देख लेते। वे भोले, स्वच्छ पवित्र सौन्दर्य के प्रेमी थे, तेज़ तर्रार, साँचे में ढले सौन्दर्य के नहीं। उस सौन्दर्य में मेधा भी हो तो सोने पे सुहागा। निःस्वार्थता उनके हृदय की नजदीकी पाने की शर्त थी। यूँ तो वे सभी को तरजीह दे देते थे ह्यूमन कन्सिडरेशन के तहत...

इसीलिए अपनी ममेरी बहन मुन्नी-जिनके चेहरे पर चेचक के दाग होते हुए भी शमशेर जी उन्हें बहुत पसन्द करते थे और उनसे उन्हें हार्दिक प्रेम था। मुझे वे मोनालिसा कहकर बुलाते जिसकी हामी नरेश मेहता गद्गद होकर कर देते। मुझे तब मालूम नहीं था कि मोनालिसा कौन है और उन्होंने मोनालिसा की तस्वीर दिखाई एक पेन्टिंग की किताब से। मैं जब इटली के फ्लोरेन्सिया शहर में गयी तो वहाँ मैंने एक प्रति खरीदी थी मोनालिसा की और उसके चित्रकार की जीवनी भी पढ़ी।

तुम्हारी सूरत इतनी खुशनुमा, इतनी भोली और तुम इतनी सेवापरायण, निःस्वार्थमना हो कि जी डोल जाता है कहते हुए उनका चेहरा भरभरा आया था। यह वाक्य उन्होंने अपने जीवन में दो मौकों पर कहा था। दूसरी बार अपने जीवन की अन्तिम सीढ़ी पर बैठे हुए, जब वे अपने कमजोर बूढ़े तन को जो आकार में मुझसे भी छोटा हो गया था, लगभग ढकेलते हुए उठकर बाहर मुझे लेने आये थे। गांधीनगर- सुरेन्द्र नगर, गुजरात में लाठी के सहारे खड़े-खड़े वे रह-रहकर मेरा हाथ दबाते, चेहरे पर, ब्रश फेरने वाले चित्रकार की तरह अपनी उँगलियाँ फिराते, आँख भरकर देखते हुए बोले- 'अरे! तुम तो बहुत लम्बी हो गयी हो। फिर आहिस्ते से कन्धे लगाया।'

'मैंने तो समझा तुम आओगी ही नहीं' उनकी आँखें छलछल हो आयीं अपने ही वाक्य पर या जो सम्भव हो गया उसकी खुशी में।

आगरा में

सन् उन्नीस सौ पैंसठ ...।

आगरे की एक सँकरी सुरंगनुमा सिमसिमी, कूड़े की अँकवारी किये, एक गली और किसी शर्मा जी का आदिम खोह जैसा खंडहर मकान उम्र के तहखाने में राग बागेश्वरी और काग़ज़ की नाव...भला क्या रिश्ता है इतनी सारी विलोम बातों का?

समय उतना दग़ाबाज़ नहीं।

(यादों की क़ैद – जो इतनी ख़ौफ़नाक होती है – से निकलना लाज़िमी हो गया है)

सपनों के लिए कोई भविष्य तैयार करना था।

कच्ची ज़मीन और अधकच्ची दीवारों से नज़रबन्द सीली महकवाली गंदुम कोठरी और दो झिंगली खाटें जिन पर एक दरी का बिस्तर। वहीं उस नीम अँधेरे में बिना खिड़की मोखे के दरो-दीवारों के बीच दरिद्र मेहमानदारी का आसन बिछाए शमशेर जी और मैं। दस दिन वहीं से अपने एम.ए. द्वितीय वर्ष का इम्तहान देने जाना था। उस जर्जर इमारत के तहख़ानेनुमा निचले हिस्से में जो किसी अस्तबल जैसा ही था हमें शमशेरजी के एक मित्र के एक परिचित सज्जन ने शरण दिया था। वे शमशेर जी के नाम से परिचित थे, मगर उनकी असली महिमा से नहीं...। वे खुद इमारत की ऊँची मंज़िल पर रहते जिसमें कमरों की कमी न थी, किन्तु जाने क्यों शमशेर जी के नम्र व्यक्तित्व से क़ायल हो जाने वाले उन महोदय ने – जिनकी शक्ल से सौ फ़ीसदी एक दुनियादार आदमी की ही आगरामयी ब्रजभाषी सिफ़त टपकती थी– ने हमारे लिए वह काल कोठरी ही मुनासिब समझी।

अपनी आर्थिक हैसियत का धुँधलापन बूझते हुए हमने वह काली कोठरी स्वीकार कर ली। किसी होटल, खास कर अच्छे होटल में जाने लायक हमारी टेंट में कुछ न था। फिर शमशेर जी जो मेरे गार्जियन की हैसियत से मेरे साथ गए थे वहाँ, "किसी परिवार के संग सुरक्षा की दृष्टि से बेहतर है" मान कर बहुत संभ्रम कृतज्ञता के साथ वहीं ठहरे। हम उन सज्जन पर-जिन्हें रामविलास शर्मा जी ने रेकेमेन्ड किया था- किसी किस्म से बोझ नहीं बने।

उदर पूर्ति के लिए रमन्ना शास्त्री का भोजनालय मौजूद ही था जो ऑर्डर देने पर ही भोजन तैयार करते। कम्युनिस्ट और शुद्ध भोजन-भंडार।

वे शमशेर जी से मार्क्सवादी बातें करते और अपने हाथ का पकाया एकदम ताज़ा खाना खिलाते-दाल रोटी और सब्जी, या चिली और दाल सब्जी या आलू का भुरता। इससे ज़्यादा की हमारी हैसियत इजाज़त न देती। पिता जी ने किराए के अलावा कुछ पैसे थमा दिए थे। शमशेर जी यूँ ही फक्कड़, कुछ उधार वगैरह ले के चले थे अपने दोस्तों और परिचितों में अपना अखण्ड विश्वास लेकर। यूँ तो उनके उनमें अखण्ड आस्था या भरोसे से कुछ ख़ास सरोकार न हुआ करता। मेहमानदारी में कभी चाय जिंवा दी यही बड़े अहसान की बात, जिसे सिर-माथे पर शमशेर जी ले लेते। शमशेर जी अपनी सुविधा-असुविधा बचा कर चलते, किसी को उसकी सुगबुग भी न लगने देते।

उधर रमन्ना शास्त्री का खूब लौंग-मिर्चवाला खाना हम सिर्फ़ एक वक़्त खाते। दूसरे वक़्त केले, भुने चने, लाई आदि से काम चला लेते। शमशेर जी इतने

चाव से यह सुदामा स्टाइल का भोजन करते गोया वह फाइव स्टार होटल के किसी जलसे के भोज में शामिल हों। खानेवाली वस्तु का 'मुफ़ीदपन' भी वे बताते जाते – चने में भरपूर प्रोटीन होता है जो मांसपेशियाँ बनाने के काम आता है; केले में पोटास की मात्रा होने से देह के नर्वस सिस्टम के लिए वह मुफीद है; लाई हल्की, सुपाच्य और पेट के लिए भारी नहीं पड़ती... आदि वैज्ञानिक जानकारियों का लाभ मुझे भी देते जाते।

दोपहर को मैं जम कर अध्ययन करती। उसी झिंगली खाट पर संस्कृत-साहित्य का इतिहास मनन करती बजाय उर्दू के हाली के जिन्होंने इतना बोर किया था कि उर्दू से हाथ धोना पड़ा। कबीर प्रसंग आते ही शमशेर जी खुद ही कबीर के पद पढ़ने में मगन हो जाते, सिर हिला-हिला, होठ खोलते, और 'वाह' निकलती उनके मुँह से तो मैं भी भूल जाती कि अभी कितना कुछ और पढ़ना है, कितना सिर रगड़ना है मध्यकालीन देव और केशव पर। शमशेर जी इस तथ्य से अवगत थे कि मुझे इम्तहान के लिए पढ़ना है और परीक्षक कोई, रचनाकार या कोई बौद्धिक व्यक्ति नहीं होता। फिर भी उन्होंने मुझे कभी प्रोफ़ेसरों द्वारा लिखी अध्ययन की, या साहित्यिक गुटका टाइप पुस्तकें छूने की राय भी न दी। पुस्तक की दुकानों पर बेहयाई से उचक-उचक कर अपनी सबल हैसियत के ऐलान में ललचवाती-सी साहित्य की 'कुंजी या कुंजियाँ' देखकर शमशेर जी उसे उलट-पुलट कर व्यंग्य से हँस देते या कोई चुटीला शगूफा कुंजी रचनाकारों की अमीरबाज व्यवसायी प्रतिभा पर छोड़ देते, या विश्वविद्यालयी व्यापारी संस्कृति-साहित्य के मठाधीशों की महिमा पर अफ़सोस ज़ाहिर कर देते उदासी से।

हाँ, शाम को परीक्षा के किसी पेपर की समाप्ति पर आगरा की गलियों, सड़कों और मैदानों पर घूमने का उनका शौक विश्वविद्यालयी तल्खियाँ धो-पोंछ कर बराबर कर दिया करता। वे सड़कछाप या गलीछाप लोगों से मिलकर जितने सहज रहते उतने किसी धाकड़ विद्वान की संगत में होते ही नहीं, वहाँ आमतौर पर किनाराकश होने को ही बेहतर मान लेते। उनकी पसन्द की जानकारी तो होती किन्तु वे शायद ही इसे कभी इस तरह ज़ाहिर करते हों कि दूसरे को उनकी नापसन्दगी का पता चल जाय। मगर वे मुझसे अक्सर कहते अपने इस भेद को 'इस दुनिया में सभी तरह के लोगों से साबका पड़ता है...और इसमें मुठभेड़ भी होती ही है..., मगर सहिष्णुता बहुत ज़रूरी चीज़ है' वे कह देते- 'मुझे कई लोग नापसन्द हैं मगर मैं कहूँ कि क्यों वे मुझे नापसन्द हैं... फ़ायदा क्या? कुछ ऐसे उनके विचारों पर मैं कुछ खीझ जाती (क्योंकि अभी मोहतशिमगंज की गली से निकली ही निकली थी और दुनिया को अभी आँख खोल कर देखने की कोशिश भर ही तो थी तथा यथार्थ और सपने अपनी-अपनी मुठभेड़ में एक दूसरे से उलझे पड़े थे...)

शमशेर जी मुझे उम्दा किस्म के साहित्यकारों से परिचय का लाभ करवाना चाहते थे। एक दिन वे अपने श्रद्धावान मित्र मार्क्सवादी और श्रेष्ठ साहित्यकार श्री रामविलास शर्मा जी से मिलवाने उनके घर मुझे ले गए। बड़ी मुश्किल से खोजते-पूछते उनका बंगला मिला था। वहाँ शमशेर जी का शर्मा जी के प्रति संभ्रम देखते ही बनता था (मैं ख़ुद इतने संभ्रम को इतना सिर-माथे चढ़ाने की क़ायल नहीं हूँ कि आदमी संभ्रम के नीचे ख़ुद इतना दब जाय कि उसकी अपनी अस्मिता के लिए जगह न बचे) जहाँ तक याद है, शर्मा जी शमशेर जी के दोस्त नहीं, उनके महामहिम गुरु या उनके व्यक्ति के मालिक लग रहे थे। वे शमशेर जी की चुटकियाँ भी लेते और उनकी 'रोमांटिक' कविता की आलोचना में उनको मार्क्सवाद से खारिज लेखक की हैसियत में भी रखते जा रहे थे। शमशेर जी हाँ-हूँ की शैली में अपना बचाव नहीं कर पा रहे थे- 'तुम ठीक कहते हो' यह वाक्य भी मैंने शमशेर जी से सुना। मुझे ख़ुद वहाँ, उस बंगले के औपचारिक माहौल में असुविधा महसूस हो रही थी। शर्मा जी के आगे मैं निहायत अदना प्राणी हो गई थी, और सिवा चाय बिस्कुट की हकदार होने के मेरी कोई और प्रस्तुति वहाँ नहीं थी। मैं वहाँ से जल्दी उठ जाने के लिए बेताब, शमशेर जी को आँखों से इशारा कई बार किया, और एक बार उनकी कमीज़ भी खींची। उस समय तक मैं रामविलास जी की प्रतिभा की क़ायल न हो सकी थी बावजूद शमशेर जी के। बंगले के बाहर आके मैंने एक लंबी साँस खींची। शमशेर जी भी सहज हुए। उसके बाद हम बहुत देर तक आसपास घूमते रहे और शमशेर जी प्रकृति सौन्दर्य पर, हरियाली और आगरा की ज़बान पर बातें करते रहे। कोठरी में लौटने पर हममें से कोई नहीं बोला। बस अपने-अपने झिंगले पर करवट ले सो गए। शमशेर जी को आँखों की तकलीफ़ की वजह से जल्दी नींद आ जाती।

नींद लेना शमशेर जी को प्रिय होता, ख़ास कर जब सैद्धान्तिक, उलझन में होते तो 'नींद लेने को ज़रूरी' समझते। नींद लेना एक तरह से उनके लिए बाहरी दुनिया की तैयारी के लिए तैयार होना होता। 'नाऊ आइ एम फ्रेश' वे अच्छी नींद लेने के बाद कहते प्रसन्नचित्त। मगर मुझे अच्छी नींद नहीं आई; सोचती रही : रामविलास जी ने हमें अपने बंगले में क्यों नहीं ठहराया? आख़िर वे कामरेड थे...।

अपने को मुग़ालते में न रखते हुए कहूँ, भारतीय साहित्यकारों में आमतौर पर मैंने एक असहूलियत की बात पाई है कि उनका लेखन और वे ख़ुद, यानी उनका जीवन-व्यापार और उनका लेखक का रूप, एक नहीं हो पाते। वे या तो अन्दर होते हैं और वहीं से संवाद जारी रखते हैं एकालाप के रूप में या फिर दरवाज़े से झाँक कर अपनी अपेक्षा में खड़े जन से मुस्करा कर कुछ न कहने वाले शब्दों में बोल लेते हैं; यही नहीं औपचारिकता को हार्दिक रूप में पेश करने की आदत से कई तो बेहद मजबूर हैं... औपचारिकता को सहज रूप दिए बग़ैर...। उनका सामान्य आदमी बड़ा

छोटा, असहज होके सामने आता है। लेखन में क्रान्ति और अत्यधिक आधुनिकता की बात करने वाला, अन्ततः रोज़मर्रे के व्यवहार में कैल्कुलेटर, घाघ, मध्यवर्गीय, मध्ययुगीन विचारधाराओं में बने नाते और रिवाज़ बिना प्रश्न उठाए मान लेता है। जबकि लेखन में उसका यह असंवेदनशील अप्रबुद्ध रूप गायब रहता है विलोम बनकर। औपचारिक होकर भी वह औपचारिक नहीं, और जो घर का न हुआ उससे असली सहजता का सवाल कहाँ। इसके अलावा दोगले किस्म के बौद्धिक महोदयों की बड़बोली का हिसाब नहीं। उन्होंने किस-किस विदेशी महान रचनाकारों का अनुवाद किया है, कितने पाश्चात्य लेखकों से उनका परिचय है या उनकी रचना का कहाँ-कहाँ किस-किस भाषा में अनुवाद हुआ, यानी उनके मन मुताबिक तवज़्ज़ो उन्हें नहीं दी तो वे महानता के साथ आपसे मुँह फेर कर दूसरी तरफ़ मुख़ातिब हो जायेंगे, जहाँ नए के धाकड़-माकड़ फैशन में कोई पीछे नहीं रहना चाहता। यूँ इसके बाहर वे बड़े मुचके हुए से प्राणी दिखते हैं।

शमशेर जी किस कदर अपने को ऐसा छल देने से अलग-थलग थे - यह कोई छुपी बात नहीं। यूँ उनकी औपचारिक शिष्टता उनका संस्कार थी और उनका कवच भी; मगर किसी भी हालत में उनका व्यक्तित्व दो खंभों में विभाजित नहीं था। वे अपने को दर्शाने की दरकार से निहायत दूर थे। फिर भी वे जैसे थे सामने आ जाते थे सहज और सरल ही। दरअसल वे दुनियादार नहीं थे न। उनके अन्दर एक शर्मीला भोलापन था जो एक असली रचनाकार का (नेरूदा कथनानुसार) आन्तरिक गुण होता है। वे तो स्वप्न को यथार्थ मानते थे...आदमी का सच्चा यथार्थ। स्वप्न जो हृदय के चारों तरफ़ पड़ी हुई पानीदार झिल्ली की तरह होते हैं यथार्थ की कठोरता से हिफाज़त करने के लिए...

हाँ तो आगरा और उस तहखानेनुमा काली कोठरी से विदा लेने का वक़्त भी आ गया। रमन्ना शास्त्री के ढाबे में हमने अपना आखिरी मीनू पूरा किया और शमशेर जी रमन्ना शास्त्री को कोटिशः शुक्रिया अदा करते, उनसे फिर उनके उस ज़ायकेदार खाने का मज़ा दुहराने को पुनः वापिस होने का वायदा कर उन्हें गले भेंट कर, भावुकता सँभालते बाहर आए। उस दिन हमारे उस काली सीली कोठरी के मेज़बान मालिक ने हमें चाय पर आमंत्रित किया अपनी मेहमानदारी की रस्म पूरी तरह अदा करने के लिए। पहली बार हम कई मंज़िल की सीढ़ियाँ पार कर चढ़े (मुझे मुक्तिबोध के ब्रह्मराक्षस के भुतहे महल की सीढ़ियाँ याद आ गईं...) टूटे काँचवाली खिड़की के एक कमरे में हमारा चाय पर स्वागत हुआ। चाय नीमगरम और फीकी; मगदर के लड्डू बचे थे किसी बच्चे के मुण्डन के - पुराने, बासी और कठोर...। शमंशेर जी ने उसे ही किसी तरह उस पर दाँत गड़ाते गद्गद भाव से 'वाह' कहकर, चखा। मेजबान के प्रति कृतज्ञता से कई बार 'धन्यवाद' कहते हुए शमशेर जी उठे। मेजबान हमें रिक्शे

तक छोड़ आए। 'हमें मुफ़्त का आतिथ्य कभी मंजूर नहीं करना चाहिए' मैं बाहर आके बुदबुदाई, 'उससे फज़ीहत होती है।'

ट्रेन में मैं सोचती गई : कौन सी ऐसी चीज़ है जो शमशेर जी को ऐसी रद्दी परिस्थितियों से संतुलन के साथ सँभाल ले जाती है? वे आखिर लोगों में क्या देखते हैं? या देखने की कामना में अपनी इच्छा का आरोपण कर उसे एक तरह से आदर्श रूप में ढाल लेते हैं? क्या वे वही देखते हैं जो देखना चाहते हैं? वे वही महसूस करते हैं जो करना चाहते हैं? वे कहते हैं : हमें आदमी की अच्छाइयाँ देखनी चाहिए, हमें उसकी बुराइयों से क्या मतलब...तो क्या सचमुच हमें आदमी की बुराइयों से मतलब नहीं? हम उसे भोगते जाँय बिना चीं चपड़ के? इस तरह हम फिर कैसे समाज में बदलाव की बात करते रहते हैं? और मार्क्सवाद क्यों ज़रूरी है जिसकी मिसाल शमशेर जी गंभीर मुद्दों में दिया करते हैं?

छोटे, बड़ों का आदर करें और बड़े छोटों के सिर पर डंडा बनाए रखें, ताकि वह हाथ से बाहर न हो जाय या उनके शिष्यपने से दूर न चला जाय? सिर्फ़ धर्म के महन्त ही नहीं साहित्य के भी महन्त नम्रता का नाजायज़ फ़ायदा उठाते रहें और हम ज़बान सिले रहें। और वाह!!

ट्रेन के बाहर दृश्य सरसर दौड़ते जा रहे, मानस में ठहरने के लिए उनके पास अवसर नहीं, वरना मेरे ख्यालों में अपनी टाँग फँसा कर करेंगे क्या?

'किस चिन्तन में डूबी हो प्रेमा' शमशेर जी जब मेरा हाथ छूकर कहते हैं तो सारे गडमड विचारों का तार टूटता है। मैं शमशेर जी को कोई जवाब नहीं देती बस फीकेपन से मुस्करा देती हूँ। पता नहीं क्या समझ कर शमशेर जी बोलते हैं– 'देखो एक लेखक को हर तरह के अनुभव से गुजरना और हर किस्म के लोगों से सामना पड़ता है, लेखक को इन अनुभवों का फ़ायदा उठाना चाहिए चाहे वे कड़ुवे ही हों, और निहायत अप्रियकर'।

तो ये बात है।

मैं अपने ख्यालों की गुड़गुड़ी एक तरफ़ डाल देती हूँ अपने से हटाकर...।

मैं हल्की हो आती हूँ। मुझे इस आसानी से हल्का बना देने का गुर महज़ शमशेर जी के ही पास होता। वे कभी मेरी हरकतों पर मीन-मेख नहीं करते, बल्कि बड़े सूक्ष्म तरीके से स्नेह के साथ गलतियाँ धो-पोंछ देते। उनमें किशोर मन को बूझने और उसे डील करने की एक सहज मनोवैज्ञानिक समझ थी जो उस ज़माने में करीब अलभ्य ही होती थी हमारे मध्यवर्गीय समाज में।

इम्तहान में पेपर अच्छे हो गए थे– यह संतोष लेकर लौटी। इम्तहान और रमन्ना शास्त्री के तेज़ तर्रार, गंभीर खाने ने पेट ज़रूर गड़बड़ कर दिया था दोनों का तथा तन का कुछ वजन आगरा शहर को भेंट कर हम लौटे थे।

इलाहाबाद। मोहतसिमगंज के साथ बहादुरगंज। सान्त्वना के दो छोरों की तरह। अपना कमरा और अपना तखत। शमशेर जी की बोतल से बेली रोटी और चने की दाल। उनकी आँगननुमा अच्छी सी छत जिससे तमाम दूसरी छतें खुले रूप में दिखतीं। उजास में भीगा रिलैक्स।

टूटी हुई बिखरी हुई

तो प्रेम क्या कोई टूटी बिखरी चीज़ होती है या प्रेम की छवियाँ टूटी बिखरी हैं? छवियाँ तो अपने आप में बड़ी समूची हैं और उनमें तारतम्य, ताना-बाना भी बड़ी सूझ-बूझ का है कविता की माप का ही...। दरअसल इस कविता में प्रेम पात्र की अलभ्यता को महान बनाकर, प्रेम पात्र को ऊँचे पवित्र मंच पर बिठाकर, शब्दों की इन्द्रियता के ज़रिए पूरे मंज़र को सार्थक किया गया है... कवि उन दृश्यों में ठहरा हुआ है मगर फिर भी तैरता रहता है ... टूटी हुई (इतनी टूटी भी नहीं, बल्कि चिटकी हुई) स्मृति-मणियों कवि के इतिहास के मोज़ाइक में टँकी हुई अद्‌भुत हो उठी हैं। कवि के शब्दों की इन्द्रियता के ज़रिए, रूप गढ़न में कवि को अलभ्य प्रेम को प्रेम पात्र की प्राप्ति हो जाती है... इस प्रेम पात्र में अनन्त छवियाँ हैं और सब छवियाँ कवि की अपनी हैं, अपनी संवेदनात्मक गहराई से उपजी धनी कल्पना से उद्‌भूत। हाड़-मांस से अप्रस्तुत ये छवियाँ पूरी तरह हाड़ माँस की मांसलता से भरपूरता की अनुभूति कराती हैं।

यह नारी-सौन्दर्य और काव्यात्मक सौन्दर्य पर पूरी तरह उतरती छवियाँ कवि को किसी समझौते, या कर्तव्य में बाँधे बगैर, उसे सब कुछ देते हुए भी कवि की ओर से अपने लिए भी आज़ादी पा लेती हैं... कवि अपना हक़ उस पर जताए बगैर उसे नितान्त अपना बनाए हुए हैं... उस पर अपनी लीला-उससे कोई भी लीला करने को मुक्त...हालाँकि इस लीला में एक ग़मगीन सुख है...पूरा का पूरा ताज़ा उन्मुक्त उल्लास नहीं...कवि की अपनी इन्द्रियता की ऊर्जा उसे थरथराती है...। शमशेर जी की अपनी रची नारी (जैसे ब्रह्मा की रची कला - काव्य-संगीत एवं रूप सम्पन्न सरस्वती) उनके दिल के शीशमहल में बिराजी हुई अपनी सभी कला के दर्शन कराती है...उसके प्रति (सांसारिक) ज़िम्मेदारी से मुक्त होते हुए भी कवि मानस की उस साम्राज्ञी के प्रति वफ़ादार है।...मगर वहाँ भी कचोट मौजूद है...स्वप्नभंग और व्यंग्य की रोशनी भी मौजूद है...तब। तब अपने सुखपूर्वक ग़म की सौन्दर्य लीलाओं के बाद कवि अपनी गोसी (समुद्र में चलने वाली वह नाव जिसमें कई मस्तूल होते हैं) लेकर निकल पड़ते हैं उदास और तनहा। मगर स्वतंत्र सचमुच। यहाँ उनकी निपट तनहाई है जो खोखली या खाली न होकर पुनः वह ऊर्जा ग्रहण करेगी जो उन्हें नई रचना की ओर ले जाएगी...अकेलेपन का समुद्र उस रचना का सबल स्रोत जो है।

प्रेम की कविता सीखने में बेजोड़, सिर्फ़ ऊँगलियों पर गिने जाने वाले कवियों- कीट्स, शेली, नेरुदा, कबीर के बीच एक शमशेर भी हैं।

उनमें भरपूर सौन्दर्य वाली निगाह थी। बस इतना ही जोड़ना था।

शमशेर जी के इस रचना-प्रवाह को अद्‌भुत रूप से संभव बनाने वाली दो बातें हैं : उनकी, उनके महसूस करने की सागरमयी ताक़त और हर चीज़ में सौन्दर्य देख-पा लेने की दृष्टि जो उनके कवि का मूल स्रोत होती है, उनके शुद्ध राग-भाव में घुली मिली। यही तत्त्व उनकी रचनात्मक ऊर्जा में तब्दील हुए। संसार की सारी अनुभूत छवियाँ उस सौन्दर्य के आँवे में गल कर, कवि के मन मुताबिक, उसके श्रम से जो रूप बनातीं उसका मौलिक निरालापन स्वयं साक्ष्य ही तो होता।

सौन्दर्य के ही उत्स से, उसी उत्स से प्रभूत ऊर्जा से रचना का खुलना फैलना अग्रसर होना तथा पर्वत की चोटी छू लेना होता... जैसे कोई पहाड़ी नदी सूरज के सात रंगों से रँग कर प्रवाहित हो रही हो हर एक रंग को अदा से झलकाती हुई... उनकी कविता - गद्य भी - चित्रों के रंग की बुनावट लिए होती। इन चित्रों की रचना में कोई 'वाद' नहीं समाता - इसे शमशेर जी की कविता को छायावाद प्रगतिवाद प्रयोगवाद और अतियथार्थवाद के तमाम 'वादों' में जबरन नत्थी कर देने वाले साहित्य के एकडेमिक डॉक्टरों को चेतना नहीं रही होगी कि कविता को नुकसान पहुँचाने का यह जतन कितनी बड़ी ख़ामख़ाही है...। संवेदनशील कवि अपने जीवन प्रवाह में अपने बदलते समय की धाराओं को कहीं पकड़ता, छू लेता, प्रभावित होता है तो यह एक सहज प्रक्रिया है, कोई वादवादी कैद नहीं। उसकी अपनी ही शर्त पर - उसके काव्य की दिशा की रचना होती है, 'वादों' की कन्डीशनिंग पर नहीं। वह अपनी दिशा ख़ुद चुनता है।

शमशेर जी की अपनी मानवीय रूप की (मायावी भी कह लें) एक मौलिक दुनिया थी उनके कवि संस्कार और ख़ुद की फ़ितरत से बनी, जिसमें पूर्वग्रह मुक्त उनकी निगाह में हर वस्तु का सौन्दर्य आ जाता सहज ही, जिसमें हर वस्तु छमक-गमक के साथ प्रवेश होती और बाहरी दुनिया उस जगत के भीतर तब मुक्त और सधी वीणा बजाती कला की लय पर उनकी काव्यात्मक चेतना हर चीज़ में सौन्दर्य पाने की क़ायल होती चाहे वह जूता मरम्मत करने वाले की गुमटी पर उसका झुका, पसीने से चुहचुहाता फटेहाल सिर हो, या इमारत निर्माण के लिए सिर पर ईंटों का पहाड़ लिए मिट्टी सने खुरदुरे नंगे पाँव सँभाल-सँभाल कर बनती इमारत की सीढ़ियाँ चढ़ती कोई मजदूरनी हो या फिर विष्णुकान्ता की नीलाभ बेल पर चढ़ी एक लालमुनियाँ चिड़िया। सभी के लिए उनके काव्य की रचना में बिना भेदभाव के जगह थी।

शमशेर जी ने एक बार कहा ही था कि - 'दृश्य जगत पहले मेरी नज़र में एक कम्पोज़ीशन के रूप में ही आ जाता है।'

शमशेर की कविता में आए बिम्बों को जो मौलिक तर्ज पर उनके मानस में तैरते हैं, सधे हुए उनके सपनों के आकार हैं – अतियथार्थवाद के ताखे में रख देना कहाँ तक संगत है – यह तो आलोचनाशास्त्र में पारंगत जन ही कहें तो कहें – इस शास्त्र में कच्ची लेखिका तो नहीं। वह तो बस इतना जानती है कि चेतन-अचेतन दोनों ही मानव के अनिवार्य और सहज अंश हैं, और एक दूसरे पर पलटा खाते रहते हैं – कभी सध कर मगन हो या कभी बोहिमियन तरीके से अस्त-व्यस्त होकर...। कोई रचनाकार इससे अछूता नहीं। शमशेर जी की प्रेम कविता जो विश्व के उन गिने महान-प्रेम कवियों में बखूबी शामिल हो सकती है – उसी चेतन-अचेतन की आपसी सधी टकराहट से होकर आई है। उनकी सौन्दर्य चेतना के घोल की चित्रकारी बनकर।

इस संसार की चीज़ों और प्राणियों से उनका सहज, स्वच्छ (भोला भी) संबंध होता था, जब इस संबंध में कोई (बुरी नज़र वाला) काले पत्थर फेंकता तो शमशेर जी का चेहरा तन जाता, मगर अपने शिष्ट संस्कार और कमाए संयम के तहत चुपके से इस पत्थर को निकाल अलग कर देते।

लुब्बेलुबाब उन्हें संबंधों का बेगानापन हरगिज़ पसन्द नहीं था। समुन्दर की हड़हड़ाती लहर की सदाबहार महानता, बेला की महमह नशीली कली, घास का एक तिनका, टूटी निब, कुल्हाड़ी की मूठ से लेकर मजदूरनी का भूसा जैसा बिखरा, पसीने से लटा उलझा बाल और ठेलागाड़ी की थकी चाल-सभी उनके अंतरंग नाते-रिश्ते में होते। इस पृथ्वी का समूचापन उन्हीं छोटी-बड़ी बातों से गढ़ा हुआ है। जीवन की धड़कन में पिन्हा। इन्हीं बातों का संतुलन उनकी कविता की खोज में है।

दुहराना क्या कि शमशेर के शीशमहल में बाहरी-भीतरी संसार की तमाम हस्तियों (विरोधाभासी भी) और प्रकृति की अदाओं की तमाम छवियाँ ही झलकती हैं उनका खुद का अहंकार नहीं।

वह शीशमहल भी उन्हीं छवियों से गढ़ा हुआ है।

शमशेर जी की कविता का अपना पैमाना उनका ख़ुद का है।

...कुछ तेज़ गरम लावे जैसी छवियाँ हैं।

डॉक्टर प्रभाकर माचवे जी के ससुर (पणिक्कर जी) की तरफ़ से कृषि मंत्रालय की एक पत्रिका में अनुवादक के काम का प्रस्ताव। मलयज भइया का इलाहाबाद विश्वविद्यालय से सहायक (अंग्रेज़ी) अध्यापक पद की मियाद ख़त्म हो चुकी थी। मैंने बताया कि मलयज का अंग्रेज़ी ज्ञान मुझसे बहुत ज़्यादा उच्च स्तर का है, वही ज़्यादा योग्य हैं इस काम के लिए। मैंने मलयज भइया को पत्र लिखकर दिल्ली बुला लिया। मलयज कृषि मंत्रालय में काम करने लगे और मैं ट्यूशन। हमने मॉडल टाउन के 'के' ब्लॉक की एक दूसरी मंजिल पर दो कमरे का फ़्लैट किराये पर ले लिया। माचवे जी की पत्नी शरत ने बर्तन बेलन से लेकर झाड़ू, साबुन तक,

गृहस्थी का सारा सामान साथ जाकर खरीदवाया और लदवा कर पहुँचा भी दिया। दिल्ली में तमाम असुरक्षाओं के बीच हम भाई-बहन की गृहस्थी की गाड़ी चल ही पड़ी।

शमशेर जी भी कुछ समय बाद आ गए हमारे पास। 'के' के बाद 'डी' ब्लॉक की मॉडल टाउन की दीवारें और बाग़ में हम तीनों की दिनचर्या की गंध से राग मालकौंस की शुरुआत... और कविताओं की ध्वनि अभी पुँछी तो न होगी।

उन्हीं दिनों अरे! १२ भाषाओं के जानकार। ग्रीक! लैटिन साहित्य के प्रोफ़ेसर! विद्वान। पेरू देश के सांस्कृतिक सचिव जी से मेरा (डॉ. प्रभाकर माचवे द्वारा) हिंदी-बंगला भाषा की टीचर के रूप में परिचय शमशेर जी की मित्रता में बदल गया! विद्वता का इतना दबदबा चढ़ा शमशेर जी पर कि वे उन्हें मेरे लिए सर्वोत्तम वर मान बैठे, सचिव साहब की इच्छा के तालमेल पर अपना सरगम चढ़ा- 'आख़िर तुमको और क्या चाहिए...इतने विद्वान हैं...तुम्हारी बहुत केयर करेंगे।' मैं चकित-भ्रमित। वे अपने विद्वान मित्र में वही गुण देख रहे थे जो देखना चाहते थे... गीत गोविन्द के अनुवादक के प्रति अति सम्मान से वे भर उठे थे। (यानी विद्वानों के सौ ख़ून माफ़ हर तरफ से!)

मगर कुछ समय बाद ही शमशेर जी को अपने विद्वान मित्र में 'कुलीनतंत्री पूँजीवाद' के दर्शन होने लगे तो उनके तेवर कुछ सिकुड़े...मगर अपने शिष्ट सुसंस्कृत संस्कारों के रहते वे खुलकर विरोध करने से बहुत दूर रहते। मगर वही एक दिन, उनके जैसा हलचलों से कतरा कर रहने वाला व्यक्ति भी परेशान हो सब्र का बाँध तोड़ कह बैठा- 'मैंने तुम्हारी जैसी टॉलरेंट और श्रीमान टी. जैसा टॉयरेंट जीव अपने जीवन में कभी नहीं देखा।' उनका 'इतनी भाषाओं के विद्वान, और गंभीर ओरियन्टलिस्ट' के प्रति अभिभूत होने का भाव काफ़ूर हो चुका था।

(मगर मेरा गठबंधन तो उनकी सम्मति से हो ही चुका था विद्वान जी के साथ!)

वे चौंके थे अप्रत्याशित हालत के साक्षात पर। मगर अभी तो आने वाले कठोर भविष्य के घंटे बजने की सुगबुग न हुई थी...

घर आते तो पहले वाली सहजता के स्थान पर औपचारिक शिष्टता ही शेष रही उनके समूचे बर्ताव में। अकेले में मुझसे बात करने में भी वे कतराने लगे (कि कहीं उनके मुँह से कुछ ऐसा न निकल जाये जिसके लिए वे बाद को पछताएँ)। अपराध-बोध तो रहा ही होगा फिर कहीं...

ज़्यादा वक़्त नहीं गुजरा होगा...।

घर में घुप्प-बगीचे से लेकर खिड़की दरवाज़े सब तरफ ख़ामोश खंज़र ताने हुए...दरख़्त प्रेतों जैसे सधे खड़े अंधकार के शिकंजे में कसे हुए...

पोर्टिको में 'तू लूस लुत्रेक' की पेन्सिल से उकेरा एक चित्र : एक मानव काया

गुमसुम बगल में झोला लटकाए, एकटक बंद खिड़की की ओर टकटकी ताने है...

उस बुत के हाथ में कागज़ का एक टुकड़ा है...

जी धक्-धक्...अंदर घुड़की देने लगा... (चंडीगढ़ से उसी दिन लौट आई थी थीसिस का काम पूरा न होने से) अपने कलेजे को थाम- 'अरे आप? शमशेर जी! यहाँ? इस तरह!.. क्यों? क्यों खड़े हैं?'

'बेबी को लेकर डॉ. टी. चले गए हैं।' कब्र के भीतर से उठने वाले बोल में शमशेर जी भूत की तरह बोलते हैं...

'कहाँ?' बदहवासी में उन्हें झकझोर कर सूखे, कर्कश गले से पूछती हूँ।

'पेरू।' उनका यह शब्द बम की तरह फूटा।

महज़ एक शब्द! हत्या की ज़बर्दस्त परिभाषा की तरह...फूटती ज्वालामुखी भूकंप में डूबती हुई...।

गाज गिरी और अस्तित्व के रेशे थरथराने लगे...।

शमशेर जी की ज़बान में ताला। वे गुमसुम। बेहयाई से पेश होने वाली क्रूरतम हक़ीक़त के वे अनचाहे प्रथम (और अंतिम) गवाह जबरन बना दिए गये थे...जिसका उन्हें सपने में भी इलहाम न हुआ था। बदहवास मैं बगीचे का फावड़ा लपक कर उठा लाती हूँ। खिड़की का काँच तोड़ भीतर के अँधेरे का कलेजा फाड़ वहाँ से वह सच्चाई झपट लेने के लिए...जो गायब हो चुकी थी...।

कि शमशेर जी हाथ पकड़कर फावड़ा छीन लेते हैं... अकस्मात बुत की हैसियत से पिघल कर- 'रुको खिड़की में फाँक है, ठीक से बंद नहीं की गयी।' और वे हाथ से खिड़की के पट ढकेल कर वहीं से भीतर चले जाते हैं। फिर दरवाज़ा खोलते हैं...सचमुच कहीं ताला नहीं लगा था...घर में मुख़्तसर सा सामान...स्पष्ट इशारों में बेहया बेरहमी दाने-दाने बिखरी हुई थी...घोषणा करती कि घर ढह गया पूरी तरह...बाग उजड़ गया पूरी तरह...अब जाओ तुम यहाँ से...।

शमशेर जी अब बत्ती जलाकर उस उजाले के बुत बन गए थे जहाँ वे भी एक ट्रेजेडी के हक़दार उस वक़्त बना दिए गए थे। न चाहते हुए भी...।

और तब भी झूठ की प्रेत-घोषणा करता एक चिट उन्होंने मेज़ पर से उठाया। मेरी तरफ़ देखा - 'अब तुम्हें बेहद धीरज की दरकार पड़ेगी... संभव है वे सचमुच बेबी के संग जयपुर गए हों- इस पत्र के हिसाब से और दो दिन में लौट आएँ।'

दो विरोधाभासी वाक्य - एक साथ झूठी सांत्वना की दो विपरीत शैलियाँ। हादसे से पैदा चीखती पीड़ा के लिए हर किस्म की टेकनीक बेकार साबित होती है। इसे शमशेर जी भी जानते ही थे।

वह तो सिर्फ़ अपनी असहायता व्यक्त करने का नाकामयाब, बूझा तरीका था।

मैं दौड़ती हूँ बदहवाशी-सी पेरू दूतावास की तरफ और शमशेर जी जड़ बने

खड़े रह गए– मुझे न वे रोक पाते हैं न ख़ुद अपनी जगह से हिल पाते हैं– वे एक शून्य दिशा में ताकते रह जाते हैं।

बेनकाब सत्य की अटल क्रूरता के आगे वे ठहर न पाए...।

एक जीवन के काव्य बनने से पहले वे एक टूटते जहाज के खंडित अंशों को सागर में डूबते देखने के गवाह बन चुके थे अपनी समस्त इच्छा के विरोध के बावजूद...।

शमशेर जी डिफ़ेन्स कॉलोनी के उस मकान में– ऐसे हाड़तोड़ हादसे के बाद– ठहर गए। उनकी समझ के बाहर था सब– सूजी आँखें... और न था कोई शब्द दिलासे का उनके पास मेरे लिए... बस मेरी पछाड़ खाती हस्ती को वे अपने मौन में ढकेलते गए...। दिल्ली विश्वविद्यालय में जहाँ वे हिंदी–उर्दू कोष योजना पर नियुक्त थे– से देर रात तक लौटने लगे– दस या ग्यारह बजे रात भी। हादसे की जानकारी किसी को न दी मैंने–इसलिए घर में केवल उन्हीं का इंतज़ार रहता। अपना निजी मामला, अपना, नितांत, अपना दुःख समझ कर ही सारी बात अपने तक रखी। मलयज तक को सूचना न दी। सभी की सेहत डाँवाँडोल। तब भला कैसे! शमशेर जी के रहते हुए भी मुझे खुद जिम्मेदारी से अपनी समस्या का हल खोजना था। वह मेरे अकेले का संघर्ष था– उसी तरह जैसे अकेले ही मैंने भोगा उस ट्रेजेडी को...

शमशेर जी पलायन करने लगे थे... वे इतना कष्ट देखने में सक्षम न थे... और उनका पलायनवादी सुझाव– 'बेटी की चिंता छोड़ो ... वह अपने पिता के संग पल जाएगी...आख़िर वे उसे प्यार करते हैं...वरना अपने साथ ले ही क्यों जाते?...तुम्हारे पास प्रतिभा है...तुम्हारा मन रचनात्मक है...अब अपना मन पूरी तरह पढ़ने–लिखने में लगाओ... और अपनी रचनात्मक क्षमता को आगे बढ़ाओ...अपनी थीसिस पूरी कर लो और लेखन में पूरी तरह जुट जाओ।'

निश्चय ही उनकी यह तथाकथित विवेकसम्मत राय मुझे निहायत अमानवीय लगी और शमशेर जी की तरफ से बेहद धक्का लगा इससे। आख़िर मैं माँ थी और श्रुति मेरी सर्वश्रेष्ठ रचना।

फिर भी मैंने सोच लिया शमशेर जी का नर्वस सिस्टम अच्छा नहीं इसलिए पराये मसले में पड़ने से–खास कर एक किस्म के पूरे अस्तित्व में भूचाल मचा देने वाले एपीसोड से– उनकी ऊर्जा का क्षय होता है।

मगर इसी तथ्य ने मुझे एकदम जगा भी दिया... मुझे एकदम लगा कि अपनी लड़ाई मुझे अकेले लड़नी है और अपनी ही शर्तों पर... मेरी उस चट्टान तोड़ती चिलचिलाती व्यथा का साझा किसी से नहीं हो सकता...

एक ही दिन में मैं एक नादान युवती से निकल परिपक्व स्त्री बन चुकी थी...मगर उस समूचे दुःखमय ड्रामे में शमशेर जी का रोल अभी बाकी था– अब तो

वे इस भँवर में अनचाहे एक्सीडेंटल ढंग से पड़ ही गये थे।

...घर का एक-एक सामान बिकने लगता है... आख़िर इस बंगले का ख़र्चा चलाना है...पैसे तो छोड़ नहीं गए मेरे पास-न मैंने कभी अपने नाम से कोई बैंक बैलेन्स बनाया। एम्बेसी के सचिव श्री तोर्रेस ने घर का विशालकाय नया फ्रिज महज़ डेढ़ सौ डॉलर का चेक देकर ले लिया...। कान्ता पित्ती दोस्त हैं...दोनों एयरकंडीशनर और लकड़ी का नक्काशीदार खूबसूरत पार्टीशन मुझसे ख़रीद लेती हैं...मुझे किसी चीज़ के दाम का नहीं पता- न शमशेर जी को। जो ख़रीददार बोल देते हैं हम मान जाते हैं...। बेबी की आया बेबी का पालना, बिस्तर, बर्तन, खाट अपने महीने भर के वेतन के एवज़ में उठा ले जाती है ढेर से कपड़ों के साथ। माली अलग से ख़र्च पूरे करवा लेता है। आख़िर में पारी आती है अपने गमलों से विदा लेने की। उन एक-एक फूलों से जिनका चुनाव और देख-रेख अपनी चेष्टा और प्रेम का सबूत रहा। तकलीफ़ इन्हीं को विदा करने में हुई, श्रुति के पालने के साथ ही।

शमशेर जी चिली देश के राजदूत से-जिनका चेहरा बब्बर शेर जैसा है, जो उनके विशालकाय मोटे थुलथुल जिस्म से लटका रहता- नशे में झूमता हुआ हर वक्त... तथा माथे पर 'कवि' नामक गन्दुम धब्बे-धब्बे चिप्पियाँ चिपकी हुईं उनके... जिसके तहत घाघपन से भोले भारतीय साहित्यकारों पर दबदबा बनाया जा सकता था- बात कर आए थे गमलों के बाबत। शमशेर जी खुद ही ट्रक में भरवा कर सारे गमले-पौधों, फूलों समेत- उनके बंगले पर ले जाकर दे आते हैं। लौटे तो चेहरा सूखा हुआ था 'मैंने सोचा था कवि होने के नाते संवेदनशील होंगे। मगर उनके द्वारा इतने सारे गमलों के लिए दी गई कीमत से सिर्फ़ ट्रक का किराया ही भर पाया- यानि महज़ चालीस रुपये। शमशेर जी के चेहरे पर कड़ुवाहट थी और अपने विश्वास पर रोष भी। फिर वे सँभलकर बोले दुबारा - 'ख़ैर चलो तुम्हारे गमले अच्छे बगीचे में पहुँच गए जहाँ उनकी अच्छी तरह हिफ़ाजत होती रहेगी। यही क्या कम है...तुम कितना चाहती हो अपने पौधों को...।'

इस तरह शमशेर जी अन्याय के विरुद्ध आए आक्रोश को तर्क के साथ सांत्वना में बदल देने को विवश होते। कड़ुवाहट में वे किसी तरह जीना नहीं चाहते। अपने मन में आई कड़ुवाहट को वे ख़ुद बर्दाश्त नहीं कर पाते थे। इसलिए सागरमंथन से निकले गरल के लिए कुछ समय को नीलकंठ बन जाना स्वीकार कर उस गरल को थूक देते...। 'वी लिव अवर रियलिटी...और वह गरल मेरी उस वक़्त की रियलिटी थी।

बाद में मैंने सोचा कुछ लोग एक निराले तरीके से कोमल और विचित्र ढंग से ठोस होते हैं; और यह दोनों का योग कहीं किसी स्थल पर उनके व्यक्तित्व में प्रकट होकर कठोरता का इज़हार कर डालती है- भले वे कांशस न हों इसके प्रति। ऐसे

व्यक्ति पर कोई तयशुदा मापदंड नहीं लगाया जा सकता, उन्हें उस तरह जज नहीं किया जा सकता...। और शमशेर जी उन्हीं थोड़े से निराले व्यक्तियों में से एक अद्वितीय व्यक्ति थे। मेरे दिमाग़ में जंग न लगी थी कि मैं उन्हें किसी कटघरे में खड़ा करके शिकायत करती (उस समय भी नहीं जब देश छोड़ने के बाद उनकी मौन भरी उपेक्षा ही मिली सालों तक)। मानव और दुनिया को देखने-परखने का, उससे नाता बनाए रखने का उनका अपना अंदाज़ था। उनकी जीवन प्रक्रिया से सूक्ष्मता से जुड़े हुए एक इंसान की तरह- गुणों, दोषों, कमजोरियों और महानता से जुड़ा हुआ।

X X X

मुझे अब बस जाना था। चंद कपड़े। डायरियाँ। कविताओं की कॉपी और कुछ पत्र। कुल यही जमापूँजी सात समुंदर पार थे साथ जाने को।

मेरी ऊरुग्वायन सहेली सुरामा ने मेरा इंतज़ाम कर दिया एयरलाइन्स से। और मैं अकेले मंत्रालयों की सीढ़ियों पर अपने पैर घिस-घिस कर कामयाब हो गई। शमशेर जी सुरामा को 'टैलन्टेड एंड गुड गर्ल' कह कर पसंद करते हैं मेरी सहेली के रूप में। सुरामा, बिरजू महाराज की शिष्या है और मेरी एकमात्र मददगार (सुरामा की मृत्यु जब एक्सीडेंट में हुई तो शमशेर जी बहुत डिप्रेस्ड हो गए थे)। आधी भारतीय आधी लैटिन अमरीकी सुरामा उन तमाम मध्यवर्गीय भारतीय युवतियों से अलग-थलग थी जिनके ऊपर 'ज़िम्मेदारी', सामाजिक कर्तव्य, सेवा, मर्यादा...आदि जैसी टकसाली भाषा शासन करती है नर संस्कृति के स्वामित्व पर, तथा दुर्भाग्य से उसी पर संतोष करने की आदत पड़ जाती है नारी जाति को जिसके जिस्म की महिमा, उसकी नरम तबियत उसकी सयानी बुद्धि से ज़्यादा आँकी जाती है...

– और मेरे तो सौभाग्य, दुर्भाग्य की शक्लें और हो रही हैं। एक तरफ़ जहाँ अलादीन का चिराग़ गलत रगड़ने पर दुःस्वप्नों की खलिश बारिश सिर पर होती रही, वहीं तमाम भले और उम्दा किस्म की हस्तियों की ममता-स्नेह का बल भी हासिल होता रहा और शमशेर जी?

उनकी आज़ादी उनके अहम् की हिफ़ाजत में रहती...उनकी उस आज़ादी में करुणा, सहानुभूति, समझदारी, सभी शब्द आते...मगर उनका अहम् या आज़ादी इन शब्दों की मुहताज़ न होती...। इन नोबल भावनाओं का नाता, दूरी और नजदीकी शब्द से तय होता।...

(यह कह कर मैं उनके प्रति क्रूर नहीं होना चाहती न अन्याय करना, मगर दूरी और एक लंबे अन्तराल में उनके कठोर मौन को सहने की ताक़त उस वक़्त मेरे घायल मानस में उतनी न थी और शंकाओं का प्रवेश...तमाम सवालों का उठ जाना भी स्थिति परिस्थिति के लिए स्वाभाविक था।)

मैं शमशेर जी से लड़ने-झगड़ने वाली स्थिति से एकदम बाहर हो गयी थी।

वह तो वहीं इलाहाबाद, बहादुरगंज और मॉडल टाउन में ही छोड़ आई थी बहुत पहले। मैं अकस्मात एकदम मेच्योर हो गयी थी...। एक बच्ची से निकल कर एक औरत-एक व्यक्ति में बदल गई...एक झपाटे से।

दिल का धधकता तहखाना मूँद लिया मैंने एयरपोर्ट जाने तक सबके आगे से। मैंने किसी से कोई शिकायत न की। शमशेर जी के पलायनवादी रुख के प्रति भी नहीं। माँ श्रुति के बारे में पूछती तो मैं सीधे बाथरूम का रुख करती...। और शमशेर जी की मैं शुक्रगुज़ार रही कि उन्होंने माँ से इस संबंध में मुँह न खोला। माँ को हाई ब्लडप्रेशर के अलावा डिप्रेशन की भी बीमारी थी।

शमशेर जी मेरे विदेश जाने से सहमत नहीं हो पा रहे थे। उनकी एक ही दलील- 'अगर तुम कवि हो तो बस काव्य-धर्म का निर्वाह करो।' हर ख़तरनाक मर्ज़ का यही नुस्ख़ा- 'कलाकार को विवाह के चक्कर...संतान के बवाल में नहीं फँसना चाहिए।...बस लेखन में ध्यान केन्द्रित करना चाहिए...' मेरे ऊपर से चिकने घड़े के पानी की तरह फिसल जाता। ...शमशेर जी को खुद अपने इस सुझाव में कितना विश्वास था- ये तो वही जान सकते थे। मैं नहीं।

वे खुद भी तो अनेक तरह की जीवन प्रक्रिया से सहमत न होते हुए भी दूसरों को इसकी छूट दे दिया करते थे (शायद खामख्वाह झंझट में न पड़ने के ख्याल से)।

किन्तु मेरा निर्णय - 'बेटी को खोजने जाना है, चाहे दुनिया के किसी कोने को छानना हो' से वे क्यों नहीं सहमत हो पाते थे?...क्या साहित्य इतनी महान वस्तु है कि उसके लिए जीवन की जड़ को ही इनकार कर दिया जाये? कहाँ से ऊर्जा मिलेगी तब साहित्य के लिए भी? संतान को नकारना क्या अपने ही अस्तित्व का नकार नहीं है? मैं क्या रह जाती बेटी को न तलाश कर? एक दिन क्या वह मुझसे पूछती नहीं? उसकी क्या प्रतिक्रिया होती? फिर आख़िर मेरी अटल ज़िद के आगे उन्होंने हार कर कह दिया- 'अगर ऐसा है तो फिर वही करो' वाली तटस्थ नीति पर ठहर गए। वे किसी के ज़िम्मेदार होने से कतराते रहे होंगे... क्योंकि उनकी अपनी पीड़ा तो रचनात्मक थी...। पराई पीड़ा से वे सहानुभूति रख सकते थे मगर उसका सामना करना उनके बूते की बात न होती।

उनका नर्वस सिस्टम अच्छा जो न था!

शमशेर जी मेरा यह तेवर देख चकित हुए थे कुछ। मगर कहीं तुष्ट भी और प्रशंसा-आदर का भाव भी उनके चेहरे पर झलका। उन्हीं की संगत का असर तो था कि बंद सिमसिम दरवाज़े खुल रहे थे - भले आँधी भी थी और पट चरचरा कर टूटे भी... मगर घर ही कहाँ कभी था- दरवाज़े ही तो थे बिना दरो-दीवार के...।

पालम हवाई अड्डा।

माँ, पिता, मलयज भाई और शमशेर जी- मेरे जीवन-भारतीय जीवन के यही

चार बुनियादी चेहरे!

सबसे ज़्यादा ग़मगीन चेहरा माँ का। उनके सुर्ख गोरे चेहरे पर खाइयों का अँधेरा उकेरा हुआ...। भरभराया चेहरा पिता का मगर वे एक ज़िम्मेदारी भरी समझदार मुद्रा में किसी गम्भीर कर्तव्य को निभाने की दिशा वाले रोल में चहलक़दमी करते। मलयज संजीदगी से उदास, गंभीर और भटकी विचारमग्नता में...कुछ लाचार।

सब के सब एक ऐसे चंचल दुरूह इंतज़ार में जिसकी परिभाषा बहुत दूर छूट गई है...। माँ की असहाय दीनता जिनमें अपने को पता नहीं किस अदृश्य भय से, उनकी किसी भी भाव या मन:स्थिति की अभिव्यक्ति नहीं हो पाती...एक बँधी हुई बाघिन जिसकी ज़बान काट ली गई हो...। शमशेर जी जैसे अपने आप को ही ढूँढ़ न पा रहे हैं...।

'बहू जी' प्रेमा जल्दी लौट आएँगी देख लीजियेगा- श्रुति के साथ' ...अंतिम तीन शब्द उनकी ज़बान पर सिहर जाते हैं ख़ूब मद्धिम होकर...।

माँ की आँखें झरने से बच नहीं पा रहीं...। जाना तो सिर्फ़ मुझे है... मगर जो यहाँ छूट रहे हैं उनकी हालत ज़्यादा बेबस, ज़्यादा असहाय है... उन्हें पता नहीं मुझे कितनी जवाबदेहियों के लिए भी अपना कुछ करना है...

मैं आँख मूँदकर एक छलाँग लगा जाना चाहती हूँ... और सह्य नहीं हो रहा...।

इस बीच पिता का रौबदार वाक्य- 'अरे बहू! बेटी बहुत दूर जा रही है और तुम रो-धो कर यह क्या अमंगल कर रही हो!'

माँ ने अपनी रुलाई को कराह कर चरमराता बाँध टूटने से बचाने के लिए पूरा का पूरा आँचल ही मुँह में ठूँस लिया और ठूँसती गईं... कि उनकी साँस घुटने लगी। मैं दौड़कर माँ के पास से उनका पल्लू खींचती हूँ, उन्हें कंधे से लगाती हूँ और पिता को आक्रोश से ताकती हूँ, घूर कर...उधर शमशेर जी कुछ हड़बड़ाए मूक बने से मेरी पीठ सहला रहे हैं- माँ को इसी तरीक़े से धीरज बँधाने की उन्हें सूझी। सहजता से वे भी कुछ रोष से पिता की तरफ देख माँ से कहते हैं 'बहू जी, सब ठीक हो जाएगा। प्रेमा बहादुर लड़की है।'

एनाउन्समेंट हो चुका। पालम की फ़्लाइट नम्बर...। मैं एक-एक कर सबके पाँव छूती हूँ। सभी गुरुजनों के। अन्त में शमशेर जी के तो-'अरे! नहीं' ही वे कह पाते हैं। उनके चेहरे पर भी ग़म की गहरी छाया है मगर वे सहज होने की कोशिश करते हैं। मलयज के कंधे पर वे हाथ रखते हैं। उनकी आँखों में पानी चमक रहा है। चेहरा भरभराया है।

– हवाई जहाज की ओर जाते हुए मैंने पीछे नहीं देखा...वरना वापस दौड़कर मैं माँ से लिपटने के बाद शायद कभी देश छोड़कर न जा पाती। माँ की मूकता में इतना

कुछ भरा था- सिर्फ़ पीड़ा ही नहीं- बहुत-बहुत कुछ...उनका अपना और समूची स्त्री-जाति का इतिहास...नाते...जो बार-बार खंडित होकर भी बने हुए रहते हैं...। और सबसे महान सत्य-जिसको नरम करने, शमन करने का कोई उपाय माँ के पास तो न था।

शमशेर जी ने यह सब देखा- समझा भी होगा।

शमशेर जी भी अब वही नहीं रहेंगे जिनसे मैं आसानी से लड़-झगड़ या रूठ सकती थी।

दक्षिण अमेरिका। पेरू का लीमा। शमशेर जी का एकाध पत्र। बाद में वह भी बंद। मेरी खबरें उन्हें मलयज भइया से मिलती रहतीं। सुरामा की आकस्मिक मौत पर बस एक पत्र।

शमशेर जी मलयज भाई के ब्याह के कुछ वर्ष बाद शोभा के साथ रहने चले गये। ख़ुद नहीं लिखा। फिर शोभा-अजय का ब्याह...भाषा-अनुराग के नाना बनना। साल-छः महीने में अपने आलस्य से परेशान होने की पछतावे भरी ख़बर शमशेर जी दे दिया करते और 'खुश रहो' का आशीर्वाद भी।

बाद में मैं बोइनोसाइरेस, अर्जेंटीना में रहने लगी। मात्र मलयज ही थे जो मेरे संघर्ष को समझ पाए सचमुच और मेरा नैतिक बल विदेश में बढ़ाते रहे या जितना कुछ भी कर सकते थे करते रहे। मलयज के पत्र द्वारा भी कभी कभार शमशेर जी की कोई राय, कोई उपदेश, प्रशंसा के चंद शब्द आ जाया करते। कभी-कभार कष्ट होता उपेक्षा भरे रुख़ पर (जो उनके स्वभाव का ही अंश था)। मगर मैंने कभी गिला नहीं किया। वे ख़ुद 'अपनी कमियों के प्रति अफ़सोस' का ज़िक्र मलयज के पत्र में ही कर देते।

...अपने जिये अनुभव की हर दिशा में मन ज़िग-ज़ाग भटक उन तमाम छवियों के तगड़े बादलों में घिर जाता है। जिन्हें पुनः प्राप्त करने नहीं, उनसे छुटकारा पाने की पीड़ा साथ चल रही होती है... जाने कब!

सन् १९८०। पूरे दस साल बाद!

बोइनोसाइरेस से दिल्ली, दिल्ली से उज्जैन...भोपाल और अंत में...

एयरपोर्ट पर कोई नहीं घर का। कनॉट प्लेस में मलयज अपने परिवार समेत। शमशेर जी नहीं थे।

मैं मिलने गई शोभा-अजय के घर। वे रसोई में चाय की तैयारी में। मैंने पीछे से जाकर उनकी आँखें हथेलियों से मूँद लीं, उन्हें बिना अपने आने की ख़बर दिए... मेरी हरकत एक बालिका की-सी।

आश्चर्य! वे पहचान गए किसकी हथेलियाँ थीं। पूरे दस साल बाद! 'प्रेमा'! और वे विह्वल हो उठे।

होली का दिन। शोभा से वे अबीर गुलाल माँगते हैं और मेरे मुँह पर एकदम मल देते हैं।

स्पेनी भाषा का गुणगान करते हैं जैसे स्पेनी भाषा एक पुल बन गया हो जिस पर वे चढ़कर अपने पछतावों का तर्पण कर रहे हों... दस सालों की उपेक्षा का पछतावा।

इतने सालों में दो-चार बार ही जो खत-क़िताबत की उसमें एक पुरानी शैली में पूछी, बतायी गई सामान्य बातों के सिवा, कभी समस्या की जड़ छूने की पहल नहीं की गई थी उनकी तरफ़ से ...मेरी समस्याएँ अग्नि की चट्टान जो हैं... उन्हें अपने नर्वस सिस्टम बिगड़ जाने का ख़तरा मौजूद मिलता होगा वहाँ! अर्जेन्टीना की बाबत वे ज़्यादा पूछते रहे। मैंने भी उन्हें उतना ही बताया जितना उन्होंने पूछा।

माँ की जटिल बीमारी की खबर सुनकर ही तो आई थी। मगर मलयज को बेहद कमजोर और हर वक़्त बुखार की हालत में पाया। मेरी अन्तश्चेतना ने ख़तरे की आगाही कर दी थी। मैं उन्हें ही लेकर एक शहर से दूसरे शहर घूमती रही। वे उन दिनों सारा वक़्त मेरे ही साथ बिताना चाहते थे। उन्हें मेरा सहारा चाहिए था। वे बुझ रहे थे... जिसका उन्हें अहसास भी था। उन्हें सीढ़ियाँ मुश्किल से चढ़ते, लड़खड़ा जाते देख मैंने करीब कातरता से शमशेर जी से प्रार्थना की कि वे मेरे जाने के बाद मलयज का पूरा ख़्याल रखेंगे। तो उनके उत्तर- 'तुम परेशान मत हो, मलयज के अंदर भीतरी ऊर्जा बहुत है। वे ठीक हो जाएँगे' - ने मुझे ज़रा भी आश्वस्त नहीं किया। बल्कि अपने को मुग़ालते की हालत में पाया उनके ठंडे रुख़ से। कितने भरासे से मैंने कहा था और बढ़ती लहर को एकदम पीछे लौटना पड़ा। मुझे लगा जैसे मैं ही आख़िरी सीढ़ी से गिरने वाली हूँ... मलयज का अस्थिपंजर एकदम लड़खड़ा गया था और मैं भीतर तक डर से काँप गई...।

उसी साल ...।

X X X

मेरे विदेश प्रवास में अपने जीवनपर्यन्त मलयज भइया ही मेरे सबसे बड़े मित्र-बंधु रहे। उन्हीं से मुझे नैतिक बल मिलता रहा और मात्र वे ही गहराई से मेरे संघर्ष का मतलब बूझते रहे। शमशेर जी ने तो कभी सीधे-सीधे जानने की भी कोशिश न की कि जलते लावे ने मुझे कितना और कहाँ-कहाँ जलाया...। वे मलयज के ही ज़रिए मेरी बाबत जानकारी हासिल करते रहे। स्वयं कुछ लिखने की बजाय मलयज के ही पत्र में चंद अक्षर मेरे लिए टीप देते थे। कभी भूले-भटके कुछ-कुछ पछतावे में क्षमा-सा माँगता नन्हा पत्र आ जाता जिससे झलकता कि मेरी मुसीबत में कुछ न कर पाने का अपराध-बोध उनके भीतर होता था। जो उन्हें करना था उन्होंने नहीं किया। मगर उनका पछतावा उनके मौन व्यवहार को न बदल पाया। वे एक किस्म के अन्तर्विरोध

में जी रहे थे। मैंने शमशेर जी का स्वभाव जानते हुए कभी उनसे शिकायत न की इस बात की। उनके स्वभाव की मजबूरी से झगड़ा नहीं किया। उनकी भावना और उनकी 'मजबूरी' को उन्हीं के हाथों सुरक्षित रहने दिया। यह कहने में हर्ज़ नहीं कि वह शमशेर जी नहीं, मलयज थे जिन्होंने विदेश में मेरे लिए हरित पगडंडी बताने की कोशिश की। (मुझे नैतिक जोश से भरते) ताकि थक जाऊँ तो वहाँ सुस्ता लूँ। संघर्ष से लथपथ मेरे माथे का पसीना मलयज ही पोंछते। शमशेर जी तो अपनी 'न लिखने की बुरी आदत से मजबूर' थे। अपने मौन के शीशमहल में अपनी सौन्दर्य-रचनाओं की लीला देखते रहे...। शमशेर जी को वैसी पगडंडी नहीं बनानी आती थी जिस पर (मेरे जैसा) साधारण व्यक्ति सुस्ताने को बैठ जाये। ये नहीं कि वे मुझे स्मरण न करते हों, मलयज से वे मेरी चर्चा भी करते थे, सुझाव भेजते उनके ज़रिए, मगर सारी बातें उनके मानस में घटती-मानस की घटना होती। शायद मैं भी उनकी मानसिक घटना थी ब्रह्मा जी की मानस पुत्री जैसी...। मगर यह कहना सही नहीं क्योंकि मैं बहुत ही और हमेशा ही स्वतंत्र व्यक्तित्व रही। शमशेर जी मुझे हमेशा 'दृढ़ संकल्पवान और मजबूत लड़की' मानते रहे। शायद इसीलिए त्वचा पर रेती चला देने वाली कड़ी धूप से बचा लेने के लिए उन्हें मेरे लिए कोई छाया तैयार नहीं की।

शमशेर जी अद्‌भुत संवेदना से अद्वितीय कविता बना सकते थे। मगर, उनमें दुःख शेयर करने की मजबूती है- ऐसा नहीं लगा।

मन के क्षुब्ध होने का वक़्त न था अपने पास, अपने प्रवास के भीषण अकेले के संघर्ष में। मुझे आज भी उस बात की शिकायत नहीं। कोई इंसान अपनी मनुष्यता में इतना समूचा नहीं होता कि वह अपनी या दूसरों की अपेक्षाएँ पूरी कर दे ज़रूरत के मुताबिक। शमशेर जी आख़िर मनुष्य ही थे अपने निराले गुणों अपनी कमजोरियों और अपनी बीमारी को मिलाकर। इसी तर्क पर मैंने कभी उन बातों की अपेक्षा दूसरों से नहीं की जो मुझमें नहीं है।

शमशेर जी से एक स्थूल मगर बेहद ज़रूरी तथ्य जो मैंने सीखा कि 'खानपान से दुरुस्त रहो। सेहत भली रही तो अन्य सभी मुश्किलें आसान हो जाती हैं' – वह मेरे प्रवास में बड़े काम आया।

शमशेर जी के बारे में मैंने मलयज को उनके attitude का विश्लेषण करते लिखा था (जो मलयज की प्रकाशित डायरी में दर्ज़ है)।

यह सही है कि दो नावों पर पाँव धर के खड़े रहना – वह भी बीच नदी में पूरे संतुलन के साथ बेहद भारी पड़ा मुझे। इसे शायद शमशेर जी ने भी महसूस नहीं किया। उन्होंने तो मलयज से यही कहा- 'लगता है प्रेमा संघर्ष के लिए संघर्ष कर रही है'। मलयज ने अपने पत्र में शमशेर जी का यह कमेन्ट मुझे लिख दिया। (१९८१)

शमशेर जी (शायद) भारतीय समाज के प्रति मेरे खंडित होते विश्वास को

बनाए रखना चाहते थे...उस बन्दरगाह को अब भी बचा लेना चाहते थे जिस पर लंगर पड़ना बाकी था और जिसे समुन्दर निगलने को एकदम तैयार बैठा था।

X X X

सन् पचासी।

शमशेर जी उज्जैन में हैं- कालिदास पीठ के अध्यक्ष के रूप में। जानकारी मिली मगर इस पर तवज्ज़ो न दी।

एक दिन उज्जैन विश्वविद्यालय से मेरे पास टेलीग्राम आता है कि मुझे ससम्मान लैटिन अमरीकी साहित्य पर व्याख्यान और कविता-पाठ के लिए निमंत्रित किया जाता है। मैं ऐसा कुछ लिख के तो ले नहीं आई थी, चूँकि स्पेनिश से हिंदी में कविताओं के अनुवाद के सिलसिले में जानकारी तो थी ही खासी, बोलना इतना मुश्किल नहीं लगा। फिर एक अध्यापक का पेशा संकोच से निकलने में सबसे ज़्यादा पहल करता ही है। कविताएँ थीं अपने पास।

शमशेर जी ख़ुद स्टेशन पर आए अपने चंद प्राध्यापक-कवि मित्रों के साथ मुझे लेने। उस दिन वे अति प्रसन्न और साथ ही व्यस्त दिखे। उत्सव या उत्साह था उनमें और मुझमें हिचक। उज्जैन कवियों की परम्परा वाला नगर लगा। क्योंकि एक साथ ५०० लोग कविता सुनने आ जायें तो चमत्कार ही तो है।

शमशेर जी दोपहर और रात का खाना मेरे साथ ही अतिथि गृह की कैन्टीन में खाते। मगर शाम की दूधिया चाय उन्हीं के घर में लेनी होती। उन्हीं के हाथ की बनाई- बहादुरगंजी स्टाइल वाली। शाम की घुमक्कड़ी में देवताले भी साथ होते। हमारा पाँच कवियों का ग्रुप एक छोटी बस में पूरे उज्जैन और साँची तक गया। भर्तृहरि के खण्डहर और अद्‌भुत शिवालय कालिदास की देवी... सुबह चार बजे की पूजा शिवमंदिर में... और पतला मगर खुला रास्ता।

शमशेर जी ने एक टेपरिकॉर्डर खरीदा- बोले अब इसमें सब बातचीत बंद करना है।

वापसी में ढेर सारे लोग स्टेशन आए। मगर शमशेर जी का ही हिलता हाथ दिखता रहा स्टेशन के अन्तिम छोर तक। मानवीय मार्मिकता की वह तस्वीर मानस में ज्यूँ की त्यूँ है। छोटी-सी, दुबली-सी काया और धरती-आकाश के बीच उठा हुआ एक हाथ... जो दूर जाते हुए की निकटता को पहचान रहा था कहीं गहराई से।...

भोपाल और भारत भवन। वक़्त याद नहीं-

मैं रमेशचन्द्र शाह के घर ठहरी हुई थी। पता चला शमशेर जी आए हुए हैं। भारत भवन द्वारा आयोजित अन्तर्राष्ट्रीय सांस्कृतिक-साहित्यिक कार्यक्रम के विशिष्ट अतिथि के रूप में निमंत्रित, एक उम्दा होटल में उन्हें पूरा सूइट लेकर ठहराया गया है। मैं होटल में पहुँची तो देखा वे टेपरिकॉर्डर लेके बैठे हैं और मेरे आते ही तुरंत उन्होंने

उसे चालू कर दिया- 'अच्छा तो है हमारी सब वार्ता इसमें रिकॉर्ड हो जाएगी' - मेरी आश्चर्य विस्फारित आँखें देख वे एकदम बोले। शमशेर जी ने अपने जीवन में पहली बार एक टेपरिकॉर्डर खरीदा था- 'बस बोलती जाओ।' उस दिन आज़ाद मन से शाम को भारत-भवन के कार्यक्रम में जाने तक शमशेर जी ही मुझसे बतियाते रहे और वह सब वार्ता और ठहाके उनका टेपरिकॉर्डर अपने में सोखता रहा। बूढ़े और कमज़ोर हो जाने के बावजूद, सहारा लेकर सीढ़ी चढ़ने-उतरने से रह-रह कर उनके चेहरे पर पसर जाने वाली उदासी के बाद भी उनका उत्साह बना रहा पूरे दौर में। मैं हर जगह, हर कार्यक्रम में उनके साथ रही। भाषणों से लेकर 'सामगान' और 'बाउल' संगीत तथा शानदार भोज तक। सब उन्हीं की बदौलत। मुफ़्त में मुझे। वरना मेरा वहाँ होना भी किसी को क्या पता था सिवा रमेश और ज्योत्सना मिलन के। अहंकार के अभाव ने सब-वह शानदार मेला-खुशी-खुशी मंजूर करवा लिया, भले ही कुछ संकोच और संभ्रम के साथ। शमशेर जी के कुछ रुग्ण और बूढ़े शरीर के लिए बिना सहारे चलना उस वक़्त तक मुश्किल हो गया था। तब ख़ुशी और संकोच दोनों के मिले-जुले कर्तव्य भाव से उन चंद दिनों के लिए मैंने उनकी लाठी बनना स्वीकार कर लिया था।

शमशेर जी कुछ पछतावे से भरे मिले। भीतरी पछतावे को कुछ क्षमा-सी माँगते हुए, ज़ाहिर भी किया- 'मैं तुम्हारे प्रति बहुत बुरा रहा? तुम बहुत नाराज़ होगी।' 'नाराज़गी की वजह आप ही बता दीजिएगा' मैंने तत्काल उत्तर दिया- 'आप ही तो कहते हैं कि आदमी अपने स्वभाव के विरुद्ध क्यों जाये और आप हैं आलसी, अपने कथनानुसार पत्र लिखने में।' इतने साल विदेश में रह कर मेरी नाराज़गी भारतीय परिभाषा से अलग हट बुझ चुकी। इतनी समझदारी भी तो आ गई- जो नहीं उसका गम क्या। '...फिर मलयज भइया के ज़रिए आपको मेरी जितनी खोज-ख़बर पानी थी वह मिल ही गई होगी...फिर पछतावे की बात कहाँ शेष रह जाती है,' कहकर उनके मन की पीड़ा को धोने के यत्न में अनचाहे उसे कुरेद ही दिया...। कहीं व्यंग्य का स्वर शब्दों में झलका ही। फिर भी शमशेर जी को मैंने उतना आनन्दित पहले कभी न देखा था। वे बेझिझक और धारा प्रवाह थे। उस दिन भोपाल के उस होटल की जोगिया तिपहरी में शमशेर जी ने मुझसे राग बागेश्वरी गवाई थी।

शमशेर जी को बुखार चल रहा था धीमे-धीमे। वे भोपाल से दिल्ली मेरे साथ ही आए। स्टेशन पर मेरे मना करने के बावजूद कुछ ख़रीदकर खा लिया जिससे तबियत और बिगड़ी। मुझे दिल्ली लौटते ही फ़्लाइट पकड़नी थी अर्जेंटीना के लिए। उस दिन सारी रात मॉडल टाउन की छत पर हम बतियाते रहे, कविता की, भाषा की, जीवन के अनेक पहलुओं की, बहादुरगंज और उनके मित्रों की। हमारी तमाम बातें टेपरिकॉर्डर पर अपने आप रिकॉर्ड होती रहीं। सुबह मैंने उनका प्रिय पपीता दिया, मुसम्मी का जूस पिलाया और बुखार न उतरने पर उन्हें जबरन मनाकर डॉक्टर के पास

ले गई।

निश्चय ही डाइग्नोसिस वही नहीं निकली एकदम जो उनको भविष्य में एक गंभीर बीमारी की सूचना में निकली थी। वह सन् पचासी का मार्च का महीना था न?

देश से जाने वाले दिन शमशेर जी, पिताजी और मेरी बातचीत टेपरिकॉर्डर पर देर तक होती रही। उसी दिन शमशेर जी ने प्रमुख प्रिय कवियों की ग़ज़लें बड़े तरन्नुम से गुनगुना कर सुनाईं। ममता में पगी उनकी निगाह और मुस्कुराहट दोनों की नियामत से- भाग्य की रेखाएँ उज्ज्वल रहीं...

शमशेर जी के अंदर अपनी उपलब्ध सच्चाई के प्रति एक ज़िद, एक निष्ठा दोनों थी। इसीलिए दूसरे को चूँकि कष्ट पहुँचाना उनकी फ़ितरत के लिए मुश्किल होता, अपनी निष्ठा के विपरीत बातें सुन वे 'हाँ-हूँ', 'हो सकता है आप सही कह रहे हों'- आदि कह सुन कर विनम्रता का परिचय मात्र ही देते और कुछ नहीं।

मगर मैं तो किसी अन्य प्रसंग पर थी न? या नहीं?

हाँ तो-

हरारत, थकान, पेट के दर्द से परेशान शमशेर जी मनाही करने के बावजूद एयरपोर्ट पर शोभा को भी साथ ले, मुझे छोड़ने गए (माँ नहीं थी - निधन हो चुका था सन् ८० में ही। पिता अस्वस्थ।) हवाई जहाज में शमशेर जी की ग़मगीन, पुष्ट रूप से कवि, तथा बीमारी की लाचारी में गिरफ़्त अकेली तस्वीर मानस में बार-बार उतरती रही। हवाई जहाज जब पृथ्वी के समूचे नक्शे के पार चला जाता है, एक सफ़ेद धुंध में भीतर तब उस वैक्यूम वाली हालत में मानस को आज़ाद रूप से अपनी सलवटें खोल अनुभवों का संचित कोश निकालना सहज-सरल हो जाता है। कभी क्रम से बातें नहीं आतीं- मगर वे बहती हैं अपने ही तर्क पर...। मगर जो भी छवि बादलों की धुंध पर चढ़ भटकती सामने आती है वह ठहरती नहीं। वह लगातार फ़्लो में रहती-रहती लुप्त हो जाती है- जब तक पकड़ में आए। ऊपर शीशे की खिड़की के बाहर आकारों की तलाश करीब व्यर्थ रही...। अकस्मात सोच डाला- 'शमशेर जी अब कभी एयरपोर्ट पर मशीनी सीढ़ियों से ऊपर सरकते मुझे देख न पाएँगे।' यूँ दरअसल अपनी ज़िन्दगी से अपनी चेतना से कोई शिकायत नहीं-वह सबसे बड़े हिस्से में मेरी ही गढ़ी हुई अपने जतन से, अपने संघर्ष से है। यूँ यह भी सही है कि इतने दूर का प्रवासी हो जाने के बाद अपने देश से चोकर ही मुझे-कभी-कभार वह ही- मिलती रही जिसे सर-माथे चढ़ाकर चंदन की तरह रख लेती हूँ। इस तरह लगता है कि भारतीय नक्शे में मेरे लिए भी कहीं जगह है।...वैसे तो देश के नाम पर मेरा सबसे बड़ा राग मेरी अपनी मातृभाषा है जो मेरे लेखक की पहचान है...। स्पेनी भाषा में कविता, लेख आदि लिखते हुए भी और इस भाषा की जानी-मानी लेखिका स्वीकार कर लिए जाने के बावजूद भी अपनी संतान की, दोस्तों की भाषा होने और मेरी भी

द्वितीय भाषा बन जाने के सारे तर्कों के बावजूद मैं अपने को स्पेनी भाषा का रचनाकार नहीं मान पाती।

यह अपने देश की जड़ों-भाषागत खासकर-से जुड़े रहने के कारण ही तो।

संभव यही है कि मेरे यहाँ के अपने देशी लोग इस पीड़ा को, इस सच को न समझें...। मुझसे अपेक्षा करने वालों से अपेक्षा न रखने का गुण मुझमें आ ही गया है। शमशेर जी के रहते ही।...फिर खुशनुमा, खुशबूदार हवा तो कहीं भी मिल जाती है और जब अपने पास कोई मिशन हो तो धरती का कोई भी टुकड़ा अपना ही है...सही है।

यही सब सोचती रही हवाई जवाह की ढाई दिन की यात्रा में। भारत भवन की खुशनुमा हलचल, सामगान के जरिए आरण्यक संस्कृति में पहुँच जाना, शमशेर जी का विभोर होकर 'वाह-वाह' करना जी से...उनका तरन्नुम में अपनी और अपने प्रिय कवियों को गाना।...बस यहीं तक। सब बिखराव संतुलित (मन का)।

रमेशचन्द्र शाह और चन्द्रकांत देवताले से मैं ख़त-किताबत करती आ रही थी- उत्तर भी तुरंत मिल जाते- खासकर शमशेर जी को लिखने पर शायद ही जवाब आए। उज्जैन से यूनिवर्सिटी के अध्यापकों के, कवियों के सराहनीय पत्रों का जवाब मैं हमेशा देती रही। उन्हीं पत्रों से मुझे शमशेर जी की कठिन बीमारी का पता मिला- आर्टेयोक्लोरोसिस और पार्किन्सन एक साथ।

ये भी पता लगा कि वे शोभा अजय का घर छोड़ गुजराती क़स्बे सुरेन्द्र नगर चले गए हैं- रंजना अरगड़े के पास रहने लगे हैं।

मैंने रंजना जी को ही लिखा- शमशेर जी की सेहत संबंधी हिदायतों के साथ बोइनोसाइरेस में अपने डॉक्टर मित्रों के जरिए मैंने काफी कुछ सूचनाएँ इन बीमारियों के बाबत भी इकट्ठी कर ही लीं थीं। दवाओं के अतिरिक्त खान-पान पर जोर। अनुकूल वातावरण, प्रसन्न मनःस्थितियाँ बनाए रखने वाली परिस्थितियाँ यानी सारे वे पॉज़िटिव तत्त्व भी जिससे मरीज़ का घनिष्ठ नाता है...आदि पर ध्यान देना। यही नुस्खे और यहाँ तक कि खान-पान की कई रीतियाँ, मेनू तक लिख के रंजना को भेजा- शमशेर जी की बुनियादी दिलचस्पियों की याद दिलाते हुए...।

X X X

सन् १९८७

मेरे भारत जाने की बारी पुनः आई। मगर, भारतीय दूतावास की नौकरी में तीन महीने से ज्यादा की अवैतनिक छुट्टी न मिलने से इस बार दिल्ली में ज़्यादा नहीं रह सकी।

मैंने कृष्णा सोबती से ज़िक्र किया अपने सुरेन्द्र नगर जाने की बाबत। उन्होंने अहमदाबाद में अपने किसी रिश्तेदार का पता दिया जहाँ मैं एक-दो दिन ठहरकर

सुरेन्द्र नगर जा सकती और वे लोग इस बाबत मुझे सही सूचना दे सकते थे- कि कैसे गांधीनगर की ड्योढ़ी तक रंजना अरगड़े के घर पहुँचा जा सकता है।

मैंने वही किया।

गुजराती इलाके का सूखापन, धूल और गांधी जी की धरती। गर्मी और पसीना मेरा ठंडे देश में बसा तन झेल गया गांधीनगर पहुँचने की नियत पर। अपने दिल की गहरी उदासी एक उजली झील बन जाती है...उसमें एक पैनल एक स्लैब उतर आता है ऊपर बहकर...पैनल में कुछ हिलती शक्लें...कुछ आहटें खिंची हुई हैं...वे मुझे नहीं देख पाते, मैं उन्हें-हाँ में धरती जाती हूँ...

जीप जब गांधीनगर के दरवाज़े पर रुकी तो शमशेर जी दरवाज़े पर ही खड़े इन्तज़ार में मिले- 'मैंने तो सोचा तुम आओगी ही नहीं... मैं तो निराश होने लगा था।'

मुझे घर के भीतर ले जाते वक़्त आँख भर कर देख बोले- 'अरे! तुम तो बहुत लम्बी हो गई हो।'

(शमशेर जी का बीमार शरीर छोटा लग रहा था मेरी बगल में-शायद इसीलिए ही कहा हो ऐसा।)

रंजना ने उस दिन छुट्टी ले रखी थी या शायद थी। बातें और परिचय। अकस्मात् शमशेर जी बोल उठते हैं, एक शाम के नीले धुँधलके में कहीं कुछ सुंदर देखते हुए बालकनी की रेलिंग थाम कर, पीछे मुड़ते- 'तुम और रंजना, स्वभाव, रूप-रंग, ढाँचे, टैलेन्ट, आदर्श, ऊर्जा, व्यवहार ... सभी में एक दूसरे से भिन्न होकर भी एक साथ हो किस समता से मुझे, बड़ा अजब लगता है और अच्छा भी...। तुम्हें संतुलन करना आता है...।' फिर पता नहीं क्यों वे कुछ गंभीर तौर पर उदास हो जाते हैं...

...शमशेर जी रसोई में बैठे मेरा पकाया भोजन कर रहे हैं जिसमें दही में मिले हुए अनेक फलों के टुकड़े और सब्जियों का पनीर मिला सूप भी है। दाल का पीठा साथ में मुसम्मी का रस। वे चाव से खाकर 'वाह-वाह' (आह के तर्ज पर) कह रहे हैं। खाने के बाद- 'इतना जादू है तुम्हारे हाथों में। खाना-पकाती हो तो कविता की शैली में...। बताओ तुम चली जाओगी तो मुझे यह ऐश्वर्य कहाँ मिलेगा? आखिर तुम जान ही लेती हो कि मुझे यही चीजें, इसी तरह पकाई पसन्द हैं? वाह! आनन्द आ गया! - मगर यह भी तो तुम्हीं समझ सकीं...'। इस वाक्य के साथ उनके चेहरे के आनन्द मग्न तुष्ट भाव पर करुणा की एक बारीक लेई बिछ गई।

मैंने कहा नहीं मगर सोचा- 'आप भूल गए हैं कि अपने अजीज़ों को बचाने की कोशिश वैसी है जैसे अपने को बचाने की कोशिश...। जैसे सपने में, नदी तट के सपाट चिकने पथरीले तट से गिरते हुए उस कम्बल को काठ के तन से लपेटना हुआ जो आधा पानी में गिर कर भारी हो गया था... और जिसे सारा दम लगाकर ऊपर

खींचना हुआ...। वह रूखा बोरेनुमा कम्बल सपाट सिमेन्टी झुके पटरीनुमा तट के लिए एक ज़िन्दा अस्तित्व को बचाए रखने के लिए...।'

(शायद यह मेटाफ़र सही नहीं) हवा में मफ़लर की तरह का यह वाक्य उन्हें कैसा लगा होगा?

खाने के बाद वे मूड में आ गए।

कविता पर बोलने लगे– 'रचना में कवि क्या कहना चाहता है वह मुख्य बात है, कविता का अच्छा लगना मुख्य नहीं है– कोई जहरीला फूल भी अच्छा लग सकता है... मैं कविता और कवि दोनों का संदर्भ देकर परखता हूँ।'

बोलते गए– 'क्षणों की एक फ़िल्म होती है कविता... चाहे वह एब्स्ट्रैक्ट ही हो... वह हमारी आज़ादी की दुनिया है।'

मैंने देखा उस वीरान जनहीन से इलाके के पुते मकान में– बात के अन्त तक पहुँचते–पहुँचते अकस्मात् उनकी आँखों की अथाहता में मजबूरी नामक एक मछली तैर गई थी...।

रंजना अपनी सहेलियों के साथ कहीं बाहर गई हुई हैं– मैं और शमशेर जी भी सुबह साढ़े चार बजे ही जग गए थे। मैं जगी उनको आँगन में यूँ ही भटके से खड़े देखकर। वे अपने चारों ओर पता नहीं क्या ताक रहे थे। वे मुझे जगा देख मुस्कुराए। मेरे साथ ही वे सहजन के पेड़ के पास जा खड़े हुए– सहजन आँसू की तरह अपनी डालियों से लटके थे...। वे लटके सहजनों की ओर देखते बोले– 'सपनों की किस्में होती हैं...जैसे चीजों की...मगर सपना बड़ी चीज़ नहीं होती, उसके देखने की क्षमता गूढ़ और बड़ी चीज़ होती है...। तुम्हारे पास वह क्षमता है। और सपने की पूँजी भी तो होगी ही।' (उस दिन शमशेर जी किसी 'दवा' की मजबूरी में नहीं धँसे थे) यह कहते हुए उनके संवेदनशील नथुने हिलते हैं और कुछ–कुछ टेढ़े होंठ थिर–से हुए हैं। वे सहारा लेके खड़े हुए हैं। सारे वक़्त बिस्तर पर पड़े रहने में कौन–सी लज़्ज़त है– कुछ टहलें तो बेहतर–रक्त संचालन ठीक रहेगा। जाने क्यों मेरा ध्यान एकदम गद्यात्मक हो आता है। शायद उनके अपने प्रति व्यक्त विचार का भार झेल पाने में अपने को कमज़ोर पाकर।

मगर मैं शमशेर जी की ज़्यादा केयर नहीं कर सकती, उनके संग कविता में ज़्यादा नहीं धँस सकती– बहुत चाह कर भी।

मुझे लौटना है। परदेश में श्रुति है– मेरे इन्तज़ार में।

X X X

इस बार शमशेर जी कुछ ज़्यादा बीमार हैं– ख़बर मिली।

सन् १९८९ इटली होकर सुरेन्द्र नगर की अंतिम यात्रा। साथ में मेरी लड़की श्रुति भी थी।

शमशेर जी के रंजना-रंजित समाचार रंजना से मिलते रहे थे और मैं शमशेर जी की सेहत से नाता रखने वाले सुझाव, डायटिंग की रेसिपि, उन्हें भेजती रहती। सन् ८७ में रंजना से पत्र-व्यवहार शुरू हुआ था कभी-कभार के रूप में ही और कभी-कभार ही शमशेर जी की एकाध सतरें और लाल स्याही से लिखा हस्ताक्षर रंजना के ही ख़त में नमूदार हो जाता।

कुल मिलाकर, परिस्थिति या स्थिति की शासिका रंजना जी ही थीं।

अहमदाबाद से सुरेन्द्र नगर तक जीप धूल धक्कड़ भरे, ढाबों से कुछ-कुछ ज़िंदा हो गई कच्चे से रास्तों पर ढचर-ढचर चलती श्रुति की सहज उत्सुकता में इजाफ़ा करती। जिज्ञासा नापती/साफ चिकने-चुपड़े देश में रहने वाली किशोरी ने गर्मी, पसीना, मरुस्थली धूल, बवंडर सभी बखूबी झेल लिए अपनी भोली (और तर्क संगत भी) जिज्ञासा के तहत। रास्ते के ही ढाबे की चाय भी उसने बे-हिचक पी ली। जीन्स तज कर उसने सलवार-कुर्ता ही पहना था- भारतीय सामाजिक दशाएँ और पूर्वाग्रह उसने सूँघ लिया था...।

तिपहिया अन्त में खट्ट से गांधीनगर के रंजना-शमशेर द्वार पर रुका।

लाठी टेक-मनाही की उपेक्षा करते - शमशेर जी खुद द्वार तक आए। श्रुति पर उनकी नज़र पहले पड़ी। उसे घेर कर अंदर ले जाते हैं बार-बार उसका बाल सहलाते हुए। अन्दर कमरे में वह उसका सिर सूँघते हैं। गाल सहलाते हैं। अत्यंत स्नेह से उसे बिठाते हैं कुर्सी पर। रंजना से अपनी हाल की प्रकाशित काव्य-पुस्तक मँगवाते हैं- "श्रुति को 'श्रुति' कविता सुनानी है।" बहुत अनिवार्य तथ्य की तरह कहते हैं। फिर वे मेरी तरफ मुड़ते हैं- 'मैंने सोचा तुम आओगी ही नहीं इस बार। कितना शुभ हुआ कि तुम आ गईं वह भी श्रुति को लेकर...' फिर कुछ रुक कर 'वह बित्ता भर की ही तो थी जब उसे अन्तिम बार भारत में देखा था... और अब देखो...इस श्रुति में वह नन्ही सी श्रुति कैसे गुम हो गई है', बोलते रहे वे रुक-रुक कर धीमी आवाज़ में। मगर उत्साह है।

श्रुति ने अपने अन्तःकरण की ध्वनि से ही शमशेर जी से तुरंत अपनी पहचान जोड़ ली...उसने जैसे शमशेर जी के अन्तर की और अन्तर में चलती घटनाओं की परख कर ली...। उसकी भोली पारदर्शी बेदाग गोरी त्वचा भाव-विभोरता से कुछ थरथरा आईं... 'ममा मुझे ऐसा लगता है कि मैं इन्हें हमेशा से जानती हूँ।' -श्रुति की विशाल कमलाकार आँखों पर मुग्ध-से हुए शमशेर जी; उसकी लम्बी पलकों को सहला तक दिया- 'अरे देखो, वह नन्ही गदबद गुड़िया अब कितनी अद्‌भुत निकल आई है ... तुम्हारी तरह टैलेन्टेड ज़रूर होगी... यह चेहरे से टपकता है।' शमशेर जी ख़ूब अच्छे मूड में आ गए हैं।

इस बीच रंजना किताब ले आई। शमशेर जी मुझसे आग्रह करते हैं कि मैं

उनकी 'श्रुति' नामक कविता का अनुवाद कर उसे सुना दूँ। वे पढ़ते हैं और मैं एक-एक पंक्ति का अनुवाद उनके मुख से सुन लेने के बाद करती हूँ। जब वे दुबारा पढ़ते हैं मेरे आग्रह पर। इतनी हैरत में पड़ गई है कि उसके होंठ काँपते दिखते हैं – सारी बातें इतनी अजनबी, इतनी अकस्मात और इतनी सुंदर हैं कि वह कोई स्पष्ट प्रतिक्रिया नहीं कर पाती सिवा झुक के 'ग्रासिया, ग्रासिया, (शुक्रिया, शुक्रिया) कहने के। वह भी बाद में जब उसे होश-सा आता है। अपनी भावनाओं के कैद से बाहर झाँक पाने के पश्चात...।

कविता के बाद चाय-नाश्ता।

शमशेर जी कमर पर हाथ धर कष्ट से उठने की कोशिश करते हैं तो श्रुति उन्हें बाँह से पकड़ कर उठाती है सहारा देकर। कुछ-कुछ सकुचाते हुए बहुत नर्मी से जैसे शमशेर जी के अलावा उसे भी चोट लग जाने का डर हो...।

इस बार मैं शमशेर जी के लिए मालिश करने की एक इलेक्ट्रिक मशीन लाई। शमशेर जी पीठ के बल लेट जाते हैं श्रुति के आग्रह पर एक बच्चे की तरह। मालिश मशीन का उद्‌घाटन श्रुति शमशेर जी की मालिश से करती है। बड़ी सावधानी से रुक-रुक कर- शमशेर जी की पीठ, कमर, बाँह, कंधे आदि पर वह मशीन फिराती है। मैं चुपचाप मशीन की आवाज़ सुनती बैठी हूँ खामोश फ़िज़ा में। शमशेर जी रिलैक्स होने लगते हैं- 'दरअसल हमारी यथार्थ की समझ बड़ी धीमी होती है...मगर देखा इस प्यारी-सी भोली खूबसूरत बिटिया रानी को...कितनी शार्प, कितनी गहरी समझ है इसकी...तुरत-फुरत समझ लिया बिना समय खोये कि- मुझे क्या चाहिए'...शमशेर जी बोल जाते हैं।

और भी तमाम छवियाँ – संपूर्ण और अधूरी भी-मगर ज़िन्दा...

श्रुति हाथ में दाढ़ी बनाने का रेज़र और ब्रश लिए बैठी है उकड़ूँ...शमशेर जी एक पीढ़े पर बुद्धू सा मुँह बनाकर इंतज़ार करते हुए श्रुति के हाथों...। दृश्य मज़ेदार है...श्रुति ने पहली बार रेज़र अपने हाथ में उठाया है- भला उसे यह ख़्याल कैसे आया? उसने तो पहले किसी की दाढ़ी छुई भी नहीं।...वह कुछ सहमी हुई है अपनी अपने को दी गई इस चुनौती पर...मगर वह हिम्मत जुटाने के लिए मेरी तरफ़ अपनी एक आँख दबा देती है गहरी नज़र से ताककर... मैं समझ नहीं पाती कि यह अनाड़िन की नानी दाढ़ी क्यों बनाने बैठी शमशेर जी की? शायद करुणा और स्नेह के सम्मिलित संपर्क से...शमशेर जी उस किशोरी के आगे पूरी तरह समर्पित मुद्रा में बच्चे की तरह...किसी अप्रत्याशित (सुखद) घटना के इंतज़ार की मूर्ति बने बैठे हैं...

मैं एक फोटो खींच लेती हूँ।

इतनी अद्‌भुत और अलभ्य छवि है दोनों की!!

मैं श्रुति को लेकर (रंजना के साथ भी कभी-कभी) बाज़ार जाती हूँ- तमाम

किस्म की (बाज़ार में जितनी वेरायटी है) फल-सब्जियाँ, दालें, पनीर, बढ़िया चावल, दही आदि झोला भर-भर ख़रीद लाती हूँ... शमशेर जी को हमेशा ही सलादें बहुत पसन्द रहीं और भीगे चने का अंकुर...मैं पूरी तरह कोशिश में हूँ कि शमशेर जी को भोजन में भरपूर सलाद मिले, मिनरल, विटामिन, प्रोटीन आदि की मात्रा प्रचुर हो ताकि उनका पेट 'ठस्स' होने से बचा तो रहे, (ताकि कब्ज़ दूर करने के लिए रंजना को उन्हें तेज़ जुलाब देने की मजबूरी न महसूस हो- कि वे शर्म और दर्द दोनों से बुरी तरह तड़पते रहें सप्ताह के एक दिन) साथ ही बीमारी दूर करने के लिए उनके शरीर के रक्षक रक्त-कण मजबूत हो जाएँ- यानी इम्यूनिटी सिस्टम मजबूत होने पर वे बीमारी और तेज़ दवाओं दोनों से भिड़ सकें। अर्जेन्टीना में अपने डॉक्टर दोस्तों के लिए सेहत संबंधी कुछ तो टेक्निकल जानकारी मिली ही; अपने देश में मात्र एक शमशेर जी ही रहे जिनसे मुझे 'सेहत सही रखने' की दीक्षा मिली थी- 'खानपान, एक्सरसाइज़ से दुरुस्त रहो...सब समस्याएँ अपने आप हल कर लोगी।' उनका मंत्र था। खाते समय वे हमेशा श्रुति को अपने बगल में बिठाते और हर खाने को भरपूर ज़ायके के साथ खाते। 'वाह-वाह' के संग 'बनाने वाली प्रेमा, सहायता करने वाली श्रुति' के लिए स्तुति वाक्य निकल ही आते- 'इतना बेहतरीन, इतना लजीज़ और इतना पौष्टिक भी... ये पकाने की नई-नई शैलियों में तुम अपनी सारी भावनाएँ ही ऊँड़ेल देती हो। कि उनकी कविताएँ ही बन जाती हैं... बताओ अपने हाथ के जादू से ऐसा खाने की मेरी आदत डाल दोगी... बताओ तो आगे क्या होगा...'

और मैं सोचती रहती हूँ कि कौन सी चीज़ उन्हें पहले परोसूँ और कौन-सी बाद में...उन्हें सब ख़िलाने को बेताब जो हूँ...

मन में भय सनसना रहा है। हर बार लगता है- कहीं यह सुकरात का अंतिम भोज न हो जाए...।

शाम को तले नमकीन वगैरह एक किनारे हटा मैं उन्हें अर्जेन्टीना से लाया हुआ शुद्ध बढ़िया शहद टोस्ट पर, पनीर के संग लगाकर देती हूँ- चाय में ज्यादा दूध डाल कर ... मेरा तो अपना स्वार्थ है...मुझे उनका चाव से गर्दन हिला-हिला कर मगन मन खाना देखता अच्छा लगता है...

उस सूखे दरदरे इलाके में शाम पाँच बजे की धूप भी चिलचिलाती है...

अकस्मात् मुझे ख़्याल आता है कि ज़रा बरामदे में बेतरतीब से पड़े अख़बारों-पत्रिकाओं की धूल साफ कर उन्हें करीने से लगा दूँ पटरी पर...रंजना घर में नहीं है। काग़ज़ झाड़ते-पोंछते अचानक तीन-चार बंद लिफाफे गिर पड़ते हैं सरक कर उन्हीं में से...अरे! ये तो मेरे पत्र हैं शमशेर जी के नाम! वे खोले भी नहीं गए- वैसे ही चिपके बंद हैं? उसी तरह सीलबंद।

दिल पर कुछ चोट-सी लगी भला ऐसा क्यों?...

मगर मैं सँभल गई पूछना भी क्या किसी से...किसी को ऑफ़ेन्ड न करने की आदत से लाचार हूँ...।

पत्र वहीं ज्यूँ का त्यूँ धूल समेत छोड़ देती हूँ पुरानी रद्दी के बीच...कुछ नहीं कहती...मगर कोई राज़ तो साक्षात् खुलता ही है...जिसे कह पाने की हैसियत में नहीं हूँ...आख़िर मैं वहाँ मेहमान हूँ गृहस्वामिनी की। (उस घर में सभी को प्रवेश का हक नहीं मिला था...यह भी मालूम हुआ ही ...यहाँ तक कि शोभा जो शमशेर जी की दत्तक पुत्री रहीं- उन्हें भी दरवाज़े से लौटा दिया गया था शमशेर जी के निधन के समय...ऐसी ख़बर मिली बाद में मेरे पुनः भारत आने पर... जब रंजना अरगड़े शमशेर जी के निधन के बाद उनकी साहित्यिक या किसी क़िस्म की विरासत की एकछत्र मालकिन बन चुकी थीं... और शोभा से ही पता चला कि शमशेर जी द्वारा शोभा को नामजद की गई उनकी पुस्तक की रायल्टी के अधिकार से भी रंजना अरगड़े ने उसे वंचित कर दिया- अपमान के साथ। सभी कहते हैं- शुरू में मैंने इसे अफ़वाह ही माना क्योंकि सबके बावजूद रंजना से मेरे अच्छे संबंध रहे शमशेर जी के जीवन में। मैं उसे एक हद तक एडमायर भी करती रही- हालाँकि वह मेरे आगे भी अपने व्यक्तिगत मामलों में काफी दबी-भिंची और रिज़र्व रहतीं...फ़िलहाल शोभा जैसी भोली निश्छल और निःस्वार्थ लड़की मिथ्या भाषण क्यों करेगी...रंजना को मैंने एक सांत्वना पत्र ही लिखा था - जिसका उत्तर नहीं आया...)

वह नारी मूर्ति-सबके बावजूद अपनी बाँहें सिकोड़कर किसी तारीख़ की ओर ताक रही है...सुदूर एक लोहित आसमान में...बीमार क्षितिज पर अटके एक तारे में...

...तारीखों में झंझा उठती है...हवा खिड़की के पंखों को झकझोर नोच डालती है...मगर खिड़की बंद है...अँधेरी कोठरी में कोई रंग नहीं दिखता...मगर बुख़ार एक तेज रंग-तप्त रंग है जिसे अँधेरा सँभाल नहीं पाता...। उन्हें फिर बुखार आया है। वे शमशेर जी हैं... अजब सा बुख़ार और डेलीरियम। शमशेर...

शमशेर जी की तकदीर का ख़रा-खोटा क्या इसी कोठरी में तय हो रहा है? यहीं साबित होना है?

'यह तकिया मेरी पर्सनैलिटी बन गया है...इसे चाहे जो शेप दे लो या इसे कुछ तो शेप दिया जा सकता है...जैसे आधा शेर आधा बकरी'...। शमशेर जी की आवाज़ मद्धिम है...

शेर के बजाय मुझे 'शेक्सपियर' सुनाई देता है। और मैंने यूँ ही कमेन्ट किया कि शेक्सपियर तो कसाई का बेटा था...तो बोले- 'आधा तो शेक्सपियर बन ही गया।'

निश्चय ही अर्धचेतना में उनके कोई निजी नाटक चल रहा होगा या उनकी तस्वीर बन रही होगी...

मगर कई बार तो उनका डेलीरियम मोती का महल ही उगल देता...धागों का

पुल या पुल का धागा या पुल जैसा पुल...? फ़र्क़ है इनमें कुछ? मगर हर हालत में पुल ही तो।

क्या मुझे भी शमशेर जी के डेलीरियम की छूत लग गई है?...

श्रुति जब-जब उनकी पीठ की मालिश करती है, वे तकलीफ़ से हल्के हो सो जाते हैं। शनिवार को लम्बे दस्त के बाद जब उन्हें जुलाब दिया जाता है, पूरे हफ्ते भर का कब्ज़ दूर करने को, वे दर्द से पस्त पड़ जाते हैं एवं हड्डियों में भरपूर दर्द उठता है उन भूचाली दस्तों के बाद। ऐसे में मालिश ही उस दर्द से एकमात्र रिलीफ़ रह जाती है।

उस दिन मालिश से आराम के बाद नींद में डूब जाने से पहले अधमुखी आँखों में बंद इशारे से बोले- 'मुझे यह घर कोई ज़्यादा पसंद नहीं। मैं यहाँ अपने को बेकार सा लगता हूँ।' बुदबुदाते से बोलने में वाक्य खण्ड-खण्ड होकर निकलते हैं। मुश्किल से सुनाई देता है।...

शमशेर जी के होंठ कुछ टेढ़े हो जाते हैं।

श्रुति मेरी तरफ़ अपनी हथेली फैला आँखों के इशारे से पूछती है- क्या बात है? बताओ।

उसे हिंदी नहीं आती। वरना उसके कान तेज़ हैं और शब्दों की ध्वनि वह पकड़ लेती है, पहचान लेती है।

शमशेर जी को धीमा बुखार है जो उतरने में ही नहीं आता। ऐसा बुखार जो धोखे में रखता है कि आपको छुपे ख़तरे का आता-पता न चले...

श्रुति बार-बार गिलास का पानी, या कोई जूस बनाकर ले आती है। ऐसा लगता है जैसे शमशेर जी श्रुति को हर वक़्त अपने पास देखना चाहते हैं- 'प्रतिभावान माँ की प्रतिभाशाली बिटिया' वे कई बार दुहरा चुके हैं।

जब वे कुछ ठीक रहते हैं तो अक्सर कविता सुनाने के मूड में आ जाते हैं। अपनी ही नहीं, आमतौर पर उनके प्रिय कवियों- ग़ालिब, ज़ौक, इक़बाल, फैज़ अहमद फैज़, मीर आदि उर्दू कवियों के चंद सतरें दिल के ज़बान पर उतर आते हैं शमशेर जी की धीमी आवाज़ में। मगर तरन्नुम वही। मुझे बहादुर गंज की याद आती है जब वे निराला और त्रिलोचन दोनों के गुन गाया करते थे। उनकी कविताएँ सुनाते हुए छंद और लय के बोध में वे मेरे लिए उन्हीं की मिसाल चुनते- 'छंदों का तुम्हें अच्छा ज्ञान होना चाहिए जैसे किसी अच्छे कवि को' वे अक्सर यह राय देते। 'क्लासिक' शब्द उनका प्रिय शब्द था यानी क्लासिक साहित्य को वे बहुत अहमियत देते और नए लेखकों के लिए उस स्रोत की ओर जाना बहुत ज़रूरी समझते। इस बात को काफी जोर देकर कहते। रामायण और महाभारत की चर्चा ही नहीं अनेक मिथक कथाओं की अपनी मौलिक व्याख्या से भी उन्होंने मुझे रोमांचित किया। उन मिथक

कथाओं में लोककथाओं का स्पर्श होता और करीब-करीब लोक भाषा के चलते लटके या मुहावरे इस्तेमाल करते हुए। 'मुहावरेदार भाषा' पर बराबर बल देना उनकी बातचीत का प्रमुख मुद्दा होता। अपने मित्रों में नरेश मेहता और त्रिलोचन-दोनों एकदम भिन्न श्रेणी के- मगर दोनों से गहरी दोस्ती। दोनों से उन्होंने बड़े स्नेह और गर्व से मेरा परिचय कराया था।

इस समय वे उन्हीं दोनों की चर्चा कर दिया करते हैं संदर्भ पाकर या यूँ भी। 'आपको याद है जब त्रिलोचन जी ने आम की एक हज़ार किस्में गिनाई थीं, नामों समेत? उफ् मेरे ऊपर कैसा ज़बर्दस्त असर पड़ा था- आम की एक हज़ार क़िस्में जानकर। त्रिलोचन जी तो तमाम नाम भी गिना गए थे' ! शमशेर जी प्रसन्न मुद्रा में आ जाते हैं और कुछ मज़ाक़ के मूड में सिर हिला दाँतों से मुस्करा बोलते हैं- 'हाँ ये तो है, और ऐसा ही है।'

श्रुति को मैं अनुवाद में बताती हूँ तो उसे बड़ा मज़ा आता है।

श्रुति ने एक दिन शमशेर जी के कहने पर उन्हें नेरूदा की कविताएँ सुनाईं जो उसे कंठस्थ थीं। शमशेर जी खुश तो हुए ही प्रभावित भी हुए स्पेनी के शुद्ध उच्चारण में सुन कर। श्रुति भी मूड में आई तो उसने अन्य कई लैटिन अमरीकी कवियों की कविताओं के टुकड़े सुना दिए तथा पुर्तगीज़ कवि फर्नान्दो पेस्सोआ की एक छोटी कविता भी उसमें जोड़ दी।

शमशेर जी को तो जैसे कोई नियामत मिल गई। और मैं श्रुति की उस हरकत से तुष्ट। प्रसन्न।

रंजना उस वक़्त पढ़ाने गई हुई थीं, वरना उनको भी आनंद आता ही (शायद...)।

शमशेर जी के लिए ये ही चंद लम्हे हैं जिनमें उन्हें अपने जीवित रहने का अहसास मिलता है...

उनकी आवाज़ कुछ इस क़दर कमज़ोर होती गई कि उनकी मुख से निकली अमूल्य बातें उनके मुँह से कान सटाकर सुननी पड़तीं।

आभास होता कि अब उनके पास ज़्यादा समय नहीं- न कविता के लिए न किसी और बात के लिए...। यह आभास मुझे आतंक में जकड़ देता...।

शमशेर जी जग-जग कर सोते हैं और सो-सो कर जग रहे हैं....

अचानक वे पूरी तरह होश में आते हैं।

दवाओं का असर कितना है इन सारी प्रतिक्रियाओं और प्रक्रियाओं में मुझे पता नहीं लग पाता।

...वह कोठरी तो खुद बड़ा आँसू है- आँसू की एक बड़ी बूँद जिसे टपकने का मौका अभी नहीं मिला....

ऐसा लगता है न...बुखार से तपते अँधेरे के उजाले में।...

'जब साँस के लिए प्रोग्राम करना हो बार-बार' -उनके शब्द अटक जाते हैं। अपने बुढ़ापे का पूरा काँटेदार बबूल महसूस करके ही वे ऐसा कह गए हैं...। तब मैं मूर्ख की तरह सांत्वना जैसी कोई बात उन तक पहुँचाने को बोल उठती हूँ तपाक से- 'आप कभी बूढ़े हुए हैं क्या? हो सकते हैं?'

शमशेर जी के अन्तरतम से टूट-टूट निकले शब्द डुबकियाँ लगाकर बुलबुले बन जाते हैं...।

करुण उदासी अपना सरगम बजाती रहती है...अहरह....

'-यह तकिया मेरी पर्सनैलिटी बन गया है...इसे चाहे जो शेप दे लो' क्या यह शमशेर जी की मजबूरी की अंतिम परिणति है? मैं भीतर तक लड़खड़ा जाती हूँ...।

'तुम्हारी सूरत इतनी खुशनुमा तुम्हारे अंदर इतना सेवाभाव...इतनी मनुष्यता...जी डोल जाता है'- कहते हुए उनका चेहरा एक धराशायी घायल सिपाही की तरह हो आया है- युद्ध के मैदान में धुएँ के बीच गिरे हुए, हारे हुए- नितांत अकेले।...नीम अँधेरे में सहजन की डालियाँ हिल रही हैं और उसके साथ शाम की बुझती अत्यंत सुंदर रोशनी भी पूरे समाँ पे राग बन छाई हुयी है। राग बागेश्वरी बनकर।

शमशेर जी इन दिनों काफ़ी मौन रहते हैं- जैसे चिन्तामग्न हों या बीमारी से- दवा से पस्त।

यह समन्दर की पछाड़

मैं उन्हीं के कमरे में श्रुति को उनकी कविता- 'यह समन्दर की पछाड़/तोड़ती है हाड़ तट का'- यह सुना रही हूँ स्पेनी अनुवाद समेत। कविता समाप्ति के पश्चात श्रुति एकाएक पूछ बैठती है- 'ममा हम इनको समुद्र तट पर नहीं ले जा सकते? कितनी सुन्दर बात होगी न! तो चलो न माँ यहाँ आसपास समुन्दर तो होगा न!' वह ज़िद की-सी मुद्रा में ठान ही लेती है कि अब शमशेर जी को लेकर समुद्र जाना ही है।

श्रुति का ख़्याल मुझे भी कौंध गया और एकदम सही लगी उसकी बात।

रंजना ने विरोध तो किया-शमशेर जी की 'नाज़ुक' सेहत के मुद्दे को उठाकर। मगर मेरे समझाने पर कि सेहत सिर्फ़ ज़िस्म की ही हक़ीक़त नहीं, मानस की और रूह की भी होती है, कि शमशेर जी सिर्फ़ मरीज़ ही नहीं 'कवि' भी हैं वो भी कैसे कवि। वह जो जीवन और कविता को एक ही सिक्का मानता है, एक भाव से जीता है...आदि पर तो वह मान गईं आखिरकार। मुझे पूरा अहसास था कि शमशेर जी अपनी 'समुन्दर की पछाड़' को अपने सामने देख सुखी होंगे...तथा यह उपहार में मिली भेंट उनकी आख़िरी भेंट होगी, समुन्दर से और तट से तथा रुपहली नरम रेत से भी...

एक टैक्सी तय हो गई सोमनाथ मंदिर के समुद्र तट के लिए। रास्ते में रंजना

को किसी मित्र से मिलना भी था। उन मित्र के घर ठहर कर हम आगे बढ़े। शमशेर जी को पिछली सीट पर बारी-बारी से हम तीनों सहारा देकर लिटाए हुए थे।

तट पर ही स्थापित एक होटल (या सराय) में किराए पर एक कमरा ले लिया।

अब समुद्र प्रस्थान की तैयारी। श्रुति बेहद उत्साहित। उसने अपना बेदिंग सूट पहन लिया। शमशेर जी भी कुछ भकुआए से अपना सिर सहलाते, इधर-उधर ताकते, पाजामा बदल कर तैयार हो गए। उत्साह उनमें भी झलका। आहिस्ता-आहिस्ता चल आख़िर वे समुद्र तट की उज्ज्वल रेत पर पहुँच ही गए नए मंदिर से सटे सागर की लहराती नीली अबाधता परखने के लिए... एक तरफ़ को झुक कर सावधानी से आगे समुद्र की नज़दीकी पाने वे बालू पर बैठ गए।

अब वे अपनी कविता के आमने-सामने हैं....

निर्मिमेष दृष्टि लगी है उनकी मौन में डूबी...

रंजना और श्रुति पानी में उतरने कुछ दूर चली जाती हैं। एक दूसरे का हाथ पकड़े।

शमशेर जी हैं और तनहाई के मतलब में बस तनहाई है...।

अपनी शर्त पर ठहरती...आती जाती...खुलती बंद होती छुई-मुई के तर्ज़ जब खुलती तो छलक पड़ते मंज़र और बंद होती तो लगती है सागर की टक्कर...।

शमशेर जी अब हौले से मुस्कराए - निहायत ख़फ़ीफ मुस्कान।

यूँ ही-सी लाइन ही तो। 'मगर बहुत ख़ूब'।

उनका शब्द हवा चट से लोक लेने आ जाती है- जैसे घात में रहती हो- उसे भी तो कुछ करना होगा अपनी सार्थकता बढ़ाने के लिए...।

श्रुति लौट आती है और शमशेर जी के गले में पीछे से बाँहें डालकर उनसे सट झुक जाती है।

मैं इस मुद्रा की एक फोटो खींच लेती हूँ।

अब श्रुति और शमशेर जी एक साथ बालू बटोर-बटोर कोई मीनार खड़ी कर रहे हैं। फिर उनसे और चीज़ें बनाते हैं... मुझे यह दृश्य बेहद भाता है... मेरी उदास-उदास सी बिटिया मुद्दत बाद आह्लाद से चहक रही है इस खेल में, जिसमें एक महाकवि शामिल हो गया है...।

इससे सुन्दर क्या बात होगी!

शाम की नारंगी आभा में रेत के सर्द हो जाने तक हम समुद्र की लीला में भिने रहे शमशेर जी के ख़ामोश खेल के साथ।

कालिख़ में डूबती हुई शाम के रात में बदल जाने से पहले, समुद्र की साँस पर रात के खौफ़नाक खेल का शिकार न बन जाने के लिए अब हमने शमशेर जी को

सहारा दे उठाया- उनके मन के विपरीत चलते हुए वे पीछे मुड़-मुड़कर तकते जाते- गोया समुद्र से विदा माँग रहे हों। अपने भटकी सुंदर निगाह से... और एक क्षमायाचना भी ... अपनी अन्तश्चेतना का मौन उद्घाटन करती। गहरी पीड़ा मिला सुख-निराली उदासी से पगा उल्लास कैसा होता है यह 'यह समन्दर की पछाड़, तोड़ती है हाड़' में ही नहीं शमशेर जी के चेहरे पर भी बखूबी प्रस्तुत था...

श्रुति ने उनके लिए जो घरौंदे, खिलौने बालू से बनाए थे, उसे वहीं वैसे ही छोड़ दिया- गीला-गीला।...

...समुन्दर ने अभी हाड़ नहीं तोड़ा था। तब तक।

मंदिर का खुला प्रांगण बालू से भरा है... जैसे समुन्दर ने अपना प्रतिनिधि वहाँ भेज दिया हो।

तभी वहीं ठीक मंदिर के बालुई आँगन में एक अद्‌भुत घटना ब्रह्मांड से उतरी...

...आम लोगों के लिए रोज़ की देखी, सुनी नरम-कोमल वस्तुएँ भी रसहीन हो जाती हैं अक्सर ही। शमशेर जी के लिए हर बार वह हैरतंगेज़ बन जाती हैं, जैसे वे उसे पहली बार देख रहे हों। जैसे वह बेहद अजूबा बात है। ... उसी शैली में उनका मुँह खुला रह जाता है और आँखें विस्फारित... जैसे दुनिया से पहली बार उनकी भेंट हो रही हो तथा उसके पहले-पहले स्पर्श से हर वस्तु कौतुक में बदल जाती हो...

शमशेर जी ऐसी ही मुद्रा में खड़े पाए गए ठिठके हुए... 'अरे'। चार-पाँच नन्हे पिल्ले एक-दूसरे पर लोट-पोट हुए पड़े थे। भूरे और चितकबरे। एक-दूसरे की त्वचा में अपनी शरण तलाशते लुढ़कते-पुढ़कते... रेत बिखरी हुई है- बेबाक, बेइज़्ज़त। बेसाख़्ता समुद्री रेत भक्तों द्वारा रौंदी जाकर भी स्वच्छ। ...तथा ये अपूर्व हस्तियाँ वहाँ- आनंद का प्रतीक।

...शमशेर जी की मुद्रा में ब्रह्मांड का रहस्य अभी खुलने ही वाला है...जीवन-मरण की पहेली ...मासूमियत को- सरगम में... और अपार जिज्ञासा का बसंत...।

सबक अद्‌भुत संगम। इन तीनों की शुरुआत इसी पल...। जीवन की-व्यक्तिव की पुर्नोपलब्धि जिन्हें तात्कालिक दैहिक सीमाएँ क़ुतर रहीं...छद्म वेश में...

पालथी मार कर शमशेर जी ने पिल्लों को गोद में रख लिया और बड़ी कोमलता से सहलाने लगे... उनकी निगाह उनके रोएँ और आकार एवं नन्हीं प्यारी हलचलों पर जमी रहीं...

वे जैसे अपनी असाध्य बीमारी की क़ैद से बाहर आ गए... उड़ने को पंख लग गए...। वे पिल्ले क्या थे, फ़रिश्ते थे।

तमाम क़िस्म के भाव एक ही महाभाव में मिलकर लहर लीला करने लगे। उनकी हल्की-हल्की थरथराती शक्ल पर पिल्ले उनकी गोद में उलट-पलट रहे और

शमशेर जी की हथेलियाँ उनमें विघ्न नहीं बन रहीं... 'बिग बैंग' के पहले वाली ब्रह्माण्ड छाया... शमशेर जी के हाथ में जैसे अलाउद्दीन का चिराग़ आ गया...और वे पाँच पिल्ले-सृष्टि के पहले अंकुर चिराग़ की रगड़ से हासिल किये गए...शमशेर जी का चेहरा सुंदर वन हो गया है...

वह तो अँधेरे में सूर्य का नृत्य था... या सूर्य में सूर्य का चाँदनी-नृत्य।

श्रुति ने ही सबसे ज़्यादा चकित मुग्धता से इस मनमोहन हिप्नोटिक दृश्य की महिमा बूझी। (उसके किशोर मन में इतने सारे तत्त्व तो मौजूद थे ही) उसने भी शमशेर जी के सामने बैठकर शमशेर जी के हाथ में हाथ जोड़ वही किया जो शमशेर जी कर रहे थे।

...रंजना को जल्दी है। दिन, रात की चादर में काफी कुछ लपेटा जा चुका है- 'प्रेमा दीदी, बाहर ड्राइवर इन्तज़ार कर रहा है, उठाइए इनको।' रंजना की आवाज़ पर जादू टूट बिख़र जाता है और एक दूसरी वास्तविकता सामने ठोकर की तरह प्रस्तुत...।

शमशेर जी को कुछ मुश्किल से ही उठाना हुआ, उनकी मर्ज़ी के ख़िलाफ- हालाँकि उन्होंने बच्चों की तरह रंजना की बात मान ली-ऊपर से कुछ न बोले।

पीछे मुड़कर- चलते हुए- हाथ उठाकर पिल्लों को सलाम किया, और बार-बार मुड़कर उन्हें तकते रह जाते...उनका उठा हाथ प्रकृति की उस खूबसूरत तत्वों से भी विदा ले रहा था हमेशा को...।

मैंने भी उन्हें टैक्सी में बिठाने से पहले सलाम किया माथे पे हाथ ले जाकर।

धुएँ में बंद होने से पेश्तर अपना चेहरा देख लीजिए...रोशनी नहीं अगर तो अब उजले अँधेरे का ही मुजरा कर लीजिए। मन ही मन मैंने कहा...।

...वे उँगलियों से रेत कुरेद आए थे न? यह कह कर 'शायद इनसे कोई शिल्प बन जाए ...हो सकता इससे कुछ और भी बन जाय हमारे चाहे बगैर..जो शायद काम का हो।'

वह सागर की सिफ़त थी क्या! निस्संदेह।

'हो सकता है... मगर हो रहा है क्या?' मैं भी अनमन तबियत से हवाओं के थपेड़ों का रस चूसते हुए प्रश्न शैली में जवाब देती हूँ। ...उस तट पे नहीं लौटना होगा फिर...।

अब तो उस बात को बहुत साल बीत गए।

...जब मुझसे पूछा गया- 'आपने अभी तक क्यों नहीं लिखा शमशेर जी की बाबत?' मामा श्रीराम वर्मा ने भी पूछा 'लिखना चाहिए तुम्हें भी, तमाम लोगों ने पत्रिकाओं में लिखा।' मैं कैसे समझाऊँ अपने इन हितैषियों को कि मलयज और शमशेर जी के निधन के बाद तमाम अनाधिकारी लोगों ने भी अपने-अपने अनुभवों की थिगली लगाकर कलम तोड़ने की कोशिश की, मगर मुझसे उनके मातम का जश्न

मनाना नहीं आया... इन दो बहुमूल्य अज़ीज़ों की असमय मृत्यु सागर में दोपहर के सूरज की तरह – डूब जाना, मेरे ऊपर नापाम का असर रहा जिससे उबरने में सालों लगे। मेरे शब्दों का तो उस वक़्त अग्निदहन हो ही गया था। (शमशेर जी के निधन की ख़बर तो मुझे अकस्मात संयोग से ही दूतावास लाइब्रेरी में बैठे, एक अख़बार पर निगाह पड़ जाने से मिली ...किसी ने भारत से मुझे सूचित करने की दरकार न समझी– (मामाजी ने भी नहीं, इतने साहित्यिक मित्रों के रहते हुए) पहली प्रतिक्रिया में स्तब्ध पीड़ा का क्या करती?

फिर उन दो नोबल, समृद्ध आत्माओं की बेहद कीमती और खट्टी-मिट्ठी भी नज़दीकी के अनुभव को प्रकाशन के बाज़ार में लाना भला कैसे? ऐसी तिज़ारती बुद्धि और संवेदना-बेचू महत्त्वाकांक्षा तो पाई नहीं मैंने अपनी घुट्टी में! न ही मेरे पास तात्कालिक व्यावहारिक मेधा-कंचन ही चमकता है...

वे तो स्वच्छ लोग थे– मानसरोवर के जल की तरह! हिमालय की सबसे एकांत, बेहतरीन और मौन स्थल के जल।...

...मेरे पास तो छवियाँ हैं और छवियों की ज्यूँ की त्यूँ रील। बहुत साल बीत गए तो क्या और मेरे बालों में सनई की कुछ चमक आने लगी तो क्या उन छवियों में किसी पर धूल नहीं पड़ी, न वे खंडित हुईं।

...अगर कोई सवाल उठाए कि शमशेर जी ने समाज के लिए क्या किया अपने लेखन से, तो यह प्रश्न धमाकेदार अफवाह की तरह, नाक-भौं चढ़ाए धमकी की तरह लगता है...। या बहुत कम किया? तो जवाब सिर्फ़ इतना ही होगा– कवि जब अपने रक्त की एक-एक धड़कन को शब्द में बदल दूसरों को सौंप देता है तो और करता क्या है सिवा अपने जरिए दूसरों की बात कहने के। वह भी मानवीय जादू के साथ ताकि उसे कवि की सच्चाई और अपनी सच्चाई में कोई फ़र्क़ न लगे...

शमशेर जी ने क्या यही नहीं किया? मलयज या रघुवीर सहाय ने यही नहीं किया? (जिनके गले में किसी 'वाद' का पट्टा न था)। अपनी लंबी सुरंगदार कविताओं के जरिए मुक्तिबोध ने भी तो यही किया-अपनी मिथक-यात्रा के रहस्य में भिद कर!

जो कुछ लिख रही हूँ, अभी अपनी आंतरिक दरकार के तहत किसी बाहरी बाध्यता से दब कर नहीं। पिछले असरों से मुक्त होने की तैयारी में भी। निष्पक्ष तो हूँ वैसे।

शमशेर जी का डेलीरियम मोती उगलता...।

मैं भी उसका अंश हूँ कहीं...

ठहर कर उन्होंने पपीते की कहानी सुनाई– 'एक पपीता, दो पपीता, तीन पपीता, दसों बार पपीता।'...

क्या हो गया शमशेर जी को कि बहकी-बहकी बातें करते हैं? – मैं समझने

की कोशिश में हूँ।

– 'सब बातें गोल-मोल हो जाती हैं' ...

– 'तब आपको दूसरों के विश्वास पर छोड़ देना चाहिए' – (मैं)

– 'वही तो कर रहा हूँ...मगर...' ख़ामोश और सिर पर हाथ? उनका पूरा चेहरा सिकुड़ने लगता है विवशता से...

शमशेर जी एक पल उदासी में ऊभ-चूभ और दूसरे क्षण थोड़ा खुश हो लेते हैं...। श्रुति को देख उनके चेहरे पर जूही फूट जाती है...।

श्रुति है भी तो वैसी...।

वैसे करुणा उनकी पूरी धजा और गति में इतनी भिनी हुई है कि कभी जुदा होने का नाम नहीं लेती। वे हथियार डाल रहे हैं...लाचारी के गहरे अहसास में (जैसे पिंजरे में बंद पंछी) जो उनकी संवेदना में सूराख भर रही है...

लो नगाड़ा बजाती चाँदनी ने होली का ऐलान कर दिया।

पूर्णिमा की सोलह उँगलियों में एक के कटते ही जो लहू टपका-वही होली बन गया सुर्ख़ सुर्ख़! फिर गुलाबी, फिर रंगारंग।

शमशेर जी आज पूरी तरह नॉर्मल हैं। होली खेलने के मूड में उत्साहित भी। श्रुति ने रंजना के गाल में ही रंग मलने की योजना बनाई ही थी कि आँगन में शमशेर जी मुझे दिख गए हथेली पर लाल रंग के गुलाल की पुड़िया लिए हुए...। संधान की मुद्रा में ... इंतज़ार में तैनात।

'अरे आप!'

'क्यों, क्या मैं होली खेलने क़ाबिल नहीं?'

मैं कुछ हिचकिचा जाती हूँ।

शमशेर जी होली का गीत गाते बोले– 'तब हो जाये।' फिर आहिस्ता-आहिस्ता और नज़दीक की शैली में वे मेरे मुँह, माथे आदि पर गुलाल मलते जाते हैं। फिर श्रुति की पारी और रंजना भी शामिल होती हैं। गीले रंग से भी होली होती है श्रुति की साजिश पर। श्रुति की पहली होली। मैंने शमशेर जी के माथे पर टीका लगा दिया है और झुक कर उनका पैर छू लेती हूँ। वे मेरी पीठ पर गद्गद हाथ धर देते हैं, मुँह से कुछ बुदबुदाते हुए...उनकी आँखों में चंद बूँदे हैं...समुद्र के एकदम गहरे तल में बसी हुई...एक अंधी मछली की तरह जो सब इशारा समझती है...

– ग्रेट मोमेन्ट इन डार्क

– ज़िंदगी, जीवन के रिहर्सल में...

– यू आर ब्लेज़िंग ट्रेज़र ...

क्या यही कहा? – यही मैंने सुना?

प्रकृति का सबसे सुंदर स्पर्श मैंने कर लिया।...

–सपनों को सच बनाने में कवि–कथाकार मदद करता है। जाने कौन से सपने...

पिघलता हुआ मौन अब 'फ्रोज़ेन साइलेंस' में बदल जाने वाला है क्या? –उफ्!

मगर चलो अभी नहीं। ...श्रुति शमशेर जी को पीठ पर बैठा स्पेनी उच्चारण में 'नमो, नमो' करते एक–एक जार भर रंग उनके सर पर उड़ेलती गई– रंजना शायद कुछ ख़फा है इससे। आख़िर शमशेर जी बीमार और कमज़ोर हैं। पहले वाली ऊँचाई घट गई। मैं श्रुति को मना कर रही हूँ किन्तु जो आह्लाद भरा तोष शमशेर जी की शक्ल में है, उसको छीनने का साहस मुझमें नहीं। मगर होली तो रंजना ने भी खेली शमशेर जी से। टेप रिकॉर्डर कर हस्तक्षेप में भी बजता है– होली आई रे...रंग बरसे; रंग बरसे...।

मगर मैं टिक नहीं सकती। रंग चाहे जैसे बरसे जितना बरसे मुझे कल–परसों में चले जाना है...पहले दिल्ली फिर जोइनोसाइरेस।

तैयारी हो गई। सबके चेहरे पर पतझड़।

श्रुति ने शमशेर जी द्वारा दी हुई और रंजना द्वारा सिलाई हुई लंबी गुजराती फ्रॉक उतार जीन्स पहन लिया। तिपहिए पर सामान रखा जा चुका। हम गांधीनगर की ड्योढ़ी से निकल आए। शमशेर जी बेहद श्लथ होने के बावजूद लाठी टेक बाहर आ जाते हैं गृहस्वामिनी की वर्जना के बावजूद। श्रुति का माथा सूँघा जैसे कमल सूँघ रहे हों...। उँगलियों से कंघी करते मेरे बाल सहलाए। कई बार श्रुति का गाल–माथा चूमा। मेरे कंधे पकड़ हिलाए। अपने हाथ से घेरा और निगाह?

उसे परिभाषित करना नामुमकिन।

एक साथ करुणा, दीनता, मजबूरी, ममता स्नेह की अबाधता। अपनी लाचारी की पीड़ा, साथ न चल पाने की व्यथा भी.. सभी सागर की लहरें एक जैसी फाँसी की सज़ा पाए कालापानी के कैदी में होती है जब अंतिम बार वह अपने बहुत प्रियजनों से मिल रहा होता है। ऐसा कुछ या शायद यह भी नहीं... शायद पाए हुए को पाने, खो देने का दुःख...

सबके बावजूद इस पूरे दृश्य में एक तेजस्वी गरिमा का सौन्दर्य टूटे बजरे के साथ–साथ चढ़ा हुआ है...

...तिपहिया भर्राया।

बीमार जीवन की असहाय पीड़ा भी।

साँझ की उमड़न के भीतर लहलह ममता का ही अंतिम राग... सब कुछ तो काव्यात्मक निगाहों में पिघला।

शमशेर जी के हाथ उठे विदा में– याद आया– एक व्यक्ति समुन्दर में डूबते

वक़्त अपना हाथ ऊपर उठा कह रहा था- 'सलाम...। अब हम चलते हैं' शमशेर जी के हाथ उठे- 'खुश रहो हमेशा। जियो ...हम भी चलते हैं हमेशा को' के संकेत में...

'मोमबत्ती उसने इसलिए नहीं जलाई
कि तितली जल ही जाएगी... फिर भी
उसे अँधेरे से नहीं उजाले से
डर लगा
और अब? एक लँगड़ी कविता के बीच
दहकते ख़्यालों में थर-थर कंपन-बूँद-बूँद
अनुभूति, झब्बर दरख़्त के आँगन में-समूची...
-करीब-करीब रक्खे ये सारे दृश्य
मिले हथकड़ी पहने हुए अकस्मात्।
स्वप्न के यथार्थ में करीब
सभी ज़हरीले पहाड़
आहिस्ता आहिस्ता टूटे...
क्यों लिपट जाना होता है तब
तारीख़ों से इतनी शिद्दत के साथ?
घटित के घट जाने के बाद
जाना होगा पियानो पर बैठा। सध कर।

कुछ न था तब एक अख़बार के टुकड़े के सिवा। एक जलती कमीज़ का टुकड़ा जिस पर एक भयानक कविता लिखी हो जो कमीज़ के साथ ही दह रही थी...

मुझे तो अख़बार के एक कोने में मिली ख़बर (कि शमशेर जी ने अहमदाबाद के एक अस्पताल में अकेले दम तोड़ दिया) पर विश्वास करने में, अपनी चेतना में उस ट्रेजिक ख़बर को जज़्ब करने में युग लगा। ...आयरनी यह भी कि उनके शव को ठिकाने लगाने उनके फ़्यूनरल में ज़्यादातर वे ही अधिकारी लोग शामिल हुए जिनसे अपने जीवित रहते शमशेर जी कतराते थे, जिनसे उन्हें सहानुभूति न थी और बहुत जोर देने पर जिनसे वे बिरले ही ननु-नच के मन से, अतिरिक्त शिष्टता से जल्दी-जल्दी में मिल लेते- बड़ी मिन्नत के बाद। वही वर्ग था- जिससे शमशेर जी को एलर्जी की छींकें आया करती थीं। वे ही लोग इन्तज़ाम करने गए उनके अंतिम संस्कार का। शोभा जैसी उनकी प्रिय दत्तक पुत्री को तो दरवाज़े से ही निकाल बाहर किया गया...मैं तो ख़ैर सात समुन्दर पार थी। मुझे किसी ने सूचना देने लायक न समझा।

शमशेर जी के जीवन की किल्लतें दूर नहीं हुईं... कुछ तो जटिल ही होती गईं...

शब्द अनुभव हैं... वे मरेंगे नहीं, सपने भी नहीं...। यही तो शमशेर जी के

जीवन का सब दिशाओं में इशारा था।...

पछाड़ खाती समुद्री लहरों के हिलते पर्वतों में बसी शमशेरियत की बाबत कुछ गढ़ने का इरादा क्या आप लोगों के लिए रोमांटिक की श्रेणी में रख दिए जाने की बेइन्साफ़ी होगी?

मैं अपनी चेतना की भीतरी ऊर्जा सघन कर आपके मौत की चिर समाधि को फाड़कर कह सकती हूँ; देखिए शमशेर जी, मैं वही नहीं हूँ जहाँ आपने मुझे छोड़ा था एक भुतही सड़क पर। नहीं रोशनी के बीच.... (छोड़ा माने पाया था...) और मुझे तब ग़ालिब की किसी नज़्म की दरकार न हुई...मेरे हाथ में सचमुच की ठोस कविता आने वाली है...।

आप तो अपनी नियति बोल ही गए;

'ओ मेरे घर, ओ मेरी पृथ्वी.../मौत की व्यर्थ की प्रतीक्षाओं में... दी मुझे एक लंबे नाटक की हँसी...'

तो देखिए आप इस मौलिक रूप से सजी एकमात्र दुनिया को एक लंबे नाटक की ट्रेजिक हँसी के बीच छोड़ चले गए...

क्या इसीलिए कि आपके लिए कोई 'इब्ने मरियम' न हुआ और मिली महज 'लंबे नाटक की एक ट्रेजिक हँसी' –अंत में?

शायद यही सच है...।

•

शमशेर के पाँच पत्र प्रेमा के नाम

१० ज़ुलाई, ७०

प्रिय प्रेमा,

चिरंजीवी हो। तुम्हारी मनोकामनाएँ ईश्वर पूरी करे। जन्मदिन मुबारक। श्रुति का जन्म सर्टिफ़िकेट डॉक्टर इन्दिरा कोहिली से मिल गया, मगर उसमें उन्होंने बेबी का नाम नहीं लिखा था, सो लिखने के लिए उन्हें वापस दिया है। उम्मीद है मिल जाएगा आज-कल में। मिलते ही तुम्हें भेज दिया जाएगा।

मैं इधर बराबर बीमार रहा और घर में बड़ी तंगी रही, लगभग हर तरह की। किसी तरह पिछला महीना पार किया। अजय सिंह साथ ही रह रहे हैं। कुछ रुपया वह घर से मँगा लेते हैं। शोभा भी बीमार ही चलती आई हैं। चुनांचे पिछले साल अटेन्डेन्स कम होने की वजह से इम्तहान में नहीं बैठ सकी।

पेरू के भूकम्प के बाद श्री तोर्रेस से मिला था। वह तुमको याद कर रहे थे। कहते थे मेरे बहुत greeting प्रेमा को भेज देना और लिखना कि वह पत्र लिखे। मुझे पेरू दूतावास जाते बहुत संकोच लगता था, बहुत बुरा भी लगता था, मगर श्री तोर्रेस बहुत अच्छी तरह मिले। मैंने उनसे वादा किया है कि अपने आगामी कविता-संग्रह (चयन) की सारी रायल्टी पेरू के भूकम्प से पीड़ित पेरूवासियों के सहायतार्थ मैं प्रेषित कर रहा हूँ। इस संदर्भ का एक पत्र मैंने लीमा-स्थित भारतीय दूतावास को भी लिखा था। मलयज से मालूम हुआ कि तुमने इस संदर्भ में सहायतार्थ कामों में हिस्सा लिया है। मैंने श्री तोर्रेस से तभी कहा था कि प्रेमा ज़रूर इस सिलसिले में कार्यरत हो गयी होगी। यह बात निश्चित है।

मलयज ने इस बीच दो-तीन बार तुम्हारे समाचार दिए हैं। मैं अब नियमित रूप से तुम्हें पत्र लिखूँगा। इधर बहुत ही खतम-सा हो गया था। बेहद थक गया। अपने यूनिवर्सिटी के हेल्थ सेन्टर से इन्जेक्शन वगैरह ले रहा हूँ। डॉ. फ़ारुकी और उनकी लड़की कई बार तुमको याद कर चुकीं। डा. फ़ारूकी साहब ने कहा है कि उनकी शुभकामनाएँ तुम्हें मैं भेज दूँ। निर्मला, दूधनाथ सिंह आए थे, गए। - तुम्हारे पिता जी भी इलाहाबाद में हैं। माँ ठीक हैं।

शेष यथावत ही है। बहुत-बहुत आशीष।

१६ जून, ७१

बी- /८१-८२, दयानन्द कालोनी
लाजपत नगर, दिल्ली-२४

प्रिय प्रेमा, खुश रहो।

ख़त लिखने की मेरी आदत तुम जानती हो। हूँ, अपनी इस आदत से बहुत मजबूर हूँ। तुमने क्षमा तो न किया होगा।

मलयज से जब तब संक्षिप्त समाचार मिलते रहे। तुम्हारा एक बहुत ही यादगार पत्र मुझे मिला था। सागर तट की कितनी सारी बातें। तुम सकुशल हो, उन शक्तियों को धन्यवाद देता हूँ जो तुम्हारी रक्षा करती हैं।

शोभा, अजय सिंह ने कोर्ट में शादी कर ली, सुना होगा। आजकल शोभा मेडिकल इन्स्टीट्यूट के जनरल वार्ड में है। इसी महीने के अंत तक कुछ होने की उम्मीद है।

तुम्हें यहाँ सब बराबर याद करते हैं। आख़िर सोचो तुम्हारे ही घर में तो हम यहाँ रह रहे हैं - चारों तरफ़ तुम्हारी चीजें तुम्हारी याद दिलाती हैं, हर समय। राज इस समय सामने बैठी है और तुम्हें प्रणाम कह रही है। अजय आलू बना रहा है। राज ने पराठे बनाए हैं; कुछ मैंने बनाए थे। ऑफ़िस जाने में एक घंटा है।

यह मकान (एक ड्राइंग-रूम, एक स्टोर-रूम) फ़र्स्ट फ़्लोर पर है, हवा तो खूब आती है, गर्म भी होता है। फ़ारूकी साहब ने तुम्हें कई बार याद किया और अपनी बेस्ट विशेज़ भेजने को कहा। अगले सेशन से वे विभागाध्यक्ष नहीं रहेंगे। क़िबला जिया साहब (कोशकार्य इन्चार्ज) के लड़के ज़हीर साहब विभागाध्यक्ष होंगे। मैं इस महीने छुट्टी ले रहा हूँ।

तुम अभी जवान हो। तुम्हें कभी हतोत्साह न होकर अपना व्यक्तित्व बनाते हुए, अपने क्षेत्र में परिश्रम के साथ उठना चाहिए। अपनी निजी योग्यता और व्यक्तित्व ही काम आता है। अपना कोई भी काम नहीं आता। स्वास्थ्य का ख़्याल हर कीमत पर रखना ज़रूरी है। - तुम्हारी स्पेनिश अब बहुत अच्छी होगी, अंग्रेज़ी भी। इन दो भाषाओं में निरंतर अभ्यास (लिखित) शुद्ध मुहावरेदार शैली पर अधिकार प्राप्त करने की कोशिश करनी चाहिए। लैटिन अमरीकी, योरोपीय व इतिहास का विस्तृत ज्ञान तुम्हें अच्छा आना चाहिए। बहरहाल। तुम कहोगी 'पर उपदेश कुशल बहुतेरे।' ठीक भी है। पर मैं अपनी ढलती आयु में और क्या करूँ।

अपने जीवन के अनुभव का निचोड़ है कहने को। लिख दिया। बहुत-बहुत स्नेह और प्रेम। तु. शमशेर।

१५ जुलाई, ७५

पता - बी-१४/८८, दयानन्द कालोनी
लाजपत नगर-४, नई दिल्ली-११००२४

जन्मदिन मुबारक, मुबारक, मुबारक!!!

प्यारी अच्छी बहुत अच्छी और बहादुर प्रेमा खुश रहो। और श्रुति को भी भूरि-भूरि आशीष। तुम्हारे बहुत ख़राब ताऊ जी की तरफ़ से।

"हम वहाँ हैं जहाँ से हमको भी
कुछ हमारी ख़बर नहीं आती।"

जितने ख़त मैंने ज़बानी या दिल में लिखे होंगे, या लगातार बातचीत करता रहा हूँ, अनगिनत बार, उनका कोई हिसाब नहीं। मेरे जितने भी घनिष्ट बंधु हैं सबको मेरा मौन से मौन के प्रति संवाद जारी रहा है- जैसे त्रिलोचन से... आज... हाँ, आज से २ साल पहले त्रिलोचन आए थे तो पहली जनवरी को उन्होंने और २-४ पंक्तियाँ मैंने भी लिखीं थीं। त्रिलोचन की घनी दाढ़ीवाला फोटो साथ में तुम्हें भेज रहे थे।

ख़ैर।... तुम्हारी पाण्डुलिपियाँ उलटता-पुलटता, धरता-सहेजता रहा, झाड़ता-पोंछता रहता ही हूँ यदा-कदा। तुम्हें तो मालूम नहीं कैसे मकान में हम लोग रहते थे अभी तक। वहाँ से जिस नए मकान में आए, वहाँ के बरामदे में बैठकर यह पत्र लिख रहा हूँ - बाहर पटर-पटर बारिश हो रही है। सोफ़े पर पाठक जी बैठे भाषा सिंह से गपिया रहे हैं - नटखट भाषा से जो अभी-अभी बारिश में नहाने की जिद कर रही थी। शोभा की सास भी आई हुई हैं। वह खुद और शोभा अन्दर खाना खा रही हैं। शोभा को लेने आई हैं। उन्होंने भाषा को समझाया कि बारिश में नहाने से बच्चे बीमार हो जाते हैं - वह इस बात को समझ गई है। अस्तु। छोटे मियाँ - बबुआ (अनुराग) मेरी क़लम छीन रहे हैं। बहुत मुश्किल से यह पेज लिखने की इजाज़त दी है। अब वह ऐनक छीनकर अपनी नाक पर रख रहे हैं। ख़ैर।

मैंने आजकल २ महीने की छुट्टी ले रखी है। बहुत थक गया है शरीर। आँखें भी मोतियाबिन्द से ख़राब हो रही हैं। अगले साल तक नौकरी से फ़ारख़ती ले ही लेनी है। हाँ, मेरी एक किताब १० साल बाद कविता-संग्रह-राधाकृष्ण प्रकाशन ने प्रकाशित की है, 'चुका भी हूँ नहीं...'। जगत शंखधर ने चयन किया है।

शीघ्र ही भेजूँगा। तुम्हारे बोर्ख़ेस के अनुवाद बहुत ही सुन्दर थे। एकदम ए-वन। और उसकी कविता पर टिप्पणी भी खूब थी। तुम्हारी टेप की हुई आवाज़ और कविता सुनकर उसकी नकल उतार ली थी। उसके बीच का हिस्सा कविता की एकाग्रता को विश्रृंखलित करता जान पड़ता है। फिर भी कविता अच्छी है। पता नहीं

तुमने फिर कोई कविता क्यों नहीं भेजा। ख़ैर।

बहुत कुछ तुमको लिखना-भेजना चाहता हूँ। अब छुट्टी पाकर ही संभव होगा, बशर्ते कि कुछ कमा भी सकूँ। प्रकाशक मेरी पुस्तकों की माँग कर रहे हैं; अस्तु। मेहनत करूँगा, कर रहा हूँ। हाँ, एक दुःखद खबर यह है कि श्री भारतभूषण अग्रवाल नहीं रहे। गत १३ जून को शिमला में हृदयगति बन्द हो जाने से दिवंगत हुए।

माचवे जी बंबई में हैं। अवकाश प्राप्त होने की प्रतीक्षा में यानी, रिटायर होने के पूर्व की छुट्टी मना रहे हैं। घर की शेष खबरें तो तुम्हें मिलती ही रहती हैं। मलयज से तुम्हारी ख़ैर-ख़बर पाता रहता हूँ।

तुम्हारी स्पेनिश की मश्क़ और स्पेनिश साहित्य-कविता-उपन्यास की जानकारी भी अब अच्छी-ख़ासी होगी, ऐसा अनुमान करता हूँ। मलयज से ज्ञान हुआ था कि संस्कृत पढ़ने में संलग्न हो। यह बहुत अच्छी बात है। अच्छा। बारिश थम गयी है। पाठक जी विदा लेने वाले हैं और पत्र यहीं समाप्त करता हूँ।

श्रुति को एक बार फिर बहुत प्यार और आशीष भेजता हूँ।

दूसरे अधलिखे पत्र को भी भेजूँगा।

बहुत प्यार के साथ

तुम्हारे ताऊजी – शमशेर।

प्रेमचन्द सृजन पीठ

विश्वविद्यालय परिसर,
विक्रम विश्वविद्यालय, उज्जैन (म.प्र.)

शमशेर बहादुर सिंह
अध्यक्ष
प्रेमचन्द सृजन पीठ

प्रेमा!

पैड के छापे को हटाना भी चाहता था और पता रखना भी। छपे फ़ॉर्मल पैड ने क्या किया बेचारे ने? कुछ नहीं – यही, कि शमशेर को छपे फ़ॉर्मल पैडों पर लिखना कभी अच्छा नहीं लगता : सिवाय दफ़्तरी ख़तों के। तो...

सदियाँ बीत गई हैं। शायद दसियों-दसियों बरस। मगर कोई है जो आज भी... और लगातार – बराबर कल जैसा ही आँखों के सामने रहा है। (यह बात कहने पर फ़ौरन हल्की हो जाती है, अफ़सोस।) – यह मैं क्या लिख रहा हूँ ख़ामख़ाह? मतलब क्या इसका? – कुछ नहीं। फिर? कि तुम्हें कल ही तो एकदम आमने-सामने एक

मैगज़ीन के आख़िरी कवर पर गम्भीर और टटका -सुन्दर और अतिशय - परिचित-सुन्दर रूप में देखा : अन्दर तुम और अनेक आर्खेन्तीनी कवि। कौन जाने कब यह नाव...मेरी...मगर नहीं...। अभी तुम हो और...जिसे कहते हैं शायद होना, मैं हूँ। (हूँ ही तो अभी तक ...हूँ ही) तो कुछ बातें न कर लूँ तुमसे? तुम? तुम कौन हो?

देखो, बुएनोसायरेस का समय यहाँ उज्जैन के समय से करीब ८२ घंटे पहले का होता है।

जब अब यहाँ साढ़े चार है शाम के, तुम्हारे यहाँ सुबह के नौ बजे होंगे। तुम व्यस्त होंगी बेबी श्रुति, प्यारी होशियार श्रुति को तैयार करने में - मगर वो तो ख़ुद तैयार हो लेती होगी। नहीं, तुम तो सुबह के नाश्ते और दफ़्तर जाने की तैयारी में एप्रेन बाँध व्यस्त। शायद-हज़ार में एक अंश-कोई शमशेर याद में आकर दिमाग या आँखों के एक कोने से मात्र एक सेकन्ड में निकल जाता होगा, गुज़र जाता होगा। फिर? फिर बस। कुछ नहीं सब अपने-अपने मोर्चे पर हैं। (मेरा कोई मोर्चा नहीं) एक ऐब्सर्ड कविता है (उर्दू की पहली ऐब्सर्ड कविता है) : "मोर्चा मख़मल में देखा, आदमी बादाम में"। शायद इस मिसरे से पहले यों है -

टूटी दरिया की कलाई, ज़ुल्फ़ उलझी बाम में।

तुमने दरिया पर कहीं सितारे को हाथ पकड़ कर ऊपर ले आना चाहा, मगर ज़ुल्फ, लंबी ज़ुल्फें अटारी में फँस गईं। दरिया की लहरें उठ - उठकर उन ज़ुल्फों को छूना चाहतीं थीं, उस तारक प्रिन्स की सहायता में। मगर बार-बार लहरों की कलाई टूट-टूट जाती थी। मख़मल की म्यान में तलवार में मोर्चा लग गया था - वह काम नहीं आ रही थी। बादाम सी आँखें उस आदमी को देख रही थीं, वह उसमें प्रतिबिंबित था। कभी-कभी ज़िन्दगी एक ऐसी ही फ़ेयरी टेल लगती है।... ख़ैर। और...यानी ऐब्सर्ड...?

तुम्हारे अनुवाद कुछ पढ़वा के सुने। अभी कल ही 'तनाव' का अंक आया है। बेहद सफल और मार्मिक अनुवाद है। बड़ी मेहनत से किये गए, स्पष्ट लगता है। इसके बाद कई बार तब से आज तक पढ़े।

जो अन्दर की कहानी है, वह अन्दर की कहानी है। जो दुनिया की ज़बानी है, वह दुनिया की ज़बानी है। दुनिया की बातों से, चालों से, अलग, परे चुपचाप, एक इन्तिहाई ख़ामोशी में, मैं तुमसे मिलता हूँ, बराबर मिलता रहता हूँ - अगर्चे क्या अर्थ है इसका?

मैं यहाँ - जैसे पोएट इन रेसिडेन्स होते हैं, इस रूप में हूँ। फ़रवरी ८१ में आया था। जनवरी ८३ के आख़िर तक हूँ। नयी कविता प्रतिभाओं को प्रोत्साहन देना मेरा एक फ़र्ज है; दूसरा यहाँ की बैठकों में शरीक होना। आँखों का हाल अच्छा नहीं है। दिन में ही थोड़ा बहुत पढ़ सकता हूँ। रात को पढ़ना मना है। आसन करता था -

वह भी मना है। ऑपरेशन, मोतियाबिन्द का, अब और साल, छै महीने को स्थगित हो गया। देखो। गुजरात विश्वविद्यालय की रंजना अरगड़े ने मेरे काव्य पर पी.एच.डी. के लिए काम किया है। उसको तुम्हारे व्यक्तित्व ने आकर्षित किया है। संकोचवश नहीं लिखा लेकिन पत्र में मुझसे ज़िक्र किया। वह तुम्हें पत्र लिखेगी। कवि है मराठी और हिंदी दोनों में। तुम्हारे अनुवादों की प्रशंसा की। वास्तविक रूप में तो वही उन्हें जज कर सकता है जो स्पेनिश भी जानता हो और हिंदी भी तुमसे अधिक कौन जानता है। फिर भी हिंदी में वे सशक्त लगते हैं। 'तनाव' से एक बड़ा लाभ ये हुआ कि तुम्हारा एक सुन्दर सा फ़ोटो, बड़ा फ़ोटो मिला। दो-तीन प्रतियाँ मगवाऊँगा। मँगवाई। आँखें ठीक हो जाने पर कुछ काम-धाम ठीक से हो सकेंगे। लिखना तुम्हारे पास मेरे कौन-कौन से संग्रह हैं। अजय और शोभा तो लखनऊ में हैं। सबकी ख़बर तुम्हें दिल्ली से तो मिलती ही रहती होगी।

मलयज पर 'पूर्वग्रह' एक विशेषांक निकाल रहा है। 'ज़मीन' ने उसी सन्दर्भ में मेरा एक छोटा-सा लेख और रंजना की एक कविता उसी संदर्भ में छापी है। 'पूर्वग्रह' ने मुझसे एक लंबा लेख लिखवाया है।

श्रुति को बहुत प्यार आशीष। शेष फिर शायद शीघ्र। तुम्हारा वही आलसी - शमशेर।

२६ मार्च, ८५

प्रेमचन्द सृजन पीठ
विक्रम विश्वविद्यालय, उज्जैन

स्वागत। रचित!

प्रेमा,

मुझे उम्मीद नहीं थी कि तुम्हारा पत्र आएगा।

मुझे उज्जैन में अचानक ही - जब हाल में नरेश यहाँ आए हुए थे - उनसे ज्ञात हुआ कि तुम उन्हें दिल्ली में मिली थीं, उसके कुछ ही दिन बाद भोपाल में रमेशचन्द्र शाह और ज्योत्स्ना मिलन से मालूम हुआ कि तुम भोपाल आनेवाली हो, और भोपाल से उज्जैन भी जाओगी। मुझे आश्चर्य के साथ अपार हर्ष भी हुआ। यह इत्मीनान-सा हुआ कि तुम...बहरहाल...। अब, मुझे कोई अन्दाज़ा नहीं था कि इस बीच तुम कब भोपाल में होगी, वहाँ आ गई हो या अभी नहीं; तुम दिल्ली में ही हो या इलाहाबाद - कानपुर, लखनऊ के दौरे पर। यह भी नहीं अन्दाज़ा कि कब तक की

तुम्हारी छुट्टियाँ हैं, कब से तुम हो, कब तक रहोगी। तो इस ख़्याल से एक कार्ड डाल दिया कि कोई तो - शायद तुम ही - मुझे सूचित कर दोगी कि स्थिति यों है। बहरहाल। तुम्हारे 'तनाव' के लेख व अनुवादों के बाबत यहाँ औरों से भी बराबर चर्चा रही। मैं अनुवादों से अधिक तुम्हारे मौलिक लेख, तुम्हारे पैने निर्मम विश्लेषण से सचमुच अभिभूत था; जैसा कि मैंने वंशी माहेश्वरी को लिखा भी। तुम्हें कुछ नहीं लिखा... जो पत्र लिखे भी वह इतने लंबे-से अजीब-से हो गए कि भेजा नहीं। अधूरे भी तो थे। मेरे लिए किसी को भी पत्र लिखना असम्भव-सा हो गया है।

ख़ैर, इन बातों को छोड़ता हूँ, तुम भी ऊब गई होगी। कितना ज़माना गुजर गया है... युग-युग-युग। मुझे बहुत हर्ष हुआ यह पढ़कर कि तुम बोएनोसाइरेस की नेशनल यूनिवर्सिटी में (निश्चय ही भारतीय विद्या, इतिहास दर्शन) पढ़ाती हो और मुझे ज़रा भी आश्चर्य नहीं हुआ कि तुम्हारे विद्यार्थी तुम्हारे लेक्चर्स का अंदाज़ इतना ख़ूब पसन्द करते हैं। उज्जैन एक छोटा-सा शहर है। तुम्हें तो पता ही है कि यह भारत के प्राचीनतम तीर्थों और विद्या के केन्द्रों में से एक था। यहीं सन्दीपनी ऋषि का आश्रम था जहाँ कृष्ण जी ने, बलराम और सुदामा ने विद्याध्ययन किया था। महाकाल की नगरी। - यहीं से ज्योतिष की शुद्ध गणना की जाती है क्योंकि यह कर्क रेखा पर ही स्थित है अर्थात सूर्य की उत्तरायण सीमा पर। अब भी यहाँ चार-छै उद्भट विद्वान मौजूद हैं... दो चार से मिलकर तुम्हें बड़ा संतोष होगा। यहीं कालिदास अकादमी भी है। उसके डायरेक्टर डा. कमलेशदत्त त्रिपाठी बहुत ही विनम्र और उतने ही गम्भीर और उतने ही मधुर व्यक्तित्व के धनी विद्वान हैं। कई और लोग हैं। एक छोटा-सा बुद्धिजीवियों का अच्छा-सा सर्किल है, डॉ. पवन कुमार मिश्रा, सुकवि देवताले, आदि। ख़ैर। - शहराती स्नॉबरी यहाँ नहीं। अस्तु! - जैसे ही मैं तार देने जा रहा था, सेवक को, वैसे ही तुम्हारा लिफ़ाफ़ा मिला। बहुत देर बाद डरते-डरते उसको खोला, पता नहीं कितनी नाराज़गी के दर्शन हों उसमें, कितनी क्या...

हम भी अपनी उम्र के एक किनारे आ रहे हैं; मगर कभी-कभार मेधावी जिज्ञासु प्रतिभाओं की सच्ची ऊर्जा को देखकर और पुराने उस्तादों के ग्रन्थ उलटते-पलटते हुए लगता है कि कला और काव्य की साधना के लिए तो उम्र को हमारी हमेशा लंबी होनी चाहिए। स्वस्थ प्रतीक, स्वस्थ परिवेश, स्वस्थ ऊर्जस्व विचार... फिर यहाँ मैं डलिया भर के युवाओं को आशीष देने लगता तो विश्वास करो कि देश, स्वदेश में नया जीवन करवट ले... यहाँ तक कि आशीष दे... मेरी शेष उम्र भी तुम्हें लग जाय। भरपूर हजार साल जियो।

मैं अपने सब प्रियजनों को हमेशा बहुत-बहुत याद करता रहा हूँ, याद करता रहता हूँ। बस खत नहीं लिखता, क्योंकि वह मुझे आता नहीं।

बहुत-बहुत स्नेह - शमशेर।

बहुत नाम हैं एक शमशेर भी है

निर्मला ठाकुर

शमशेर जी को मैं डैडिया कहा करती। ऐसी उनकी इच्छा थी। डैडिया का हमारे घर आना कब से था यह तो अब याद नहीं, मैं छोटी थी और उनके अतिवत्सल व्यवहार के कारण हम सभी भाई-बहनों के बीच उनकी एक पहचान बन गयी थी। सन् १९५८-५९ की बात है जब एक दिन मुझसे बड़े ही वत्सल भाव से बोले, 'निर्मल, तुम डैडी कहा करो।'

'डैडी?'

फिर उन्होंने कुछ सोचा, 'नहीं, डैडी नहीं डैडिया?' उन्होंने मेरे सिर पर हाथ रखकर सहलाया। उस स्पर्श में बहुत ममत्व था और पिता होने की आकांक्षा भी। हम दोनों के बीच एक मूक समझौता हो गया। अपना काव्य-संग्रह 'कुछ कविताएँ' जब उन्होंने मुझे दिया तो हस्ताक्षर में 'डैडिया' लिखा।

तो हमारे डैडिया हमारे परिवार के सदस्य बन गये थे, विशेषकर मलयज भैया, दीदी प्रेमलता, मैं और एक सीमा तक मामा श्रीराम वर्मा। मेरे बाबूजी को वे बड़े सम्मान के साथ 'वर्मा जी' बुलाते थे, वे बाबूजी से एक वर्ष बड़े थे। माँ के साथ हल्की पर्देदारी थी। वे बहुत संकोची थीं।

मैं और दीदी, कभी-कभी भैया और मामा उनके घर धावा बोलते क्योंकि उनकी बातों को सुनने का चाव सभी में होता था। उन दिनों वे बहादुरगंज के एक मकान की पहली-दूसरी मंज़िल पर रहते थे, ऊपर एक छोटा कमरा और छत भी थी। नीचे दर्जी क़ी छोटी-सी दुकान थी- 'जस्ट फ़िट'। कभी-कभी ख़ूब गप्पें छनतीं। जब भी हम जाते, देखते ही प्रसन्नता से उत्साहित हो जाते और कुछ ही देर में यह कहते हुए निकल जाते कि तुम लोग बैठो, मैं आता हूँ। फिर कभी पन्द्रह मिनट, कभी आधा घंटा हम प्रतीक्षा में बैठे रहते। अचानक नीचे सीढ़ियों का दरवाज़ा भड़-से खुलता और वे सीढ़ियाँ चढ़ते; थैले में, हाथ में खाने-पीने की सामग्री लिये नमूदार होते। यह बहुधा होता। बातों पर बातें निकलती जातीं। अचानक वे बातों का सिलसिला तोड़ पूछते - 'भूख लगी होगी, क्यों?'

'तो क्या, घर जाकर खा लूँगी, बल्कि आप भी चलिए न, यहाँ बनाने का झंझट।'

'अरे नहीं, देखो बस चुटकी बजाते खिचड़ी तैयार करता हूँ।' वे क्यों मानने लगे, 'बस तुम बैठी देखती रहो।'

'मैं भी मदद कर देती हूँ।'

'नहीं, नहीं... बस तुम लो इस पुस्तक का अवलोकन करो।' 'अवलोकन' पर विशेष ज़ोर। पर डैडिया की खिचड़ी तो बीरबल की हो जाती। छत पर अँगीठी से ढेर सारा उगलता धुआँ, फूँकते हुए डैडिया, बीच-बीच में तमाशा देखने को बाध्य मैं। हाँ, कभी आलू उबाल लेते तो कृपावश उसे छीलने का काम मेरे सुपुर्द कर देते। आलू का भर्ता और गरमा-गरम खिचड़ी। तब तक भूख अपने चरम पर होती... क्या ही स्वाद और क्या ही तो आनन्द आता उस खाने में। वह अलग बात थी कि कभी दो तो कभी ढाई बज जाते। असल में वे मामूली ही व्यंजन पकाते थे- उबले आलू, उबले अंडे, चावल, दाल - बड़े ही इत्मीनान से, जिसमें जल्दीबाज़ी झलक मारती। जो भी हो हम तीनों- दीदी, मैं और डैडिया की पिकनिक हो जाती। एक उत्सव का वातावरण रच जाता।

डैडिया में एक विशेषता थी कि जिससे मिलते थे इतने अपनत्व से कि वही उन्हें अपना समझने लगता था। ऐसे व्यक्तित्व कम होते हैं। जब उनके घर हम आने-जाने लगे तो एक बार बोले, 'तुम्हें (मुझे) देखकर बिटिया जैसा भाव मन में आता है पर आपको (दीदी को) देखकर ऐसा भाव नहीं, आप स्माल यंग फ्रेंड लगती हैं। यों मैं संबंध को नहीं मानता परन्तु यदि भावना सच्ची है किसी संबंध भाव से, तो अवश्य मानना चाहिए।'

वे कभी-कभी मुझे नीरू, निमिया, निम्मो कहकर बुलाते। मैं कभी अनचक्के उनके यहाँ पहुँच आती, कभी वे शेव कर रहे होते, कभी कुछ पढ़ रहे होते या लिख रहे होते। लिखते समय मैं चुपचाप छत पर चली जाती और बाहर का विहंगम दृश्य देखती... कुछ देर बाद ही वे उठ आते और स्नेह के अतिरेक में मेरी पीठ थपथपाने लगते। फिर, 'रुको मैं बाहर से कुछ लाता हूँ, बनाने का मन नहीं है, साथ बैठकर खाएँगे।' और मेरे लाख मना करने के बावजूद वे ये जा, वो जा! बड़ी फुर्ती थी तब उनमें, और मुझे लगता कि डॉ. साहब (डॉ. तेज बहादुर सिंह, छोटे भाई) का मनीऑर्डर मिला है। कभी मूड होता तो प्रसन्न मन से बताते, 'चलो, कुछ दिन की फ़ुरसत हुई, भाई ने पैसे भेजे हैं।' डैडिया मेरा बहुत लाड़ करते थे। उनके सामने मैं जैसे और छोटी हो जाती थी। कई बातों पर मैं उनसे उलझ पड़ती, पर ऐसे अवसरों पर बड़ी ही कोमलता से वे मुझे समझाते। उनके समझाने के ढंग में एक तर्क होता। वे हमारे लिए ऐसे व्यक्तित्व थे जिससे हमें सम्भ्रम भी था, स्नेह भी। एक बार विष्णुचन्द्र शर्मा जी आये थे। सबकी सलाह पर वे हमें- शर्मा जी, दीदी और मुझे फ़िल्म दिखाने ले गये- 'उसने कहा था'। गुलेरी जी की कहानी थी। पर देखकर लौटे तो उनका मूड

ख़राब हो चुका था। उन्होंने कहा– गुलेरी जी की कहानी के साथ अच्छा ट्रीटमेंट नहीं हुआ। फिर उसी बोरियत में हम 'गजधर' गये और आइसक्रीम खाकर ग़म ग़लत करते हुए घर लौटे।

एक दिन मैं बोली, 'डैडिया, चलिए आज गंगाजी चलते हैं।'

उत्साह से बोले, 'हाँ, एक ज़माना हुआ देखे। लेकिन निम्मो...'

मैंने बात काटते हुए कहा, 'दारागंज में मेरी एक महाराष्ट्रियन सहेली सुमन रहती है। बड़ा-सा भवन है। वहाँ उसके पीछे गंगा बहती है।' सम्भवतः एकाकीपन से ऊबकर भी कभी वे मेरे साथ कार्यक्रम बना लेते थे। सो हम गये। वहीं गंगा के किनारे अपार जलराशि प्रवाहित थी। सुमन जी ने हमारे आग्रह पर गीत सुनाया– 'दूर आज सांग कुड़ी छेड़ली असावरी।' उस एकांत नदी के किनारे दूर तक जाती हुई उनकी ध्वनि तरंग– डैडिया अभिभूत थे।

तो इन छोटी-छोटी बातों में वे हमारे साझीदार थे, इसलिए हमारे अपने थे। डैडिया मुझे लेकर कहीं आश्वस्त थे कि उनके पास भी एक बेटी है। उनके छोटे भाई की बेटी इन्दु कभी-कभी उनके यहाँ बाहर (सम्भवतः इन्दौर) से आतीं और कुछ दिन रह जातीं। उनकी प्रसन्नता का ठिकाना न रहता। उनके पास दो बेटियाँ होतीं। इन्दु दीदी मुझसे उम्र में काफ़ी बड़ी थीं और विवाहिता। दोनों को बारी-बारी से गाने के लिए कहा जाता, हम उत्साहपूर्वक भाग लेते। उत्सव-सा हो जाता। उन दिनों डैडिया की भाग-दौड़, व्यस्तताएँ दर्शनीय होतीं। मुझे उस घर में आते-आते इतना अन्दाज़ा तो हो गया था कि उनकी आर्थिक स्थिति अच्छी नहीं है। दीदी ने समझाया था– 'कुछ फ़रमाइश मत किया करो, समझीं?' सच यह था कि मैंने उनसे कभी कोई फ़रमाइश की ही नहीं।

त्योहारों पर विशेषकर दुर्गापूजा और विजयदशमी पर उनका वह छोटा-सा 'जस्ट फ़िट' लेखकों के परिवारों से भर जाता। विजयदशमी पर रामदल का पूरा नज़ारा उनके बारजे और छत से देखा जा सकता था। कुछ लोग इस बहाने इकट्ठे होते और मिलने आते। मैं तो वहाँ की नियमित सदस्या, भला दशहरा हो और मैं वहाँ न होऊँ, वह मेरा अधिकार-क्षेत्र था! एक बार इसी त्योहार के दिन पहली बार मैंने गुलाबी रंग, सुनहरे बॉर्डर की साड़ी पहनी। मुझे लज्जा भी आ रही थी। मैं साहस जुटाकर उसी वेश में गयी। डैडिया ने किंचित ग़ौर से मुझे देखा, मानो कुछ यों कह रहे हों– 'ये क्या हो रहा है भाई, कुछ बड़ी-सी लग रही हैं आप।' मैं यों ही लाल-गुलाबी हो रही थी, सोचा इससे अच्छा तो सलवार-कुर्ते में ही आती। तभी देखा, वे नरेश मेहता जी को लिये चले आ रहे हैं। अब मैं कहाँ छुप जाऊँ? डैडिया के चेहरे पर प्रसन्नता की चमक थी, 'देखो नरेश, मेरी बिटिया कितनी अच्छी लग रही है, है न?' मैंने सबके चरण स्पर्श किये। पहली-पहली बार साड़ी, वह भी नयी।

जब मैंने विश्वविद्यालय में क़दम रखा, डैडिया बहुधा मेरे अध्ययन पर अच्छा-ख़ासा लेक्चर दे डालते। जब मैं एम.ए. प्रीवियस (हिंदी) में पहुँची तो एक दिन जाड़े की धूप में छत पर बिठाकर समझाते रहे, 'निर्मल, ख़ूब पढ़ो और सीखो, फिर एम.ए. फ़ाइनल की डटकर तैयारी करो। कम-से-कम तुम्हारी दूसरी या तीसरी पोज़ीशन आनी चाहिए। मेरी हार्दिक इच्छा है... और मैं फ्रैंकली कह रहा हूँ, मैं स्वयं जब एम.ए. में पढ़ता था तो 'लव अफ़ेयर' के चक्कर में पड़ गया था। पर मैं आज सोचता हूँ ये प्रेम अवैज्ञानिक होते हैं, अनसिस्टमेटिक होते हैं। जीवन का एक निश्चित उद्देश्य बनाना चाहिए, भावुकता में बहना ठीक नहीं। अब तुम्हीं देखो, तुम्हारी दीदी बेहद भावुक हैं, उनकी बहुत बातें, बहुत अच्छी हैं पर उनकी भावुकता अनसाइंटिफ़िक हैं... तुम्हारे भैया, देखना एक अच्छे कवि बनेंगे, उन्होंने एक परिवेश बना लिया है, एक उद्देश्य जीवन का; मैं चाहता हूँ ये तीन साल तुम्हारे भटकन वाले न हों। एक साल एम.ए. का फ़ाइनल, दो साल रिसर्च के। यदि तुम्हारी थर्ड या फ़ोर्थ पोज़ीशन भी आ गयी तो मैं तुम्हारी मदद करूँगा रिसर्च में।' ये सब बातें डैडिया ने धैर्यपूर्वक, बहुत समझा-समझा कर कहीं। अन्त में बोले 'तुम अपने पैरों पर खड़ी हो जाओगी तो तुम एक अच्छा पति प्राप्त कर सकोगी।'

इन्हीं हमारे डैडिया को जब अपनी इस नालायक बेटी और दूधनाथ सिंह के प्रेम का पता चला तो बजाय कुछ डाँटने या उपदेश देने के, मेरे प्रति सॉफ़्ट हो गये-सदय। इन सब बातों को लेकर, मेरे शोध आदि को लेकर मेरे ही आत्मीयजनों ने उनके मन में भ्रामक धारणा डाल रखी है, ऐसा मेरा सोचना था। एक दिन मैं उनके यहाँ गयी, मेरा मन इतना भरा था कि उनके सामने अपने को रोने से नहीं रोक पायी - असम्भव-सा हो गया था। तब उन्होंने एक बात कही, 'निम्मो, तुम्हारे प्रति मेरी धारणा कभी ख़राब नहीं हो सकती, यह ध्रुव सत्य है। मेरे पास भी दृष्टि है, यदि कोई बिगाड़ना भी चाहे तो उसे एड़ी-चोटी का पसीना एक करना होगा, पर मुझे उस व्यक्ति से घृणा हो जाएगी।' बड़ी देर तक मेरा सिर सहलाते रहे। फिर स्वयं से जैसे बोले, 'बिटिया, मेरा बस होता तो तुम्हें अपने हाथों गाड़ी में बिठा देता और सेक्रेटेरियट जाकर छोड़ आता। तुम इतनी अधिक पढ़-लिख गयी हो!'

एम.ए. में मैं फ़र्स्ट डिवीज़न और सेकेंड पोज़ीशन से उत्तीर्ण हुई थी। डैडिया बेहद प्रसन्न हुए थे लेकिन अफ़सोस, 'प्रेम के चक्कर' में पड़कर एम.ए. फाइनल में डिवीज़न तो फ़र्स्ट आया पर पोज़ीशन थर्ड आ गयी। मुझे लग रहा था डैडिया को कैसे अपना चेहरा दिखाऊँ। तो भी डैडिया शोध के सिलसिले में मुझे डॉ. रामकुमार वर्मा के यहाँ ले गये। वहाँ डॉ. शशि अग्रवाल भी थीं। डॉ. वर्मा शोध संबंधी लड़कियों की कठिनाइयों, विशेषकर विवाह पर बात करते रहे। एकाएक वे मेरी ओर उन्मुख हुए और पूछा, 'निर्मला जी, आपने क्या सोचा है?' मैंने कहा, 'पिताजी ने स्वीकृति दे दी है।'

उनका विचार था, एम.ए. कर लेने के बाद एक विराम आता है, उसके बाद ही लड़कियों की शादी कर देनी चाहिए। यदि परिस्थितिवश सम्भव नहीं होता तो रिसर्च। पर तब रिसर्च के दौरान माँ-बाप को ३ वर्ष की छुट्टी लड़की को देनी चाहिए जिससे मन लगाकर वह अपना कार्य समाप्त कर सके। डैडिया एकाएक बोले, 'यदि निर्मल मुझे क्षमा करे तो एक बात मैं कहना चाहता हूँ, 'शी इज़ इंगेज़्ड'। मैं एकदम अवाक् रह गयी। सन्न! डॉ. शशि अग्रवाल ने अपनी बातों से थोड़ा-सा ध्यान अलग खींचकर मानो मुझे उबार लिया। सिर हिलाते हुए बोलीं, 'काफ़ी मेहनती लड़की है - बुद्धिमान। कर लेगी।' जाते-जाते डॉ. वर्मा बोले, 'तो नाटक का मंगलाचरण आरम्भ हो गया, स्वास्थ्य पर भी ध्यान दीजिए।' पर डैडिया डॉ. रघुवंश के यहाँ ले गये, डॉ. वर्मा से कुछ रुष्ट और असन्तुष्ट-से दिखे। उनसे मेरा परिचय कराया तो बोले, 'मैं निर्मला जी को जानता हूँ।' शायद भैया के माध्यम से, अथवा एम.ए. में पोज़ीशन आने से जानते रहे हों। उन्हें डैडिया से दर्शन, ज्योतिष, ईश्वर पर बहस करने में रुचि थी। वे बोर होने लगे। फिर वे मेरी ओर उन्मुख हुए और शोध के विषय में बहुत देर तक समझाते रहे। कई विषयों की ओर ध्यान आकृष्ट किया और विस्तार से सोचने का सुझाव दिया। उनकी वे बातें दिलचस्प लगीं और शोध के सन्दर्भ में सार्थक भी।

डैडिया चाहते थे कि जो कुछ मैं नहीं बन सका, वह निर्मल बने- प्रतिष्ठित, यशस्वी (जो वे स्वयं थे) और सुखी। कितना कुछ एक साथ बनाना चाहते थे वे। कभी शोध के विषय में डॉ. बन जाने की बात, कभी सर्विस की बात, रचनाकार, अनुवादक, सफल गृहिणी। जिसके साथ विवाह हो उसके साथ एक सुखी पत्नी के रूप में भी देखना चाहते थे। फिर स्वास्थ्य पर करीब-करीब रोज़ लेक्चर। कभी-कभी मूड में आते तो कहते- बांग्ला का अध्ययन करो, फिर बांग्ला कविताओं का अनुवाद। बांग्ला तो तुम्हें आती है, ख़ूब मश्क करो। सम्भवतः उन्हीं की प्रेरणा से जीवनानन्द दास का काव्य संग्रह 'सागर थेके फेरा' की कुछ कविताओं का मैंने अनुवाद किया था।

जैसा कि मैं प्रायः डैडिया के पास जाती रहती थी, एक दिन पहुँची तो वे कुछ पढ़ रहे थे। उन दिनों मैं शोध छात्रा थी- डॉ. रघुवंश के निर्देशन में। बोले, 'अच्छा हुआ तुम आ गयी, मन ऊब रहा था।' हमने मिलकर चाय बनायी। फिर धीरे-धीरे घूँट भरते हुए अपने प्रारम्भिक जीवन के विषय में बताते हुए अतीत में खो-से गये। जब वे लिखने-पढ़ने की बात पर आये तो मैंने पूछा, आपने अपनी सबसे पहली कविता कैसे और किस पर लिखी थी? कितने वर्ष की अवस्था में?

'बारह वर्ष की उम्र में जब मैं पाँचवे दर्जे में था, तब लिखी थी। अपने घर देहरादून से आठ मील दूर मसूरी का पहाड़ दिखता था। बर्फ़ की जो फुआर-सी उठती थी वह मुझे बहुत आकर्षित करती थी।' उन्होंने फिर बताया कि सर्वप्रथम अंग्रेज़ी में

एक कविता लिखी थी।

'अंग्रेज़ी मेरी शुरू से ही कुछ अच्छी थी। १९२३ में लिखी थी। और तुमको बताऊँ, इसी दर्जे में हिंदी-उर्दू में एक साथ लिखना शुरू किया।' टेनिसन की एक कविता की चर्चा करते हुए कहने लगे, 'उससे मैं बहुत प्रभावित हुआ था, जो मेरे लिए अच्छा नहीं रहा। उस कविता को छोटे दर्जे में नहीं रखना चाहिए था, उसमें अजीब-सा आलस्य, जड़ता, उदासी और भावुकता का मिश्रण था। जो भी हो, कविता की तरफ़ रुझान बेतरह बढ़ने लगी।' बातों-बातों में यह भी बताया कि प्रेमचन्द के बहुत से उपन्यास पढ़ डाले थे, कवीन्द्र रवीन्द्र से भी बहुत प्रभावित रहे। राष्ट्रकवि मैथिलीशरण की 'भारत-भारती' तब कंठस्थ थी। उर्दू के शायरों में आतिश और इक़बाल प्रिय रहे। वे अपनी रौ में थे- 'निर्मल, बी.ए. में मैं कविता में बिलकुल डूब गया था। दिन रात। एक बार अट्ठाइस घंटे तक लगातार 'निराला' के काव्य संग्रह 'परिमल' पर नोट्स लेता रहा। उन्हीं दिनों जब मैं बी.ए. पार्ट वन में था, मेरी अंग्रेज़ी कविताओं के संग्रह के प्रकाशित होने की बात हुई। प्रकाशक राजी हो गया पर छपाई के लिए रुपयों की व्यवस्था न हो पाने और कुछ मेरी लापरवाहियों से प्रकाशित नहीं हो पाया। वैसे मैं तुमको बताऊँ, मैं कविताओं पर बेहद परिश्रम करता था। मैं चाहता था कि किसी को भी त्रुटि निकालने का मौका न मिले, किसी भी क्षेत्र-भाव, भाषा, शैली, अभिव्यक्ति-में। इस विषय में उर्दू में अधिक प्रभाव ग्रहण किया।' गद्य साहित्य के विषय में उनका विचार था कि उर्दू में गद्य जितना उच्च शिखर पर पहुँचा हुआ है उतना हिंदी में नहीं। वैसे अज्ञेय, महादेवी, 'उग्र' आदि का गद्य काफ़ी अच्छा है। इसी सन्दर्भ को आगे बढ़ाते हुए बोले, 'प्रतिभा जन्म से ही नहीं आती, उसे आगे बढ़ाया जाता है। किसी में अधिक नहीं होती पर अपने परिश्रम, अध्यवसाय से कुछ लोग बहुत ऊँचे उठ जाते हैं- अज्ञेय ऐसे ही कलाकार हैं।' भुवनेश्वर और अज्ञेय की तुलना करते हुए कहने लगे- 'भुवनेश्वर में अपार प्रतिभा थी पर उसका उपयोग उन्होंने नहीं किया, बिखर गया सब। अज्ञेय ने सँजोया, निखारा और आज उच्च कोटि के लेखकों में हैं, पर उग्र जैसी भाषा किसी में नहीं, इतनी गठी।'

उपरान्त वे वर्तमान में लौटे, 'तुम्हें भी कुछ करना है बिटिया तो परिश्रम करना पड़ेगा। डूबना होगा। मश्क करना पड़ेगा। साहित्य कोई ऐसी-वैसी वस्तु नहीं है, लेकिन मुश्किल क्या है कि आजकल के लेखक थोड़े में ही अपने को जाने क्या समझ लेते हैं। परिश्रम करना, डूबना नहीं जानते।' इसी सन्दर्भ में बताया, 'मैं काफी सेंटीमेंटल रहा हूँ पर मुझे कविता से इतना अधिक प्रेम है कि कहीं इधर-उधर जाने, भटकने का विशेष अवसर ही नहीं मिला।'

डैडिया के लिए अब मैं 'कुछ-कुछ सयानी' हो चली थी तो लाड़-प्यार के साथ जब बहुत अकेलापन झेल रहे होते तो मुझसे कभी-कभी शेयर करते। मैंने एक

बार कहा – 'आजकल आप कुछ पढ़ते-लिखते नहीं। इतना टाइम आपको मिलता है फिर भी।' उनके चेहरे पर उदासी की एक हल्की-सी परत आ गयी। 'मेरी कुछ इच्छा नहीं होती। कविताओं को पढ़ने का मन होता है या अनुवाद करने का।' मैंने अपनी डायरी में एक स्थान पर लिखा था – आजकल डैडिया की दशा ठीक नहीं। बहुत भावुक और कमज़ोर हो गये हैं साहित्य-सृजन की सशक्तता जैसे सो गयी है। झूठ-मूठ अपने को बहलाने का प्रयास। कल शाम मैंने कहा, 'आपने बहुत एकांत झेला है।' तो कुछ सोचते हुए झेंप-से रह गये। मैंने विषयान्तर किया, 'आजकल मेरा मन होता है ख़ूब जंगलों, पहाड़ों और घाटियों में भटकूँ।' तब उनका मौन टूटा- 'जानती हो निर्मल, मेरा मन क्या करता है? किसी को ख़ूब प्यार करने का, मीठी-मीठी बातें करने का; लगता है जैसे मैं भीतर से टूट रहा हूँ। 'मुझको मिलते हैं अदीब और कलाकार बहुत/लेकिन इन्सान के दर्शन हैं मुहाल।'

डैडिया स्नेह के इच्छुक हैं पर बन्धन-प्रिय नहीं, ज़रा भी। अब उस दिन दीदी को पत्र पोस्ट किया तो बहुत देर तक सोचते रहे कि बहुत इमोशनल हो गया है। जो स्वयं इतना संवेदनशील और बौद्धिक और बुजुर्ग हो, उसे मुझ जैसी लड़की क्या समझा सकती थी? और मुझे समझ में नहीं आता था कि उनका दुःख कैसे दूर करूँ। मेरे वहाँ जाने पर प्रसन्न तो होते थे पर मेरे खाने-पीने को लेकर व्यस्त भी हो जाते थे। मैं सोचती, मेरे जाने से क्या लाभ है, आर्थिक रूप से उनकी चिन्ता ही तो बढ़ाती थी। दीदी ने ही बताया था कि अक्सर नीचे दर्जी से, बनिया से उधार लेते हैं। इसी में भूले-भटके यदि उनके छोटे भाई (डॉ. तेज बहादुर सिंह) का मनीऑर्डर आ जाता तो बहुत राहत महसूस करते।

डैडिया मुझ जैसे अपरिपक्व को भी अपनी कविताओं की एक-एक पंक्ति, शब्द-दर-शब्द, उनमें निहितार्थ भाव को एक अच्छे टीचर की तरह समझाते, व्याख्या करते जैसे। मुझे स्मरण है उन्होंने अपनी 'उषा' कविता विस्तार से समझायी थी।

'प्रात नभ था बहुत नीला शंख जैसे।' 'बहुत नीला' को कई तरह से व्याख्यायित किया। उसके नीचे की पंक्ति अबूझ थी। मैंने पूछा-

'भोर का नभ/राख से लीपा हुआ चौका (अभी गीला पड़ा है)/बहुत काली सिल ज़रा से लाल केसर से/कि जैसे धुल गयी हो।'

मेरे इस प्रश्न या जिज्ञासा से वे बहुत प्रसन्न हुए और उसे अच्छी तरह से समझाया।

एक कविता थी- 'एक पीली शाम' 'एक पीली शाम/पतझर का ज़रा अटका हुआ पत्ता/शान्त/ ...अब गिरा अब गिरा वह अटका हुआ आँसू/ सान्ध्य तारक-सा/ अतल में!'

इस 'अन्दाज़े बयाँ' में इस कविता की ख़ूबसूरती एक जीवित संवेदनशील चित्र

का रूप ले लेती। कविता के बारे में बात करते-करते कभी-कभी वे उसी काव्य संसार में खो जाते... और हमारे सामने पंक्ति-पंक्ति, शब्द-शब्द अपने अर्थ के साथ उद्‌भासित होते चलते।

'सागर-तट' कविता की पंक्ति- 'यह समन्दर की पछाड़/तोड़ती है हाड़ तट का/अति कठोर पहाड़!' 'अति कठोर' पहाड़ को क्यों लिखा, इस पर चर्चा। जिस भाँति, जिस भाव से पढ़ते, लिखते वक़्त जैसे उनके स्वर की अनुगूँज सुनाई दे रही हो।

'सावन की उनहार/आँगन-पार/मधु बरसे/हुन बरसे।'

एक बार मैंने कहा यह आपकी 'चीन' कविता समझ में नहीं आती। खिल उठे जिज्ञासा-भाव को देखकर। बैठो, समझाता हूँ। चीनी अक्षर को पहले समझाया फिर आकार प्रकार को लेते हुए कविता-पंक्तियों को। सचमुच पूरी कविता की प्रक्रिया और भाव समझ में आ गया। उनकी दो-एक कविता-पंक्ति तो हम लोग प्रायः उन्हीं के सामने दुहराते जैसे- 'जो नहीं है/जैसे कि सुरुचि/उसका ग़म क्या/वह नहीं है'

अथवा- 'बात बोलेगी/हम नहीं/भेद खोलेगी/बात ही'

यह अमर पंक्तियाँ बहुत लोगों में प्रिय थीं और हैं। जीवन के करीब और सादगीपूर्ण। उनकी एक ग़ज़ल थी-

यहाँ कुछ रहा हो तो हम मुँह दिखाएँ
उन्होंने बुलाया है, क्या लेके जाएँ

पढ़ते-पढ़ते बोले, 'तुम इसे गा सकती हो?' और वे अपने ढंग से गुनगुनाने भी लगे। मैं बोली एक-दो दिन में आपको सुनाऊँगी। तैयारी के पश्चात् मैं गयी। इस बीच, इस बात को वे भूल गये थे। एक बार भी नहीं पूछा तो मुझे बुरा लगा। मैं अनमनी-सी छत पर दीवार के सहारे सड़क की आवाज़ाही देखती हुई उसी ग़ज़ल को गुनगुनाने लगी। मस्तिष्क में वह धुन चढ़ी हुई थी जिसे मैंने तैयार किया था। कुछ देर बाद मेरा ध्यान गया, देखती क्या हूँ कि मेरे पीछे खड़े हुए बड़े ध्यान से (फ़ुल अटेंशन) सुन रहे हैं। तुरन्त बोले, 'तो तुमने धुन बना ली है, क्यों निर्मल?' मैं तो उनसे रूठी हुई थी। वे तुरन्त 'चापलूसी' वाले अन्दाज़ में बोले- 'अच्छा, रुको, मैं पहले तुम्हारे लिए कुछ खाने के लिए ले आता हूँ।'

'नहीं, तब मैं नहीं सुनाऊँगी।'

'ठीक है भई, मैं नहीं जाता।' मनुहार के बाद मैंने वह ग़ज़ल सुनायी। आँखें मूँदकर बड़े ध्यान से सुनते रहे। ग़ज़ल सुनने के बाद बोले, 'हाँ, धुन तो अच्छी बन गयी है पर बिट्टो, यह जो तुमने गाया है 'यहाँ कुछ रहा हो तो हम मुँह दिखाएँ' - इसे इस तरह गाना होगा...' वे गुनगुना कर बोले- 'यहाँ कुछ रहा हो तो हम मुँह दिखाएँ'। पूरा 'मुँह' को उच्चारित करने की आवश्यकता नहीं है और 'एक बात में' में 'एक' पर किंचित और ज़ोर देना होगा यानी एम्फ़ेसाइज़ करो पर सॉफ़्टली'। मैंने दो-तीन बार

उनके सामने अभ्यास किया तो उनकी आँखों में चमक आ गयी। 'हाँ, अब बात बनी।'

फिर कुछ थोड़ी देर सोचते रहे फिर बोले, 'ये अन्तिम पंक्तियाँ निकाल दो, उसे गाने की क्या ज़रूरत।'

'कौन सी?'

'बहुत नाम हैं एक शमशेर भी है।'

'क्यों?' मैं आश्चर्य में थी।

'अरे भई वह... मेरा मतलब मेरे नाम को रखने की क्या ज़रूरत?'

'तो?' मैं बिगड़ी। 'आपकी ग़ज़ल। आपका नाम, उसे मैं कैसे निकाल दूँ गाने से? मैं तो गाऊँगी। और जिसके सामने भी गाऊँगी ये अन्तिम पंक्तियाँ तो होंगी ही होंगी।' बोले, 'अच्छा, ठीक है भई, जैसी तुम्हारी मर्ज़ी!' जैसे वे परास्त हो गये। ऐसे संकोची थे हमारे प्यारे शमशेर डैडिया। वे अच्छे मूड में होते तो मगन होकर लोकगीत की धुन पर गीत गाते – 'दिन ललित बस्ती आन लगे/पल-छिन अंस घटे रजनी के/ हरे पान पियरान लगे।'

वे जितना भी गाते, बहुत तो नहीं, पर लगभग सुर में होता। फिर कहते, तुम गाकर सुनाओ। मुझे धुन पसन्द थी और मैं उनके साथ गाने लगती। अच्छी-ख़ासी जुगलबन्दी में ऊपर के स्वरों में जाने पर स्वर-भंग होता तो एकाएक वे मौन हो जाते। किंचित विराम। फिर उत्साहवर्द्धन, 'बहुत अच्छा गाती हो बिटिया, तुम्हारा गला बहुत मीठा है।' तब मेरे विराम लगाने की बारी आती।

डैडिया में एक विचित्र क़िस्म की ज़िद थी या कि एक बड़े रचनाकार की एक सीमा-रेखा, जिसमें एक सीमा के बाद किसी का प्रवेश नहीं या वह उसके भीतर प्रवेश नहीं पा सकता। वे इसीलिए बिना किसी को साथ लिये जी रहे थे। यह भी नहीं कि कुछ लोगों की भाँति 'ईश्वर का सहारा' मानते रहे हों। वे 'कुछ लोग' बल्कि कहा जाए 'अधिकतर' लोग थे भी नहीं। मैंने एक बार पूछा था, 'डैडिया, क्या आप ईश्वर में विश्वास करते हैं?'

उत्तर मिला – 'मानव की विशाल मानवता की जो भावना (आस्था) जो युग-युग से चली आ रही है, जो सम्पूर्णता है, उसी के प्रति मेरी आस्था है, वही ईश्वर है।' कभी-कभी महसूस होता था मुझे जैसे वह सभी से भाग रहे हों, स्वयं अपने से भी। ऐसे ही किसी मूड में बोले, 'राजकमल प्रकाशन से संग्रह 'कुछ और कविताएँ' छपने जा रही है। मुझे अजब बुरा-सा लग रहा है।' पर क्यों इसका उत्तर उनके अवसाद-ग्रस्त मूड को देखते हुए नहीं पूछ पायी। बस वे अपनी रौ में थे।

कभी-कभी मेरी कविताओं के बारे में क्रिटिकल हो उठते, हालाँकि एक बार मेरी कविता पढ़कर बोले, 'अब मैं समझ रहा हूँ कि नरेश (मेहता) को तुम्हारी कविताएँ क्यों पसन्द हैं!' मुझे सुनकर तनिक सन्तोष हुआ कि उन्होंने मेरी कविताओं

की आलोचना करने के बाद उसे पसन्द भी किया।

मेरे लिए उनकी आलोचना अच्छी थी। शिल्प, मुहावरे, आन्तरिक लय, भाषा, शब्द सभी का ज्ञान या मुझे जो कुछ जानकारी मिली, डैडिया से मिली। बहुत बाद में बॅड़ दा (अज्ञेय) ने मेरी कविताओं को देखकर सुझाव और संशोधन किये थे। कभी-कभी इन्हीं सन्दर्भों में डैडिया बड़े मनोयोग से अपनी कोई कविता सुनाने लग जाते। एक-एक शब्द में, वाक्य में अर्थ खुलते जाते। उनके पढ़ने का अन्दाज़ ही ऐसा अद्भुत था; जिस किसी को भी उनसे कविता सुनने का सुअवसर मिला हो, वही इसे समझ भी सकता है यानी उनका अन्दाज़े-बयाँ। जैसे - 'लौट आ, ओ धार/टूट मत ओ साँझ के पत्थर/हृदय पर। (मैं समय की एक लम्बी आह/मौन लम्बी आह)/लौट आ, ओ फूल की पंखड़ी/फिर/फूल से लग जा...'

अपनी मौलिक रचनाओं के अतिरिक्त उन्होंने अनुवाद कार्य भी किये थे। बच्चों के लिए 'एलिस इन वंडरलैंड' का उन्होंने अद्भुत अनुवाद किया था। बिल्कुल असल। वे उसे हमारे बीच में सुनाते तो सचमुच एलिस के साथ-साथ हम भी होते। वह हैट वाला, मोटा चूहा, ताश की बेग़म - सब हमारे लिए आश्चर्यलोक के जीव होते। कल्पनालोक की सैर करवाने में डैडिया माहिर थे। हम उनकी अभिनय क्षमता के क़ायल। वे भी पढ़ते समय पूरी तरह डूब, रम जाते और कहीं-कहीं किसी बन्द का मज़ा भी लेते, मानो वे स्वयं बच्चे हों। उस समय उनकी मुद्रा, चेहरे की अभिव्यक्ति देखते ही बनती। वे पूरी अभिव्यक्ति के साथ कोई चीज़ पढ़कर सुनाते, चाहे कोई विधा हो।

एक बार सन् १९६० में हमारे घर मलयज भैया से मिलने डॉ. नामवर सिंह आये थे। शमशेर डैडिया भी वहाँ उपस्थित थे। घंटों, दोनों महानुभावों में कविवर सुमित्रानन्दन पंत को लेकर विवाद या कहिए 'चख़-चख़' हुई। नामवर जी ने कहा, 'पंत का साहित्य उनकी आज तक की दौड़ ही है। मैं चालीस साल की रचना को लेकर साबित कर सकता हूँ कि उनका साहित्य, दौड़ है उनकी।' डैडिया के यह कहने पर कि क्या कवि को आप तनिक भी सहानुभूति नहीं दे सकते? डैडिया का कवि-हृदय पंत जी की आलोचना से क्षुब्ध था। काव्य-संग्रह 'गुंजन' की कविता 'नौका-विहार' और 'सन्ध्या तारा' पर कितनी बहस हुई। डैडिया की हर बात को वे तर्क से काट देते थे। डैडिया मूलतः कवि थे, आलोचक नहीं। अन्त में वे बोले, 'हो सकता है मैं पंत जी को श्रद्धा की दृष्टि से देखता हूँ इसलिए उनके साहित्य और उन्हें ठीक से नहीं देख पाता जिस ढंग से आप लोग।' इस तरह से उस दिन उस 'वाद-विवाद' का उपसंहार हुआ। बाद में मैं नामवर जी से बोली, 'पहली बार मैंने आपको इलाहाबाद में 'साहित्यकार-सम्मेलन' में देखा था, दूसरी बार बनारस में पान की दुकान पर।' बोले, 'तब तो इम्प्रेशन बुरा पड़ा होगा आप पर।' डैडिया कुछ संशोधन के साथ बोले, 'दोनों

का संबंध कहीं-न-कहीं जुड़ता है।'

डैडिया के घर अक्सर लेखकों का जमावड़ा होता रहता। मुझे आश्चर्य होता था कि वे कवि, लेखक दूसरे रचनाकर्मियों का छिद्रान्वेषण करते। उनके मध्य बीच-बचाव और कभी-कभी अपनी राय देते हुए डैडिया। कभी-कभी तो बहस के मध्य ही उन्हें 'चाय-वाय' की व्यवस्था की याद आ जाती और उठ जाते। वहीं पर एक दिन महाकवि निराला के निधन की सूचना मिली। १५ अक्टूबर, १९६१ का वह दिन। पहले सुनकर अविश्वसनीय लगा था। फिर अन्तिम दर्शन करने हम गये। दीदी थीं, लक्ष्मीधर मालवीय थे। निराला जी के कमरे का वह दृश्य भूलता नहीं, छोटा-सा अँधेरा कमरा दारागंज का, उनके जीवित रहते मैं दो-तीन बार ही जा पायी थी। तो निराला जी को फ़र्श पर दक्षिण दिशा की ओर लिटा दिया गया था। मटमैली चादर ओढ़े चिरनिद्रा में महाकवि। चेहरे पर भारी पड़ी मृत्यु की अपूर्व शान्ति। भीड़ जमा हो रही थी पर अब वे उन्हें डाँट नहीं सकते थे, जाने के लिए नहीं कह सकते थे, मुझसे नहीं कह सकते थे कि 'वसन्त' कविता इस तरह गाओ और कुछ गुनगुनाते। बिना किसी अवरोध के लोग, उनके दर्शन को चले आ रहे थे। दारागंज के 'कला मन्दिर' के एक छोटे से कमरे में विशाल काया, भव्य, सुदर्शन कवि ने कैसे-कैसे दिन बिताए होंगे, कितने मानसिक सन्ताप से गुज़रे होंगे, रात-रात भर कमरे में चक्कर काटते हुए मैं बेहद उदास थी, अवसाद-ग्रस्त। मेरे ऊपर उनकी मृत्यु का गहरा असर था। डैडिया ने मुझे बहुत समझाया और शायद स्वयं को भी वे समझाते रहे थे।

डैडिया यों तो एकांतप्रेमी थे, यह अलग बात है कि उनके पास मिलने-जुलने वाले लोग बराबर आते रहते। कभी-कभी काम से उन्हें भी बाहर निकलना पड़ता। और यदि इलाहाबाद से बाहर का कोई कार्यक्रम बना, और हमें ले चलने की स्थिति में हुए तो अवश्य ले जाते, मेरे घर पर वे इसकी चर्चा भी कर लेते। पहली बार सारनाथ की यात्रा उन्हीं के कारण मैंने की थी। वे पहले बनारस शहर ले गये थे, शायद किसी अपने प्रकाशन के सन्दर्भ में श्री जगत शंखधर के यहाँ। उन्होंने बड़ी आत्मीयता से हमारा स्वागत किया। उनका आतिथ्य अविस्मरणीय है। एक बार रचनाकार श्री प्रमोद गुप्त के यहाँ भी हम ठहरे थे। उनकी पत्नी मुझे बड़ी सुन्दर-सलोनी लगतीं, आँखों में गहरा काजल आँजती। सारनाथ के अतिथि-गृह में हम ठहरे थे। वहाँ से हमने आसपास के स्थानों का अच्छा-ख़ासा आनन्दपूर्ण भ्रमण किया। त्योहार, विशेषकर होली पर उनका उत्साह और उल्लास हम सबसे बहुत मेल खाता। मेरे घर के आँगन और छत पर धूम-धड़ाके से रंगों की होली होती। तब मलयज भैया का जोश भी देखने लायक होता। उस दिन घूमते-घामते नरेश मेहता जी, लक्ष्मीधर मालवीय, शिवकुटी लाल वर्मा आदि भी आते और जमकर होली होती। अब तो वे बातें स्मरण में ही शेष रह गयी हैं।

डैडिया मेरे प्रति बहुत ममत्वपूर्ण थे। किसी तरह मेरी भावनाएँ आहत न हों, इसका ध्यान रखते थे। तभी तो मेरे प्रेम-प्रसंग को लेकर संवेदनशील हो उठे, बजाय कठोर रुख़ अपनाने के। क्योंकि इस सन्दर्भ में जो कुछ भी कहना था, एम.ए. प्रथम वर्ष में मेरे प्रवेश लेते ही कह चुके थे और प्रेम को अवैज्ञानिक तक ठहरा दिया था। मेरे संबंध में मौन समझौता था। यही कारण था कि जब कलकत्ते से श्री दूधनाथ सिंह मुझसे मिलने आये और कुछ दिन रहने के लिए, तो डैडिया ने अपने छोटे से घर में एक आगे का छोटा कमरा उनको दे दिया। वहाँ जब मैं मिलने आती तो वे तुरन्त संकोच में आ जाते और ऊपर छत वाले कमरे में चले जाते। भारी संकोच तो मुझे भी होता पर अन्य कोई शरणस्थल नहीं था। कभी-कभी वे कलकत्ते से अचानक इलाहाबाद पधार जाते तो डैडिया को धर्मसंकट में मुझे सूचित करने आना पड़ता। एक बार ऐसे ही ये सज्जन आ गये अचानक। अब घर से बाहर कैसे निकला जाए, यह रहस्य हमारे और डैडिया के बीच का था। अब ऐसे में डैडिया असमय भी मेरे घर आ जाएँ तो निकलना आसान। उनके साथ सड़क पर निकल आयी। वहाँ इन्तज़ार करते हुए मिले। डैडिया कुछ समझाकर तुरन्त रिक्शा लेकर सिविल लाइन्स चले गये। यह उनकी बहुत बड़ी उदारता थी और यह भी कि उनके पते पर कलकत्ते से आने वाले सभी पत्र मुझे मिल जाया करते।

यों डैडिया मेरे लिए बहुत-कुछ करना चाहते थे पर उनकी कुछ अपनी मजबूरियाँ थीं, अपनी सीमाएँ, मेरा अपरिपक्व मन इन उलझी गुत्थियों को नहीं समझ पाता था। एक बार मैंने अपनी कुछ रिसर्च संबंधी समस्याएँ रखीं, वे कुछ सोचने की मुद्रा में थे और कुछ कह नहीं पा रहे थे। मैंने खीझकर कहा, 'आप बातें टाल जाते हैं, मुश्किल है कि आप अपने को भी टालते हैं।' कुछ चौंककर बोले, 'हाँ तुम ठीक कहती हो बिटिया, पर मैं करूँ भी तो क्या!' मुझे उनकी बेचारगी वाली मुद्रा देखकर पछतावा होने लगा। मैंने कहा, 'अच्छा छोड़िए, चलिए, आज मैं चाय बनाती हूँ।' यह सब पुरानी बातें हैं। गर्माहट, आत्मीयता और पारिवारिकता से भरी-भरी।

मुझे उन दिनों की याद आती है जब मेरा बड़ा बेटा अनिमेष बहुत छोटा था, पतिदेव क्षयरोग से हॉस्पिटल में पड़े थे। उस समय डैडिया ही मेरे साथ रहे। बड़ी कड़की के दिन थे। मैं १५-ए, लूकरगंज के बँगले के एक कोने वाले कमरे में रहती थी। मकान मालिक का परिवार उस बँगले के पहले हिस्से में रहता था। एकदम पीछे का भाग एक कायस्थ-परिवार को। हमारे हिस्से में एक बड़ा कमरा था। उसमें पूरी गृहस्थी थी। टिन के दरवाज़ों से बना बाहर एक किचन था, बहुत छोटा-सा, जहाँ नेवले घूमा करते थे। मुझे उनसे बहुत डर लगता। एक अच्छी बात यह थी कि हमारे प्रवेश द्वार के सामने ख़ूब लम्बा बरामदा था और कभी-कभी चुपके से सामने खुलने वाला दरवाज़ा खोलने पर मकान मालिक का बड़ा-सा हरा-भरा लॉन दिख जाता। तो

डैडिया एक दिन जब मेरा हालचाल लेने आए और मुझे नितान्त अपने नन्हें-से बच्चे के साथ अकेला देखा तो उन्होंने तय किया मेरे साथ रहने का। इससे मुझे दो लाभ हुआ, एक तो यह कि मकान मालकिन की सन्देहवृत्ति को विराम मिला और ताक-झाँक बन्द हुई, दूसरा, मैं डैडिया के साथ होने से बहुत आश्वस्त महसूस करने लगी। उन्होंने देखा कि मुझे बुरादे के चूल्हे पर खाना बनाने में परेशानी होती है। छोटे बच्चे को छोड़कर नेवलेवाले किचन में बार-बार जाना पड़ता। इस बीच मेरी अनुपस्थिति में नेवले सामान, खाने-पीने की सामग्री गिराकर बहुत नुकसान कर रहे थे। अतः एक दिन वे खाना बनाने के लिए बड़ा-सा कंटेनर ले आये और कमरे के कोने में रख दिया। जाड़े के दिन। उस कंटेनर में तीन डिब्बे थे। कंटेनर के नीचे वाले हिस्से में अलग से एक छोटी-सी अँगीठी थी, जिसमें चार-पाँच कोयले जलाकर उसके नीचे रखा जाता। (अन्त में) उसके पहले कंटेनर में थोड़ा पानी डालते फिर उसमें चावल, दाल अलग-अलग धो-धाकर अन्दर बैठा दिया जाता, तीसरे डिब्बे में सब्जी के टुकड़े, जीरा, हल्दी, नमक, टमाटर के टुकड़े। तीनों डिब्बों को उस साँचे में डालकर ढक्कन लगा देते। नीचे दहकती अँगीठी। लगभग २० मिनट में भाप से गर्मा-गर्म खाना तैयार हो जाता। डैडिया जैसे बनाते थे (एक दो दिन बनाया) वैसे ही मैंने भी पकाना आरम्भ कर दिया। हम दोनों साथ-साथ खाते और गर्मा-गर्म पौष्टिक खाने का आनन्द लेते। मुश्किल एक थी कि यदि मेरा बेटा रोने लगता तो वे परेशान हो जाते। कभी कहते, 'लाओ, मुझे दो...!' थोड़ा हिलाया-डुलाया, यदि वह चुप हो जाता तो चेहरे पर उपलब्धि की प्रसन्नता, वरना तो खीझ और हताशा से मेरी गोद में सौंप देते, 'बिटिया मुझसे नहीं सँभलता!' और वह नन्हीं-सी जान, रोने में माहिर, शायद उसे भूख लगी होती, शायद पेट में दर्द होता या शायद नींद आती होती। मैं भी नयी-नयी माँ बनी थी। अनुभवहीन माँ की जो दुर्गति होती है, वह मेरी होती। कोई अनुभवी बड़ा-बुजुर्ग मेरे पास नहीं था जो मुझे कुछ बताता। डैडिया बुजुर्ग थे ज़रूर पर नितान्त अनुभवहीन और शीघ्र घबरा जाने वाले। कभी-कभी वे सुबह ही ग़ायब हो जाते फिर कहीं शाम तक लौटते-ढेर सारे स्पष्टीकरण के साथ। वे भी क्या करते! उनके पास भी अपने निजी काम होते। फिर अपना वह मकान भी जिसके लिए जाना पड़ता। फिर भी मैं अपने को पहले के बेहतर स्थिति में सोचती क्योंकि मेरे आसपास कुछ लोगों की बातचीत थी, इधर-उधर उनकी आवाज़ाही सुनाई दे जाती। मैं नितान्त अकेली नहीं थी, जब पतिदेव हॉस्पिटल में थे। एलेनगंज के गुलाब भवन इलाके के गाँवनुमा दूरदराज़ के एक घर में जिसमें इनके मित्र का परिवार था- एक कमरा मिला था, एकदम कोने में, जहाँ की नीची चहारदीवारी से सटा हुआ खेत था और पीछे झाड़-झंखाड़। उस परिवार से कोई विशेष सम्बद्धता नहीं थी, न ही उन्हें मेरी स्थिति से कोई संवेदना। बिस्तर पर लेटती तो नींद हवा हो जाती। एकदम निकट से सियारों की

'हुँआ-हुँआ' सुनकर दहल उठती थी। जहाँ दिन में भी साँप दिख जाते। वर्षा में मेढकों की सामूहिक टर्राहट सिर दर्द कर देती, और पूछने वाला कोई नहीं। रात में तो निकलने का साहस ही नहीं कर पाती थी। ऐसे में एक दिन ढूँढ़ते-ढाँढ़ते डैडिया आये। सूचना दी, 'तुम्हें महादेवी वर्मा ने बुलाया है।' मैं घबरा गयी... इतनी बड़ी कवयित्री...? बोले, 'घबराओ नहीं, मैंने तुम्हारे बारे में सब बता दिया है, मैं तुम्हें ले चलूँगा।' फिर हल्की बारिश में रिक्शे में बैठकर उनके घर पहुँचे- अशोक नगर। एक छोर से दूसरे छोर। महादेवी जी कुछ कारण और सहानुभूतिपूर्ण भाव से मुझे मिलीं। एक चेक मुझे स्नेहपूर्वक थपथपाते हुए पकड़ाया जो लेखकों के अनुदान के लिए केन्द्र सरकार से स्वीकृत हुआ था। ऐसे अवसर पर जब मेरे पति बीमार थे, यह चेक बहुत काम आया। बाद के दिनों में मैंने महादेवी जी का एक इंटरव्यू रिकॉर्ड किया था जो एक लम्बे अर्से बाद 'माध्यम' पत्रिका में प्रकाशित हुआ। सोचती हूँ, अन्ततः इस आर्थिक सहायता के पीछे किसका हाथ था, तो मुझे अपने डैडिया का ही स्मरण होता है। वे स्वयं आर्थिक विपदा से घिरे रहते थे इसीलिए मेरी समस्या को उन्होंने शिद्दत से अनुभव किया।

जहाँ तक मुझे स्मरण है, सन् १९६५ की शुरुआत में डैडिया इलाहाबाद से उखड़कर दिल्ली गये। पहले वह ई-४ मॉडल टाउन, दिल्ली में रहे- दीदी और बाबूजी - भैया के साथ। दीदी का विवाह हो जाने पर वे सी-१२ मॉडल टाउन, हमारे ही परिवार के साथ रहने आ गये। इसमें भैया का विशेष आग्रह था। वे उन्हें अकेला भी नहीं छोड़ना चाहते थे। उनके पास आय का कोई साधन भी नहीं था। बाद में दिल्ली विश्वविद्यालय में यू.जी.सी. की ओर से उन्हें उर्दू-हिंदी शब्दकोष प्रोजेक्ट पर काम करने को मिला। तब गर्मियों में, या दशहरे में जब दोनों बच्चों की छुट्टियाँ होतीं, मैं दिल्ली आ जाती। उस समय वहाँ सबको मिलाकर छोटे-बड़े कई बच्चे होते। कभी-कभी हम उनके कमरे में जाकर जमते। वे भी फिर हम लोगों के बीच रम जाते। क़िस्से-कहानियाँ, चुटकले, एक-से-एक सुनाने शुरू हो जाते। कभी ख़ूब मूड में होते तो कहानी को नाटकीय अन्दाज़ में सुनाते। कभी सबकी फ़रमाइश पर 'आश्चर्य लोक में एलिस' का पाठ होता। पढ़ते वक़्त वे उसमें मज़ा लेने लगते और एकाएक किसी बच्चे से पूछा जाता, 'तो बताओ मूस जी की दुम कितनी बार हिली?' कोई तीन कहता कोई दो तो कोई चार कहता। 'नहीं, पाँच बार'।

'कैसे?' प्रश्न होता।

'अरे एलिस ने देखा था और गिना भी था। सुनो मैं फिर वह हिस्सा पढ़कर सुनाता हूँ- दुम पाँच बार मुड़ी मूस जी की - एलिस ने ग़ौर किया...' वे बच्चों में बच्चे बन जाते थे। उसी में से अपनी छन्दोबद्ध कविता का अनुवाद किसकी शब्द-व्यंजना और मूड बड़े सटीक होते उसे सुनाते - 'मिनमिन काका!/चलो अदालत!/ तुम्हें पदाएँ/मज़ा चखाएँ! हमने तुम पर/दावा ठोंका।' या, 'दादा विलियम, दादा

विलियम, तोंद तुम्हारी गोल-मटोल/रहे-सहे सब बाल उड़े-से, उस पर है यह कैसी गत/जो सर के बल उल्टे होकर खड़े हुए हो देहली तोल!/अच्छी भली बुढ़ौती में भी यह कैसी है उल्टी मत?'

उनके पाठ के साथ जीवित होकर हमारे बीच होते कई पात्र - चेशायर पूस, हैट वाला, मार्ची खरगोश, रेशम का कीड़ा हुक्का गुड़गुड़ाता हुआ, डोडो बतख़, बेग़म साहिबा, मलका महारानी और हिरोइन - प्यारी, सुन्दर-सी एलिस।

ग़ज़ब का अनुवाद, ग़ज़ब का पाठ। अद्भुत कथावाचक।

स्वास्थ्य को लेकर उनकी नसीहतें, हिदायतें हम बराबर सुना करते। व्यायाम से लेकर खानपान तक। वे ऐसे कठिन श्रम साध्य व्यायाम करते कि बाप रे! जैसे कि धनुरासन, भुजंगासन, शीर्षासन। बाबूजी को भी सिखाते। 'सेहतनामे' के अन्तर्गत बाबूजी को एक बार दो-तीन दिन उबली सब्ज़ी भी खिला दी। वे बेचारे नफ़ीस और ज़ायकेदार व्यंजन खाने वाली प्राणी, बोल गये। जैसे करेला, लौकी, गाजर उबालकर, कभी पालक, टमाटर, कद्दू, भिंडी उबालकर उसमें थोड़ा नमक डालकर पीने और खाने के लिए देना। इस सन्दर्भ में एक रोचक घटना की याद आ गयी। कवि त्रिलोचन से परिचय डैडिया के घर पर ही हुआ था। जब भी आते, प्रायः भेंट हो जाती। भारी भरकम, गुरु-गम्भीर स्वर में पूछते, 'कहिए, कैसी हैं आप?' तो एक बार त्रिलोचन जी मेरे घर-३-कॉसिल्स रोड आये। तब डैडिया सम्भवतः सुरेन्द्र नगर चले गये थे, वरना तो त्रिलोचन जी का 'डेरा' वहीं जमता था। ख़ूब देर और ढेर सारे विषयों पर बातें होती रहीं। मुझे लगा, कितनी अच्छी स्मृति है; प्रकांड विद्वान और विनम्र। उनकी बातें इतनी रोचक थीं कि उठने का मन नहीं हो रहा था। शाम गहराने लगी। इस बीच एकाएक मुझे रात के खाने का ध्यान आया, पूछा, 'आपके लिए क्या बना दूँ, क्या खाएँगे?'

'मेरे लिए? अरे, कुछ विशेष नहीं।'

'तब भी?'

'तब आप ऐसा करिए कि मूँग की दाल में भिंडी डालकर पका दीजिए और बस रोटियाँ सेंक दीजिएगा। हमारा भोजन हो जाएगा।' मुझे अपने कानों पर विश्वास नहीं हुआ, लगा हँसी कर रहे हैं। हँसकर मैं बोली, 'मूँग की दाल में भिंडी?' भारी-भरकम स्वर में बोले, 'हाँ, मुझे बहुत पसन्द है भाई।' ख़ैर बनाया मैंने और बड़े चाव से उन्होंने खाया भी। मैं तो ऐसे अतिथि को पाकर हैरान थी और धन्य-धन्य भी। बहरहाल, इस तरह के घालमेल का व्यंजन किसने किससे सीखा, यह तो उन मूर्धन्य रचनाकार-द्वय को ही ज्ञात होगी। मेरा ख़्याल तो यही है हमारे डैडिया 'नम्बर वन' पर रहे होंगे। काव्य से लेकर व्यंजन तक के अनेकानेक प्रयोग उनके ही बूते की बात थी।

एक बार दिल्ली जाने पर ज्ञात हुआ कि डैडिया मेरी छोटी बहन शोभा और उनके पति के साथ १८, मॉडल टाउन में रह रहे हैं और शब्दकोष के काम में लगे हुए

हैं। उन्हें दिल्ली विश्वविद्यालय में काफ़ी रात तक काम करना पड़ता है। मैं एक दिन बच्चों के साथ उनसे मिलने दिन में गयी। उन्होंने देखा तो प्रसन्न हुए पर उनका स्वास्थ्य बहुत अच्छा नहीं लगा मुझे। एक अजब-सी थकान थी चेहरे पर। वहाँ देर तक रही पर मेरे लिए अब वह पहले वाली बात नहीं रही। जब वे सी-१२ मॉडल टाउन में रहते थे, तब उनसे सहज ही भेंट हो जाती थी।

मेरी माँ का सन् १९८० में लम्बी बीमारी से निधन हो गया। उन दिनों डैडिया वहाँ सम्पर्क में थे। माँ पुराने संस्कारों की थीं लेकिन कट्टरवादिता से बहुत दूर। मृत्यु संबंधी कुछ संस्कार होने थे। न हमारे बाबूजी को विशेष व्यावहारिक ज्ञान था, दिल्ली जैसे महानगर में, न ही शमशेर डैडिया को। दाह-संस्कार के बाद कुछ संस्कार या कहिए कर्मकांड शेष थे। डैडिया के एक मित्र सपरिवार हरिद्वार में रहा करते थे। उन्होंने बाबूजी को वहीं चलने के लिए सुझाव दिया। डैडिया के मित्र यही सब कार्य सम्पन्न कराते थे। हम लोग गये। मलयज भैया की तबीयत उन दिनों काफ़ी ख़राब चल रही थी। इसलिए वे नहीं जा पाए। सारे कार्य सम्पन्न हुए। 'फूल' प्रवाहित किये गये। और बाबूजी का मर्मान्तक पीड़ा से अवसन्न चेहरा... सब कुछ मैं झेल रही थी। सोच रही थी- अच्छा हुआ, भैया नहीं आए। पता नहीं अस्वास्थ्य के साथ इस कष्ट को कैसे झेलते! हरिद्वार का अनुभव मेरे लिए बेहद यन्त्रणादायक रहा।

डैडिया सदैव हमारे सुख-दुख में साथ निभाते रहे। मॉडल टाउन वाले मकान में भैया के साथ रहते हुए दोनों को एक-दूसरे को समझने का अवसर मिला। भैया उनसे उम्र में बहुत छोटे थे पर अपनी विद्वता में किसी से कम नहीं थे। अध्ययन उनका निरन्तर बना रहता। बीच-बीच में डैडिया से बहस, तर्क-वितर्क होते। कभी-कभी तो लगता कि अपने लेखन के सन्दर्भ में वे पलायनवादी हैं, इस विषय में बहुत चर्चा उन्हें रास नहीं आती। क्या पता यह उनका संकोची स्वभाव हो। भइया उतने ही अपने प्रश्नों का उत्तर जानने के आकांक्षी। उनके संकलन बाद में भैया ने तैयार भी किये थे।

फ़िलहाल, डैडिया से क्रमशः भेंट कम होती गयी। मैं भी अपनी नौकरी, बच्चों और गृहस्थी के जंजाल में फँसती गयी। बीच-बीच में उनके समाचार मिलते रहते। पता लगा कि वे उज्जैन 'प्रेमचन्द पीठ' पर अध्यक्ष बनकर चले गये। फिर ज्ञात हुआ सुरेन्द्र नगर, गुजरात रहने लगे हैं। एक बार सम्भवतः किसी मीटिंग के दौरान वे इलाहाबाद आये तो उन्हें मेरा भी ध्यान आया। दोपहर का खाना मैंने उन्हीं की रुचि से बनाया था। निनुआ की सब्ज़ी और लौकी का रायता, सलाद। उन्होंने बड़ी रुचि से खाया। 'तारीफ़ के पुल' बाँधकर। मेरा घर-बार देखा, स्नेह से पीठ थपथपाई और मुझ 'भरी पूरी गृहिणी' को देख प्रसन्न होते रहे। चलते हुए बोले, 'बिटिया, मौक़ा लगे तो एक बार सुरेन्द्र नगर आना।'

पर कहाँ जाना हुआ! वह मेरी उनसे अन्तिम भेंट थी। जब उनकी बीमारी के

बारे में ज्ञात हुआ कि उन्हें पार्किन्सन रोग है तो मुझे आघात लगा। कई बार मन किया कि एक बार जाकर उन्हें देख आऊँ पर मन की बात मन में ही रह गयी।

कभी-कभी लगता वे गुजरात के सुदूर एक नगर में पड़े हुए होंगे, अपरिचितों के बीच। उनके एकाकीपन का बोझ गहरा होता गया या इस सत्य से साक्षात्कार हुआ होगा कि वे बेगानों के बीच हैं। जीवनपर्यन्त वे उत्तर भारत, उत्तर प्रदेश में (शुरू के कुछ दिन मुम्बई में गुज़ारे थे जब वे 'कम्यून' में थे) रहे, यहाँ की आबोहवा में वे रचे-बसे थे। उनके आसपास अपने लोग थे, चिर-परिचित चेहरे थे, आवाज़ाही थी, एक गर्माहट थी संबंधों की। आत्मीयता और जीवन्तता थी। उनके भीतर एक छटपट थी जो उन्हें एक स्थान पर टिकने नहीं देती थी। और अब यह कैसी असहायता और कैसी विडम्बना थी कि इतनी दूर जा पड़े थे! अपनी अस्वस्थता और उम्र के कारण वहाँ से निकल नहीं सकते थे। या जाने कौन-सी विवशता थी जिसके कारण दिनों-दिन बीमारी की गिरफ़्त में जकड़ते गये। एक ऐसा मकड़जाल जिसमें से उनके लिए बाहर निकलना असम्भव हो गया होगा।

फिर भी यह सब तो मेरा सोचना है, क़यास लगाना है। पता नहीं 'काल, तुझसे होड़ है मेरी' के अमर सशक्त कवि का पार्किन्सन रोग किस गहन अवसाद की चरम परिणति थी- यह क्या कोई बता पाएगा?

कई घर शमशेर के

अजय सिंह

'यह पूरा
        कोमल कांसे में ढला
                गोलाइयों का आईना

मेरे सीने से कसकर भी
        आज़ाद है
जैसे किसी खुले बाग़ में
        सुबह की सादा
                भीनी-भीनी हवा

यह तुम्हारा ठोस बदन
        अजब तौर से
                मेरे अंदर बस गया है.'

ये पंक्तियाँ शमशेर की कविता 'प्रेयसी' से उद्धत हैं। यहाँ हम देख सकते हैं कि प्रेम के अंतरंग क्षणों में भी आज़ाद होने का - आज़ादी की चाह का - भाव मौजूद है। जैसे गहन प्रेम में, गहरे लगाव में, गहरी शारीरिक आसक्ति और निकटता में भी कोई अपनी स्वतंत्रता - अपने वजूद - को न भूले, अपने लिए निजी जगह, अपना एकांत बनाये रखे - उसका अतिक्रमण न होने दे। बहुत नज़दीकीपना में भी थोड़ा-सा फ़ासला रहे, अपने लिए कुछ जगह (स्पेस) बची रहे, अपनी निजता (प्राइवेसी) बरक़रार रहे - यह स्वतंत्रचेता शमशेर की ज़िंदगी का अलिखित सूत्र था। उनके लिए इस स्वतंत्रता के गहरे मानी थे - इसमें उन्हें ज़िंदगी की लय दिखती-सुनायी देती थी। ज़िंदगी की इस लय को, जो अक्सर हमारे जीवन से न मालूम कहाँ ग़ायब-सी हो जाती रही है, बार-बार ढूँढ़ना और उसे नये, अलग अंदाज़ में पेश करना शमशेर के

काव्य जीवन का जैसे मर्म रहा है।

पारंपरिक अर्थ में शमशेर का अपना कोई घर या परिवार नहीं था। घर-जिसे हम पारंपरिक अर्थ में घर-जैसा समझते हैं, परिवार-जो आम तौर पर रक्त संबंध, शादी, बाल-बच्चे, निजी संपत्ति, आदि पर आधारित होता है। शमशेर के साथ ऐसा कुछ भी नहीं था। मैं अगर यह कहूँ कि शमशेर के कई घर होते थे, उन्होंने नये-नये परिवार बनाये, अलग-अलग दौर में उनका अलग-अलग आशियाना रहा, तो शायद इससे शमशेर के व्यक्तित्व को समझने में कुछ मदद मिल सकती है। परिवार या जीवन के बारे में जो पारंपरिक मूल्य रहे हैं, शमशेर ने उन्हें कभी स्वीकार नहीं किया। प्रेम, सहजीवन, परिवार, संबंध - इन सबके बारे में उनकी अवधारणा ही अलग थी। हालाँकि इन सबको उन्होंने अलग से परिभाषित या व्याख्यायित नहीं किया। इलाहाबाद से लेकर दिल्ली और फिर उज्जैन (मध्य प्रदेश) व सुरेंद्र नगर (गुजरात) तक शमशेर की जो जीवन यात्रा रही है, उसमें उनके कई घर झिलमिलाते हैं।

इलाहाबाद में १९५० के बाद वाले दशक में शमशेर का घनिष्ठ संबंध प्रभावती व त्रिलोकीनाथ वर्मा के परिवार से बना - जिनके बच्चे मलयज (दिवंगत), प्रेमलता वर्मा, निर्मला, शोभा, नीलिमा और आशीष हैं। इस परिवार से शमशेर का गहरा नाता-रिश्ता लंबे समय तक बना रहा। प्रेमलता वर्मा से शमशेर की प्रगाढ़ दोस्ती रही, और मलयज के साथ गहरा मैत्रीपूर्ण संबंध रहा। दिल्ली में १९६४ से १९८१ के बीच शमशेर के कम-से-कम पाँच परिवार आशियाने बने। १९८१ से १९८५ के बीच उज्जैन में उनका एक नया संबंध बना, जो उन्हें सुरेंद्र नगर ले गया।

शमशेर के कुछ घर-परिवार ज़्यादा वक़्त तक चले, कुछ कम वक़्त तक। लेकिन थे वे कई रंगों-बू लिये हुए- और सब-के-सब स्वतंत्रता, समानता और परस्पर सम्मान पर आधारित। छल-कपट से दूर। शमशेर ने जितने भी ग़ैर-पारंपरिक नाते-रिश्ते बनाये, वे इन्हीं मूल्यों पर आधारित थे। याद कीजिये उनकी ये कविता पंक्तियाँ : 'हाँ, तुम मुझसे प्रेम करो जैसे मछलियां लहरों से करती हैं/...जिनमें वह फंसने नहीं आतीं/जैसे हवाएँ मेरे सीने से करती हैं,/जिसको वह दबा नहीं पातीं,/तुम मुझसे प्रेम करो जैसे मैं तुमसे करता हूँ।' यही था शमशेर का जीवन सूत्र! यही था प्रेम और संबंध के बारे उनका नज़रिया! यही थे उनके मूल्य!

शमशेर के घर बे-दरो-दीवार के हुआ करते थे - जिनमें कोई रोक-टोक नहीं थी, जहाँ आवाज़ाही पर कोई पाबंदी नहीं थी, जहाँ आप अपने झोला-झक्कड़ के साथ कभी भी जम सकते थे।

१९३५ में शमशेर की बीवी धर्मदेवी तपेदिक (टीबी) से पीड़ित होकर चल बसीं। फिर उन्होंने शादी नहीं की। जिस अर्थ में हम घर-परिवार को देखते-समझते हैं, शमशेर उससे दूर, अलग थे। उनका वैवाहिक जीवन कुल ६ साल का रहा - १९२९

से १९३५ तक। कोई संतान नहीं हुई। जब उनकी शादी की गयी थी, तब वह मुश्किल से १८ साल के थे। हो सकता है, तब उनका घर-परिवार-जैसा कुछ रहा हो (हालाँकि मुझे संदेह है)। लेकिन इसका कोई ब्यौरा ख़ुद उनके हवाले से नहीं मिलता, न उन्होंने कभी इसकी चर्चा मुझसे की।

शमशेर के साथ शोभा को और मुंझे दिल्ली में दस साल से ज़्यादा समय - १९७० से १९८१ - तक रहने का सौभाग्य मिला। हमारे दोनों बच्चों-भाषा और अनुराग - की शुरुआती परवरिश शमशेर की देख-रेख में हुई। जहाँ तक मेरी जानकारी है, १९३५ के बाद, लगातार - बिना क्रम टूटे, इतनी लंबी अवधि तक शमशेर का यही एक परिवार रहा। यह परिवारिक सिलसिला आगे भी - १९८१ से १९८४-८५ तक चलता रहा, हालांकि तब हमसे दिल्ली छूट चुकी थी। शमशेर उज्जैन जा चुके थे, विक्रम विश्वविद्यालय में प्रेमचंद सृजन पीठ के अध्यक्ष बनकर, और मैं हिंदी दैनिक 'अमृत प्रभात' में नौकरी करने लखनऊ चला आया था। बाद में शोभा, भाषा व अनुराग भी लखनऊ आ गये। शमशेर से मिलने के लिए लखनऊ से हमारा उज्जैन जाना और हमसे मिलने के लिए शमशेर का उज्जैन से लखनऊ आना बराबर बना रहा।

हमारी बच्ची भाषा जब दिल्ली में १९७१ में पैदा हुई थी, तब शमशेर की आँखों में कौतुक, विस्मय, आश्चर्य, ख़ुशी, हलका-सा भ्रम (अच्छा! वाकई!...) और थोड़ी-सी चिंता (इतनी कम आमदनी में यह बच्ची कैसे पलेगी-पुसेगी!) का जो मिला-जुला भाव था, वह आज भी मेरी स्मृति में है। शमशेर, शोभा और मैं - हम तीनों अचरज में पड़ जाते कि सचमुच एक नये प्राणी की आमद हमारे बीच हुई है। घर में हम सिर्फ़ तीन लोग थे, और कोई नहीं, और यह बच्ची हम अनाड़ियों के हवाले थी। नवजात शिशु को पालने-पोसने के बारे में हम तीनों अनाड़ी थे - हम तीनों के लिए इस तरह का यह पहला अनुभव था।

१९८५ में प्रेमचंद सृजन पीठ के अध्यक्ष पद से मुक्त होने के बाद शमशेर रंजना अरगड़े के साथ सुरेंद्र नगर चले गये और अपने इंतकाल तक रंजना के साथ गुजरात में रहे - सुरेंद्र नगर, बड़ौदा (बड़ोदरा) और अहमदाबाद। ७४ साल की उम्र में शमशेर का यह नया घर-परिवार था, और भिन्न धरातल पर ज़िंदगी की नयी शुरुआत भी थी। यह उनका अपना फ़ैसला था। रंजना सुरेंद्र नगर के एक कॉलेज में हिंदी पढ़ाती थीं। इसके पहले गुजरात विश्वविद्यालय, अहमदाबाद से हिंदी में एम. ए. करने के बाद उसने शमशेर की कविता पर शोध कार्य किया था। अपने इस काम के सिलसिले में उसकी मुलाक़ातें शमशेर से हुईं - पहले दिल्ली और बाद में उज्जैन में। इस दौरान शमशेर व रंजना के बीच आत्मीयता विकसित हुई और साथ रहने के बारे में आपसी समझदारी बनी।

शमशेर से मिलने मैं, शोभा व बच्चे लखनऊ से सुरेन्द्र नगर बीच-बीच में जाते रहे। शमशेर से हमारी आख़िरी मुलाकात जून १९९० में बड़ोदरा में हुई, जहाँ वह रंजना के माता-पिता के घर में ठहरे हुए थे। शमशेर की मौत के बाद हमारे प्रति रंजना का रवैया पूरी तरह बदल चुका था और उसने हम लोगों से अपना सारा संपर्क ख़त्म कर दिया था।

शमशेर : मेरे ताऊ जी

शोभा सिंह

हल्के धुँधलके से ख़ामोश वक़्त के जल-दर्पण में सुबह का उतरना। फूटती रोशनी में चीज़ों का जग जाना। स्मृतियों की पोटली खुली, जिसे कसकर बाँध रखा था मैंने। कौंधती है ताऊजी की कविता : 'प्रात नभ था बहुत नीला शंख जैसे'। फिर, ज़रा ठहर कर, उनके दोस्त त्रिलोचन की कविता साकार होती हुई : 'धूप सुन्दर / धूप में जग-रूप सुन्दर'। एक अजब-सी खलिश घेरने लगती है। काश, शमशेर के शब्दों में, 'लौट आ, ओ फूल की पंखड़ी/फिर/फूल से लग जा' ! ...हम वंचित हैं अपने आँगन के उस छोटे-से-सूर्य से, जिसके आलोक में निश्चिंत था जीवन-जगर-मगर। किरणों की स्नेह-गरमाई सीधे हम तक आती। उनके न होने का दुख घुमड़-घुमड़ कर अन्दर बरसा किया। कलम नहीं उठी। वारों को झेला और सदमे से अन्तर्मुखी हो गई। कुछ सुधी जनों ने कहा भी, लिख सकती हैं, तो लिखिये, आपका लम्बा साथ रहा है। न जाने कैसा बाल हठ था कि संबंध भुनाऊँगी नहीं। फिर गहरा संकोच था। कितने भीतर तक धँसे थे ताऊ जी - शुरुआत कहाँ से करती ! बचपन से कई सालों तक का सफ़र। अबोध बच्ची से गृहिणी बन जाने तक। संस्कार ग्रहण करने और उसे बाँट देते तक का समय। अपने कीमती दिनों का गुल्लक फोड़ना और स्मृतियों को व्यवस्थित कर संयोजन का काम करना कठिन था। आत्मविश्वास की कमी बराबर बनी रही।

वर्ष २०१० में उनके जन्म शताब्दी आयोजन की शुरुआत हो रही है। सच, मुझे बहुत अच्छा लग रहा है। मेरे ताऊ जी का मान बढ़ रहा है। हिंदी जगत उन्हें याद कर रहा है। उनकी यादें जो बिखरी हैं गर्म दिन और ठंडी रातों में चिपकी हुई। कवि के बहुआयामी व्यक्तित्व का रूप दिखाती। उनकी सहजता, उनका श्रम, काम के प्रति उनकी लगन। साहित्य और कला के प्रति सजग समर्पण और जुनून। आम लोगों के लिए फल की डाली-सा उनका झुक जाना और प्रगतिशील वाम के लिए प्रतिबद्धता। मुफ़लिसी में भी खजाना लुटाने वाला दिल। सबकी कुछ हद तक मूक गवाह हूँ मैं।

उन पर छिटपुट बातें होती रही हैं। उन्हें 'कवियों का कवि' कहा गया। लोगों ने संस्मरण लिखा उन पर। किताबें आईं। उन्हें आध्यात्मिक कवि, सौन्दर्य का कवि,

सघन प्रेम का कवि, कठिन बिम्बों का कवि आदि कहा गया। पर वे आधुनिक चिंतन और प्रगतिशील वामधारा के भी प्रमुख हस्ताक्षर थे। उनका मूल स्वर विचारधारा से सरोकार रखते हुए सृजन का था, कह सकते हैं कि मार्क्सवादी था, हालाँकि किसी वाद के बंधन में उन्हें बँधना पसंद नहीं था। साम्प्रदायिकता-विरोधी और हिंदी-उर्दू के गहन लगाव का स्वर था उनका। उनकी 'वाम वाम वाम दिशा/समय साम्यवादी/ कविता को हम कैसे भूल सकते हैं! एक बात और जो सबसे अहम है, उनका खरा इन्सान होना - 'आदमी को भी मयस्सर नहीं इंसाँ होना' को झुठलाता हुआ। प्यार से छलकता हृदय अपनी ही रौ में सबको समेट लेता। अपने संस्मरण सुनाते हुए वे खो जाते। बात कहाँ से शुरु होती, कहाँ पहुँच जाती! भाषा, हिंदी-उर्दू, ग़ालिब, इक़बाल से शुरू होती बात एज़रा पाउंड, लोर्का, नेरुदा, नाजिम, नज़रुल, निराला और फिर त्रिलोचन के सानेट तक पहुँच जाती। उनका फलक बहुत बड़ा था। वे आज़ाद पंछी - न जाने कितनी दुनियाएँ समेटे हुए! उनके कई घर, कई घरों के वह बहुत अपने।...

याद आ रहा है उनका साठवाँ जन्मदिवस (१९७१), जब दिल्ली में मनाया जा रहा था। उस मौके पर 'शमशेर' नाम से एक पुस्तक प्रकाशित हुई थी। मलयज और सर्वेश्वर दयाल सक्सेना ने मिलकर इसे सम्पादित किया था। ताऊ जी गहरे संकोच में थे : 'क्या ज़रूरत है इसकी! जन्मदिन मैं नहीं मनाता। यह अनावश्यक भ्रम है।' बाद में उतनी ही सरलता से सहमत हो गए और कार्यक्रम में शामिल हुए।

बातचीत में वे अक्सर १९४३-४७ के दौरान बम्बई में भारत की कम्युनिस्ट पार्टी के कम्यून में बिताए अपने दिनों को याद करते थे : 'अच्छे दिन थे संघर्ष के- बहुत-कुछ सीखा। हम पार्टी का अखबार सड़कों पर बेचने निकलते थे। आन्दोलनों को करीब से देखा। अंदर तक धँसी संवेदना कविता बन फूटी, और मुझे अपनी वे कविताएँ पसंद हैं।' 'य' शाम है', 'बात बोलेगी', 'माई', कुछ ग़ज़लें। अपनी कविता 'टूटी हुई बिखरी हुई' के बारे में बताते : 'मैं डायरी के रूप में ऐसे ही लिख लेता था। जगत शंखधर ने जब इसे देखा, तो कहा, यह तो कविता है, इसे एक जगह लिखकर दो।' अपने बारे में बताते हुए कहते कि मैं हिंदी कविता लिखने से पहले अंग्रेज़ी में कविताएँ लिखता था। पांडुलिपि भी तैयार की थी। उर्दू में भी लिखा। 'लेकिन मेरे पिताजी को मेरा कविता लिखना अधिक पसंद नहीं था।' और एक दिन गुस्से में शमशेर ने पांडुलिपि जला दी। लेकिन साहित्य की दुनिया में ही उनका मन लगता था। बाद में वे इलाहाबाद आ गए। पेन्टिंग सीखने वे उकील आर्ट्स कॉलेज, दिल्ली भी गए थे। उनका भटकना और उनका जीवन संघर्ष उन्हीं के मुँह से सुना था।

साम्प्रदायिक उन्माद के दौर में वे बहुत आहत थे। शुक्र है, गुजरात का मुस्लिम-विरोधी जनसंहार का दौर (२००२) देखने से पहले ही वे इस दुनिया से कूच कर गए थे। हिंदी, उर्दू और तमाम भाषाओं को प्यार करने वाले ताऊजी की अपने

मुस्लिम दोस्तों से, जो, दिल्ली में मॉडल टाउन के सी-ब्लॉक वाले मकान में हमारे पड़ोसी थे, खूब छनती थी, ख़ास कर फ़रीदी साहब से...। शामें अक्सर शेरो-शायरी के नाम रहतीं। ताऊ जी उनकी सुनते ज़्यादा थे, अपनी सुनाते कम थे। अलबत्ता अपनी राय ज़रूर देते थे। नए लोगों को बहुत अच्छे ढंग से समझाते थे। उन्हें पढ़ते भी थे। तीन भाषाओं - उर्दू, हिंदी व अंग्रेजी पर उनका समान दख़ल था। अखबार घंटों पढ़ते। कभी अच्छे मूड में होते, तो गुनगुनाते ग़ालिब का यह शेर : 'रगों में दौड़ते फिरने के हम नहीं क़ायल/जो आँख ही से न टपका तो फिर लहू क्या है'। ताऊ जी अपनी ग़ज़लें तरन्नुम में सुनाते, और अच्छा सुनाते थे। कविता सुनाने में लय, विराम, आरोह-अवरोह का ध्यान रखते थे। आजकल के हालात पर टिप्पणी करते : 'इल्मो हिकमत, दीनो ईमां, मुल्को दौलत, हुस्नो इश्क/आपको बाज़ार से जो कहिए ला देता हूँ मैं'।

'दीवान-ए-ग़ालिब' के शेर पढ़कर वह सुनाते फिर मेरा इम्तिहान लेते - इस शेर का मतलब समझाओ। बचपन से उन्हें देखा-सुना था। डर नहीं लगता था। जो समझ में आता, बोल देती थी। कुछ ठीक-ठाक होता, तो वे खुश हो जाते। मुझे याद है, कुछ कविता-ऐसी चीज़ मैंने लिखनी शुरु की। एक दिन डरते हुए उन्हें दिखाया। सरसरी निगाह डालकर बोले : 'कविता के चक्कर में अभी मत पड़ो। तुम्हें पढ़ना-लिखना है। हाँ, याद रखना, कभी किसी लेखक से शादी मत करना।' मैंने आधा सबक लिया, आधे के चक्कर में बाद में फँसी। ख़ैर।...

मुझे याद है, इलाहाबाद में जब मैं बहुत छोटी थी, ताऊ जी बहादुरगंज में जस्ट फ़िट टेलर के साइनबोर्ड वाले मकान के ऊपरी हिस्से में रहते थे। मेरा परिवार मोहत्सिमगंज में, जो बहादुरगंज के पास था, रहता था। छोटी दीदी (निर्मला वर्मा) का हाथ पकड़कर मैं उनके घर जाती थी। कभी बड़ी दीदी (प्रेमलता वर्मा) के साथ। तब कवि रूप में उनका परिचय कहाँ था! बस, वह 'एलिस इन वन्डरलैंड' वाले प्रिय ताऊ जी थे। खूब प्यार से मिलते। गाढ़ा, बढ़िया दूध मिलता। बच्चों को चाय नहीं पीनी चाहिए - वे कहते। खड़े गेहूँ की दलिया; और जो-कुछ भी खाने-पीने की चीज़ होती हमें मिलती। हमें मज़ा भी खूब आता था। ढेर-सारी किताबों के बीच छोटी-सी मियानी या दुछत्ती में टेबुल पर झुके ताऊ जी काम करते रहते थे। हमें भी 'आश्चर्य लोक में एलिस' के कुछ हिस्से नाटकीय अंदाज़ से सुनाते। 'चाँद से थोड़ी-सी गप्पें' कविता याद करने को कहते। उनकी मेरी दीदियों से साहित्य-चर्चा भी चलती रहती और बच्चों में भी वह रम जाते थे।

होली पर हमारे घर वह ज़रूर आते। ख़ूब होली खेली जाती। माँ ढेर-सारी गुझिया उन्हें पकड़ा देती। दशहरे में हम लोग उनकी घर की छत पर जमा होते - दशहरे का जुलूस देखने के लिए। उस दिन उनके घर ढेर-सारे लोग जमा होते - नरेश मेहता, उनकी पत्नी महिमा मेहता, माँ जी, लक्ष्मीकांत वर्मा, आदि। उन लोगों के

स्वागत में ताऊजी बेहद मसरूफ़ हो जाते। खुशी की हद तक हैरान-परेशान। उन दिनों बड़े परिवारों में लड़कियाँ घास-फूस की तरह बढ़ जाती थीं, बिना नोटिस के। उनके पास ख्वाहिशों की लम्बी फ़ेहरिस्त नहीं होती थी। छोटी-छोटी, अनायास मिल जाने वाली चीजें बहुत बड़ी खुशी की वजह बन जाती थीं, और हम ताऊजी के घर से उमगते हुए लौटते थे। नजीर अकबराबादी की नज़्मों में वर्णित मेले-ठेले और त्योहारों का उत्साह ताऊ जी में भरपूर था। बहुत-से कम्युनिस्टों की तरह त्योहारों-पर्वों का निषेध नहीं था उनमें। मिल-जुलकर उत्सव मनाने की मजबूत नींव जो उन्होंने डाली, वह आज भी बच्चों में चली आ रही है। बस पाखंड और कर्मकांड को वह बुरा मानते।

पहली बार इलाहाबाद से दिल्ली मैं ताऊ जी के साथ आयी। १९६५ के आसपास उन्होंने ही अपने कुछ दोस्तों के साथ जाकर सरकारी स्कूल में मेरा नाम लिखवा दिया। दिल्ली में बड़ी दीदी (प्रेमलता वर्मा) के साथ ई-४/२२, मॉडल टाउन में कुछ समय रह कर हम लोग सी-१२, मॉडल टाउन में आ गए। भैया (मलयज), ताऊ जी और मैं। वहाँ लम्बे समय तक हम लोग साथ रहे। उस समय बहुत-से साहित्यकार मॉडल टाउन में रहते थे और, ज़ाहिर है, सबका आपस में मिलना-जुलना होता था। उसी दौरान, ७०-७१ में, रोज़ी-रोटी की जद्दोजहद में युवा कवि-लेखक-कलाकार मंगलेश, त्रिनेत्र और सईद भी सी-१२ मॉडल टाऊन की मियानी में रहते थे। संघर्ष के वे दिन उन्हें भी याद होंगे। भैया और ताऊ जी की विभिन्न विषयों पर बातचीत होती थी। हिंदी-उर्दू पर, मार्क्सवाद पर, आलोचना के नए तेवर पर। क्या नया लिखा जा रहा है, देशकाल, लेखक और उसका दायित्व, कविता पर बेहद परिश्रम की ज़रूरत ... यानि, हरि अनन्त हरि कथा अनन्ता की तरह कई बातें। कई बातें मेरी समझ में नहीं आती थीं। सुनती और सवाल करती थी। मार्क्सवाद क्या है? सर्वहारा कौन? ताऊ जी मुस्कराकर उस समय टाल जाते, कहते, तुम्हें बहुत पढ़ना है। उन्हीं दिनों उन्होंने सोवियत पुस्तकमाला की कुछ किताबें, गोर्की की जीवनी, 'माँ' उपन्यास, 'अग्निदीक्षा', निकोलाई आस्त्रोवस्की की किताब 'जय जीवन' और प्रेमचन्द लाकर दिया।

उन दिनों ताऊ जी दिल्ली विश्वविद्यालय में उर्दू-हिंदी शब्दकोष के प्रोजेक्ट में काम करते थे। सुबह प्रायः देर से उठते थे। उनकी आँखों में तकलीफ़ रहती थी। आँवले के पानी से आँख धोते थे। अपने कमरे में वे ढेर-सारा मक्खन लाकर रखते, कभी ब्रेड-बिस्कुट भी। उस समय हमारे पास रेफ्रिजरेटर नहीं था। सुबह मैं स्कूल, भैया अपने ऑफिस और ताऊ जी बाद में अपना काम बंद कर दिल्ली विश्वविद्यालय चले जाते थे। कमरे की खिड़की हमेशा खुली रहती। स्कूल से जिस दिन भी मैं और मेरी सहेली राज साथ लौटतीं, तब भूख अधिक लगी होती और धैर्य कम होता। हम

खिड़की से कूद कर उनके कमरे में पहुँच जाते। गर्मी से मक्खन पिघल गया होता था। लेकिन हम आराम से खाद्य पदार्थों का सेवन करते और खिड़की के रास्ते बाहर। ताऊ जी को न पता चलता हो, ऐसा मैं नहीं सोच सकती थी। वे सहज भाव से मुस्कराते और गाल पर हल्की-सी चपत लगाकर कहते, बंदरिया कहाँ से आ गई! दुकानदार को हिदायत थी कि जब ये दोनों आएँ, इनकी पसंद की चीजें दे दी जाएँ और पैसा मेरे (ताऊ जी के) एकाउन्ट में लिख लें। हालाँकि भैया से इसके लिए हमें डाँट पड़ती थी।

घर में खाना मैं बनाती थी। ताऊ जी बराबर कहते, इस लड़की पर बहुत बोझ है। उस समय भैया की शादी नहीं हुई थी और हमारे कठिन दिन थे। मेरी बड़ी बहन प्रेमलता जब विदेश जाने लगीं, तब मैं और ताऊ जी दक्षिण दिल्ली में डिफ़ेन्स कॉलोनी में आ गये। दीदी के बाहर चले जाने पर हम लोग लाजपत नगर - ४ की दयानन्द कालोनी में १९७० में आ गए। मेरे पिता से ताऊ जी ने कह दिया कि यह मेरी बेटी है, इसे आप मुझे दे दें। पिता ने कहा, यह तो आप के साथ ही है। मेरी शादी वहीं लाजपत नगर में अजय से हुई। पिता के रूप में ताऊ जी का संरक्षण। एकदम सादगी से विवाह। कुछ भी लेना-देना नहीं, कोई आडम्बर नहीं। उन्होंने इसी पर ज़ोर दिया। हमारी अदालती शादी के समय उन्होंने कहा, तुम लोग अपने दोस्तों को गवाह बनाओ, आशीर्वाद मेरा तो है ही। मंगलेश, त्रिनेत्र व सईद हमारी अदालती शादी के गवाह बने। हम लोग बिना किसी आडम्बर के शादी करके मूँगफली खाते हुए बस से घर वापस आ गए, जहाँ ताऊ जी ने इस मौके पर तोहफ़े के रूप में एक कविता लिखकर मुझे भेंट की। ये गुरबत के दिन थे, लेकिन मस्त। हम सब साथ थे और खुश थे। उनके साथ रह कर अपनी कमतरी का अहसास कभी नहीं हुआ। वे हमेशा चाहते थे कि हम दोनों साथ-साथ नई भाषाएँ सीखें। मैं संसार का उत्कृष्ट क्लासिक साहित्य पढ़ूँ इस पर वे अच्छा खासा लेक्चर देते थे। वे बताते कि क्लासिक पढ़ना क्यों ज़रूरी है। कहते, इनमें बहुत-सा ज्ञान बिखरा पड़ा है, जो हमें जानना चाहिए।

लाजपत नगर की दयानन्द कालोनी के उस मकान में एस्बेस्टस की छत का कमरा था। गर्मी में तपता हुआ। पानी की बेहद कमी रहती थी। पानी भरने का काम अजय का था। कमरा किताबों से भरा हुआ था। बड़ी दीदी अपनी किताबें छोड़ गई थीं और गृहस्थी का कुछ सामान भी। 'दिनमान' साप्ताहिक पत्रिका के लिए हिंदी-उर्दू पाठमाला ताऊ जी ने वहीं तैयार की। हर हफ्ते एक किस्त लिखकर देनी होती थी, जिसे लेने अक्सर संपादक रघुवीर सहाय घर आते थे। ताऊ जी ख़ूब मेहनत करते। हर एंगिल से सोचते कि कैसे पाठमाला को रोचक और उपयोगी बनाया जा सकता है। एक-एक शब्द पर माथापच्ची करते थे। 'नीला दरिया बरस रहा है' कविता (१९७३) की रचना वहीं हुई। वहीं दीवार के एक हिस्से को काला कर हम तेलुगू भाषा सीखने

का अभ्यास करते। रूसी भाषा की एक किताब में वे घंटों उलझे रहते। तत्कालीन सोवियत संघ की यात्रा भी उन्होंने की थी। वहाँ के अनुभव, चाकलेट और गुड़ियाएँ शानदार थीं। वैसे, विभिन्न भाषाओं से उनका लगाव अद्‌भुत था। 'यूनानी वर्ण माला का कोरस' कविता उनका एक प्रयोग है। भाषा ज्ञान के संदर्भ में वे प्रभाकर माचवे को बराबर याद करते थे।

वहीं भाषा-मेरी बेटी का जन्म हुआ। हम अनुभवहीन गृहस्थ बन गए। बच्ची के जन्म के साथ नई ज़िम्मेदारियाँ। ताऊ जी परिवार के मुखिया। उनके सुझाव व संरक्षण में परिवार। व्यावहारिक ज्ञान उन्हें भी अधिक नहीं था। वे एक किताब लाए बच्चों के पालन-पोषण पर।

वे मुझसे बराबर कहते कि अपनी स्वतन्त्र पहचान बनानी चाहिए, ख़ास कर स्त्री को। मैं बहसों को सुनती, समझने की कोशिश करती। ढाई साल बाद अनुराग पैदा हो गया। घरेलू काम बहुत बढ़ गया था। और मुझे पढ़ने-लिखने का समय कम मिलने लगा। ताऊ जी अपने दोस्तों से मेरा परिचय कराते, जबकि मेरी हस्ती कुछ भी न थी। बच्चों के थोड़ा बड़े होने पर उन्हें सिखाते, माँ का सम्मान करो। ताऊ जी अपनी माँ को बहुत प्यार करते थे। कहते थे, मेरी माँ अपने सारे गहने उतार कर मेरे पास आती थी। नन्हें शमशेर को गले व हाथ में पहना गहना बाधा लगती थी। वे मुझसे कहते, आभूषण बस दूर से - सजावटी - अच्छे लगते हैं। शायद यह भी वजह रही कि हम लोगों का जीवन सादा रहा। ताऊ जी का हमेशा ज़ोर रहा : सादा रहन-सहन और खाना सेहतमंदी का। इसमें कटौती करना उन्हें पसंद नहीं था।

एक लम्बा समय उनका ऐसा चला, जब वे हल्दी-दूध और फिर हल्दी-चीनी-पानी पीते रहे। उनसे जो मिलने आता, उसे हल्दी-दूध के महत्त्व पर भाषण देते और मुझसे कहते, चाय की जगह हल्दी-दूध लाओ। मेहमाननवाज़ी उनमें ख़ूब थी। जैसे ही घर में कोई आया नहीं कि घर में जो कुछ भी हो, उसे खिलाया-पिलाया जाए। कभी-कभी मैं संकट में फँस जाती, जब खाना खत्म हो जाता और फ़रमाइश होती कि खाना लगा दो। बच्चों के स्कूल रिक्शे वाले को, यदि वह थोड़ी भी फ़ुरसत में होता, अपने पास बैठा लेते - चाय और बिस्कुट के साथ गप्प चलती। मुफ़लिसी के दिनों में, जब उनका कोई कवि मित्र आ जाता, तो कहते, शोभा, तुम्हारे पास कुछ पैसे तो ज़रूर होंगे। और बस, मिठाई-फल घर में। श्रम से जुड़े लोगों का मान करते और बच्चों को भी यही सिखाते।

ख़ुश है ज़माना आज पहली तारीख़ है - हमारे परिवार पर यह बिलकुल सटीक बैठता। पहली तारीख़ को ताऊ जी मिठाई का डिब्बा लेकर ही घर आते। घर के ख़र्च के पैसे मुझे पकड़ाते और कुछ अच्छा बने, इसकी फ़रमाइश भी करते। पैसा देते समय ज़रूर कहते, घर की लक्ष्मी को ही पैसा देना चाहिए, फिर निश्चिंत हो जाते।

कोई भेदभाव नहीं। कहाँ कितने का कर्जा चुकाया, किसे पैसा मनीआर्डर किया – शांत भाव से बताते। पैसे कम थे, लेकिन उसको लेकर कभी तनाव नहीं रहा। मैं लिखने-पढ़ने में समय बिताऊँ, यह उनकी ख़्वाहिश रहती। मैं साल में एक बार बिहार (गाँव या पटना) जाती थी। ताऊ जी, जिन्हें ख़त लिखने में बहुत आलस रहता था, उन दिनों मुझे चिट्ठी लिखते थे। एक बार उन्होंने बुरा सपना देखा, और अचानक उज्जैन से पटना पहुँच गए। १९८१ में। उस समय मोबाइल टेलीफोन क्रांति नहीं हुई थी और लैंडलाइन टेलीफ़ोन सहज सुलभ न थे। रिक्शे पर घंटों घर ढूँढ़ते रहे। उस दिन बहुत परेशान हुए। हम लोगों से मिल कर फूल-से खिल उठे। अजब-सी कशिश थी उनमें, जो बाँधे रखती थी। उनकी नाराज़गी सख्त और उसकी अभिव्यक्ति मासूम होती थी। मुझसे जब नाराज़ होते, तो उन्हें तामचीनी की अपनी प्लेट याद आती थी, जो उनके कठिन दिनों का बर्तन था। उसमें ही खाना निकाल कर खाते और बोलना बंद कर देते थे। मैं परेशान होती और उनका गुस्सा उतर जाता। वे उतने ही लाड़ में पीठ पर हाथ फेरने लगते।

दोनों बच्चों को मैं या ताऊ जी पढ़ाते थे। होम वर्क कराते, पहाड़े याद नहीं, तो हलकी चपत पड़ती, फिर उसी दिन मिठाई-चाकलेट मिलती और विनम्र भाव से सीख। एक दिन पहाड़ा सुनाने का और एक दिन कहानी सुनाने का। इस तरह न जाने कितनी रोचक कहानियाँ सुनी गईं।

ताऊ जी के जीवन के कुछ उसूल थे। उन पर चलना उन्हें पसंद था। झूठ-फरेब-प्रदर्शन से उन्हें चिढ़ थी। कोई व्यक्ति उनसे कोई चीज़ माँग लेता, तो बस वह चीज़ उसकी हो गई। मकान मालिकों ने घर छोड़ते समय अगर कहा कि यह पंखा, सोफा, गमला यहीं ठीक है, छोड़ जाइए, तो ताऊ जी बोलते, ठीक है। सरल विश्वास की अपनी प्रवृत्ति से भी उन्होंने कई बार धोखा खाया। कितनी किताबें, पत्रिकाएँ, यहाँ तक कि उनकी पांडुलिपि भी गायब हुईं। अनुवाद की कोई पांडुलिपि थी। बहुत दिनों तक उसका अफ़सोस रहा।

जब बच्चे थोड़े-से बड़े हुए, हम लोग मॉडल टाउन में जी-३/२८ नंबर मकान में आ गए। इसी ब्लाक में त्रिलोचन जी अपनी पत्नी और बेटे अमित के साथ रहते थे। वहाँ भी लोगों का आना-जाना लगा रहता था। यहीं दिल्ली की वह ऐतिहासिक बाढ़ आई थी, १९७८ में, और घर पानी में डूब गया था- नीचे का तल्ला। ताऊ जी और अजय ने ऊपर की मंजिल में मकान मालिक के यहाँ आश्रय लिया, और मैंने दोनों बच्चों के साथ भैया के यहाँ। उस बाढ़ में घिर कर अजब अनुभूति हुई। सब एक-दूसरे का सहारा बने। वैसे, नुकसान भी बहुत हुआ।

सार्वजनिक जीवन में उतरने और आन्दोलन का महत्त्व समझ में आने की शुरुआत भी दिल्ली में मॉडल टाउन में एक घटना की प्रतिक्रिया के रूप में हुई। जिस

मकान में हम थे, उसके मालिक की सिलाई की छोटी-सी दुकान थी। ताऊ जी कभी-कभी उनके पास जाकर बैठते थे। उनकी लड़की को उसके ससुराल वालों ने दहेज के लिए जला कर मार दिया था। हम लोगों को पता चला तो मुहल्ले के हम लोगों ने, जिनमें महिलाएँ अधिक थीं, लड़की के ससुराल वालों के घर जाकर प्रदर्शन किया। उस मुहल्ले के लोगों से कहा गया कि वे हमारा साथ दें व जलाने वाले परिवार का बहिष्कार करें। थाने में जाकर रिर्पोट लिखवाई गयी और दबाव बनाया गया। इस पूरी कार्रवाई में ताऊ जी साथ थे। एक कवि का सामाजिक सरोकार मैंने देखा। ताऊ जी ने कहा कि औरतों का संगठन बने तो अच्छा रहेगा। बाद में जब मैंने महिला संघर्ष मोर्चा बनाया, १९८० के बाद लखनऊ में अन्य महिला साथियों के साथ मिलकर, तब ताऊ जी बहुत खुश हुए। ताऊ जी में खूबी थी वे किसी को कमतर नहीं मानते थे। हीन भावना से व्यक्ति व्यथित न हो, इसका प्रयास करते। उनके साथ रहते हुए मैंने स्त्री की हीन दशा, दूसरे दर्जे की हैसियत, घरेलू गुलामी-जैसी चीज़ें नहीं देखी-भोगी।

ताऊ जी के लिए विक्रम विश्वविद्यालय, उज्जैन (म०प्र०) में प्रेमचन्द सृजन पीठ का अध्यक्ष बनने का प्रस्ताव आया। ताऊ जी पसोपेश में थे। मुझे छोड़कर जाना नहीं चाहते थे। अजय उस समय लखनऊ में 'अमृत प्रभात' अखबार में नौकरी कर रहे थे। एक दिन नागार्जुन जी आए। उन्होंने ताऊ जी को उज्जैन जाने के लिए बहुत समझाया। दोबारा भी आए, घंटों बातचीत होती रही। ताऊ जी के अन्य दोस्तों व त्रिलोचन जी का कहना था कि वे उज्जैन चले जाएँ। उनकी दुविधा देख मैंने भी कहा, कुछ साल की बात है, चले जाइए, मैं बच्चों के साथ छुट्टियों में आपके पास आऊँगी। फिर ताऊजी उज्जैन चले गए।

वहाँ उन्हें अच्छा माहौल मिला। मैं कभी गर्मी की छट्टियों में, कभी जाड़े की छुट्टियों में वहाँ चली जाती थी। संस्कृत और हिंदी के विद्वानों से ताऊ जी मेरा परिचय कराते - यह मेरी बेटी है। रंजना अरगड़े - उन दिनों मृदुभाषी - ताऊ जी पर शोध कार्य कर रही थी। दिल्ली भी वह एक-दो बार आ चुकी थी और मुझसे झट से दीदी का रिश्ता जोड़ लिया था। वह उज्जैन भी आती-जाती रहती थी। बाद में वह ताऊ जी से बहुत करीब से जुड़ गई। ताऊ जी को भी एक सहयोगी चाहिए था, क्योंकि उनकी आँखों में तकलीफ़ रहती थी, और वे ख़तों का जवाब नहीं दे पाते थे। उनके साहित्यिक जगत के बहुत से काम अधूरे रह जाते थे।

उज्जैन से ताऊ जी को लखनऊ आना था। उन्होंने मुझे ख़त में लिखा भी। फिर अचानक रंजना अरगड़े उन्हें सुरेन्द्र नगर (गुजरात) अपने साथ ले गई। बाद में वे लखनऊ आए। अमृतलाल नागर उनसे मिलने हमारे घर (भीखमपुर कॉलोनी, पेपरमिल रोड) आए और हम लोग भी उनके घर (चौक) गए। हमने तीन कमरों वाला एक घर देखा, जिसमें हमें शिफ्ट करना था। एक कमरा पूरी तरह से ताऊ जी के लिए था। उन्हें

पसंद भी आया था। हम भविष्य की तमाम योजनाएँ बनाने लगे थे। इसी दौरान रंजना लखनऊ आ गई। तमाम कामों की दुहाई देकर वह ताऊ जी को अपने साथ सुरेन्द्र नगर ले गई, साथ में उनका छूटा सामान भी (रचनाएँ, अन्य काग़ज़ात, आदि)। अगले साल मैं सुरेन्द्र नगर गई। वे कुछ बीमार थे। रंजना घर बाहर से बंद कर कॉलेज पढ़ाने चली जाती थी। दरवाजे के सीखचों के पीछे से झाँकती उनकी छवि कभी भूल नहीं पाती हूँ।

मेरी बड़ी दीदी प्रेमा और उनकी बेटी श्रुति भारत आई थीं। वे सुरेन्द्र नगर ताऊ जी से मिलने गयीं और वहाँ से उन्हें लेकर वे सोमनाथ गईं। दीदी ने बताया, ताऊ जी बहुत खुश थे। दीदी से उन्हें लगाव भी बहुत था। दीदी उनकी अच्छी दोस्त और वे उनके सलाहकार थे। दीदी की शादी कराने में उनकी महत्त्वपूर्ण भूमिका थी। सुरेन्द्र नगर में ताऊ जी के हाथ काँपने लगे थे - संभवतः पार्किंसन बीमारी शुरू हो चुकी थी। श्रुति उनकी दाढ़ी बनाती, पीठ में तेल लगाती। तभी दीदी ने मुझे बताया कि उन्हें रंजना के घर में कई पत्र ताऊ जी के नाम - जो खोले भी नहीं गए थे - मिले, जिनमें उनके और मेरे भी ख़त थे।

स्वास्थ्य के प्रति सजग रहने वाले ताऊ जी इतने बीमार पड़ गए कि उन्हें अहमदाबाद के सरकारी अस्पताल में भर्ती करना पड़ा। मैं वहाँ गई थी। उस समय ताऊ जी के छोटे भाई तेज बहादुर चौधरी और रंजना के पिता वहाँ आए हुए थे। सरकारी मदद से उन्हें अस्पताल में अच्छा प्राइवेट कमरा मिला था और इलाज की सुविधा भी। वहाँ से ठीक होकर जब वे जाने लगे, तो रंजना ने मुझसे कहा, आप लखनऊ वापस चली जाइए, क्योंकि आप बच्चों को छोड़कर आई हैं। मैंने उससे वादा लिया कि जब ताऊ जी यात्रा करने लायक हो जाएँगे, तो मैं उन्हें लखनऊ ले आऊँगी। लखनऊ वे नहीं आए, आई उनकी मौत की ख़बर...

उनकी मृत्यु और उसके बाद के हादसे ने मुझे गहरे सदमे में डाल दिया, जहाँ आदमी अबोला हो जाता है। सहमे वक़्त का भारी पंजा खरोचें मारता रहा। उस कटु याद को आज लिखकर मैं वाकई उस खोल से बाहर आना चाहती हूँ, जिसमें मैं घुसती चली गई थी।

ताऊ जी के निधन (१२ मई १९९३) की ख़बर मिलते ही जैसे-तैसे हम लोग बिना रिजर्वेशन के लखनऊ से अहमदाबाद पहुँचे, साबरमती ट्रेन से। रंजना के घर पहुँचकर पता चला, ताऊ जी का अंतिम संस्कार हो चुका था। हालनुमा कमरे में फूलमाला-सज्जित उनकी फ़ोटो, अगरबत्ती और छोटी-सी प्लेट में खाना। रंजना तस्वीर से मनुहार करती खाना खाने का! मैं स्तब्ध, फिर रो पड़ी ... शायद रोने से शांति भंग हुई। हूक थी, अंतिम दर्शन भी न हुए। हम चुपचाप कोने में बैठे रहे। पिछली मुलाकात की कितनी ही स्मृतियों से घिरे हुए...

रंजना पर मुझे बहुत भरोसा था। उसके चेहरे पर अजब-सी कठोरता थी। थोड़ी-सी औपचारिक बातचीत हुई। फिर उसने कहा, आप दोनों के सोने का इंतजाम ऊपर छत पर है। मैंने हिचकते हुए कहा, ताऊ जी का कमरा खोल दो, थोड़ी देर वहाँ रहना चाहूँगी, कुछ तस्वीरें देखना चाहूँगी। रंजना तटस्थ रही। मैंने सोचा, बहुत दुखी है, शायद इसलिए सुन कर अनसुना कर दिया है। लेकिन बाद में उसने स्टडी रूम (ताऊ जी का कमरा) में ताला लगा दिया। हम लोग छत पर चले गए। ज़मीन पर बिस्तर लगा था। नीचे हाल में देर रात तक हलचल होती रही। तड़के हमें जगा दिया गया। घड़ी देखी, सुबह के ४ बजे थे। 'आप लोग जल्दी तैयार हो जाइए, मुझे सुबह ही बाहर जाना है और मैं घर बंद करके जाऊँगी।' मैंने कहा : 'इतनी सुबह हम कहाँ जाएँगे? तुम्हारी दोस्त यहाँ है, वह हम लोगों को जानती है। चाभी उसे दे दो, या हम उसके घर थोड़ी देर के लिए चले जाते हैं।' रंजना ने बड़े ही ठंडे अंदाज़ में हमें घर छोड़ देने का आदेश दिया। मैं और अजय अपना सामान उठा रेलत्रे स्टेशन आए। सुबह का नाश्ता वहीं किया। एक दिन पहले ही हम धक्के खाते अहमदाबाद पहुँचे थे। गहरे सदमे की गिरफ़्त में थे। रेलवे स्टेशन के सेकन्ड क्लास वेटिंग रूम में हलचल व शोर में हम अकेले थे। थकान के चरम में 'क्यों' के सवाल से उलझते रहे। हमारी ट्रेन रात में थी। ताऊ जी की कोई तस्वीर रंजना ने हमें नहीं दी, इसका मलाल रहा।

रंजना से दूसरी मुलाकात किसी कार्यक्रम में दिल्ली में हुई। वहाँ रंजना ने बताया कि ताऊ जी ने अपने समस्त साहित्य का कानूनी कापीराइट उसके (रंजना के) नाम कर दिया है। मैंने कहा, एक किताब में कापीराइट मेरे नाम लिखा है, एक में श्रुति और प्रेमलता वर्मा के नाम, एक-दो ताऊ जी की भतीजी के नाम है। ऐसा कैसे हो सकता है? बाद में राजकमल प्रकाशन के तत्कालीन प्रबन्धक मोहन गुप्त से पता चला कि ताऊ जी के ज्यादातर साहित्य का कापीराइट रंजना अरगड़े के नाम है। ताऊ जी के दस्तख़त के साथ। इसके बाद रंजना से एक और मुलाकात हुई। थोड़ी-सी बातचीत हुई। रंजना ने कहा कि शमशेर जी की कोई लिखित सामग्री हो, तो दे दीजिए। मैंने कहा : 'जब वे ठीक थे, सुरेन्द्र नगर में, तभी मैं तुम्हें उनके तमाम स्केच, पेन्टिंग, रचनाओं की फ़ाइलें और चिट्ठियाँ दे आई थी। तुमने ही माँगी थी।' इसके बाद जैसे सारा मामला शांत। रंजना ने फिर कभी मुझसे संपर्क नहीं किया।

ताऊ जी के संदर्भ में साहित्य जगत में रंजना की भूरि-भूति प्रशंसा हुई है। ताऊ जी से संपर्क और निकटता ने रंजना को कई स्तरों पर काफी फ़ायदा पहुँचाया। हम लोग बेवजह कठघरे में खड़े किये जाते रहे कि हमने ताऊ जी की उपेक्षा की, उन्हें छोड़ दिया। तमाम टिप्पणियों को हम ख़ामोशी से झेलते गए, जिनसे हमारा कोई लेना-देना नहीं था। कुछ भी कहना अर्थहीन लगता था।

क्या कहूँ ...किससे कहाँ चूक हुई! बस, एक हूक है : काश, हम उनके अंतिम समय में उनके साथ रहते! शायद वे कुछ दिन और रहते हमारे बीच। हम कुछ और परिपक्व हो, सचेत हो उनसे सीखते। सच तो यह है कि हीरे की कनी-सी उनकी चाहत अब भी दमकती है सितारों में। अक्सर महसूस करती हूँ उन्हें बहुत पास अपने।

चाँद से थोड़ी-सी गप्पें

भाषा सिंह

नानाजी, मॉडल टाउन वाले नानाजी, त्रिलोचन नानाजी...और उनके बीच पसरा मेरा बचपन। आज जब मेरी आठ साल की बेटी खिलखिल पूछती है- अम्मा आपके इतने सारे नाना और सारे रियल? फेर में पड़ जाती हूँ- सगे और दूर के रिश्तों को लेकर। ऐसे किसी सवाल या उसकी गुंजाइश से भी परे बीता मेरा बचपन। नानाजी की मौत के बाद लोगों की बातों-सवालों-आरोपों को सुनकर समझ आया कि वाकई यह बहुत बड़ा दुनियावरी खेल है। इसकी मार से खून में बहने वाले, संस्कारों के बीज डालने वाले रिश्तों को अजनबी बनाने की साजिश रची जाती है।

मेरे लिए नानाजी यानी शमशेर नाना। मॉडल टाउन वाले नानाज़ी यानी बड़े मामा मलयज के साथ सी-१२, मॉडल टाउन में रहने वाले टी.एन. वर्मा। त्रिलोचन नाना यानी नानाजी के ठहाके लगाने वाले दोस्त। बचपन में नानाजी के सारे दोस्तों को मैं नाना ही कहती थी, पैर भी छूती थी। त्रिलोचन नाना और नागार्जुन नाना के तो खास तौर पर। पैर खाली नानाजी के ही नहीं छुए कभी। उनसे तो सीधे गले से ही लगी।

आज भी आँख बंद कर जब उनकी छवि को याद करती हूँ तो उनके बेहद मुलायम से हाथ सिर से गाल तक महसूस होते हैं। उनके हाथ बेहद मुलायम थे, बिल्कुल गुलगुल। बड़ा मज़ा आता था उन्हें छूने में। उनके चेहरे पर छाई हुई हँसी तो मानो उनके व्यक्तित्व में घुली हुई विनम्रता का एक सदाबहार तराना था। बादल के टुकड़े का ख़फ़ीफ भाव। कितने भी नाराज क्यों न हों नानाजी हमसे या बाहर वालों से, मुस्कान का एक पुट चेहरे पर बना रहता ही था। यह उनके व्यक्तित्व की अनोखी अदा थी।

मोटे चश्मे के भीतर से झाँकती उनकी प्यार से लबालब आँखें। इतनी स्निग्ध-पारदर्शी आँखें शायद ही किसी की मैंने कभी देखीं। बचपन की शुरुआती स्मृति जो मुझे याद पड़ती है वह काग़ज़, पेन-पेंसिल और रंगों के प्रति उनका प्रेम। वह ढेर सारे काग़ज़-पेंसिल और रंग मुझे दे देते और जो भी मैं आड़ा-तिरछा खींचती, वह घंटों तक उसमें अर्थ खोजते। हर आने-जाने वाले से उसके बारे में बतियाते। बड़ी हुई तो पता चला उनके कला प्रेम के बारे में...और जब उनकी कविताएँ पढ़ीं तो जाना कि

उनमें एक चित्रकार का दिल धड़कता था और नजर भी कला मर्मज्ञ की थी। वह अपने इर्द-गिर्द, बच्चे की मासूम लकीरों में भी कला तत्त्व की वैसी ही पड़ताल करते जैसे किसी दूसरे की कविता या लेख में।

जब दुनिया में मैंने आँखें खोलीं (१९७१) तो माँ-पिता के अलावा जिसने मुझे खिलाया-समझाया वह नानाजी ही थे। अम्मा-बाबा के बाद अगर किसी पर सबसे ज्यादा अधिकार जताया तो वह थे नानाजी। उनके बाद नम्बर आता था राजेश चाचा का। बाबा के शुरुआती दिनों के कम्युनिस्ट दोस्त, तो ताउम्र हमारे घर के सदस्य बने रहे। राजेश चाचा और नानाजी में एक ही समान बिंदु था, श्रम के प्रति सम्मान और लगाव। इसके अलावा चाचा के गीतों को भी वह बहुत रस लेकर सुनते थे। चाचा भोजपुरी क्रांतिकारी गीतों और उसमें भी खासकर गोरख पांडेय के गीतों को जब गाते तो नानाजी बाकी काम छोड़कर उन्हें बहुत ध्यान से सुनते और गर्दन हिला-हिलाकर उनका रस लेते। चाहे वह क्रांति के निर्बाध उद्घोष के लिए गीत-कम्युनिस्ट हम हैं हम हैं कम्युनिस्ट, मानो न मानो बात हमारी हम रहेंगे इस्ट... रहा हो या फिर गोरख के भोजपुरी गीत-एक दिन राजा मरनल आसमान में उड़त मैना न, या समाजवाद बबुआ धीरे-धीरे आई... सारे गाने चाचा की आवाज़ में जितना हम बच्चों को बाँधते थे, उससे कम नानाजी को नहीं। मैं और मेरा छोटा भाई अनुराग तो चाचा की गायन मंडली का अनिवार्य हिस्सा थे ही, कई बार कक्कू (अस्मिता, मलयज मामा की बेटी), बाबू (अभिषेक, मलयज मामा का बेटा) और आरफ़ी साहब जो मॉडल टाउन में हमारे घर के पास रहते थे, उनके बच्चे-जुल्फी-फौजी भी साथ में सुर से सुर मिलाने की कोशिश में जुट जाते थे। जब गाने का समाँ बँधता तो नानाजी खिसक कर हमारी मंडली के पास आ जाते और हौले-हौले गुनगुनाते। बच्चों में सबसे बुरा सुर मेरा ही था। आवाज़ मेरी भारी थी और गला सुर से कोसों दूर था। जब सब बच्चे इसे लेकर मुझे चिढ़ाते तो नानाजी मेरा हौसला बढ़ाते, कहते- 'हाथ-पैर से ही नहीं मेरी भाषा आवाज़ से भी सबसे मजबूत है।' बस उनका इतना कहना होता और मैं चिढ़ाने वालों को धौल जमाने लग जाती।

राजेश चाचा खुद मेहनत करते और मेहनत करने वालों से गहरी दोस्ती करने के मामले में पक्के कम्युनिस्ट थे ही, बाकी यूँ वह कम्युनिस्ट पार्टी (भाकपा-माले) के होलटाइमर तो थे ही। वह बड़े से लेकर छोटा-सा काम खुद करते थे, और वह भी बड़ी लगन से। चाहे वह सीवर या नाली साफ करने का काम हो, बिजली का काम हो या फिर किचन में माँ की मदद करना- हर काम में वह मुस्तैद रहते थे। इन सब में चाचा की महारत नानाजी को विस्मित करती और वह उनके खाने-पीने का भी खास ख्याल रखते। मुझे खाना खिलाने की नई विधियाँ खोजने में भी नानाजी और चाचा में खूब पटती थी। नानाजी को उनकी ये खूबियाँ बहुत भाती थीं। वह बीच-बीच में

मुझसे कहते– 'देखो बेटा इंसान को ऐसा ही होना चाहिए। सारे काम करने वाला और मेहनत करने वालों से दोस्ती और उनका सम्मान करने वाला। कोशिश करो कि अपना काम तो खुद करो ही, माँ के काम में भी हाथ बँटाओ।' वह अपने खाने के बर्तन खुद ही धोते, बशर्ते कविता या अखबार अध्ययन में डूबे न हों। चाचा और नाना दोनों ही अपनी-अपनी तरह से साम्यवाद को पूरी ईमानदारी से न सिर्फ़ जी रहे थे बल्कि हम जैसी नई पौध में उसके बीज भी डाल रहे थे।

जितने साल नानाजी के सानिध्य में बीते, मैंने खुद उन्हें इस सीख पर चलते देखा। इससे जुड़े कई ऐसे वाकये हैं– बेहद रोचक और शमशेरियत के अलग-अलग रंगों से रूबरू कराने वाले। बाद में जब नानाजी की कविताओं को पढ़ा-समझा, उनके साहित्यिक कद को देखा तब ये ही पहला भाव आया कि बड़ा और सच्चा कवि-साहित्यकार दिल से सहज होता है, आडंबरों से परे और दंभ तो उसे छूता भी नहीं।

जब मैं थोड़ी बड़ी हुई तो नानाजी ने ही बताया कि जन्म से लेकर बड़े होने तक उन्होंने इतना करीब से मुझे ही देखा। इसलिए मेरा एक-एक कदम उनके लिए कौतूहल का विषय बन जाता था। इस कौतूहल में ही वह अजब-गजब प्रयोग करते और अच्छे से अच्छा खिलाने-पिलाने, संस्कार डालने की कोशिश करते। एक बात जिस पर उनका सबसे अधिक ज़ोर शुरू से लेकर अंत तक रहा वह था माँ के प्रति प्रेम। छुटपन से ही उन्होंने यह गाँठ बाँधी कि अपनी माँ से प्यार करो, उससे बढ़कर किसी को न मानो।

पहली बार जीवन में मैंने जो निबंध लिखा, उसका शीर्षक था-मेरी माँ। निश्चित रूप से नानाजी ने ही आदेश दिया था इसे लिखने का। कक्षा तीन या चार का वाकया था यह। मैंने जो टूटी-फूटी भाषा में लिखा था, उसे बेहद ध्यान से पढ़ा उन्होंने। उसके बाद उन्होंने बताया कि इसमें क्या-क्या चीजें नहीं हैं। फिर उन्होंने कहा, तुम लिखो मैं बोलता हूँ। इसके बाद तो याद ही नहीं कि न जाने कितनी ही बार मेरी पेंसिल टूटी, कितनी बार मैं पानी पीने गई और न जाने कितनी बार शू-शू करने। बाबा (पिता - अजय सिंह) के दखल के बाद जाकर माँ पर निबंध का किस्सा कहीं जाकर साढ़े पाँच पेज पर पहुँचकर थमा। उसके बाद तो मैंने तौबा ही कर ली। नानाजी के बताए निबंध को लिखकर उनसे चेक करवाने का जोखिम इसके बाद न लिया मैंने। इस संकट का मोचन करती माँ। वह झटपट तैयार हो जाती। मैं उन्हीं से चेक करवाती और वही नानाजी को कह देती कि उन्होंने देख लिया है।

बचपन में जब तक हम नानाजी के साथ रहे बच्चों को कहानी सुनाने का जिम्मा उन्हीं का होता था। यह सिलसिला अक्सर ही उनके बचपन की ओर मुड़ जाता था और वह खो जाते थे। सबसे ज्यादा अगर उन्होंने किसी के बारे में बताया होगा तो वह अपनी माँ के बारे में। वह अपनी माँ से बहुत जुड़े हुए थे। उन पर अपनी माँ की

गहरी छाप थी। उनकी माँ की सादगी, उनकी साफगोई का नानाजी पर गहरा असर पड़ा था। साफ-सफाई का भी, जैसे वह यह बताना नहीं भूलते थे कि उन्हें बचपन में कई बार कपड़े बदलने पड़ते थे- सुबह स्कूल जाने और आने के समय, खेलने के समय अलग, खाने के समय अलग और फिर सोने के समय अलग। ये सुनकर मैं सोचती थी कि बाप रे, दिन भर कपड़े ही बदलते रहते होंगे बचपन में नानाजी। गहनों से एक तरह की चिढ़-सी थी नानाजी को। इनमें छिपे आडम्बर के अलावा उन्हें लगता था कि इनमें गंदगी फँसी रहती है। खास तौर पर गले के हार और अँगूठी तो वह बिल्कुल बर्दाश्त नहीं कर पाते थे। मुझे याद है कि मैं कोई ९-१० साल की रही होऊँगी और सहेलियों की देखा-देखी मैंने भी अँगूठी पहन ली। नया-नया शौक था बचपन का। मुझे यह तो पता था कि नानाजी को अँगूठी पसंद नहीं है पर सोचा कि छुपा कर काम चल जाएगा। उस चक्कर में हाथ को पीछे दबाए-दबाए घूम रही थी, नानाजी अपनी आदत के अनुसार अखबार पढ़ने में मगन थे। अचानक पीछे से आवाज़ आई, भाषा! और मुझे लगा कि चोरी पकड़ी गई। खुद ही उनके सामने जाकर कहने लगी कि पहली बार पहनी है अँगूठी नानाजी, फौजी-जुल्फी ने दी है... यह सुनते ही नानाजी ने गले से लगाकर कहा कि इसे फेंक दो, बच्चों को ये सब नहीं पहनना चाहिए। इसमें कितने कीटाणु लगते हैं और फिर वही पेट में चले जाते हैं। यह कहकर उन्होंने कहा कि मैं उनकी आँख में दवा डाल दूँ। यानी उन्होंने बुलाया था इसके लिए...ओह! अँगूठी पर उनकी टोक का असर इतना रहा कि फिर कभी सहजता से न पहन पाई। यही हाल बाकी गहनों को लेकर भी रहा जिसमें अँगूठी के बाद गले की माला का नंबर आता था।

उनका सारा जोर इस बात पर था कि लड़कियाँ मजबूत बनें और साज-सजावट के चक्कर में न पड़ें। उनके हाथ इतने मुलायम थे लेकिन वह चाहते थे कि मेरे हाथ बिल्कुल सख्त हों- कड़े, जटिनी के जैसे। जाट महिलाओं की मजबूती, उनकी कर्मठता-हिम्मत का वह बीच-बीच में जिक्र ज़रूर करते। बहुत बाद में पता चला कि वह कभी जाट परिवार से थे। उनका प्रिय डायलॉग था- हाथ इतने कड़े करो कि एक झापड़ में लड़का गिर जाए। जटिनी की तरह मजबूत होने चाहिए हाथ-पाँव और दिल, यह कहकर वह मेरी पीठ पर धौल जमाते थे। स्त्री सशक्तीकरण की ज़बर्दस्त भावना थी उनमें। इसे बहुत बारीकी से वह महसूस करते थे और व्यवहार के धरातल पर इसे गजब अनूठे ढंग से लागू करते थे। रोज सुबह मैं उनके साथ दिल्ली में मॉडल टाउन में अपने घर के पास मदर डेयरी पर दूध लेने जाती। उनका सारा जोर रहता कि मैं वहीं ठंडा दूध कम से कम आधा लीटर पी जाऊँ। शायद उनके बाद कभी ऐसे ठंडा दूध न पिया होगा मैंने। दूध उन्हें वैसे भी बहुत प्रिय था। जिस पर जितना प्यार आया समझो उसे उतना ही ज्यादा दूध मिला। बस बाबा को छोड़कर, जिन्हें वह

कभी दूध न पिला पाए। लेकिन माँ...माँ तो उनकी फेवरिट थीं। माँ को वह बहुत चाहते थे। उन्हें जब दुलार करते तो बिल्कुल तरल हो जाते। उनका लाड़ देखने लायक होता। माँ को वह रोज याद से दूध देना कभी न भूलते। नाश्ते पर ही पूछते– शोभा दूध लिया तुमने। कहीं बाहर जाते तो बाबा को यह हिदायत ज़रूर देते– अजय, शोभा को रोज दूध मिलना चाहिए। हम बच्चे उनकी इस हिदायत पर मन ही मन बड़ा हँसते, सोचते जाते–जाते भी नानाजी को माँ को दूध पिलाना ज़रूर याद रहता। बाद में समझ आया कि वह दूध नहीं उनकी यह चिंता थी कि घर की गृहिणी को पर्याप्त पोषण मिले। नानाजी को यह बिल्कुल भी गवारा नहीं होता था कि हम बच्चे अपनी माँ की अवज्ञा करें। अगर हम माँ की बात न सुनते तो शर्तिया नानाजी की डाँट पड़ती। साथ में ही लंबी–चौड़ी डोज़– जिसके कई शब्द तो हमें याद भी हो चुके थे। कई बार उन शब्दों को हम दोहराने लगते, मन ही मन। जैसे, 'माँ से बढ़कर कोई नहीं होता... माँ की बात को अनसुना किया तो पिटाई भी हो सकती है, ये याद रखना... मुझे यह बिल्कुल पसंद नहीं कि शोभा की बात न मानी जाए... दुनिया में जो बच्चे माँ का कहना नहीं मानते, वे कभी आगे नहीं बढ़ सकते... तुम लोगों की माँ कितनी मेहनत से तुम लोगों को पाल रही है फिर भी तुम उसकी नहीं सुनते, तुम लोगों को इसके लिए शर्मिंदा होना चाहिए... जाओ, अपनी माँ से माफी माँगो और कान पकड़ कर कहो कि ऐसी गलती नहीं दोहराओगे।' ये उनके फटकार के कुछ ऐसे वाक्य थे जो हर बार आगे पीछे करके दोहराए जाते। हाँ, लेकिन हम जितना भी इन शब्दों को मुस्कुराते हुए दोहरा लें लेकिन हम कभी इस मुद्दे पर नानाजी की डाँट को हल्के में लेने का जोखिम नहीं उठाते थे। हमें पता था कि अगर ये दोहराया गया तो वाकई पिटाई पड़ सकती है। शायद मुझे और अनुराग को नानाजी से सबसे ज्यादा डाँट और पिटाई माँ की बात न मानने या अनसुना करने के मामले में ही पड़ी।

इसके साथ ही साथ नानाजी का जोर अदब पर होता था। आने वाले से हम किस तरह दुआ सलाम करें, पैर छुएँ, पानी कैसे दें– ये सारी सीखें नानाजी से ही मिलीं। इस बात का ज़िक्र नानाजी के दोस्त फरीदी साहब के साथ चली लुका–छिपी के बिना पूरा नहीं हो सकता। फरीदी साहब दिल्ली विश्वविद्यालय में उर्दू पढ़ाते थे और नानाजी से उनकी खूब छनती थी। शाम को उनका हमारे घर आने का समय मुकर्रर होता था और उस समय मैं पहले से ही गली के मोड़ पर निगाह रखना शुरू कर देती थी। सारी जंग इस बात की होती थी कि घर में घुसते ही सबसे पहले कौन सामने वाले को अस्सलाम–वालेकुम बोलता है। हारने वाले को वालेकुम–अस्सलाम तो कहना ही होता था। अगर मैं जीतती तो मुझे इनाम में टॉफी मिलती। ये सारा खेल नानाजी ने ही शुरू कराया था और वह मंद–मंद मुस्कुराते हुए इस खेल का लुत्फ उठाते। इस खेल में जितना रोमांच था, उतना उस समय के किसी खेल में न था।

सलाम की आदत ऐसी पड़ी कि आज तलक अभिवादन में हाथ सलाम के लिए ही उठते हैं।

मेरी माँ को नानाजी से जितना लाड़-दुलार मिला, शायद उतना जिंदगी में किसी से न मिला होगा। इस प्यार में कभी कोई कमी-बेशी न की नानाजी ने- चाहे वह दिल्ली में लाजपत नगर और मॉडल टाउन में बिताया समय रहा हो या फिर लखनऊ में भीकमपुर कॉलोनी में उनका आना और फिर उज्जैन और सुरेंद्र नगर में हमारी छुट्टियों का समय। बड़ा ही बिरला दृश्य था जो यूँ जेहन में चस्पां है कि मानो हाल ही की बात हो। हम मॉडल टाउन में जी-३/२८ में रहते थे। बरसात का मौसम था, माँ को जुएँ पड़ गईं। बड़ी परेशान थीं वह। नानाजी ने सुझाया कि जब गमकसीन किताबों से दीमक हटा सकता है तो बालों से जुएँ क्यों नहीं। और फिर आनन-फानन तेल में खुद ही उन्होंने गमकसीन घोला और माँ के बालों में लगाने लगे- बाबा खूब हंगामा कर रहे थे कि ये क्या हो रहा है, आप लोग क्या कर रहे हैं, कुछ अंदाजा भी है? पर नानाजी और माँ तो लगे हुए थे जूँ मारो अभियान में। हम बच्चे आँखें फाड़े देख रहे थे कि कैसे जुएँ गिरेंगी। फिर नानाजी ने माँ के सिर पर उनका दुपट्टा बाँधा और इसके बाद जो हुआ उसका अंदाजा तो किसी को न था, एक बाबा को छोड़कर। माँ की जुओं के साथ उनके बाल गिरना शुरू हो गए। नानाजी गहरी चिंता में पड़ गए, ये क्या हुआ। फिर महीनों तक वह या तो खुद माँ के सिर पर जैतून का तेल लगाते या माँ को याद दिलाते कि उन्हें तेल लगाना है। ऐसे हज़ारों वाकये होंगे जब नानाजी ममतामयी माँ की भूमिका में नज़र आए।

अपनी बेटी खिलखिल को पहाड़े याद कराते वक़्त नानाजी का स्टाइल याद आ जाता है। बड़े कड़क अंदाज में नानाजी याद कराते थे। ये तो मुझे पता नहीं कि नानाजी गणित के अच्छे विद्यार्थी थे या खराब, मैं बस इतना जानती हूँ कि हम बच्चों को पहाड़े याद कराना उन्हीं के खाते में था। हमें सिर्फ़ सीधे ही नहीं उल्टे पहाड़े याद करने पढ़ते थे। याद न रखने पर धौल भी पड़ती। अगर दिन में पढ़ाते समय नानाजी ने तेजी से कान खींचे या हमारी पिटाई होती तो हम ये सोचकर अपना गम गलत कर लेते थे कि रात तक इसकी एवज में मिठाई या टॉफी मिल जाएगी। नानाजी के पहाड़े और उनका रामायण की कथा को सुनाने के बीच भी गहरा रिश्ता था। नानाजी ने ही हमें बचपन में बड़े ही दिलचस्प ढंग से पूरी रामायण और महाभारत के ज़रूरी हिस्से सुनाए। रात ही में आती थी इन्हें सुनाने की बारी और इसके लिए हमें दिन भर अच्छे बच्चे बने रहना होता था। पहाड़े या पढ़ाई में चूक होने पर रात का यह सुनहरा सिलसिला थम जाता और हम किसी भी सूरत में नानाजी को सुनाने के लिए तैयार न कर पाते। कई लोगों को हो सकता है कि नानाजी बहुत मुलायम स्वाभाव वाले या मान ही जाने वाले व्यक्ति लगते हों, लेकिन उन्हें पास से जानने वालों को पता होगा

कि वह अपने फैसले के कितने पक्के थे। तय करने में ज़रूर समय लगाते थे लेकिन तय करने के बाद उन्हें उससे कोई डिगा न सकता था। नानाजी रामायण के कुछ प्रसंगों को सुनाते हुए बहुत भावुक हो जाते- सीता की अग्निपरीक्षा, सीता का वनवास, लव-कुश का जन्म। शंबूक वध का किस्सा नानाजी ने हमें सुनाया ही नहीं। इसके बारे में जब मैं आठवीं में पहुँची तो उनसे पूछा कि इसे उन्होंने क्यों न सुनाया तो उन्होंने कहा कि जब इससे मेरे मन को इतनी गहरी ठेस लगती है तो तुम लोग तो बच्चे हो, नृशंस हत्याओं के गौरवगान से बाल मन को दूर रखना ज़रूरी है। बहरहाल उनसे सुनी रामकथा का असर हम पर यह पड़ा कि राम हमारी कल्पना में राम ही रहे, भगवान न बन पाए। इस मामले में नानाजी और दादी माँ (जानकी देवी) की खूब पटती भी थी। पटना से जब दादी माँ आती थीं तो नानाजी और दादी माँ मिलकर घंटों राम द्वारा सीता को छोड़ने और बाद में गर्भवती सीता के वन में अकेले भटकने, बच्चों को बड़ा करने पर बड़े दर्द के साथ चर्चा करते। दादी माँ बोलतीं- हम रहती तो मुआ देती (मैं रहती तो मार देती) और इस पर नानाजी ठहाका मार के हँसते।

त्योहारों पर नानाजी का उत्साह देखते ही बनता था। उन्हें रामलीला देखना, दशहरे का मेला देखना, दिवाली पर बाजार में दीए, खील-बताशे खरीदना खूब पसंद था। सबको नये कपड़े मिले इस बात का खास ख्याल रहता था उन्हें। ईद, बकरीद, गुरु पर्व, लोहड़ी, क्रिसमस सबमें वह किसी न किसी तरह से शामिल होने की कोशिश करते। त्योहारों से एक दिन पहले तो उनका उत्साह देखते ही बनता था। खासकर होली। होली में गुझिया बनाने में भी नानाजी खूब जुटते थे। उन्हें गुझिया को हाथ से गोंठना बहुत सुंदर आता था। जितनी तन्मयता से वह इसमें जुटते थे और टीन-भर के गुझिया बनने पर कितने खुश होते थे- यह आज भी जब याद आता है तो बड़ी हैरानी होती है। वह कहते थे यह भी एक कला है। जब तक हम साथ रहे उनके हाथ लगे बिना गुझिया का काम पूरा न हुआ कभी। आज भी गुझिया बनाते समय नानाजी का घर में गोल घेरेमें बैठकर गुझिया गोंठना बरबस ही याद आता है। त्योहारों पर मिलने आने वाले मेहमानों की आवभगत में तो वह छा ही जाते। हालाँकि उनकी यह आदत साल भर २४ घंटे की थी। कोई भी आया-गया, कोशिश वह यही करते कि उसे कुछ खिला-पिला दिया ही जाए। मॉडल टाउन में जो रिक्शे वाला हमें स्कूल ले जाता उसके बारे में तो सख्त हिदायत होती कि उसे पानी और गुड़ ज़रूर पूछा जाए।

यूँ तो नानाजी से मार मुझे कम ही पड़ी। बस एक झापड़ ऐसा था जिसकी रसीदी छाप उम्र भर के लिए रह गई। बात उन दिनों की है जब हम मॉडल टाउन में रहते थे। हमारे घर के ठीक सामने जो मकान था, उनके यहाँ से दिन भर गानों की तेज आवाज़ें आती रहती थीं। मेरे लिए वह बड़ा कौतूहल भरा मकान था। उसकी चहारदीवारी बहुत ऊँची थी, नजर कोई आता नहीं था, बस गाने सुनाई देते थे। उन

दिनों एक गाना खूब चला था– 'आप जैसा कोई मेरी ज़िंदगी में आए तो बात बन जाए...।' ये गाना उफ़ अब भी याद आता है तो हँसी के मारे पेट में बल पड़ जाते हैं। मैं बस दीवानी थी इस गाने की। सुनती दूर से थी और धुन में शब्द क्या से क्या हो गए। मैं गाती थी– 'आप जैसा कोई मेरी ज़िंदगी में आए तो बाप बन जाए...।' नानाजी ने कई बार टोका कि बेटा ये गाना अच्छा नहीं है, इसे न गाया करो। पर जबान पर तो ये ही चढ़ा था, जब न तब मुँह से निकल ही जाता था। किसी ने यह न कहा न समझाया कि मैं 'बात' को 'बाप' गा रही हूँ और अर्थ का अनर्थ कर रही हूँ। खुद यह बात समझ में आने की उम्र भी न थी। तीसरी क्लास में रही होंगी तब मैं। एक दिन शाम को नानाजी शायद बाहर थे। मैं आगे वाले उन्हीं के कमरे में नाच-नाच के यही गाना गा रही थी– 'आप जैसा कोई मेरी ज़िंदगी में आए तो बाप...' और ये जा वह जा। बाहर बरामदे में गिरी मैं, गुलाब की झाड़ी के पास। नानाजी का जोरदार तमाचा गाल पर पड़ा था और बाहर जा गिरी थी मैं। बस ये तमाचा, ये गाना और मेरा गिरना– इतने साल हो गए पर आज भी मेरे गाल, मेरे जेहन पर जिंदा है। ऐसा ही एक वाकया मेरे छोटे भाई अनुराग के साथ हुआ था, पर उस पर झापड़ नहीं, नानाजी ने कलम चलाई। उस समय शोले फिल्म का गाना चला था– गुलशन में गुल खिलते हैं, जब सहरा में मिलते हैं मैं और तू... महबूबा-महबूबा और इसका महबूबा-महबूबा वाला हिस्सा अनु को इतना भाया कि वह इसे ही दोहराता रहता था। दादी माँ आई हुईं थीं और अनु उन्हीं की गोद में सिर रखकर बोले जा रहा था... महबूबा-महबूबा। बस नानाजी ने लिखा– दादी की गोद में बैठा पोता महबूबा-महबूबा चिल्लाए है, दादी बैठी मूड़ हिलाए, ये कौन जुग में हम आय गए...। हम जब थोड़े से बड़े हुए तो नानाजी इन दोनों वाकयों को जब-जब बताते, हम बेचारे शर्म से लाल होते, कहीं सिर झुकाए छिपने को आतुर रहते।

नानाजी की अनगिनत छवियाँ बरस रही हैं और मैं वैसे ही नहा रही हूँ जैसे दिल्ली के घर में आँगन में बारिश में हम बच्चे नहाया करते थे और इसके लिए हरी झंडी नानाजी से ही मिलती थी। शायद आज भी कहीं न कहीं...। अखबार पढ़ते हुए नानाजी को देखना अपने आप में बड़ा दिलचस्प अनुभव होता था। बिल्कुल आँख से सटाकर वह अखबार पढ़ते थे और कई बार तो पुराना अखबार ही पढ़ने लगते थे। हमें देखकर बड़ी हैरानी होती कि आखिर वह एक-एक शब्द इतने ध्यान से क्यों पढ़ते हैं। कुछ देर बाद अखबार चेहरे पर गिरा होता और वह मीठी झपकी ले रहे होते। सर्दी के दिनों में धूप सेंकना नानाजी को बेहद पसंद था। ज्यों-ज्यों धूप खिसकती, त्यों-त्यों नानाजी। अंत में आँगन की दीवार से वह हार मान लेते और वहीं कुर्सी जमा लेते। नानाजी को त्रिलोचन नाना के यहाँ जाना और देर-देर तक बैठना बेहद पसंद था। मुझे भी साथ ले लेते, हालाँकि उनके यहाँ कोई बच्चा न था लेकिन शास्त्राणी नानी बड़ी

सानिध्य भरी मीठी-सी लगतीं। खाने के लिए भी कुछ न कुछ देती ही थीं। इन सबसे बड़ा आकर्षण उनके तीसरे मंजिल वाले घर पर बड़ी-सी खुली छत थी। इस पर इक्खट-दुक्खट खेलने का मजा ही कुछ और होता था। रास्ते में लाल पत्थर हाथ में छिपा लेती और वहाँ पहुँच कर छत पर बड़ा-सा इक्खट-दुक्खट बनाती। त्रिलोचन नाना को भी यह खेल पसंद था, नानाजी से बात करते-करते कहते, निशाना ठीक से लगाओ भासा! वह मुझे 'भासा' ही बुलाते, कहते इसका अर्थ भी बहुत अच्छा है-प्रकाश। पर मुझे ये अच्छा न लगता। उनसे नाराज होती और भिड़ जाती। नानाजी ने न जाने कितनी बार कहा होगा कि त्रिलोचन नाना से बड़ा विद्वान कोई नहीं है और मुझे इनसे सीखना चाहिए। अंग्रेजी, हिंदी, संस्कृत के बड़े नाम थे त्रिलोचन नाना, पर आखिर हमारी उम्र तो खेलने की ही थी। सो, हम खेल में रमते और दोनों नाना साहित्य संस्कृति समाज की बहस करते। उनकी बातों में मुझे मजा खाली तब आता जब त्रिलोचन नाना ठहाके लगाते। बड़े अचरज से उन्हें देखती। उनके जैसे ठहाके मैंने किसी और के नहीं सुने। मुझे लगता कि इतनी जोर से हँस रहे हैं कहीं दीवारें न गिरें। दूसरा, जब दोनों एक दूसरे को कोई महाकाव्य, कविता या गद्य का टुकड़ा सुनाते। वह क्षण अद्‌भुत होता- दोनों अपने समय के बड़े हस्ताक्षर, एक दूसरे को सुनने-सुनाने के मूड में। बहुत रिदम, अपार स्नेह की धारा दोनों के बीच बहती। शेक्सपीयर, तुलसी, निराला, मुक्तिबोध और भी न जाने कितने इस बीच उन दोनों के बीच से गुजर जाते। बीच-बीच में नानीजी कहती रहतीं, सारी उमर यही किये, मिला क्या। न जाने कितना इन लोगों का बोलने का मन करता है। ये कहते हुए वह पहँसुल से साग या सब्जी काटती जातीं। नानीजी को पढ़ाने की पहल मेरी माँ ने की जिसमें नानाजी ने भी खूब मदद की। बहुत जल्दी सीख गईं लिखना-पढ़ना शास्त्राणी नानीजी और नानाजी इसे देख बहुत खुश हुए।

नानाजी सबसे ज्यादा परेशान उन दिनों थे जब देश में इमरजेंसी लगी और उसके बाद के काले दौर में। उस समय तो हम छोटे थे, ये न पता था कि क्या हो रहा है। बस ये पता चलता था कि इन दिनों बाहर नहीं निकलना, अनजानों से बात नहीं करनी, घर में अजीब-सा सन्नाटा रहता था। सारे बड़े तो तनाव में रहते, बाबा घर देर से आते तो नानाजी चक्कर काटने लगते। रात में एक लंबा-चौड़ा भिखारी हमारी गली से गुजरता था, जिसकी आवाज़ इतनी तेज गूँजती थी कि हम डर के मारे नानाजी के पास दुबक जाते थे। नानाजी ने ही हमें बताया कि ये भिखारी नहीं पुलिस का मुखबिर है जो क्रांतिकारियों या इमर्जेंसी का विरोध करने वालों का भेद पता लगाने के लिए सड़कों के चक्कर काटता है। इस दौरान ही बहुत से ऐसे शब्द माँ या नानाजी से सुने जिनके अर्थ बड़े होने पर समझ आए। चूँकि बाबा उन दिनों घर पर कम रहते थे इसलिए नानाजी पर कई और जिम्मेदारियाँ बढ़ गई थीं। नानाजी की हँसी पहली बार

ही गायब हुई थी और घर में भी इतनी शांति रहती थी कि कान दुखने लगते थे। बाबा के जो दोस्त आते, सब बहुत धीमे-धीमे लगभग फुसफुसाते हुए बात करते। कई बार तो किचन में ही उनकी बैठकी लगती। माँ चूँकि बाबा और कम्युनिस्ट पार्टी के दोस्तों में मसरूफ रहती, इसलिए इस समय नानाजी पर ही हमारी जिम्मेदारी थी। उन्होंने बड़े ही सरल शब्दों में हमें समझाया कि इस समय भारत यानी जिस देश में रहते हैं वहाँ के हाल अच्छे नहीं हैं। सरकार गलत कर रही है और हमें सब्र से काम करना चाहिए। यही वह वक़्त था जब नानाजी ने हमें बहलाने के लिए एलिस इन वंडरलैंड का जो अनुवाद उन्होंने किया था- 'आश्चर्यलोक में एलिस' सुनाना शुरू किया। जितना दिलचस्प अनुवाद नानाजी ने किया था उससे भी हजार गुना ज्यादा दिलचस्पी से वह इसकी कथा को सुनाते थे। बच्चों की कल्पना की उड़ान की मुक्त धारा कोई नानाजी से सीखता, काश।

हमारी ज़िंदगी में तब एक बड़ा बदलाव आया जब नानाजी उज्जैन गए। उससे पहले बहुत चहल-पहल घर में होने लगी थी। नागार्जुन नानाजी आकर नानाजी को जोर-जोर से कुछ समझाते। मलयज मामा भी, बाबा और माँ। हाँ, माँ बहुत दुखी थीं। उसी ने हमें बताया कि नानाजी हमसे दूर रहने जा रहे हैं। हालाँकि तुरंत ही बोला, कुछ दिन के लिए- माँ ने सोचा होगा इससे बच्चे सँभल जाएँगे। पर ये कुछ दिन नहीं सभी दिन की बात हो गई। नानाजी फिर साथ न रह पाए। हम हर गर्मी की छुट्टी में नानाजी के पास उज्जैन जाते और वे हमारे ज़िंदगी के सबसे मस्त दिन होते। खेलने-कूदने, खाने-पीने, घूमने की पूरी आजादी। यहाँ नानाजी की आवभगत और बढ़ गई। इसका बहुत से लोग नाजायज फायदा उठाते, नानाजी को पता भी चलता पर वह नजरंदाज कर देते। यहीं मिला रंजीत। नानाजी के लिए खाना बनाने से लेकर बाकी ज़रूरी काम करने की जिम्मेदारी रंजीत नाम के एक दुबले-पतले शर्मीले से लड़के पर थी। चटक गोरा था रंजीत, पर रंग ऐसा था मानो उस पर किसी ने उसे हल्दी का लेप लगा नहला दिया हो। वह बड़ी ईमानदारी से काम करता था और जो लोग नानाजी से फायदा उठाते थे उनसे वह बेइंतहा चिढ़ता था। उनके बारे में कुछ-कुछ बोलता रहता, हम बच्चों से अपने दिल का हाल कहता। मेरे साथ उसकी बहुत पटती, साइकिल सिखाने से लेकर स्वीमिंग के लिए वही मुझे ले जाता। नानाजी का दुलारा था, इसका एक प्रमाण था कि उसे रोज दूध, अरे नहीं, दूध हल्दी पीने को मिलता। नानाजी उसे कसरत सिखाते, उसे दौड़ने के लिए भेजते। नानाजी को उससे खूब स्नेह था और वह भी बहुत जुड़ा हुआ था। नानाजी के कहने से उसने दोबारा अपनी पढ़ाई शुरू की, रात में उसकी छुट्टी जल्दी हो जाती कि वह पढ़े। रंजीत के रंग-रूप, कद-काठी में लगातार सुधार होता रहा और वह साल-दर-साल पढ़ता रहा। जब मैं उससे पूछती कि वह पढ़कर क्या करेगा तो वह शरमा कर लाल होते हुए कहता, सरकारी नौकरी करूँगा

और बाबूजी (नानाजी) को अपनी गाड़ी पर बैठाकर ले जाऊँगा। कहाँ, पूछते ही वह कहता धत्त मज़ाक उड़ाते हैं सब, जब घुमाऊँगा तो देख लेना। यूँ कई साल निकल गए। जिस साल नानाजी उज्जैन आए उसी साल बाबा को लखनऊ में नौकरी मिल गई थी। नानाजी भी हमसे मिलने उज्जैन से लखनऊ आते। रंजीत भी उनके साथ आया था। उसे बहुत-सी चीजें खटकती थीं, उज्जैन में कई लोगों ने नानाजी के आगे-पीछे जो घेरा बना लिया था, वह उसे पसंद न आता था। ये सब कहता वह मुझसे था, कहता, बाबूजी को आप लोग यहीं बुला लो। वहाँ ठीक नहीं है, सब लोग अपना मतलब साध रहे हैं। बड़ा नुकसान हो जाएगा। हम दोनों सिर जोड़कर सोचते कि क्या किया जा सकता है, छोटे थे, हमारी बात कोई गंभीरता से लेता भी न। एक-दो बार माँ से जिक्र किया तो झिड़की मिली, बड़ों के कामों में सिर नहीं घुसाते छोटे बच्चे। जो लोग हैं वे तुम्हारे नानाजी से प्यार करते हैं। ...और बात आई-गई हो गई। फिर पता चला कि नानाजी के उज्जैन छोड़ने से पहले रंजीत की नौकरी लग गई। उसने चिट्ठी लिखी थी, दुख के साथ। वाकई वह सरकारी नौकरी पा गया था। जब नानाजी गुजरात चले गए, तो वह अकेला लखनऊ भी आया था। उसे पहचानना मुश्किल था। लंबा-चौड़ा स्मार्ट-सा लड़का, मुस्कान वही। बताया उसने कि नानाजी से मिलने सुरेंद्र नगर भी गया था, जहाँ बहुत कम देर की मुलाकात हो पाई उसकी। नानाजी के पसंदीदा रसगुल्ले और दो-तीन तरह की मिठाई ले गया था, जिसे नानाजी ने जिद करके खाई और उसे जी भरकर आशीर्वाद दिया। रंजीत ने फिर कहा, बाबूजी को जल्द ले आओ, ठीक नहीं है उनका वहाँ रहना। बाबूजी ने मेरी ज़िंदगी बनाई है, मैं जीवन भर उनकी सेवा कर सकता हूँ पर वहाँ नहीं...। खैर, फिर कभी रंजीत से मुलाकात नहीं हुई। एक-दो खत आए, हरेक में नानाजी का हाल पूछा था उसने। यह भी अजीब डोर थी नानाजी से जुड़ी। कसक होती है इतने बरसों बाद भी। सोचो तो लगता कि एक सहज दिल ने शायद सहज दिल की पुकार सुनी होगी, उसका हाल जाना होगा, बताना चाहा होगा... जो अफसोस पता चल के भी रोका न जा सका। सहज विश्वास अगर एक मामले में भला था तो दूसरे मामले में कितना दुखदायी। बहरहाल ये प्रसंग इतना ही...।

नानाजी को मीठा बेहद पसंद था। मिठाइयाँ हों और खूब हों, आम हों और खूब हों, गन्ने हों और खूब हों... ये सब ऐसी चीजें थीं जिन्हें देखकर नानाजी की बाँछें खिल जाती थीं। नानाजी रूस गए। वह यात्रा आज भी याद आते ही मुँह में पानी आ जाता है। क्या टॉफियाँ-क्या चाकलेट थे, माशाअल्लाह। लिखते हुए ही उनका स्वाद मुँह में आने लगा। उन टॉफियों-चाकलेटों के लिए हम कुछ भी कर गुजरने को तैयार रहते थे। नानाजी लाए भी खूब सारी थे, खाते जाओ, खाते जाओ। माँ कितना भी बोले इस मामले में नानाजी हमारे साथ होते, कहते बच्चे अभी न खाएँगे तो कब खाएँगे, मेरी उम्र में... पर ये न समझना कि मैं रेस से बाहर हूँ, मैं भी खाऊँगा। रूस से नानाजी

गुड्डा-गुड़िया भी लाए थे जो अभी तक मेरे पास हैं और लखनऊ में कमरे में सजी हुई हैं। नानाजी से ही तब बचपन में रूस के बारे में, रूसी क्रांति और वहाँ के समाज के बारे में सुना था। नानाजी रौ में बोलते रहते थे, आधी बातें हमारे पल्ले पड़तीं, आधी नहीं। ऐसे ही उन्हें प्रिय था शेक्सपीयर को पढ़ाना। ये उन दिनों की बात है जब हम लखनऊ में भीखमपुर कॉलोनी में रहते थे और नानाजी गुजरात से वहाँ आए थे। मेरे कोर्स में शेक्सपीयर की 'मर्चेंट ऑफ़ वेनिस' लगी थी। नानाजी को जैसे ही मैंने बताया, उन्होंने तुरंत लाने को कहा। फिर क्या था, नानाजी और शेक्सपीयर। करीब चार घंटे तक नानाजी शेक्सपीयर को पढ़ने-उच्चारण करने और समझने का सलीका सिखाते रहे। करीब-करीब खुद ही पढ़ते रहे और आधे से अधिक खत्म कर दिया। इसके साथ ही साथ उन्होंने यह भी विस्तार में बताया कि शेक्सपीयर ने किन परिस्थितियों में लिखना शुरू किया था और वह क्या तत्त्व है उनके साहित्य में जो उसे कालजयी बनाते हैं। सिर्फ़ अंग्रेज़ी नहीं अन्य भाषाओं से भी नानाजी को बराबर का लगाव था। कई भाषाएँ उन्होंने सीखीं, कुछ को सीखने की शुरुआत की, जो बीच में छूट गईं। एक खासियत थी कि जो भी भाषा वह सीखते, अकेले न सीखते। माँ को और हम बच्चों को भी अपने साथ जोड़ लेते। रूसी, पंजाबी, बांग्ला सीखने का दौर तो मेरी स्मृतियों में आज भी ज़िंदा है। नानाजी की हजारों छवियों में एक और दिलचस्प वाकिया है, जो उनके व्यक्तित्व के अनूठेपन को माहौल में घोल जाता है। हुआ यूँ कि नानाजी को बीच में दाढ़ी रखने का शौक हुआ। खूब लंबी दाढ़ी हो गई, कार्ल मार्क्स स्टाइल। उस पर लगातार हाथ फेरना नानाजी को बेहद पसंद था। बतियाते समय एक हाथ वह दाढ़ी पर ही रखते। कोई पूछता तो उल्लास से भरे वह बताते, अब यह बनी रहेगी, बड़ा मजा आ रहा है। बीच में अगर बाबा टोकते कि, कार्ल मार्क्स से होड़ ले रहे हैं क्या? नानाजी थोड़ा डपटते स्वर में कहते, '...आपको क्यों दिक्कत हो रही है, मेरी दाढ़ी आपकी दाढ़ी को पछाड़ रही है क्या?' फिर दोनों खूब हँसते। बाबा और नानाजी में यूँ तो नोंक-झोंक चलती रहती, लेकिन दोनों एक-दूसरे का बहुत सम्मान करते थे। फिर हुआ यूँ कि नानाजी भैया दूज पर अपनी बहन मुन्नी, जिन्हें हम मुन्नी नानी कहते थे, उनके पास मेरठ गए। साथ में मैं और माँ भी गए। वहाँ दूज का टीका करते हुए मुन्नी नानी ने नानाजी से कहा, 'एक चीज माँगू अगर तुम इनकार न करो।' नानाजी की लाडली बहन थी, उन्हें नानाजी बहुत मानते थे। नानाजी थोड़ा सकपका कर बोले, 'हाँ क्यों नहीं, माँगो' मुन्नी नानीजी ने जब यह पक्का कर लिया कि नानाजी उनकी बात मान ही लेंगे तो उन्होंने कहा, 'भैया, तुम्हें तो दाढ़ी बहुत पसंद है न! मुझे ये दाढ़ी दे दो।' अब नानाजी की सिट्टी-पिट्टी गुम। अब कुछ हो न सकता था, बात हाथ से बाहर निकल गई थी। नानाजी की बहन ने उनकी दाढ़ी फटा-फट नाई बुलवाकर छिलवा दी। हम सब भौंच्चके खड़े सब कुछ देखते रहे। नानाजी ने अपना

वायदा निभाया और दोबारा कभी न दाढ़ी बढ़ाई। उनकी बहन भी बेहद खुश थीं, उन्हें नानाजी की दाढ़ी जरा न भाती थी। हम जब दिल्ली लौटे तो इस घटना का जिक्र नानाजी दुख और बहन के लिए अपार प्यार के साथ करते थे। फिर उन्हें दाढ़ी शेव करनी पड़ती थी, जो काम उन्हें जरा भी पसंद न था। वैसे दाढ़ी बनाते समय नानाजी अक्सर अपनी ही कोई ग़ज़ल गुनगुनाते रहते। पूछने पर कहते इससे इतना नीरस काम जरा सरस हो जाता है। उन्हें शीशे के सामने खड़ा होकर खुद से बतियाने के अंदाज में यह सुनना–

जहाँ में अब तो जितने रोज अपना जीना होना है,
तुम्हारी चोटें होनी हैं, हमारा सीना होना है

या फिर, ऐसे ही किसी अकेले पल में उनके मुँह से न जाने कितनी बार ये लाइनें सुनी होंगी –

आज फिर काम से लौटा हूँ बड़ी रात गए
ताक़ पर ही मेरे हिस्से की धरी है शायद

हमारे जीवन का अभिन्न हिस्सा रहे नानाजी जब सदा के लिए दूर चले गए। फिर अचानक ही अपने–पराए रिश्तों के वार पड़ने लगे। यूँ भला ही था कि हम छोटे ही थे तब भी जब ये वार हो रहे थे और कमअक्ली और कच्ची उम्र ने हमें बचा लिया, आरोपों के तीर से हम बचे रहे... बेरहम सवाल हमें घायल न कर पाए...।

इतने अलग–अलग रूप–रंग में नानाजी मेरी यादों में बसे हुए हैं कि उन्हें काग़ज़ पर उतारना बड़ा दुरूह है। लंबे समय से मन था इन सुनहरी यादों को पन्नों पर उतारने का और फिर–फिर उनकी खुशबू में नहाने का। यूँ भी लगता रहा कि क्या इसकी कोई ज़रूरत है क्योंकि आज जिस रूप में उन्हें याद किया जा रहा है, उसमें इस बात से क्या कोई फ़र्क़ पड़ता है कि एक बच्ची की नजर में शमशेर किस सूरत–किस रंग–रूप में चमके और उनकी घनी नीमछाया स्मृतियों का उसके लिए क्या महत्त्व है? इन पंक्तियों को लिखते समय में भी नेपथ्य में कहीं ये बातें जेहन में कौंध रही हैं... गोकि बस...तभी नानाजी की आवाज़ हौले से कान में बज गई...

...वाह जी वाह!
हमको बुद्धू ही निरा समझा है!
हम समझते ही नहीं जैसे कि
आपको बीमारी है...।

बस फिर क्या चाँद चमकने लगा। मुँह को गोल–गोल कर इस कविता को दुलार से सुनाते नानाजी नज़र आने लगे। ये कविता और मैं। मेरी उम्र की हर बच्ची, जो सोचती उन्होंने ये कविता बस उसके लिए लिखी है। बार–बार ज़िद करके ये कविता सुनना और सुनते ही चले जाना। यूँ ही चल निकली चाँद से थोड़ी–सी गप्पें करती हमारी सवारी...खूब हैं गोकि!

हवा में कोई सिसकता है

दूधनाथ सिंह

१

एक अजब-सी चीख़ती हुई लय शमशेर में है। एक बड़ी 'पॉज़िटिव' लय। जब शमशेर कहते हैं :

तुमको माना है अविराम
सब मिथ्याओं में
ओ मेरी सत्य।

यह एक अचल-अनन्त आस्था का क्षण है। यह जानकारी अपने पूर्णतम रूप में यहाँ है कि वास्तव में बाकी सब कुछ मिथ्या है। लेकिन सब कुछ का मिथ्या होना निरर्थक नहीं है। अगर मिथ्याएँ न होतीं तो 'अविराम पाने' का दृढ़ संकल्प भी कहाँ होता? ये रतनसेन के अनेक गढ़ हैं, समुद्रों की अनेक शृंखलाएँ हैं और यह एक बावले जोगी का संकल्प है। तो मिथ्याएँ तो होंगी ही और उनमें डूबकर ही तो जाना होगा। फिर यह पाया हुआ 'सत्य' भी, यह 'ऐक्य सुख' भी एक 'प्रेम-छल' है शमशेर के लिए। शमशेर इसे जानते हैं लेकिन इस 'प्रेम-छल' के सुख को जान-बूझकर खेलने को तत्पर भी हैं। यानी यह 'ऐक्य सुख' भी, यह 'सत्य' भी सभी मिथ्याओं के भीतर निहित एक 'मिथ्या' ही है। इसी को कहते हैं कि 'कवि पहुँचा हुआ है।' वह जानता है कि इस 'प्रेम-छल' से – लगातार रचते रहने की इस आदत से भी एक दिन तो छूटना ही है। लेकिन उस नश्वरता से खेलने का ही तो आनन्द है। उस 'प्रेम-छल' से घिरे रहने में ही तो सुख है। शमशेर इसको जानते हैं। बल्कि जानते-बूझते हुए भी उस 'प्रेम-छल' से, उस कलावन्तता से बार-बार खेलते रहने के लिए आर्त्तनाद हैं :

मुझसे दूर अलग न जाओ
मुझको छोड़ न दो
कहीं मुझको छोड़ न दो...
जाओ
किन्तु मुझमें बसकर

सुगन्ध की तरह
मेरे साथ
मैं हवा की तरह अदृश्य ही जब हो जाऊँ
जहाँ कहीं जाओ।

इसी खेल में से वह चरम, विश्रान्त, एकांत विश्वास प्रकट होता है। तभी शमशेर काल से दो-दो हाथ करने के लिए तत्पर दिखाई देते हैं। अगर काल अपराजित है तो कवि भी उसमें अपराजित रूप में ही वास करेगा। कविता के चरम अमरत्व का क्षण यही और यहीं है। इसी होड़ाहोड़ी में कला का शाश्वत और सार्थक तर्क निहित है। यही समय से कला-रचना का द्वन्द्वात्मक संबंध है। शमशेर कहते हैं कि इसलिए मैं तुझे चीरता हुआ आर-पार नहीं निकल जाऊँगा। मैं धँसा हुआ, लेकिन गतिमान, लेकिन जैसे रुका हुआ-सा दिखता रहूँगा। मैं तुझे चीरता हुआ, जाता हुआ, स्थिर भी रहूँगा। गति और विराम के इस स्थायी द्वन्द्व-भाव में ही कलाएँ सार्थक होती हैं। ग़ालिब तभी तो कहते हैं :

दिल से निकला पे 'न निकला दिल से
है तेरे तीर का पैकान अजीज़।

यह वही दुखता हुआ क्षण है। एक अनन्त गति वाला विराम, जिसे कालिदास पार्वती के उठे हुए पाँव से ध्वनित करते हैं :

शैलधिराज तनया न ययौ न तस्थौ।

और शमशेर -

काल,
तुझसे होड़ है मेरी : अपराजित तू
तुझमें अपराजित मैं वास करूँ
इसीलिए तेरे हृदय में समा रहा हूँ
सीधा तीर-सा, जो रुका हुआ लगता हो -

इसीलिए शमशेर कहते हैं कि सौन्दर्य वह नहीं है जो स्थिर है, जड़ है, बल्कि वह, जो कि स्थिर काल को वेधता हुआ रुका रहता है। क्योंकि भाव वही है जो भावों के भीतर से होता हुआ उससे पार चला जाय। सुख वही जो आनन्द से परे हो। सत्य वही जो सत्य-असत्य से ऊपर उठा हुआ हो और कवि वही जो काल पर सवारी कसने को तत्पर-तैयार। यह द्वन्द्व-भाव ही तो वह सौन्दर्य है जो स्थिर काल में नहीं है और जिसके लिए शमशेर और शमशेर जैसे कवि मारे-मारे फिरते हैं। यही जोगी का उच्छिन्न-जोगेश्वर-भाव है।

पंत इस सत्य को समझने में क्यों असमर्थ रहे? क्यों वे नदी-तट पर खड़े हैं और नदियाँ उन्हें छोड़कर भागी चली जाती हैं। एक ही युग में रहते हुए निराला की

तरह वे क्यों नहीं कह पाये :

आगे-पीछे, दायें-बायें
जो आये थे, वे हट जायें
करूँ लोक-आलोक सन्तरण।

'लोक और आलोक' का सन्तरण ही शमशेर को यह कहने की शक्ति प्रदान करता है :

भाव-भावोपरि
सुख-आनन्दोपरि
सत्य-सत्यासत्योपरि
मैं-तेरे भी ओ 'काल' ऊपर
सौन्दर्य यही तो है, जो तू नहीं है, ओ काल!

इसीलिए पंत का आर्त्तनाद केवल चीत्कार है। अवश चीत्कार। मिथ्याओं से घिरे हुए पंत उस 'प्रेम-छल' के खेल को पकड़ नहीं पाते जो कला का निर्भ्रान्त सच है। यही उनके अन्तिम विनाश की त्रासदी है।

२

मैं बार्जे पर खड़ा उन्हें (शमशेर को) आते हुए देख रहा हूँ। काग़ज़ से लदा हुआ एक ठेला उनकी बगल से गुज़रता है। वे एक ओर हटकर खड़े हो जाते हैं और मगन होकर एक साथ जुते हुए बैल और आदमी को देखने लगते हैं। उनकी पीठ-पीछे बहादुरगंज पार्क है। अत: वे निश्चिन्त हैं कि उधर से कोई ठेला-रिक्शा नहीं आयेगा। वे कुछ क्षणों के लिए लगभग खो गये हैं। मुझे लगता है सड़क के किनारे एक ठिगने स्तम्भ की तरह वे स्थिर हो गये हैं। अचानक उनकी तन्द्रा भंग होती है और वे अफनाये हुए चल पड़ते हैं। वे चौड़ी मोहरी का मैला-सा पायजामा और छोटा-सा तंग, मटमैला कुर्ता पहने हैं। वे हड़बड़ाये हुए सड़क पार करते हैं और इस ओर आकर अपने मोटे शीशे वाले चश्मे के भीतर से ऊपर देखते हैं। उनके चेहरे पर एक खुली मुस्कुराहट खेल जाती है। उनके साँवले नक्श इतने तीखे हैं और होंठों की बनावट कुछ ऐसी है कि जब वह हँसते हैं तो लगता है, वे खीझे हुए हैं। उनकी हँसी एक चिढ़ी हुई हँसी लगती है, हालाँकि, शायद, ऐसा है नहीं। यह, शायद, उनकी मुख-मुद्रा की बनावट के कारण होगा। या, शायद, जीवन के उतार-चढ़ावों ने उन्हें कुछ ऐसा बना दिया है कि वे हँसना नहीं चाहते। लेकिन हँसना तो पड़ता है - अपनी अस्वाभाविकता को छिपाने के लिए ही सही। इस दुनिया में रहते हैं तो हँसना-मुस्कुराना तो पड़ेगा ही। तो, शायद, इसलिए उन्हें चिढ़ होती है। क्योंकि वे अभिनय नहीं करना चाहते और

अभिनय उन्हें करना पड़ता है। तब उन्हें खीझ होती होगी। और वे खीझते हैं कि वे क्यों हँस रहे हैं। फिर उन्हें अपने बर्ताव पर यकीन नहीं होता। इसलिए वे प्यार करते हुए, मिलते-मिलाते, हँसते-हँसाते अतिनाट्य के शिकार हो जाते हैं।

वे सीढ़ियों से ऊपर आते हैं और मेरा कन्धा यों थपथपाते हैं, जैसे मैं कोई छोटा बच्चा हूँ।

'वह आ रही है।' वे कहते हैं और खुलकर, लेकिन थोड़ा लजाते हुए-से हँसते हैं।

मैं गाड़ी से उतरकर सीधे यहाँ आया। दरवाज़ा खुला हुआ था। अटैची लेकर जब मैं ऊपर आया तो छोटा-सा शीशा अपने आगे रखे हुए वे निश्चल बैठे थे। अपने को तन्मय, अकेले निहारते हुए। शीशे के भीतर से ही हमारी आँखें मिलीं। वे तुरन्त सचेत हो गये। उठे और मुझे आलिंगन में भर लिया। फिर अलग किया और वात्सल्य से निहारते रहे। फिर हँसे-एक उन्मुक्त हँसी। वे मुझे प्रेम करते हुए जानकर आह्लादित और चंचल हो जाते हैं। वे जानते हैं, मैं क्यों हर महीने, नौकरी की ऐसी-तैसी करते हुए भाग आता हूँ। मुझे डर लगता है कि मैं नहीं गया तो इस लड़की को खो दूँगा। फिर मेरा अन्धकार-युग शुरू हो जायेगा। वे समझते हैं और प्यार से खिजलाई हुई हँसी हँसते हैं।

'अभी आता हूँ' - कहते हुए वे नीचे उतर जाते हैं।

मैं उन्हें मोहतसिमगंज की उस गली में घुसते हुए देख रहा हूँ। मेरे मन की आँखें उनका पीछा कर रही हैं। इस एक फ़र्लांग के रस्ते में वे कितने उदास और खोये हुए हैं। वे घर के दरवाज़े पर थोड़ा ठहरते हैं, संयत होते हैं, अपने खोयेहुएपन से वापस लौटते हैं, एक उल्लसित मुद्रा ओढ़ते हैं। फाटक खुला हुआ है। वे लड़की के पिता के कमरे में जाते हैं। औपचारिकता में ठठाकर हँसते हैं। अम्मा घूँघट थोड़ा खींच लेती हैं। वे एक सुघड़ मूर्ति की तरह पलंग पर बैठी हैं। उठने लगती हैं तो शमशेर को अवसर मिलता है :

'बैठिये, बैठिये...अभी आता हूँ।' वे बिना इंतज़ार किये कमरे से बाहर निकल जाते हैं।

'मलयज कहाँ हैं?' वे सिर्फ़ अपना आना ज़ाहिर करने के लिए आवाज़ लगाते हैं।

मलयज बगल के कमरे में हैं। वे वहाँ जाते हैं। दोनों की आँखें मिलती हैं। शमशेर सदाबहार ढंग से हँसते हैं। मलयज भीतर ही भीतर प्रसन्न, कि आज सुबह ही सुबह कविता-कला पर कुछ गम्भीर और नाराज़ बहसें शुरू होंगी। मलयज ही शुरू करेंगे। शमशेर उसमें कुछ अति गहन आप्त-वाक्य जोड़ेंगे, जिनकी व्याख्या हज़ारों सालों तक की जाती रहेगी। मलयज उनसे असहमत होंगे और शमशेर कहेंगे-

'बहरहाल... ख़ैर।' – लेकिन शमशेर वहाँ रुकते नहीं। मलयज उन्हें बैठने को कहें इसके पहले हीं वे बोल पड़ते हैं –

'बैठिये, बैठिये ...आता हूँ।' वे कमरे से बाहर निकलते हैं और छत की सीढ़ियाँ चढ़ने लगते हैं। छत पर ही रसोई है। वह वहीं होगी। और उसकी बड़ी बहन भी और दोनों छोटी बहनें भी। ऊपरी सीढ़ियों के पास ही छोटी, चिलबिल्ली बहन खड़ी है।

'ताऊ जी आ गये। ताऊ जी आ गये।' वह ज़ोर से घोषित करती है।

तब तक वे ऊपर आ जाते हैं।

उनके आते ही घर उल्लास से महक उठता है। चारों ओर जैसे चहल-पहल छा जाती है। एक फड़फड़ाहट पर मारने लगती है। हवा का कोई पवित्र, निर्मल झोंका जैसे लुकता-छिपता, गली की गन्दगी से बचता घर में घुस आया है। चारों ओर एक ताज़ी कच्ची महक की तरह वे फैले हैं। गो कि दाढ़ी बढ़ी हुई है। जैसे महीनों से किसी कविता, किसी अकेली पंक्ति या अकेले शब्द ने उन्हें परेशान किया है –

कठिन प्रस्तर में अगिन सूराख़
मौन मर्तों में हिला मैं कीट
(ढीठ कितनी रीढ़ है तन की
तनी है)
आत्मा है भाव
भाव-दीठ
झुक रही है
अगम अन्तर में।

जैसे रात-भर वे पहाड़ उठाते-धरते रहे हों। कपड़े मैले और बेमानी हैं। छोटे-छोटे हाथ उदासी के इज़हार में थमे हैं। होंठों पर मुक्त, लेकिन भीतर से खिझी हुई हँसी है। वे लड़की को अलग ले जाते हैं और उसके कानों में कुछ कहते हैं। फिर वे हँसते हैं – यह दिखाने के लिए कि कोई ख़ास बात नहीं है, वे एक खेल, खेल रहे हैं। लड़की कुछ तन जाती है। उसके पूरे बदन में प्यार अपना वितान तानता हुआ, उसकी नसों में ज्वार की तरह उठता है। वह तैयार होने के लिए भागती है। बड़ी बहन समझ जाती है। वह उसे तैयार होते हुए देखती है। आँखों से कहती है– 'तुम्हारे प्रेमी को मेरा बौद्धिक तेज पसन्द नहीं है। वह तुम्हीं को चाहेगा क्योंकि तुम अन्धी हो।' लड़की तैयार होती जाती है और बीच-बीच में कनखियों से बड़ी बहन को देखती जाती है। एक आतंक उस पर तारी होता जाता है। एक मौन सम्भाषण चल रहा है :

'देखूँगी, कौन विजयी होता है।' बड़ी बहन की आँखें बोलती हैं।

'छोड़ो न दीदी।' छोटी बहन।

'मैं कुछ ऐसा पा के रहूँगी जिसका सपना भी तुम नहीं देख सकती।' बड़ी बहन।

'जाओ न दीदी! जहाँ चाहो। मैं ख़ुश होऊँगी - सच।' छोटी बहन दुपट्टे का रख-रखाव देखती है।

'उस लड़के में क्या है, कुछ भी तो नहीं।' बड़ी बहन होंठों में हँसती है।

लेकिन शमशेर वहाँ नहीं हैं। वे नीचे उतरते हैं और कमरों में न जाकर पीछे वाले दरवाज़े से बाहर गली में निकल जाते हैं।

और मैं बार्जे पर खड़ा उन्हें आते हुए देख रहा हूँ।

वे ऊपर आते हैं। मेरा कन्धा थपथपाते हैं, जैसे मैं कोई छोटा बच्चा हूँ।

'वह आ रही है।' वे कहते हैं।

३

उनके यहाँ सभी के लिए जगह होती थी। कवि-कथाकार, उत्पाती-अराजक, सामान्यजन, बूढ़े और बच्चे, स्त्रियाँ, बहुएँ, लड़कियाँ, प्रेमी और पागल-सभी को वे समान रूप से प्यार करते थे। और किसी को भी इतना ज़्यादा करते थे कि दूसरे को सन्देह होने लगता था कि वे किसे ज़्यादा प्यार करते हैं। वात्सल्य और स्नेह और उदासी में ऐंठा हुआ आनन्द उनकी आँखों से छलक-छलक पड़ता था। वे बेताब हो जाते थे और अति कर बैठते थे। कोई आ-भर जाय, फिर देखिये। वे सोचने लगते थे कि उसे क्या-कुछ खिला-पिला दें। जबकि अभाव वहाँ ठन्-ठन् बजता रहता था। 'अभी आया' - कहते हुए वे तुरन्त नीचे उतर जाते। और फिर न जाने कहाँ से खाने-पीने का ढेर सारा सामान लादे वे सीढ़ियाँ चढ़ते होते। फिर वे स्टोव में हवा भरने लगते। लोगबाग हाथ बँटाने को कहते तो वे सख़्ती से मना कर देते। वे एक विनम्र और बेमानी श्रम में जुट जाते और लोग उन्हें देखते रहते। वे, वे दिन थे जब वे हर ओर से छुट्टी पा चुके थे। उनके पास कोई साधन नहीं था। ज़मीन पर बिस्तर, कुछ थोड़ी-सी इक्की-दुक्की किताबें, एक काला-कलूटा स्टोव, झँवराये बर्तन, और शायद कहीं कोने-अँतरे में थोड़ा-सा चावल-दाल और आलू-प्याज़। लेकिन कहाँ-इसका पता नहीं। कुछ काग़ज़ और डायरियाँ और कोने में एक सुराही। कभी आड़ी-तिरछी आती हुई धूप और ठण्ड या गर्मी और सड़क के अँधेरे-उजाले की आती-जाती छायाएँ। और सभी कुछ को ढँके हुए कवि का एक निरपराध और सख़्त मौन...

मौन आहों में बुझी तलवार...
आत्मा है अखिल के हठ-सी

अपनी अंतरात्मा में वे किसी को झाँकने नहीं देते थे। यहाँ सख़्त मनाही थी।

कोई आहट भी लेना चाहे तो एक तीर्यक विद्रूप उनके होंठों पर नाचने लगता था। तब उनसे डर लगता था। लेकिन वे तुरन्त सुलह कर लेते थे। ख़तरा टलते ही वे सहज हो जाते थे। अपने निज के बारे में वे कभी नहीं बोलते थे। यह उनकी नफ़ासत का नतीजा था। और फिर यह भी कि वे उसे बचाकर रखते थे। क्योंकि उनकी कविताएँ क्या हैं - सिवा निजत्व के अनबोले आख्यान के। इसीलिए वे बाहर-भीतर की घनी एकता में बँधे हुए, एक अजब-से खोये हुए मनुष्य थे। वे हर समय कवि थे और हर समय मनुष्य और हर समय प्रेमी। एक आदिम बेचैनी से लैस, लेकिन परम शान्त। कोलाहल एक ज्वार की तरह उनके भीतर उठता-गिरता रहता था और आते-जाते मौसम उन्हें धुनकी से लगातार धुन्न-धुन्न धुनते रहते थे। वे एक ऐसे कवि हैं जो कविता को अपनी शर्तों पर जीते थे और उसके पूरे शरीर में विचारों को 'सेल्स' की तरह बिछा देते थे। इसलिए विचार उनकी कविता की ज़रूरत नहीं है, वह कविता में रचा हुआ कविता का स्वभाव है। किसी दूसरे कवि का वे अपनी तरह होना बिल्कुल पसन्द नहीं करते थे। उन्हें लगता था कि यह उनका अपमान है। और आश्चर्य नहीं कि उनका कोई अनुगामी नहीं है। वे अपने में सम्पूर्ण, स्वतंत्र, एकात्म और अन्तिम हैं। वे एक ऐसी परम्परा हैं जिन्हें वेधना और तोड़ना और तोड़कर प्रयोगक्षम्य बनाना असम्भव है। उनकी कविता का हर शब्द अपने बिम्बात्मक प्रयोग के अन्तिम छोर पर है। वे उसका सर्वस्व निचोड़ लेते हैं और किसी और कवि के लिए उसमें कुछ नहीं छोड़ते। अपने समय के कवियों में वही अकेले हैं जिनमें छायावाद का 'अन्तस' कुछ हद तक सुरक्षित है। जहाँ औरों ने तोड़फोड़ की, उसके विरोध में अपना काव्य-संसार खड़ा किया, वहाँ शमशेर ने उसे पचा लिया और उसके रूमानी तेवर को एक घनी अन्तर्वेदना से कस दिया। शब्द और बिम्ब उनके भीतर आते ही दूसरों के लिए असम्भव और अन्तिम हो जाते हैं:

यह विवशता
कभी बनती चाँद
कभी काला ताड़
कभी ख़ूनी सड़क
कभी बनती भीत-बाँध
कभी बिजली की कड़क, जो
क्षण-प्रतिक्षण चूमती-सी पहाड़
यह विवशता
बना देती सरल जीवन को
ख़ून की आँधी।

यह विवशता
मौन में भी है
अथाह।

भावनाओं के सलीब
स्वयं काँधा बन उठे-से हैं
कठिनतम।
हड्डियों के जोड़
खुल रहे हैं।
टूटते हैं बिजलियों के स्वप्न के आँसू
आँख-सी सूनी पड़ी है भूमि।

क्रांत अंतर में अपार
मौन।

बहुत से 'भद्र अराजक' (लेनिन) समझेंगे कि इस कविता में विचारधारा नहीं है। यह सम्पूर्ण स्वायत्त है। ऐसे ही 'भद्र अराजकों' को नष्ट करने की बात लेनिन ने कही थी। हिंदी आलोचना में पाँचवें और छठे दशक से ही इन लोगों ने एक शीतयुद्ध चालू किया। और आश्चर्य यह कि वे उन सभी कवि-कथाकारों को विकृत करते और तोड़ते-मरोड़ते रहे जिनके बिना वे निहत्थे थे। जो प्रकृति से प्रगतिशील और मनुष्यता के पक्षधर थे उनको भी उन्होंने स्वायत्त, स्वशासी, रहस्य में थमा हुआ, निजी अस्मिता को ही कला का मर्म मानने वाला घोषित किया। प्रसाद और निराला और फिर मुक्तिबोध और फिर शमशेर। उन्होंने सबको शीर्षासन में खड़ा कर दिया और कहा कि देखो, अब ये सीधे हैं। इन्हीं लोगों ने शमशेर को भी 'कवियों का कवि' घोषित करके उनका एकांतीकरण ही नहीं, उनका निजीकरण करने की भी कोशिश की। या तो वे आलोचना को सरलीकृत करते रहे, या जहाँ बस नहीं चला, जहाँ गति नहीं थी वहाँ 'कवियों का कवि' कहकर काम चला लिया। इसी के चलते, शायद, शमशेर ने कहा होगा :

जो नहीं है
जैसे कि 'सुरुचि'
उसका ग़म क्या
वह नहीं है!

थोड़ा-सा इस कविता ('यह विवशता') में देखें कि विचारधारा और राजनीति (जिससे कविता को इनकार नहीं है।) और कविता किस तरह एक-दूसरे में रचे-बसे हैं। पूरी कविता में कहीं नहीं कहा गया है कि 'मेरी' विवशता, 'मेरी' हड्डियों के जोड़ या

'मेरा' क्रान्त अन्तर'। यानी 'मैं' पूरी कविता में कहीं नहीं है। 'यह' है। अब 'यह' का संकेत किसकी तरफ़ है? क्या अपनी तरफ़? या अपने से बाहर कहीं अपने चारों ओर, अपने आसपास-किसी ख़बर, समाचार या सूचना-घटना की ओर? किसी ऐतिहासिक हादसे या करवट की ओर? किधर? या आदमी और बैल को एक साथ जुते हुए उस दृश्य की ओर? कविता के अद्वितीय बिम्बों के भीतर पैठने से बात कुछ बन सकती है। लेकिन इतना तो निश्चित है कि आत्मगत होते हुए भी कविता आत्मवाची नहीं है। स्वायत्तता में रहस्यमय उस 'महाशून्य' की ओर इंगित नहीं है। तो फिर?

'यह विवशता कभी बनती चाँद' - यानी कोमल, चमकदार, शान्त, आरामदेह, 'डिजेनेरेटिंग', आत्मविस्मृत करने वाली, जो सोचने-विचारने और प्रतिक्रिया करने, सामना करने, संघर्ष करने, तत्पर होने से विरत करती है। 'कफ़न' के घीसू-माधव का उदाहरण काफ़ी होगा। शमशेर देखते हैं- इस विवशता में संगठन और संघर्ष से विरक्ति की गहन त्रासदी। फिर 'कभी काला ताड़' - यह उसी बिम्ब का एक दूसरे कोण से विस्तार है। 'काला-ताड़' - सिलहुल एकांत (एकांतीकरण) 'डिप्रेशन' - जहाँ कुछ कर गुज़रने की इच्छा भी समाप्तप्राय हो गयी हो। लेकिन नहीं, - अभी आगे है - 'कभी ख़ूनी सड़क' - सहते-सहते, आजिज़ आकर एक अचानक, बिन सोचा-समझा विस्फोट। सत्ता की ओर से जिसका दमन। जिसके फलस्वरूप ख़ून-खच्चर और लाशों से पटी सड़क। 'कभी बनती भीत-बाँध' - यानी रुकावट, बाधा, हिचकिचाहट, अनिर्णय का द्वन्द्व, अनिश्चय की घुटन। 'कभी बिजली की कड़क, जो क्षण-प्रतिक्षण चूमती-सी पहाड़' - अपने ही पठारी, पर्वत-सदृश गहन, ऊबड़-खाबड़, शाद्वल, जल-युक्त (बादलों के अर्थ में-बादलों का पहाड़) अस्तित्व को तड़तड़ाकर चीरती-चूमती तकलीफ़, दर्द, यातना।

यहाँ कविता में थोड़ा 'स्पेस' है। अवकाश है। फिर उसके बाद 'यह विवशता, बना देती सरल-जीवन को/ख़ून की आँधी' - सीधे-सादे, भोले-भाले जन-समूहों को एक हिंसक क्रान्ति के लिए, अन्ततः उन्हें विवश कर देती है। कह सकते हैं कि अगर १९०५ का रूसी विद्रोह 'ख़ूनी सड़क' है तो १९१७ की क्रांति जनता के 'सरल जीवन' की ख़ून की आँधी है। यह सिर्फ़ एक नजीर है। इसीलिए कवि कविता के इस पहले भाग के अन्त में कहता है - 'यह विवशता/मौन में भी है/अथाह' - यह मत समझो कि यह चुप्पी निरर्थक है। यह एक दिन रंग लायेगी।

कविता के इस प्रथम भाग में बिम्बों की इन द्वन्द्वात्मक शृंखलाओं से शमशेर विद्रोह और क्रान्ति की सम्भावनाओं की ओर इशारा करते हैं। ऐसा नहीं है कि कविता में कोई रूढ़, वैचारिक गर्जन-तर्जन है। बल्कि दमन की विभिन्न परिणतियों की ओर (बेचारगी और विस्फोट) एक द्वन्द्वात्मक संकेत है। इसीलिए, अपनी वैचारिक परिणति के बावजूद कविता विचार-निर्देशित और स्थूल नहीं है, बल्कि दमन-चक्र के विरुद्ध

दो-टूक फ़ैसला है।

कविता का दूसरा हिस्सा पहले भाग की परिणति या निष्पत्ति है। दूसरे भाग में शहादत का चित्र-बिम्ब है। पहले भाग से अलग, प्रकृति से उठाये बिम्बों को यहाँ ईसा की शहादत के मिथकीय प्रसंग से थोड़ा और कस दिया गया है। कवि ने अर्थ को एक लयात्मक सघनता से आच्छादित कर दिया है। सिर्फ़ एक शब्द – 'सलीब' के आते ही ऊपर की 'विवशता', एक पूर्णाहुति की ओर बढ़ती हुई दिखाई देती है। फिर तो सारा प्रसंग ईसा के सूली पर चढ़ाये जाने का एक बिम्ब बन जाता है। भावनाएँ ही सलीब हैं और वही उस सलीब को ढोकर ले चलने वाले कंधे भी। सलीब ही काँधा भी है। यानी भावनाएँ खुद अपने को उठाकर ले चल रही हैं। शहादत के बाद ही तो एक नये 'धर्म', एक नयी जीवन-पद्धति, एक नयी संस्कृति और मनुष्य की दबी-कुचली अस्मिता का एक नया मुक्त प्रवर्तन होगा। बलिदान तो पहली शर्त्त है – मजबूरियों का अन्त करने की। लेकिन इस नीति-नियम, इस 'मॉरल', इस आदर्श के थोथेपन में कविता का अन्त नहीं होता। उस शहादत का एक पूरा दृश्य-बिम्ब है – एक बिम्बात्मक वृत्तान्त या एक वृत्तान्त-बिम्ब। सलीब ढोते हुए 'हड्डियों के जोड़ खुल रहे हैं' – शायद यह द्वयर्थक है। 'खुल रहे हैं' – यानी विवशता की जकड़बन्दी को तोड़कर ढीले हो रहे हैं, अपने को तैयार कर रहे हैं – संघर्ष के लिए, शहादत के लिये। या एक दुखद अर्थ भी कवि देना चाहता होगा। – 'खुल रहे हैं' – यानी रग-रग छितरा रही है, बिखर रही है। अन्त निकट है। लेकिन शमशेर मुहावरों और शब्दों के गुंजायमान अर्थों के प्रति जितने सजग थे, उससे लगता है कि वे पहला ही अर्थ देना चाहते होंगे। क्योंकि अवसान की स्तब्धता को चित्रित करने के लिए वे आगे दूसरे बिम्बों को बचाये हुए हैं। 'टूटते हैं बिजलियों के स्वप्न के आँसू' – माताएँ हैं, मरियम के साथ। स्त्रियों का पूरा समूह है। सूली पर उन्हें अन्तिम साँसें लेते देखती हुई, सुबकती हुई माताएँ हैं। उन्हें स्वप्न में भी यकीन नहीं आता कि उनका पुत्र शहीद हो गया है। जैसे वे कौंध मारती हुई बिजलियाँ हैं जो सपने में रो रही हैं। अविश्वसनीय है उनके लिए यह सब कुछ। जैसे वे सपना देख रही हों। और पूरी पृथ्वी उनकी (या ईसा मसीह की) आँख की तरह सूनी है। स्तब्ध, शान्त, उनके कराहते हुए 'अन्तर में' 'अपार मौन' भर गया है।

फिर भी यह भाष्य अधूरा है क्योंकि कविता को पढ़ते समय का रोमांच इसमें कहाँ व्यक्त हो सकता है?

४

उन दिनों (१९५९-६१ के आसपास) शमशेर अपने ऊजड़ एकांत में निवास कर रहे

थे। अपने चारों ओर बस, वही थे। उनमें प्रवेश पाना कठिन था। बाकी सब औपचारिकताएँ होती थीं। वे अपने हर काम में ग़ैरहाज़िर रहते थे। चलना-फिरना, उठना-बैठना, खिचड़ी डालना, चाय का पानी रखना, नीचे भागते हुए जाकर सुलाकी की दुकान से मेरे लिए रसगुल्ले और दही का कुल्हड़ लाना, आवभगत, मेहमाननवाज़ी -- सब यंत्रवत्। सब निभाते हुए भी वे कहीं नहीं होते थे। वे ख़बर देकर आ गये, आपको नाश्ता करा दिया, आपके साथ हँसे, प्यार किया, वात्सल्य-भरी एक मीठी नज़र फेंकी-लेकिन सब कुछ इस इन्तज़ार में कि आप जल्दी दफ़ा हों और वे घर में रहते हुए भी अपने 'घर' में लौटें। तो यही होता था। वह लड़की ज्यों ही पार्क के छोर पर प्रकट होती, मैं सीढ़ियाँ उतर जाता। मैं जानता था, अब वे निश्चिन्त बैठे होंगे-अपने अकेले आईने के सामने। दाढ़ी पर हाथ फेरते, कुछ सोचते-विचारते। तुलसीदास दशरथ के लिए कहते हैं :

राय सुभाँय मुकुर कर लीन्हाँ।

फिर वे डूब जाते थे-अपने गहन एकांत में। धीरे-धीरे घुलते हुए वे ग़ायब होने लगते थे। और फिर गुम। शब्द-बिम्बों की चहचहाती दृश्यावलियाँ उन्हें घेर लेती थीं। उस एकांत में धीरे-धीरे उनका चेहरा नरमाई में चमकने लगता था। कसे हुए, तीर्यक होंठ ढीले होकर अपनी नुकीली गढ़न में मुस्का उठते थे। और फिर कहीं इधर, कहीं उधर, किसी डायरी, पीली कापी, या पुराने काग़ज़ों की पीठ पर कोई शब्द यहाँ, कोई वहाँ वे रखने लगते थे। फिर आधी-अधूरी पंक्तियों का सिलसिला शुरू होता था और कवि एक समृद्ध आनन्द की मुद्रा में लगभग नृत्य करने लगता था। कभी स्टोव के साथ, कभी चाय की प्याली, कभी टूटी-बिखरी पत्तियों, कभी जल-रंगों या सूखे पेस्टल या तैल रंगों के साथ। कभी भोथरी ब्लेड से स्केच पेंसिलों को छीलते हुए अचानक उँगली कट जाने से, उसे होंठों में चूसते हुए डिटॉल की शीशी ढूँढ़ते हुए और उधरी रज़ाई से रुई का फाहा नोचते हुए...

शिला का ख़ून पीती थी
वह जड़
जो कि पत्थर थी स्वयं।

अपनी इस एकांत भाव-मुद्रा में उन्हें किसी भी तरह का ख़लल बर्दाश्त नहीं था। फिर उन्हें अचानक ख़याल आता कि कोई टपक न पड़े। या थके-माँदे प्रेमी-युगल आकर ही न पसर जायँ और उन्हें फिर एक चेहरा उठाकर ओढ़ना पड़े। सो, वे अचानक भागते और नीचे दर्जी को एक ताला थमा कर कहते कि वह बाहर से बन्द कर दे, और जब वे कहें, तब खोले। कभी-कभी तो सारा दिन गुज़र जाता। दर्जी बार-बार बाहर सड़क पर निकल कर ऊपर देखता, कि शायद वे बार्जे पर खड़े हों तो पूछ ले कि कब खोलना है। लेकिन वहाँ सन्नाटा रहता। हम लोग ताला देखकर लौट

जाते। मैं लड़की को गली के मुहाने तक छोड़ आता और फिर किसी रेस्त्राँ में बैठकर इन्तज़ार करता। फिर आठ बजे के आसपास जब दर्जी दुकान बन्द करता तो वह ताला खोलकर ऊपर जाता। वह देखता कि नीचे वाला कमरा सुनसान है। वह सीढ़ियाँ चढ़ कर ऊपर जाता। वह पाता कि कवि तो गहरी नींद में हैं। वह ताला-चाबी डालकर चुपचाप नीचे उतरता और सीढ़ियों का दरवाज़ा उठँगा कर चल देता।

निंदिया सतावे मोहे सँझही से सजनी
सँझही से सजनी (१)
प्रेम बतकही
तनक हू न भावे
सँझही से सजनी (२)
निंदिया सतावे मोहे...,

उस निभृत-निबिड़ नींद से जब वे एकाएक जागते तो तुरन्त एक अपराध-बोध से उनका चेहरा घिर आता। वे धड़धड़ाते हुए नीचे उतरते और पाते कि वहाँ मैं चुपचाप लेटा हूँ। वे चेहरे का भाव भाँपते और फिर वात्सल्य से कुछ चिढ़ाते हुए हँसते।

'कब आये?' वे पूछते।

'अभी, थोड़ी देर हुई...।' मैं कहता

'मास्टर साहब (दर्जी) से चाबी मिल गयी?' वे उत्सुकता ज़ाहिर करते।

'चाबी?... नहीं तो।' मैं थोड़ा चकित होकर कहता।

'अच्छा...नहीं तो, ख़ैर...बहरहाल। नहीं, कुछ नहीं।' वे मेरे बालों को एक फूल-सा झटका देते उठ जाते। फिर एक चक्कर कमरे में घूमते हुए वे हिसाब-किताब बैठाते। फिर आकर बोलते, 'तो चाय क्यों न पी जाय?'

और फिर वे चाय बनाने में जुट जाते।

मैं इतना ही करता कि उनके इर्द-गिर्द खड़ा रहता। लेकिन फिर पाता कि इससे वे कहीं दूर जा रहे हैं। वे अस्त-व्यस्त हो रहे हैं। उनके होंठों में एक टेढ़ा स्पन्दन खेलता हुआ नज़र आता। तब मैं जाकर चुपचाप बिस्तर पर बैठ जाता।

थोड़ी देर में वे दो प्यालियाँ पकड़े हुए नमूदार होते।

५

एक अजब-सा कठिन जीवन था उनका। उन दिनों वे, शायद, कुछ नहीं करते थे। माया प्रेस से बाहर आ गये थे। तेज बहादुर चौधरी कुछ पैसे भेजते थे। निपट और निचाट ग़रीबी के वे जैसे आदी हो गये थे। तब सिर्फ़ बिम्ब, कविताएँ, और मिथक ही उनके सम्पूर्ण अस्तित्व में घुले रहते थे। विराट 'डिप्रेशन' से कविता ही उन्हें उबारती

थी। भूखे-प्यासे, निचिन्त, मस्त वे रचना की विराट और अभूतपूर्व समृद्धि का आख्यान नज़र आते थे। कोई कुछ नहीं कर सकता था। दुनिया से पूरी तरह ग़ैरहाज़िर यह कवि, दुनिया और मनुष्य की सघनतम सच्चाइयों को उकेरने में लीन रहता था। 'विथोवेन' की 'नाइन्थ सिम्फ़नी उनके जीवन और उनकी कविता पर जस्ट फ़िट बैठती है। नगाड़े की सघन 'घम्म-घम्म' के भीतर से अत्यन्त कोमल, मृदु संगीत लगातार उसमें बजता रहता है। उनके कठिन जीवन की इस घमक के भीतर इसी तरह उनकी नरम-कोमल कविता अनाहत रूप से बजती रहती है। कहीं कोई बाधा नहीं, रुकावट नहीं, शिकवा-शिकायत नहीं, उलाहना नहीं। लेकिन 'डिप्रेशन' से उबरने का एक दूसरा तरीका भी वे अपनाते थे। वे क़तई दुनियादार नहीं थे। इसलिए लोगों के यहाँ उनका जाना दुनियादारी के तहत नहीं होता था। जब तक वे सृजन में रमे रहते तब तक तो कुछ भी नहीं होता था। लेकिन बीच-बीच में अवकाश? इस अवकाश में ही वह विराट दैत्य मुँह बाये खड़ा रहता था। तब वे निकल जाते। कभी नरेश जी की तरफ़ लूकरगंज, कभी महापालिका-परिसर में ब्रजमोहन व्यास के यहाँ। वहाँ से प्रो० एजाज़ हुसेन, श्रीकृष्ण दास, आशामुकुल दास, प्रकाशचन्द्र गुप्त और अन्त में बाई का बाग में प्रोफ़ेसर नरवणे के यहाँ। वे हर जगह प्यार और औपचारिकता से छलकते रहते। तब लगता ही नहीं था कि यह आदमी इतना निबिड़ एकान्तिक है। वास्तव में यह लगातार भागते रहने का एक क्रम होता था। केवल कवि ही जानता था कि उस दैत्य से वह कितनी दूर पर है। फिर इन आवाज़ाहियों के बीच ही कहीं कोई बिम्ब, कोई दृश्य, कोई शब्द उनके भीतर बिजली की तरह कौंध उठता। फिर तो वे अपने अकेले कमरे में लौटने के लिए व्याकुल हो उठते। लगता, वे जान छुड़ा रहे हैं। एकदम रूखड़ और खुरदरे और अस्वाभाविक हो उठते वे। और चल देते।

६

वे लोगों के बारे में बहुत कम बातें करते थे। मान लीजिए कि वे किसी की बुराई कर रहे हों। आपने अगर बुराई का सूत्र पकड़ लिया और उसे आगे बढ़ाने लगे तो वे तुरन्त पलट जाते थे। वे तुरन्त तारीफ़ पर उतर आते थे। सच यह था कि वे अपनी बात की व्याख्या नहीं चाहते थे। पसन्द नहीं करते थे। वैसे भी वे किसी के व्यक्तिगत जीवन के बारे में कभी कोई टिप्पणी नहीं करते थे। बुराई से मेरा मतलब साहित्य की आलोचना से है। वे एक अद्‌भुत श्रोता थे और नौसिखियों की निरर्थक बातों में भी ज्ञान का कोई कण ढूँढ़ने को दत्तचित्त रहते थे। अपने बहुत सारे प्रिय लोगों की रचनाओं के बारे में वे लाख घेरने पर भी कोई टिप्पणी नहीं करते थे। अगर आपने उन्हें विवश कर ही दिया तो वे एक खोखली प्रशंसा पर उतर आते थे। तुरन्त समझ में आ जाता कि उस

लेखक के बारे में यह उनकी निपट नापसन्दगी का इज़हार है। फिर अपने-आप उनकी घेरेबन्दी छोड़ देनी पड़ती थी। लेकिन जो लेखक उन्हें पसन्द थे उनकी रचनाओं में उनकी अद्भुत पैठ नज़र आती थी। उनके बारे में बातें करते हुए वे एकदम विभोर हो जाते थे। जैसे भुवनेश्वर के बारे में। या निराला, त्रिलोचन और मुक्तिबोध के बारे में। पॉल एलुअर, पॉल वेलरी, लुई अरागाँ, पाब्लो नेरुदा, डिलन टामस, एज़रा पाउण्ड, गोर्की या दास्तोवेस्की के बारे में वे बहुत बोलते थे। येट्स, बॉदलेयर और रिल्के उन्हें बहुत पसन्द थे। लेकिन सबसे अधिक अल्लामा इक़बाल। ख़ासकर इक़बाल की कविता की गहन दार्शनिकता और शब्द-संक्षिप्ति की तारीफ़ करते वे थकते नहीं थे। फिर वे उलझ जाते थे। आप इक़बाल के बारे में कितना जानते हैं, आप सुन रहे हैं, या नहीं सुन रहे हैं, आप बोर हो रहे हैं, उनकी चाय टण्डी हो रही है- लेकिन नहीं, इक़बाल की कविता के विभिन्न गहन पहलुओं की असाध्य व्याख्या में वे डूब जाते थे। उनकी विश्लेषण-क्षमता विचित्र थी और स्मृति असाधारण। वे जैसे अपने को समझा-बुझा रहे हों। फिर वे तृप्त नज़र आते थे और उसके तुरन्त बाद वे आपसे छुटकारे के लिए तड़फड़ाने लगते थे।

'आप बहुत कम खाते-पीते हैं।' एक दिन अचानक मेरे मुँह से निकल गया।

वे एकदम स्तब्ध हो गये। उनको बुरा लगा। वे कुछ धरने-उठाने लगे-कुछ इस तरह जिसमें चिढ़ झाँक रही थी। इस तरह की सहानुभूति उन्हें बिल्कुल नागवार लगती थी। वे भीतरी तौर पर आहत होते लेकिन ऊपर से तुरन्त मोर्चेबन्दी कर लेते। यह उनके पौरुष पर आक्रमण था। तो उस दिन भी मैंने सोचा कि वे अपने सन्नाटे में घुस जायेंगे और फिर उनसे बात करनी भी मुश्किल हो जायेगी।

'तुम्हीं कौन बड़े स्वस्थ हो?' तभी वे अचानक बोल पड़े।

मैं ख़ुश हो गया। बात बिगड़ने से रह गयी। मैं बच गया। मेरा डर दूर हो गया।

'उसकी वजह दूसरी है।' मैंने यह सब सोचते-सोचते कहा।

'तो इसकी वजह भी दूसरी है।' उन्होंने तुरन्त कहा, कुछ खीझ और जवाबदेही के स्वर में।

मैंने वह वजह समझ ली। मुझे लगा, मैंने अमानुषिक ढंग से उन्हें आहत किया। जो वजह चारों ओर बिखरी-छितराई हुई है उसे जानते हुए भी। दुख-तकलीफ़ को वे बोलने नहीं देते थे। क्या मजाल कि कोई छेड़छाड़ कर ले। सो, मैं चुप ही रहा। एक दफ़ा अमृत राय और सुधा जी ने उनकी इस निपट ग़रीबी से छेड़छाड़ की कोशिश की थी। इस पर कॉ० शमशेर महीनों गुस्से से भीतर ही भीतर तड़फड़ाते रहे।

तब दोपहर थी। शाम तक वे बहुत अस्त-व्यस्त रहे। जैसे किसी ने उन्हें अनचक्के में ठोकर मारी हो। फिर, शायद, वे धीरे-धीरे शान्त हुए। उन्हें लगा कि मैं उनसे कितना छोटा हूँ और फिर मेहमान भी हूँ। वे मेरे राज़दाँ भी हैं। मेरे पिता सन्

१९१६ में पैदा हुए थे और शमशेर सन् १९११ में। इस हिसाब से वे मेरे पिता की तरह थे। उन्हें जहाँ यह ख़याल आया कि मैं मेहमान हूँ, उन्होंने सुलह कर ली। वे बीच के कमरे से हँसते हुए नीचे उतरे। अत्यन्त मृदु और शान्त।

'मैं तुम्हें इक़बाल का एक शेर सुनाऊँगा।' उन्होंने अचानक कहा और मेरी बगल में बैठ गये।

मैंने समझ लिया, अब वे मोर्चा उठा चुके हैं। अब वे एकदम पारदर्शी हो गये हैं।

'और वह तुम्हारी दोपहर की बात का जवाब भी है।' वे बोले। लेकिन बोलने में अब रूठने वाली ठनक नहीं थी।

'शेर, बहरहाल...मेरे लिए है। तुम तो अभी नौजवान हो।' ठुनकियाते हुए वे हँसे। फिर वे सुनाने की मुद्रा में दत्तचित्त हो गये।

न बचा-बचा के तू रख इसे, तेरा आईना है वो' आईना
कि शिकस्तः हो तो अजीज़तर है निगाहे-आईनाशाज़ में।

फिर उन्होंने समझाया भी। लेकिन मैं उनके चेहरे पर आती-जाती रहस्य की छायाएँ देखता रहा। 'कम्यून' में रह आया कवि, एक धुर कम्युनिस्ट...किस तरह, किस सलीके से अध्यात्म को उत्तरीय की तरह ओढ़े हुए था। यही वह ऊँचाई थी जहाँ दूसरों का जाना मुश्किल था। इसीलिए अनाम रहते हुए, उन्चास बरस तक बिना कोई कविता-संग्रह छपाये, कविता को 'कॅरियर' मानने से अकूत नफ़रत करने वाला यह कवि, अपने समय का सबसे बड़ा कवि है। उसके बारे में उसी की यह कविता-पंक्ति एकदम सही उतरती है :

आदमी की अमरता कवि है।

७

अचानक शमशेर बहुत रूखे, निर्मम और चिड़चिड़े हो गये। बाहरी दुनिया उनके लिए बेमानी हो गयी। उनकी हँसी लगभग ग़ायब हो गयी। वे हम सभी से उकताने और ऊबने लगे। और अपने सभी मित्रों और परिचितों से भी। उनसे मिलो तो लगता था, वे छटपटा रहे हैं। जैसे उनकी हर हरकत यह कहती थी, 'दफ़ा होओ, यहाँ से जाओ, बोर मत करो, मुझे अकेला छोड़ दो।' वे ज़्यादातर अटपटे वाक्यों में बोलते – अक्सर भूले हुए-से। उनके ललाट पर नसें और उभर आयीं। चेहरा धँस गया। लेकिन हाँ...बिस्तरा साफ़-सुथरा। बर्तन मँजे हुए। कमरे के जाले साफ़-सूफ़। धूल और ग़र्द भरसक बाहर और चीज़ें (जहाँ तक सम्भव था) क़रीने से लगी हुई/ लेकिन कवि लगभग ग़ुस्से में-बेचैन। यह सोचते हुए कि औपचारिकताएँ और सामाजिक सम्पर्क उस पर ख़ामख़ा के

लिए भारी पड़ रहे हैं। और स्वभाव की नफ़ासत यह कि सीधे कह भी नहीं सकता कि 'बेवक्त आये। मेरे पास अब किसी के लिए भी समय नहीं है।' जैसे शमशेर चाहते हों कि यह दुनिया कुछ देर, कुछ दिनों, अगर हो सके तो कुछ वर्षों के लिए तिरोहित हो जाय और सिर्फ़ वही रहें-सिर्फ़ वही-प्रेम के इस अचानक आये उन्माद में टूटते-बिखरते, लेकिन उसे अपने आग़ोश में बुरी तरह कसे हुए :

मुझसे दूर अलग न जाओ
मुझको छोड़ न दो
कहीं मुझको छोड़ न दो...

और तब शमशेर पचास बरस के हो रहे थे। और लड़की की उम्र कुल जमा उनकी आधी! हमारे लिए उनको इस नई भूमिका में अचानक पाकर 'ऐडजस्ट' करना थोड़ा मुश्किल हुआ। लेकिन शुरुआती अचम्भे के बाद हमने उनके चिड़चिड़े व्यवहार के आगे हथियार डाल दिया। वैसे भी वह परम एकान्तिक आदमी थे, लेकिन अब तो बिल्कुल 'तख़्लिया' हो गया। इस बार जब मैं कलकत्ते से आया तो केवल दो दिन टिक पाया। लगा कि वे बहुत तकलीफ़ में हैं। मैंने अटैची उठायी और 'राज होटल' में डेरा जमाया।

शमशेर ने उस लड़की की महत्त्वाकांक्षाओं को हवा देना शुरू किया। लेकिन गणित के आधार पर नापतौल कर नहीं। कहीं वे इतने सरल-सीधे और गहन रूप से भावुक आदमी थे कि वे ऐसा ही समझने लगे कि इस लड़की में ग़ज़ब की प्रतिभा है। वह कविता की ऊँचाइयों तक आसानी से पहुँच सकती है। कि वह अनिर्वचनीय सुन्दरी है- जैसा कि बुढ़ापे में प्रेम करने वाले लोगों के साथ अक्सर होता है। अतः वे तन-मन से उसे उपलब्धि के शिखरों तक पहुँचाने में जुट गये। उन्होंने उस लड़की की कविताओं पर मशक्कत शुरू की। फिर वे कविताएँ कुछ ऐसी हो जातीं कि जब वह उनका पाठ करती तो लगता, हम शमशेर की ही कोई कच्ची कविता सुन रहे हैं। लेकिन कोई मुस्कुरा नहीं सकता था। हमारे कई दुष्ट दोस्त आँखें चौड़ी करके एक दूसरे को सिर्फ़ घूरते और अन्त में 'वाह-वाह' भी करते। शमशेर शर्माते हुए, नज़रें झुकाये इस 'वाहवाही' पर ख़ुश होते।

तो शमशेर एक जोगी की तरह रम गये थे। पूर्ण रूप से प्रेम में एक 'होल-टाइमर'। मैं उनके पिछले जीवन के बारे में कुछ भी नहीं जानता था। सिवा इसके कि वे विधुर हैं। उनके एक भाई हैं...श्री तेज बहादुर चौधरी। भाई की एक बेटी है- इन्दु, जिसको वे बहुत प्यार करते हैं और वह शादीशुदा है। उनके एक भतीजा है- राजा, (राजबहादुर सिंह - अब डॉक्टर) जो बहुत ख़ूबसूरत है और सत्रह-अठारह साल का। तो वे बिल्कुल घरेलू नज़र आते। लेकिन अब? अब उन्हें इस तरह रमे हुए, तनावग्रस्त और एक चिन्तित-चिन्मय आनन्द में डूबे हुए देखकर लगता कि, शायद,

वे इसी इन्तज़ार में थे। उनकी कविताओं से तब कम ही परिचय था- थोड़ा 'दूसरा सप्तक' के माध्यम से और अब उनके छोटे-से संग्रह 'कुछ कविताएँ' के माध्यम से, जिसे जगत शंखधर ने एकाध साल पहले प्रकाशित किया था। उसकी एक प्रति उन्होंने हमें दी, जो आज भी उनके 'लिखे' के साथ सुरक्षित है। इसी तरह 'इतने पास अपने' की वह प्रति, जिसमें उन्होंने बहुत सारे फेर-बदल अपने हाथों से किये हैं और फिर हमें दे दी। ... तो कविताएँ बोलती कम थीं, चुप रहने की ओर अधिक इशारा करती थीं। जबकि उस वक़्त की 'नई कविता' कितनी 'लाउड' थी - उबाने की हद तक। एक शब्द बार-बार उनकी कविताओं में 'रिपीट' होता था - 'मौन'। और अब देखता हूँ तो पाता हूँ कि वह उनके पूरे काव्य-संसार का 'बीज' शब्द है। सैकड़ों बार 'रिपीट' हुआ है। तो कविताएँ कुछ नहीं बताती थीं। या यह हमारी ग़लती थी कि हम उनकी कविता और उनकी ज़ाती ज़िन्दगी को अलग-अलग मानकर चलते थे। सोचते थे कि कविता तो कल्पना का संसार है और जीवन ठोस, वस्तुगत, कटु सत्य, अति-साधारण। और सचमुच यह ग़लती थी। उनका जीवन और कविता - दोनों ही अति ठोस, वस्तुगत, कटु-सत्य से संधानित, अति-साधारण को असाधारण पारलौकिकता तक उठा देने के राग से अनुरंजित हैं। वे कविता में प्रेम और प्रेम में कविता खोजते और साधते हैं। उनके लिए यह एक 'अजपा-जाप' की तरह है-सम्पूर्ण अस्तित्व में घुला, नाभि से उठकर कंठ में थरथराता हुआ...निरंतर एक जोगेश्वर-भाव। इस प्रेम-प्रसंग के प्रकट होते ही जैसे उनकी ठाँठ और खुँख्ख ज़िन्दगी में अचानक बहार आ गयी थी। वे हवा के हर झोंके को बाँहों में बाँध लेने की कोशिश में जी-जान से जुट गये थे। तब हम देखते कि उनके चेहरे, हाथों और घुट्टियों पर उभरी हुई नसें धड़कती हुई नज़र आतीं :

क्यों यह धुकधुकी, डर-
दर्द की ग़र्दिश यकायक साँस के तूफ़ान में गोया।
छिपी हुई हाय-हाय में
सुकून
की तलाश।

....

तैरती आती है बहार
ख़ाब के दरिया में
उफ़क से
जहाँ मौत के रंगीन पहाड़
हैं।

८

जैसे-जैसे शमशेर हवा देने लगे, लड़की की महत्त्वाकांक्षाएँ पेंग बढ़ाने लगीं। वह समझने लगी कि सैफ़ो, मीरा और महादेवी के बाद वह दुनिया की सबसे बड़ी कवयित्री बन सकती है। कि वह इस क्षुद्र जगत में कुछ भी हासिल कर सकती है। वह हर नज़रिये से एक क़ाबिल नवयुवती है और उसे कुछ भी कर डालने, सब कुछ ताबड़तोड़ पा लेने का एकछत्र अधिकार है। सो, वह फटाफट आगे बढ़ी। एक बार भटक खुल जाने के बाद उसका उच्छृंखल आत्मबल कई गुना बढ़ गया। उस घर में कवि-लेखक तरह-तरह के बैक्टीरिया की तरह फैले हुए थे। हवा के हर झोंके के साथ आते-जाते रहते थे। अज्ञेय भी अक्सर आते थे। उनका आना एक उन्मादक उत्सव की तरह होता था। सो, वह लड़की फटाफट आगे बढ़ी और उसने बड़ी जल्दी ही उस सुवेष, सुघड़, चमकते, गौरवशाली कवि से प्रेम कर डाला। सात पर्दों में छिपी हुई बात थी यह। क्योंकि वात्स्यायन शमशेर की तरह बिफरकर, मुक्त होकर, दुनिया को ठेंगा दिखाते हुए प्रेम करने वाले व्यक्ति नहीं थे। निजी मामला दोनों का था लेकिन अज्ञेय के लिए परम संगोपनीय, चुप-चुप, दुनिया की नज़रों से ओझल, छुपाछुपी जैसा। और शमशेर दूसरे के लिए मुक्त, खुला हुआ, उजाले के संगीत की तरह, प्रकट-प्रकट। लेकिन यह घटित हो गया। हम लोग अजीब पसोपेश में पड़ गये। 'यह क्या हो रहा है। वात्स्यायन इतने 'छोटे' हैं? उन्हें अपने कवि-मित्र का भी ख़याल नहीं?' मुझे शमशेर पर ग़ुस्सा आता। क्या वे इतने असहाय हैं कि ख़त्म नहीं कर सकते? क्या वे डरते हैं कि फिर कभी प्रेम नहीं मिलेगा? लेकिन यह तो खुल्लम-खुल्ला अपमान है। ऐसे स्निग्ध और कोमल कवि को 'हर्ट' करना है। क्या वे बिल्कुल 'हर्ट' नहीं 'फ़ील' कर रहे हैं। या क्या वे अगली शताब्दियों के प्रेमी हैं जब तुम्हारी प्रेमिका को तुम्हारी ही बाँहों से कोई ले जायेगा और तुम उसकी आवभगत के उत्सव में मगन रहोगे। या यह दो बड़े लोगों का एक मुक्त व्यभिचार है?

शमशेर से क्या मिल सकता था? सिर्फ़ शब्द, सिर्फ़ ऊँचाइयाँ, सिर्फ़ अनन्त आकुल प्रेम, जो व्यक्त को भी अव्यक्त बना देता था। लेकिन अज्ञेय से प्रेम करना तो सामान्य घर से आयी हुई उस लड़की के लिए एक उपलब्धि थी। उसकी नज़र में एक ऐतिहासिक उपलब्धि।

और वात्स्यायन के पास क्या नहीं था? उन्होंने जीवन और साहित्य, दोनों अपनी शर्तों पर जिया। उनके पास शब्द, प्रेम में गुंजायमान आप्तवचन, वह धीमी गुनगुनाहट, वह पूरे व्यक्तित्व में झंकृत मौन और पारदर्शी, चमचमाती मुस्कुराहट, और कभी-कभी धुली हुई उदास हँसी-यह सब किस लड़की को पागल नहीं कर सकते थे! और फिर एक ऐतिहासिक-राजनैतिक-सांस्कृतिक व्यक्तित्व, को चमकती हुई

लीक की तरह उनके पीछे-पीछे खिंचता चलता था। कितनी भी भीड़ में चलें, वात्स्यायन भीड़ से अलग नज़र आते थे। अकेले चलें तो सबकी निगाहें उनकी ओर उठ जाती थीं। वे चाहे घुलने-मिलने का जितना प्रयास करें- उनका व्यक्तित्व, उनका कंचन वर्ण, उनकी धजा, उनका रख-रखाव इसमें आड़े आता था। वे बहुत कोशिश करते थे लेकिन उनका शरीर उनके और जन-समूह के बीच में एक बाधा की तरह आकर खड़ा हो जाता था। चाहे वे जितना सामान्य बनने की कोशिश करें, उनकी 'विशिष्टता' उनसे छल कर बैठती थी।

लेकिन शमशेर? भीड़ या भीड़ के बाहर भी आते-जाते उन पर किसकी नज़र पड़ती थी? वह अत्यन्त सामान्य, साधारण, अदेखे आदमी थे- पूरे जन-समूह में मिले हुए, उसी के अंग। वैसा ही मटमैला, साँवला-सा बुझा-बुझा, उदासी में अगम लेकिन हँसता हुआ - हमारे भारतीय जन का चेहरा। वही मिट्टी का रंग और आँखें...

बाल, झड़े हुए, मैल से रूखे, गिरे हुए, गर्दन से फिर भी
चिपके
...कुछ ऐसी मेरी खाल
मुझसे अलग-सी मिट्टी में
मिली-सी

कम्यून में रह जाये एक धुर कम्युनिस्ट, जिसकी आन-बान, जिसकी सख़्ती, जिसकी विनम्रता रह-रह के बीच-बीच में झलक मारती रहती थी। लेकिन अब...इधर-उधर मारे-मारे फिरते। रोज़ी-रोटी का कोई ठिकाना नहीं। फिर भी ग़रीबी को ऐश की तरह भोगते। कवि के रूप में समादरणीय, लेकिन कभी सार्वजनिक नहीं। ज़्यादातर चर्चा का विषय नहीं। लोगों को याद भी कुछ इस तरह, कि भुलाये गये-से। जबकि अज्ञेय उस समय साहित्य में एक ऐतिहासिक खदबदाहट के अगुआ थे।

ऐसे वक्तों में शमशेर घर से बाहर चले जाते थे। हम लोग हैरान-परेशान कि वात्स्यायन कब दिल्ली लौटेंगे। शमशेर क्या सोचते होंगे? उन पर क्या गुज़र रही होगी- इसका अन्दाज़ा लगाना आज कठिन है। लेकिन अज्ञेय का तो 'मोटो' था - 'मुझे मूर्ति नहीं चाहिए, मुझे मूर्तिपूजक चाहिए। मुझे वह चाहिए जो मुझे देखे, जो मेरी ईश्वरता का पुजारी हो।' यानी अज्ञेय तो खुद देवता के आसन पर विराजमान थे। जबकि शमशेर एक दीन-हीन पुजारी की तरह, आह्लादित, गद्‌गद, बराबर मंदिर के द्वार पर ख़ाली हाथ खड़े। दोनों में यही फ़र्क था। एक धौंस के साथ कहता था- 'मुझसे, सिर्फ़ मुझी से प्रेम करो।' दूसरा कहता था :

द्रव्य नहीं कुछ मेरे पास
फिर भी मैं करता हूँ प्यार
रूप नहीं कुछ मेरे पास

फिर भी मैं करता हूँ प्यार
सांसारिक व्यवहार न ज्ञान
फिर भी मैं करता हूँ प्यार
शक्ति न यौवन पर अभिमान
फिर भी मैं करता हूँ प्यार
कुशल कलाविद् हूँ न प्रवीण
फिर भी मैं करता हूँ प्यार
केवल भावुक दीन-मलीन
फिर भी मैं करता हूँ प्यार।

यह कविता सन् ३७-३८ की है। इसमें शमशेर आगे एक और सत्य, एक और गहन मजबूरी की बात करते हैं :

उसकी बात-बात में छल है
फिर भी है वह अनुपम सुन्दर
माया ही उसका सम्बल है
फिर भी है वह अनुपम सुन्दर

यानी 'छल' की बात सन् सैंतीस-अड़तीस में भी है। लेकिन छल के 'छल' होने से क्या होता है! 'छल' से सौन्दर्य नष्ट नहीं होता। प्रेम का भ्रम (माया) पैदा करने से वह नष्ट नहीं होता। चाहे वह 'वियोग का बादल' हो, 'अस्थिर नभ-सी' हो या 'अन्तिम भय-सी' हो- वह कैसी भी हो, वरेण्य है। कैसी मजबूरी है! व्यक्तित्व में कौन-सी खोट है, या कौन-सी ऊँचाई है जिसकी वजह से यह मजबूरी पैदा हुई है? कवि शमशेर के जीवन और काव्य का यह अनुभव सनातन है। सन् सैंतीस के बाद फिर सन् पचासी के आसपास यही आहत-जर्जर भाव पुनः व्यक्त होता है :

तुम मुझको दो
अपना रूप
अपना मद
अपना यौवन
अपनी शक्ति
अपनी माया
अपना प्रेम-छल
अपना सत्य-मेरा!

इसी माया, इसी प्रेम-छल में वह बँधा हुआ है। इनकार-तिरस्कार कहीं नहीं है। जैसे 'मौन' कवि की पूरी कविता-यात्रा का बीज-शब्द है उसी तरह 'प्रेम-छल' उसके जवीन और कविता, दोनों का आदि और अनादि अनुभव है। इस 'प्रेम-छल'

को जानते हुए भी वह जीवन भर इससे खेलता चलता है। क्योंकि उसके अलावा सत्य का कोई दूसरा चेहरा है भी कहाँ!

तुमको पाना है अविराम
सब मिथ्याओं में
ओ मेरी सत्य ...

९

लेकिन इस सारे काण्ड में वात्स्यायन की कोई ग़लती नहीं थी। वात्स्यायन कुछ नहीं जानते थे। वे यही समझते थे कि शमशेर का घर तो यों ही भरा रहता है। वहाँ सब कुछ सामान्य है। वहाँ कोई ऐसी चीज़ नहीं है जो भीतरी गहराई में 'कुछ और' हो। वात्स्यायन कभी भी अपने कवि-मित्र को तकलीफ़ देना नहीं चाहते थे। और सहसा ही उन पर यह बात प्रकट हो गयी। उन्हें बड़ी कोफ़्त हुई। उन्होंने अपनी हेठी महसूस की। अपनी ही नज़रों में उन्होंने अपने को छोटा महसूस किया। उन्हें लगा कि ऐसी क्षुद्रता हो गयी है जिसे धोया-पोंछा नहीं जा सकता। वे शमशेर से क्या कहते? सफ़ाई देना सम्भव ही नहीं था। उनके लिए इस प्रेम का कोई ख़ास मतलब भी नहीं था। उन्हें लड़की पर बहुत गुस्सा आया और वे तुरन्त हट गये। जबकि शमशेर सोचते थे कि वात्स्यायन को समझना चाहिए था। और वात्स्यायन? शमशेर जैसे 'मर्यादा पुरुषोत्तम' के बारे में वे कैसे यह सब सोचते? बात आयी-गयी हो गयी लेकिन ख़लिश रह गयी। शमशेर के लिए तो प्रेम जीवन-मरण का सवाल होता था। उन्होंने फिर अपने भीतर अपने से सुलह कर ली। लेकिन वात्स्यायन के प्रति उनका दुःख-जनित रोष काफी दिनों तक बना रहा। यह एक घटना से प्रकट है। इस काण्ड के कुछ दिनों बाद एक दिन निर्मल मेरी खोज में शमशेर जी के यहाँ पहुँची। हमेशा की तरह वे दरवाज़े की ओर पीठ करके बिस्तर पर बैठे थे। उनके आगे एक मोटी पोथी खुली हुई थी। निर्मल ने समझा 'डैडिया' अध्ययन-रत हैं। उसे सहज उत्सुकता हुई कि वे क्या पढ़ रहे हैं। उसने दरवाज़े पर चप्पल उतारी और दबे पाँव आगे बढ़ी। वह उन्हें चौंकाना भी चाहती थी। उनके ठीक पीछे जाकर वह खड़ी हो गयी। उसने देखा कि वह 'संकेत' का अंक खोले बैठे हैं। और वहाँ खोले हैं जहाँ लेखकों की तस्वीरें छपी थीं। उसमें अज्ञेय की एक निहायत ख़ूबसूरत, फ्रेंच-कट दाढ़ी वाली तस्वीर छपी हुई थी। उसके नीचे शमशेर कुछ लिख रहे थे। निर्मल उत्सुकता में थोड़ा झुकी कि वे क्या लिख रहे हैं। तस्वीर के नीचे उन्होंने लिखा था – 'फ्रॉड'। अचानक उन्हें महसूस हुआ कि उनके पीछे कोई खड़ा है। उन्होंने मुड़कर देखा। निर्मल पर बहुत अधिक नाराज़ हुए-बहुत ही अधिक। यह नाराज़गी हमें काफी महँगी पड़ी। कुछ इस हद तक कि उन्होंने हमारा लगभग पूर्णतः परित्याग कर दिया।

१०

उसकी बात-बात में छल है
फिर भी और वह अनुपम सुन्दर
माया ही उसका सम्बल है
फिर भी है वह अनुपम सुन्दर

कुछ इसी तर्ज़ पर शमशेर का जीवन फिर चलने लगा। लेकिन लड़की की जीभ पर तो ख़ून लग चुका था। उसे अपना घर, अपने लोग, अपना शहर- सब कुछ बहुत सीमित लगने लगा। यहाँ आगे बढ़ने के लिए कुछ भी नहीं था। न साहित्य में, न जीवन में, न 'कॅरियर' के लिए। लोग बड़े दकियानूस और बासी नैतिकताओं के बाड़े में बँधे हुए घुट रहे थे। इलाहाबाद में क्या हो सकता था! शमशेर भी उसकी हाँ-में-हाँ मिलाते थे। तो फ़ैसला यह हुआ कि 'दिल्ली चलो।' सो, शमशेर उसे लेकर दिल्ली गये। अब शमशेर किसी को लेकर दिल्ली जायँ और लोग उसे हाथों-हाथ न लें, यह कैसे हो सकता था। शमशेर इतिहास-पुरुष थे-विनम्रता और नफ़ासत की प्रतिमूर्त्ति। एक ठण्डी, बौद्धिक बयार की तरह थे वे। जिस घर में पहुँचें, वह महँक उठे। शमशेर अपने लिए कुछ नहीं चाहते थे लेकिन जिसको साथ लेकर गये थे, उसके लिए सभी कुछ करने को कटिबद्ध। पहले उन्होंने लड़की की रोज़ी-रोटी का जुगाड़ किया। क्या वे समझते थे कि बात यहीं तक रुक जायेगी? शायद। शायद नहीं। क्योंकि थोड़े ही दिनों में लड़की उस आदमी की 'माइ क्वीन' हो गयी। धूमधाम से शादी हुई। शमशेर इस सारे कार्यक्रम के आयोजक-संयोजक-सभी कुछ थे। फिर? फिर वे अलग नहीं हुए। उसे उन्होंने मैत्री के संतुलन में बदल दिया। प्रेम और मैत्री, मैत्री और प्रेम - दोनों को कुछ इस तरह साधे रहते थे वह कि उनके व्याख्याकार हमेशा हैरत में रहेंगे। ऐसे व्याख्याकार जब चाहेंगे, हमें झूठ साबित करके निकल जायेंगे और कुछ पुराने और ठस आदर्शवादियों को अपने पक्ष में लेकर हँसने लगेंगे। ऐसे लोगों की आबादी आज भी कम नहीं है जो प्रेम को एक गुनाह से ज़्यादा कुछ नहीं मानते। और वे हमारी बातों को एक इल्ज़ाम की तरह लेंगे। ऐसे ही बाज़नुमा लोग जीवन के ख़िलाफ़ एक बाँध बनाते हैं। अगर सत्य पुरानी मर्यादाओं और रीति-रिवाजों में बँधा हुआ नहीं है तो वह सत्य नहीं है- ऐसे लोग यही तो मानते हैं। तो प्रेम और मैत्री, मैत्री और प्रेम की साधना शमशेर ने शुरू कर दी। वे मुक्त होकर भी मुक्त नहीं हुए। 'फ्रेण्ड-फ़िलॉसफ़र-गाइड' की तरह वे लगे रहे। उन्हें देखकर अजीब लगता था। जैसे कहीं कुछ हुआ ही न हो। जैसे सब कुछ सामान्य हो। भीतर की धसकन बाहर कहीं भी दिखाई नहीं पड़ती थी। क्या वे एक ऐसे देव-पुरुष थे जो ईर्ष्या-द्वेष, दुःख और खोने-पाने के भाव से एकदम ऊपर उठे हुए थे? क्या अपनी प्रेमिका को दूसरे को सौंपते हुए उन्हें ज़रा भी हिचक

नहीं होती थी? या उनकी अनेकानेक मजबूरियाँ उन्हें ऐसा करने को बाध्य कर देती थीं? उनके बस में, शायद, कुछ भी नहीं था। बस इतना ही कि दोस्ती के रूप में वे उसे ढोते रहें। एक जगह वे लिखते हैं :

अगर मुझे किसी से ईर्ष्या होती तो मैं
दूसरा जन्म बार-बार हर घंटे लेता जाता
पर मैं तो जैसे इसी शरीर से अमर हूँ-
तुम्हारी बरकत।

सत्य क्या इतना सरल है? या सत्य क्या सचमुच इतना रहस्यमय है? नहीं, दोनों का उत्तर है - नहीं।

११

२ नवम्बर, १९६४। शाम चार बजे के आसपास। टी०बी० सेनेटोरियम, रसूलाबाद। बेड नं० ३७। शमशेर जी एकाएक सुरेन्द्र पाल के साथ प्रकट हुए। मैं ऊब रहा था। पच्छिम की ओर से बरामदे में सुखद धूप सारे बिस्तरों को सेंक रही थी। मरीज़ कम्बलों में दुबके चुप थे। वे हँसते हुए आये और सुरेन्द्र पाल चक्-चक् करता हुआ। उसे भयंकर पायरिया था। मैं पलंग के पिछले हत्थे से टिक कर बैठा था। उन्हें देखकर मुझे डर लगा। तीन-चार दिनों से निर्मल आयी नहीं थी और कोई ख़बर भी नहीं। नवाँ महीना था। वह लगभग रोज़ बघाड़ा से यहाँ तक लगभग चार मील की दूरी खड़खड़ सड़क पर रिक्शे में बैठकर आती। मेरे लिए फल, कुछ दवाइयाँ लेकर और मुझे देखने। सुबह से ही उसका इन्तज़ार रहता। लेकिन जब वह आती तो मैं चाहता कि वह जल्दी-से-जल्दी यहाँ से चली जाय। उसे छूत लग सकती है। वह बिल्कुल कमज़ोर और पीली नज़र आती। आते ही फल-वल रखकर अक्सर वह बरामदे के बाहर लगे नल पर पानी पीने जाती। जब वह झुककर चुल्लू रोपती तो उसका बड़ा-सा पेट काफ़ी बड़ा लगता। अपने दुबलेपन के बावजूद मातृत्व का रौब उसके चेहरे पर दमक मारता रहता। फिर मैं उसे तरह-तरह से बहानों से भगाने के फेर में रहता।

'निर्मल कैसी है?' मैंने बिना किसी औपचारिकता के शमशेर जी से पूछा। मैं समझ गया था कि अगर वे आये हैं तो ज़रूर सुरेन्द्र पाल के यहाँ गये होंगे। निर्मल से मिले होंगे, तब आये हैं। सेनेटोरियम में दाख़िल होने के वक़्त मैंने निर्मल से कहा था कि वह मेरे मित्र सुरेन्द्र पाल के परिवार के साथ रहने चली जाय। सो, वह वहीं रहती थी।

'ठीक है। एकदम ठीक है।' शम्शेर जी ने मुझे थपथपाते हुए कहा।

'आयी नहीं?' मैंने कहा।

सुरेन्द्र पाल शमशेर जी का मुँह देखने लगा।

'वो...ऐसा है। नहीं, कोई ख़ास बात नहीं।' उन्होंने फिर मुझे थपथपाया, 'कुछ पेट ख़राब था। डायरिया-टाइप। दिन पूरे हो रहे हैं। कोई 'रिस्क' नहीं ले सकते थे। और कोई वजह नहीं थी।' जैसी कि उनकी आदत थी- अधूरे, टूटे, अर्ध-विस्मृत वाक्य-विन्यासों में बात करने की।

'किस बात की वजह?' मैंने पूछा।

'नहीं, कुछ नहीं। हमने उसे भर्ती करा दिया। वो ठीक है लेकिन। बिल्कुल ठीक है।' वे जैसे सफ़ाई देते रहे।

थोड़ी देर बैठने के बाद वे चले गये।

मैं समझ गया, कोई-न-कोई गड़बड़ ज़रूर है। शमशेर कुछ भी छिपा नहीं सकते थे। उनके अधूरे वाक्य, शब्द के बीच में छूटी हुए जगहें, डॉट्स में डोलता हुआ मौन, भीतर की ओर मुड़े हुए अधकटे शब्द हमेशा ज़रूरत से ज़्यादा बता देते हैं। कविता में, जीवन में, चलने-फिरने में-सब जगह जो अधूरा-अधूरापन-सा है वही तो उनके व्यक्तित्व का शिल्प है। यही मौन तो उनका 'अनहदनाद' है।

लेकिन मैं कर क्या सकता था। भीतर देह में जो छन्द-भंग हो गया था उसे लयबद्ध करने के लिए मुझे बिस्तर, बरामदे, दवाओं और नींद तक जकड़कर रख दिया गया था। अभी तो छुट्टी मिलने में महीनों देर थी।

१२

शमशेर ने अपनी नाराज़गी को भुला दिया था। कह सकते हैं कि उन्होंने हमें माफ़ कर दिया था। वही परिचित वात्सल्य, वही नर्मदिली, वही झेंपती हुई मुस्कान, वही कुछ-कुछ उदासी में घुला हुआ कर्त्तव्य-बोध। एक गहन सामाजिकता। परिवार और एकांत के धुँधले स्वप्नलोक के बीच ख़ुशी का इज़हार करते हुए वे आये। उन्होंने अपना बहादुरगंज वाला घर बन्द किया और निर्मल और बच्चे को लेकर मेरे एक कमरे के घर में रहने चले आये। निर्णय उन्होंने ख़ुद लिया। जब तक मैं 'सेनेटोरियम' से ठीक-ठाक होकर नहीं आ जाता, वे मेरी पत्नी और बच्चे के साथ रहेंगे। वे सभी काम बड़ी मुस्तैदी से निबटाने। खाना-नाश्ता, जच्चे-बच्चे की देख-रेख, घर की सफ़ाई, डॉक्टर...जो भी ज़रूरत हो। वे बच्चे के लाल-लाल तलुए छूते और कहीं खो जाते। वे हाथों का तकिया बनाये उसी कमरे में रज़ाई में गुड़ी-मुड़ी पड़े रहते। बच्चा चीख़ता तो वे डर जाते कि शायद वह बीमार न हो। उसे कोई तकलीफ़ न हो। उनके चेहरे पर एक बेबसी नाचने लगती। उनके लिए यह सब कुछ अजूबा था। उन्हें डर लगता कि कहीं उनसे कोई चूक न हो जाय। वह कभी इस तरह गृहस्थ नहीं रहे। अब उन पर

ज़िम्मेदारी थी। सो, वे भीतर ही भीतर थरथराते रहते थे। फिर जैसे-जैसे समय गुज़रने लगा और मेरी छुट्टी नहीं हो रही थी, वे ऊबने लगे। लेकिन वे जितना ही ऊबते उतना ही ऊब को छिपाने की कोशिश करते। कभी-कभी जब बच्चा सो रहा होता, वे खाट पर उकडूँ बैठ जाते और निर्मल को कविता सुनाने लगते :

प्रात नभ था बहुत नीला शंख जैसे
भोर का नभ
राख से लीपा हुआ चौका
(अभी गीला पड़ा है)
बहुत काली सिल ज़रा-से लाल केसर से
कि जैसे धुल गयी हो।

वे जल्दी से जल्दी दिल्ली जाना चाहते थे। हालाँकि उनके लिए वहाँ अभी तक कुछ नहीं था। सिर्फ़ दीवानगी थी। जिस प्रेम को पाने के लिए वे 'साइक्लोन' के मानिन्द हहराते हुए टूट पड़े थे, वह गुज़र चुका था। उन्होंने खुद ही उसे दूसरे के हाथों में सौंप दिया था। नहीं, वे पछतावे में नहीं थे। वे सिर्फ़ आसपास बने रहने को आकुल थे। और यहाँ इस नन्हीं-सी, अँखुआती गृहस्थी के गोरखधन्धे में वे फँस गये थे। जो एकांत, जो घरघुसरापन उनके जीवन का अंग था, अब उन्हें नहीं भा रहा था। वे बहादुरगंज से ऊबे हुए थे। कोई पूछ सकता था कि वे दिल्ली क्यों जाना चाहते थे? क्या कठिन भुखमरी के कारण? लेकिन मैं तो जब से उन्हें देख रहा था, वे ऐसे ही थे और उसी में मगन थे। तब उस एकांत से कोई ज़्यादा छेड़छाड़ करता तो वे खीझने लगते। भाषायें सीखने लगते और फिर अपनी उस स्व-शिक्षा को भी वे कविताई में बदल देते। लेकिन अब? उन्हें यहाँ कुछ भी सुहाता नहीं था। पहला मौका मिलते ही वे दिल्ली भागने के फिराक में थे। ऐसी अनाविल, पवित्र बेचैनी मैंने फिर कभी नहीं देखी।

१३

मेरे अस्पताल से लौटते ही वे दिल्ली रवाना हो गये। सब लोगों ने मिलकर पहले मॉडल टाउन के के-ब्लॉक में, फिर ई-४/२२ में और अन्ततः सी-१२ मॉडल टाउन में डेरा जमाया। बीच में वे लाजपत नगर, दयानंद कॉलोनी और डिफेंस कालोनी में भी रहे, फिर अन्ततः मलयज के परिवार के किसी-न किसी व्यक्ति के साथ वे मॉडल टाउन आ ही गये। अपनी आत्मा को अनेक धक्कों और अनेक कठिन एकांतों से बचाये रखने के लिए वे देह को साधने लगे। आसन, प्राणायाम में वे घंटों बिताते। पता नहीं कहाँ से पढ़कर उन्होंने बहुत सारे कठिन और ऊटपटाँग आसनों को साध लिया।

उस उम्र में उनको शीर्षासन नहीं करना चाहिए था, लेकिन वे करने लगे। वे दीवार से टेक लगाकर उल्टे खड़े होते। उनकी आँखें बहुत ख़राब हो गयी थीं। उनका कहना था कि शीर्षासन से आँखों में पुनः जोत लौट सकती है। वे अक्सर कच्चे करेले का रस पीने लगे। कभी-कभी दिल्ली-प्रवास में हम भी फँस जाते थे। तब वे हमें भी पिलाते और ज़ोर-ज़बर्दस्ती पिलाते। जब हमारा मुँह बिगड़ता जाता तो वे खड़े-खड़े करेले के रस का बखान करने लगते।

'बहुत कड़वा है।' मैं कहता।

'कोई बात नहीं, धीरे-धीरे आदत पड़ जायेगी।' वे पीठ थपथपाते हुए कहते।

उनके प्रेम करने, निबाहते चले जाने, हलकान होते रहने के बारे में सिर्फ़ चकित हुआ जा सकता था। 'धीरे-धीरे आदत पड़ जायेगी।' - क्या ऐसा ही था उनके साथ भी? हारने, पिछड़ने, अपने प्रेम-पात्र को ख़ुशी-ख़ुशी (शायद) दूसरों को सौंप देने और फिर जीवन भर निबाहते रहने के बाद, जीवन को सँभाले रखने की उनकी कूव्वत, उतना अपरम्पार धैर्य किसके पास होगा? हर बार पाने की कोशिश-सिर्फ़ लगातार खोते रहने के लिए! अन्त के बाद वे ठगे हुए-से खड़े रह जाते थे- दुनिया को चकित भाव से निहारते हुए, सड़क पर तेज़-तेज़ चलते, पसीने से तर-ब-तर, उलझे हुए, बुदबुदाते, हवा में अक्सर हाथों को फेंकते, अपने-आप से जवाब-तलब करते और फिर एकाएक बोल पड़ते हुए-'अच्छा है...अच्छा है।' दुनिया के सब अनकहे दुख इन शब्दों में मूर्त हैं।

दरअसल अत्यन्त सघन और शरीरी होते हुए भी वे प्रेम को अशरीरी धरातल पर उठा देते थे - शब्दों, बिम्बों, कल्पनाओं, मुद्राओं के पारदर्शी अशरीरी धरातल पर। फिर वे उसी ऊँचाई पर रमे रहते थे- समाधिस्थ जोगी की तरह। उस आसन से नीचे उतरना उन्हें गवारा नहीं था। क्योंकि नीचे तो सिर्फ़ तलछट होती थी। वे उसमें पाँव धँसाना नहीं चाहते थे। प्रेम के भीतर से वे सिर्फ़ उसके 'आनन्द-तत्व' को सुरक्षित रखते थे। प्रेम उनके लिए कविता का ही उच्चतर प्रारूप होता था। जीने और मगन रहने और रमे रहने का एक अत्यन्त झीना और वायवीय साधन। इस तरह प्रेम को भी वे कविता के धरातल पर ही जीते थे। किसी भी घटना, दृश्य, अनुभव या हरकत को बिम्बों में बाँधना और इस क्रिया के आध्यात्मिक आनन्द में डूबे रहना, यही उनका स्वभाव और यही उनकी नियति थी। स्त्री-देह की गहरी ललक और उसकी प्राप्य-अप्राप्यता के कारण ही उनकी कविता इतने गहरे रूप में 'सेन्सुअस' है। इसीलिए उल्लसित मुद्राओं का अंकन उनकी कविता में बार-बार मिलता है। विरक्ति अन्त तक नहीं है, क्योंकि 'फ़ुलफ़िलमेण्ट' नहीं है। वह उच्छृंखल यौनेच्छा नहीं थी, वह सिर्फ़ हवस नहीं थी- वह प्रेम के न जाने किस अलभ्य रूप को पाने की दुर्दम्य इच्छा थी, जिसमें वे बार-बार हताहत हुए और क्षत-विक्षत पड़े रहते थे। आर्थिक तंगी, बदहाली,

शारीरिक अक्षमताएँ, उम्र, कम्युनिस्ट नैतिकताएँ, चरित्र के भीतर घुस कर बैठा हुआ द्वैत, अनिर्णय, उनके व्यक्तित्व की उन्नत मर्यादाएँ तथा भीतर का निपट आदर्श-अभिमान उन्हें अतिसाहसी होने से बार-बार रोकता था। बिना घर-गिरस्ती के एक खड़खड़ाती सड़क के अँधेरे कमरों में पड़े हुए वे कभी नहीं चाहते थे कि एक जवान लड़की का जीवन उनके साथ नष्ट हो। वे इतने अन्धे और समाज-विरोधी भी नहीं थे। यही वजह थी कि वे प्रेम की संकल्पनाओं को हरकतों के स्मरण और उच्छल कामनाओं की कसक और ललक में जीने के आदी हो गये थे। निस्तार सिर्फ़ कविता में था – और कहीं नहीं।

यह कसकता, यह उभरता द्वन्द्व
तुम्हें पाने मधुरतम उर में
तोड़ देने धैर्य-वलयित हृदय
उठा।
परम अन्तर्मिलन के उपरान्त
प्राप्त कर आनन्द, मन एकांत
खिला, मृदु-मधु शान्त।

'तुम्हें पाने मधुरतम उर में' और 'परम अन्तर्मिलन' – बस यही बचता है। इतना ही और तब इसी के भीतर से प्रेम का वह उनका 'दर्शन' सामने आता है– 'प्रेम-छल'। तब इससे अधिक शमशेर के लिए कुछ नहीं बचता कि 'मैं तुम्हारे मुख में आनन्द का एक ग्रास हूँ।' जो यह समझेंगे कि यह वंचित रह जाना है, वे ग़लती पर होंगे। यही तो वह सनातन सत्य है, यथार्थ का दो-टूक निदर्शन जिसे शमशेर सबके सामने खोलकर रख देते हैं :

बहुत से तीर बहुत-सी नावें, बहुत-से पर इधर
उड़ते हुए आये, घूमते हुए गुज़र गये
मुझको लिये, सबके सब। तुमने समझा
कि उनमें तुम थे। नहीं, नहीं, नहीं।
उनमें कोई न था। सिर्फ़ बीती हुई
अनहोनी और होनी की उदास
रंगीनियाँ थीं। फ़कत।

१४

उनकी मृत्यु पर मेरे एक मित्र ने कबीर की दो पंक्तियाँ उद्धृत कीं :

सकल जनम सिवपुरी गँवाया।
मरती बार मगहर उठि आया।।

मुझे अच्छा नहीं लगा। हम लोग सड़क पर चल रहे थे। तेज़ धूप और लू का मौसम। मैं जानता था, मित्र के मन में कोई गाँठ नहीं थी। उनके मुँह से बेसाख़्ता निकल गयी थीं ये पंक्तियाँ।

'मगहर में सब नहीं मरते। मगहर में मरने का साहस होना चाहिए।' मैंने कहा।

'मगहर में कबीर मरते हैं।' मैंने फिर कहा।

'हाँ, साहस तो चाहिए।' उन्होंने चलते हुए कहा।

'मगहर में वही मर सकता है, जो सारी दुनिया को अपना घर मानता हो।' मैंने कहा।

'नहीं, जो विच्छिन्न महसूस करे। जिसकी मजबूरियाँ हों। जो वहाँ नहीं रह पाये, जहाँ वह रहना चाहता हो। उसे जाना पड़े। उसे जाना ही पड़े।' वे बोले।

'श्रीकृष्ण भी वहीं जाकर मरे थे।' मैंने कहा।

'उनकी भी मजबूरियाँ होंगी।' उन्होंने कहा।

फिर हम कुछ नहीं बोले। हमने एक दूसरे से विदा ली।

चर्च के चारों ओर गोलाई में गुलमुहर लाल हो रहे थे।

यही तो कवि का अपना रंग है – मैंने सोचा।

मुझे उनकी एक कविता की कुछ पंक्तियाँ याद आयीं :

...अजब सरूर
मृत्यु की बाँहों में, अजब ग़रूर
जीवन की झुकती आँखों में।
मुझसे दूर
उसका वक्षस्थल।

परिशिष्ट - १

शमशेर : मेरा यार

हरिवंश राय 'बच्चन'

मेरे देहरादून-प्रवास की सबसे राहतप्रभ घटना थी शमशेर बहादुर सिंह से अचानक मेरी भेंट। नरेन्द्र शर्मा, शमशेर बहादुर सिंह, केदारनाथ अग्रवाल, वीरेश्वर सिंह-सब एक ही ग्रुप के थे। १९३० में एम.ए. (प्रीवियस) करके मेरे यूनिवर्सिटी छोड़ने के बाद ही ये लोग आए थे। साहित्य और सृजन में समान रुचि होने के कारण इन लोगों से मेरा परिचय हो गया था। पहले तीन नाम हिंदी साहित्य के क्षेत्र में आज भी उजागर हैं। वीरेश्वर सिंह सुभद्रा कुमारी चौहान के निकट संबंधी थे। शुरू-शुरू में कविता-कहानी-आलोचना जो भी लिखते थे उसमें मौलिकता होती थी। बाद को वे जैसे-जैसे अपने वकालत के पेशे से चिपकते गए वैसे-वैसे साहित्य से कटते गए। वकालत के पेशे को अपनाए हुए दुनिया के कई प्रसिद्ध नाटककार गाल्सवर्दी- प्रेमचन्द ने उनके कतिपय नाटकों के अनुवाद किये थे जो हिन्दुस्तानी अकादमी से प्रकाशित हुए थे-महाकवि इक़बाल, चकबस्त और उपन्यासकार वृन्दावनलाल वर्मा आदि ने। स्वयं उनके पड़ोसी और हमपेशा केदारनाथ अग्रवाल अभी तक अपनी साहित्यिक रुचि जगाए हैं- इसी जुलाई में बाँदा के साहित्यप्रेमी उनकी हीरक जयन्ती मना रहे हैं। साहित्यिक अभिरुचि के पौधे को सूखते देर नहीं लगती; यह जिसमें हो उसे जतन से उसको सींचते रहना चाहिए।

उन दिनों के शमशेर की मुझे याद है- मझोला क़द, इकहरा शरीर, लमछर चेहरा, साँवला रंग, बड़ी-बड़ी कटीली आँखें, लम्बी-पतली नाक, बत्तीसी सम-स्वच्छ, जो हँसने पर खुलकर चमक उठती थी। प्रायः ढीले पाजामे पर शेरवानी पहनते थे- ऊपर के तीन-चार बटन खुले। बाल उनके काले, सीधे थे जिन्हें वे कायदे से काढ़ते थे- बहुत बड़े नहीं-जैसे कि उन दिनों कवि बनने के प्रायः हर प्रत्याशी के होते थे- मेरे भी थे। शमशेर ने विधिवत् शिक्षा तो उर्दू में ली थी, पर हिंदी से अपरिचित न थे। उर्दू में कुछ शायरी भी करते थे, पर हिंदी कविता के सौन्दर्य को परखने और उसका रस लेने की क्षमता भी उनमें थी। नरेन्द्र उन दिनों चमूने-चमूने-से थे और शमशेर नरेन्द्र के व्यक्तित्व और कवित्व दोनों के प्रेमी थे। कभी नरेन्द्र को

लेकर शमशेर को, और कभी शमशेर को लेकर नरेन्द्र को छेड़ा भी जाता था, और इस व्यंग्य-विनोद में वे दोनों उतना ही हिस्सा लेते थे जितना और लोग। उन खुले दिनों और खुले दिलों की बातें याद आती हैं तब महसूस होता है कि आज हम कितनी बन्द और बनावटी दुनिया में साँस ले रहे हैं।

बी.ए. करने के बाद केदार और वीरेश्वर ने 'लॉ' लिया, और नरेन्द्र और शमशेर ने एम.ए. (प्रीवियस-अंग्रेजी) में नाम लिखाया। ये वही दिन थे जब मैं अपने दैहिक, भौतिक भावनात्मक संघर्षों में आकंठ धँसा था। तभी शमशेर अचानक अपनी पढ़ाई छोड़ अपने घर चले गए जो शायद बुलन्दशहर में था। न किसी को चिट्ठी, न किसी को चौपाती, न किसी को खबर कि शमशेर क्यों पढ़ाई छोड़कर चल दिए, कहाँ हैं, कैसे हैं, क्या कर रहे हैं, पर अपने इलाहाबाद के मित्रों-परिचितों में वे एक न भुलाई जा सकनेवाली याद छोड़कर गए थे। कभी पुराने साथियों के मिलने पर उनकी याद आती तो मन में एक टीस उठती, पर तब तो ऐसी-वैसी टीस को मज़ाक़-मज़ाक़ में उड़ा देने की हमारी उम्र थी। कोई कहता-जाट था, उसे माया-मोह-मोहब्बत से क्या काम; एक दिन सिर पर खाट रखकर भाग गया; ऐसा तोता-चश्म निकला कि फिर उसने उलट कर नहीं देखा! कोई, इस पर टिप्पणी करता, न बाबा, 'जाट मरा तब जानिए जब तेरही हो जाए'; देखना वह किसी-न-किसी दिन आ टपकेगा फिर इसी इलाहाबाद में। उस दिन कौन जानता था कि वह मखौलिया भविष्यवाणी एक दिन चारों-खूट सच्ची हो जाएगी।

एक शाम बिरजो (बृजमोहन गुप्त) के साथ मैं परेड मैदान से लौट रहा था। मैंने बिरजो से कहा, मुझे किसी केमिस्ट की दुकान पर ले चलो, मुझे कोई दवा लेनी है। बिरजो ने कहा, यहाँ से नजदीक ही एक केमिस्ट की बड़ी दुकान है। वहाँ होते घर चलेंगे। हम एक शान्त-सी सड़क से चले। जहाँ यह सड़क मुड़ती थी, एक बड़ा-सा मकान दिखा। सामने केमिस्ट की दुकान का साइनबोर्ड लगा था। उसके अगल-बगल के किसी मकान की मुझे याद नहीं। यह दुकान न होकर रिहायशी मकान था। आगे बरामदा था जो हरे रँगे लकड़ी के खम्भों पर नालीदार टीन से छाया था। पीछे दो कमरे थे; एक छोटा, डॉक्टर के बैठने का, दूसरा बड़ा उसके बगल में, जिसकी दीवारें चारों तरफ दवा की शीशियों-भरी, शीशे-जड़ी लकड़ी की आलमारियों से ढँकी थीं; दोनों कमरों के बीच एक दरवाजा था। दवाइयों के कमरे की एक छोटी खिड़की बरामदे में खुलती थी जिसके सामने खड़े होकर लोग अपने नुस्खे बनवा सकें। खिड़की के पीछे एक मेज़-सी थी, जिसके पीछे खड़ा हुआ कम्पाउण्डर चीनी के एक चौखुँटे टाइल पर एक बड़ी-सी चौड़े ब्लेड की छुरी से कोई प्लास्टर तैयार कर रहा था। उसके बदन पर खुले कालर की एक सफेद कमीज़ थी, आँखों पर चश्मा। कमरे के बीचोबीच छत से ऊँची पावर का एक बल्ब लटक रहा था जिस पर कोई शेड नहीं था। मैं खिड़की के

सामने जाकर खड़ा हो गया और दवा का नाम मेरी जीभ पर आए कि मेरी आँखें कम्पाउंडर की ओर गईं और जो उन्होंने देखा उस पर उन्हें विश्वास नहीं हुआ।

खिड़की के उस ओर से एक आवाज़ उठी, 'अरे, बच्चन!'

खिड़की के इस ओर से आवाज़ उठी, 'अरे शमशेर!'

दोनों को बीच की दीवार कितनी खली!

इतने में शमशेर ही दरवाज़े से निकल, डॉक्टर के कमरे में होते बाहर आए और हम दोनों ने एक-दूसरे को बाँहों में बाँध लिया। और जब अलग होकर हमने एक-दूसरे की आँखों में देखा तो शायद दोनों को यह आभास हो गया कि अब न बच्चन पहले का बच्चन रह गया है, और न शमशेर पहले का शमशेर।

जो मैं था अब रहा कहाँ हूँ,
प्रेत बना निज घूम रहा हूँ;
बाहर ही देख न आँखों पर विश्वास करो।

शमशेर ने पूछा, "तुम यहाँ कैसे?"

मेरा उत्तर उन्हीं के प्रश्न की प्रतिध्वनि थी, "और तुम यहाँ कैसे?"

उन्होंने कहा, "कहानी लम्बी है।"

मैंने कहा, "मेरी कहानी भी कम लम्बी नहीं है।"

और कई रातें कभी बिरजो के यहाँ और कभी उनके यहाँ बैठकर हमने एक-दूसरे को अपनी-अपनी कहानी सुनाई, दुहराई; सुनाते-सुनाते कभी ख्यालों में खो गए, कभी सो गए,

पूर्ण कर दे वह कहानी
जो शुरू की थी सुनानी,
आदि जिसका हर निशा में, अन्त चिर-अज्ञात
साथी, सो न, कर कुछ बात।

'निशा निमन्त्रण' के कितने ही गीतों के पीछे उन साथ बिताई, बतियाई या उनसे प्रेरित कल्पनाओं की स्मृतियाँ हैं, आहटें हैं; कितने गीतों में सम्बोधित 'साथी' के पीछे शमशेर की याद है, उनकी प्रतिच्छाया है, कौन बताए, कौन जाने। जानने की आवश्यकता भी क्या है? कला का लक्ष्य ही यह है कि जो व्यक्तिगत है, सीमित है, आत्मभोगी है उसे सर्वगत, सार्वभौम और सर्वभोगी बना देना। अब वे गीत न मेरे हैं, न शमशेर को या किसी और को, जो मेरे मस्तिष्क में जाने-अनजाने रहे हों, सम्बोधित हैं। अब जो उन्हें पढ़ता है उसके हैं। अब उसी को सम्बोधित हैं। मेरे पाठकों ने कभी-कभी जानना चाहा है, मुझसे पूछा है, यह साथी कौन है? मैंने उनको लिख दिया है, आप हैं। कभी-कभी लोगों ने ऐसा समझा है कि मैंने खीझकर ऐसा कह दिया है; नहीं, यही मेरा अभिप्राय है। यही ठीक है। जो कुछ यहाँ मैंने लिखा है उसका तात्पर्य केवल

इतना ही है कि मेरी यदि कोई कला है तो उसकी जड़ें ठोस जीवन की धरती में हैं, मेरी कोई भावना है तो उसका मूल मेरी भोगी-झेली अनुभूतियों में है; मेरी कोई कल्पना है तो उसका स्रोत इन्द्रिय-गम्य यथार्थ में है, मेरा कोई दर्शन है तो वह इसी पाँवों के नीचे की पृथ्वी की माटी के स्पर्शन से बना है। वायवी, आकाशी, अतिमानसी, स्रोत मेरे लिए नहीं खुल सके हैं। मुझे इसकी शिकायत नहीं है। मैं अपनी सीमाएँ जानता हूँ; यही मैंने जानना चाहा था- 'मेरी सीमाएँ बतला दो।' बतलाता यहाँ कौन है? खुद ठोकर खा-खाकर जानना होता है। - 'दुनिया भर की ठोकर खाकर पाई मैंने मधुशाला।' हाँ मेरी 'मधुशाला' भी ठोस थी-कल्पना उसकी बाहरी साज-सज्जा थी-मेरी आन्तरिक, मानसिक, अमूर्त, सूक्ष्म-सारी भावनाएँ उसी ठोस से उद्भूत।

शमशेर के सान्निध्य में बिताई एक विशेष रात का वर्णन मैं करना ही चाहूँगा, क्योंकि वह मेरे मस्तिष्क में सबसे अधिक स्पष्ट-प्रबल झंझावात की रात।

मैं बिरजो के साथ परेड-मैदान में घूम रहा था। उस सन्ध्या को बड़ी उमस थी, लोग बेहाल थे, पत्ता तक नहीं हिलता था, कि अचानक आँधी आ गई और धूल के धुंध में हम घिर गए। बिरजो ने सुझाव दिया कि हम जल्दी चलकर कहीं शरण लें। शमशेर का ठिकाना ही नज़दीक था। आँधी की रफ्तार बड़ी तेज़ी से बढ़ रही थी, वृक्षों से ऐसी आवाज़ उठने लगीं जैसे कोई उन्हें चीरे डाल रहा हो। एक बार तो इतने ज़ोरों का विस्फोट हुआ, आसमान में ऐसी आग की लपटें उठ पड़ीं कि लगा जैसे कहीं निकट ज्वालामुखी फूट पड़ा हो। यह असम्भव नहीं था क्योंकि देहरादून के निकट गन्धक के कई चश्मे थे जिनसे गन्धयुक्त पानी निकला करता था। लगता था कि हमें भी यह तूफ़ान अपने साथ उड़ा ले जाएगा।

कहाँ को, तृण-सा मुझको जान
उड़ा ले जाएगा दिन एक
किसी मरु का पवमान महान?

गनीमत यही थी कि आँधी का रुख उसी ओर को था जिस ओर हमें जाना था। जिस रास्ते में हमें दस मिनट लगते होंगे उसे शायद तीन ही मिनट के पार कर हम डिस्पेंसरी के दरवाज़े पर पहुँच गए। शमशेर ने दरवाज़ा खोलकर हमें अन्दर किया ही था कि बड़े-बड़े पेड़-गिर-गिरकर सड़क पर बिछने लगे। अगर हमें आधे मिनट की भी देर हो जाती तो निश्चय हम किसी पेड़ के नीचे दब मरते। हम तीनों एक कमरे में बेंच पर अन्धकार में बैठे थे, बिजली फ़ेल हो गई थी और बाहर एक प्रचंड-उद्दण्ड प्रभंजन अपनी विध्वंसक लीलाएँ करता गरज-लरज रहा था। शमशेर ने धीरे से अपना हाथ बढ़ा, मेरे कन्धे पर रख मुझे अपने पास खींच लिया था और हम दोनों सटकर बैठ गए थे। सच तो यह है कि हम दोनों ने ही इससे भीषण तूफान अपने जीवन में न जाने थे जिनके साथ हमारे सलोने नीड़ के तृण-पात उड़ गए थे।

उठ पड़ा तूफ़ान, देखो
मैं नहीं हैरान, देखो,
एक झँझावात भीषण मैं हृदय में से चुका हूँ।
मूल्य अब मैं दे चुका हूँ।

पर उस झंझावात ने जैसे हमारे हृदयों में उठे बहुत-से झंझावातों को रूप दे दिया था। जैसे वे एक बार फिर हमारे अन्दर प्रतिध्वनित-प्रतिस्फुरित हो गए थे। आँधी के बाद बिजली-बादल की चमक-तड़प के साथ वर्षा हुई, पर आधी रात को प्रकृति का प्रकोप एकदम शान्त हो गया, आसमान साफ़ हो गया, एक कोने में कृष्ण-पक्ष का अधूरा चाँद निकला-धरती के घाव धोने के बाद जैसे कोई मरहम लगा रहा हो। स्निग्ध किरणों की मसृण मुसकान सब क्षत-विक्षत, खण्ड-विखण्डित पर फैल रही थी।

वह नभ कंपनकारी समीर,
जिसने बादल की चादर को
दो झटके में कर तार-तार,
दृढ़ गिरि-श्रृंगों की शिला हिला
डाले अनगिन तरुवर उखाड़;
होता समाप्त अब वह समीर
कलि की मुसकानों पर मलीन!
वह नभ कंपनकारी समीर।

मैं वह रात शमशेर के ही साथ बिताना चाहता था, पर बिरजो घर लौट जाने को आकुल थे; उनकी आशंका थी कि अगर वे मौसम साफ़ हो जाने पर घर न पहुँचे तो उनके पिता सारी रात उन्हें देहरादून की सड़कों पर ढूँढ़ते फिरेंगे। गिरे वृक्षों से ढँके रास्ते से हम बिरजो को अकेले जाने भी नहीं देना चाहते थे। तै हुआ हम दोनों उन्हें घर तक पहुँचाकर लौट आएँगे। इस तरह जाते-आते किसी को अकेले रास्ता तै करना न पड़ेगा। वह रात हमारे लिए बहुत-सी यादों की अलख जगाने की थी, बहुत-सी जीवन की घटनाओं को तूफान के झोंकों से जोड़ने की थी। मेरे लिए तो वह तूफान एक प्रतीक बन गया। आगे जब-जब मैंने तूफान के प्रतीक से कुछ बात कहनी चाही, वही देहरादूनी आँधी उठकर मेरी स्मृति को झकझोर गई।

शमशेर के जीवन में जो आँधी आई थी उसने उनका भी नीड़ ध्वस्त कर दिया था। उनकी पत्नी का भी देहावसान टी.बी. से बड़ी करुण परिस्थितियों में हुआ था। पढ़ाई छूट गई, प्रयाग के प्रिय संगी-साथी छूट गए, घर की बदली परिस्थितियों ने वहाँ टिकने न दिया, चित्रकार बनने की सनक ने दिल्ली की खाक छनवाई, जीवन अस्त-व्यस्त हो गया, भविष्य अन्धकारपूर्ण; और शमशेर ने यह सारी विपदा एकाकी, मौन

झेली। देहरादून में वे जिन साहब के साथ रह रहे थे वे उनके मौसिया ससुर थे; घर में उनकी पत्नी थीं, जिन्हें वे मौसीजी कहते थे; मौसीजी के पाँव में कोई तकलीफ़ थी जिससे वे एक प्रकार से अपाहिज-सी थीं। उनके कोई सन्तान न थी। घर में उदासी का वातावरण था। डिस्पेंसरी जिससे कि अच्छी आमदनी होती थी। वृद्ध दम्पती के जीवन-निर्वाह की साधन थी, जिसे चला सकना अब मौसाजी के बस की बात न थी जिस घर में डिस्पेंसरी थी वह काफी बड़ा और निजी था। शमशेर को उन्होंने अपने पास इसलिए रख लिया था कि वे उनकी दुकान की और उनकी भी, देख-रेख करें। शमशेर को भी पाँव टिकाने के लिए किसी जगह की ज़रूरत थी। इस मजबूरी में उन्होंने साहित्य-प्रेम, कलाभिरुचि, काव्य-सृजन सबसे अनिच्छापूर्वक मुँह मोड़कर कम्पाउंडर+प्राविज़नल यानी हाली या कच्चे दत्तक पुत्र अथवा बिन घरनी घरजमाई-सो भी सगे नहीं-की अपनी विद्रूपात्मक नियति स्वीकार कर ली थी। कहना चाहिए फ़िलहाल स्वीकार कर ली थी, क्योंकि वे अपनी स्थिति से न प्रसन्न थे, न सन्तुष्ट, बल्कि हर समय एक घुटन-सी महसूस करते थे, वे वहाँ से भाग जाना चाहते थे, पर भागकर जाएँ कहाँ?

शमशेर की हालत ने मुझे विचलित कर दिया।

जिस शाम मैंने उन्हें चीनी टाइल पर प्लास्टर बनाते देखा था, एकाएक मुझे कवि कीट्स की याद आई थी। वे भी पहले किसी डॉक्टर के कम्पाउंडर थे, पर साहित्य के प्रति उनमें अदम्य आकर्षण था और अपने स्वाध्याय-मनन से वे काव्य-सृजन की ओर भी अग्रसर हुए थे। कुछ मौलिक लेकर साहित्य-क्षेत्र में स्थान बनाना कभी भी सरल नहीं हुआ। पुराने पाधा, अपना पोढ़ा-पुराना माप-दण्ड, कहना चाहिए पाप-दण्ड, लिए बैठे रहते हैं और जो भी कुछ ताज़ा, नया, लेकर आया उसकी मरम्मत शुरू कर देते हैं।

हुआ मुखरित अनजान
हृदय का कोई अस्फुट गान,
यहाँ तो, दूर रहा सम्मान,
अनसुनी करते विहग सुजान,
चिढ़ाते मुँह विद्वान।

कीट्स का 'एनडिमियन' जब प्रकाशित हुआ तो 'ब्लैकवुड मैगज़ीन' और 'क्वार्टरली' ने उसकी बड़ी ही अशिष्ट, निर्मम और कटु आलोचना की। किसी में कहा गया था कि जनाबे कीट्स, कविता आपके बल-बूते की नहीं, आप तो, बेहतर होगा, अपने पिल्स ऐंड प्लास्टर (गोली-मरहम) की ओर लौट जाइए। शमशेर को देखकर मुझे ख्याल आया कि ऐसी समालोचना से आहत हो यदि कवि कीट्स अपने पिल्स और प्लास्टर की ओर लौट जाता तो कुछ ऐसा ही दिखता। हुस्न-ओ-इश्क़, शेर-

ओ-शायरी का शैदा शमशेर पुलटिस बना रहा है! उसी वक़्त मेरे दिमाग़ में यह बात उठी थी-इस हालत से तो इसको निकालना चाहिए-इस हालत से तो इसको निकालना होगा। कीट्स कविता लिखकर मरेगा; पुलटिस बनाकर जिएगा नहीं।

आँधी-तूफान, बिजली-बरसात को झेलकर निकलती हुई वह रात जब प्रभात की प्रतीक्षा में अपलक बैठी हुई थी, मैंने शमशेर से एक बात कही। यह ठीक है कि जो तूफान तुम्हारे-हमारे जीवन में आया है उसने हमें विशृंखल कर दिया है, पर क्या यह सम्भव नहीं कि हम अपनी टूटी हुई कड़ियों को फिर से जोड़ने की कोशिश करें? इस दिशा में पहला कदम उठाने के इरादे से आगामी जुलाई में मैं यूनिवर्सिटी में प्रवेश लेने जा रहा हूँ। एम.ए. प्रीवियस करके मैंने मेन छोड़ दिया था, साल में फ़ाइनल कर लूँगा। तुम भी इलाहाबाद चलो, यूनिवर्सिटी में दाखिला ले लो। दो वर्ष में एम.ए. कर लोगे। जब तक कुछ नया करने को नहीं होगा, पुरानी स्मृतियों से छुट्टी नहीं मिलेगी। यूनिवर्सिटी के वातावरण में हम फिर से जीवन की ताज़गी का अनुभव करेंगे। मैं नहीं चाहता कि इसी समय तुम मेरे प्रस्ताव से सहमत हो जाओ। किसी भी सफर के लिए यह ज़रूरी है कि पहले मंज़िल निश्चित हो जाए, उस पर बढ़ने के लिए पाँवों को मजबूत बनाने और कमर कसने की बात बाद में सोची जाएगी। अभी मैं आठ-दस दिन देहरादून में हूँ। जो सुझाव मैंने तुम्हारे सामने रखा है उस पर ग़ौर करो। तुम यहाँ रहना नहीं चाहते, तुम यहाँ हो भी कहाँ, तुम यहाँ से भाग जाना चाहते हो, मैं एक रास्ता बताता हूँ, तुम उसे पकड़ना चाहते हो? - अभी तुम्हें सिर्फ़ इतना ही निर्णय करना है।

मैं झूठ बोलूँगा अगर मैं कहूँ कि शमशेर को उबारने के ख्याल से या उन पर एहसान करने के विचार से मैं उन्हें इलाहाबाद ले जाना चाहता था। मैं अपने मन की कमजोरी नहीं छिपाऊँगा, मेहनत करके पढूँगा, जीवन के पुराने पृष्ठ को पलट दूँगा, नया पृष्ठ खोलूँगा, पर मेरे मन की एक दुर्बलता, एक आशंका भी थी- शायद अपनी जर्जर मानसिक स्थिति में मुझसे यह काम न सधे, शायद मैं ऐन वक़्त पर भाग खड़ा होऊँ, शायद मैं यूनिवर्सिटी में अपने को सबसे अलग, कटा हुआ और एकाकी पाऊँ- 'पिछड़ा पंछी एक अकेला।' सबके बीच यह अकेलापन की स्थिति और भयावह हो सकती है। शमशेर को समान स्थिति में पाकर मुझे लगा कि अगर मेरे साथ रहेंगे तो मुझे बड़ा अवलंब रहेगा, बड़ा सहारा मिलेगा। नियति ने शायद मुझे सँभालने के लिए शमशेर को मेरे पथ में, और शमशेर को सँभालने के लिए मुझे इनके पथ में डाल दिया है। दुखी को दुखी से बढ़कर साथ, संवेदना, सहायता देने वाला नहीं, शमशेर इस समय मेरे लिए अनिवार्य हैं। साथ ही अगर मैं शमशेर को यहाँ अकेले छोड़कर जाऊँगा तो यह मेरे लिए अपराध होगा और मैं इसके लिए कभी अपने को क्षमा नहीं कर सकूँगा। मैं शमशेर को अपने हित में साथ ले जाना चाहता हूँ, पर इसी में शमशेर का

हित भी निहित है। स्वार्थ और परार्थ में सदा संघर्ष रहा है। स्वार्थ और परार्थ एक होंगे अगर शमशेर मेरी बात मान लें और कुछ साहस दिखाएँ।

नीचे से शमशेर मुझे पुकार रहा था। वह एम.ए. करने के लिए इलाहाबाद चलना चाहता था। पर एम.ए. कर लेना केवल इच्छा पर तो निर्भर न था। दो वर्ष की पढ़ाई के खर्च की समस्या थी। हर स्वप्न को किसी जगह सत्य से टक्कर लेनी होती है। शमशेर का ख्याल था कि जब मौसाजी ने उसे प्रच्छन्न दत्तक का दर्जा दे रखा है तो वे उसकी दो वर्ष की पढ़ाई का खर्च उठाने से न हिचकेंगे। मौसाजी ने शमशेर के प्रस्ताव को हँसकर उड़ा दिया। जिस पखेरू के पर काटकर वे उसे अपने अड्डे पर बिठा रखना चाहते थे उसी के पर जमने में वे स्वयं सहायक होते! शमशेर का मोहभंग हुआ। मैंने उसको पहले से अधिक निराश, उदास, पराजित पाया। उसे कोई रास्ता नहीं सूझ रहा था और मैं कोई राह निकालने को तुला हुआ था। मुझे शमशेर को इस स्थिति से निकालना था, इलाहाबाद ले जाना था, उसका नाम यूनिवर्सिटी में लिखाना था, और इसके लिए जो भी आर्थिक प्रबन्ध आवश्यक हो, करना था। स्वप्न को सत्य से टक्कर लेनी थी।

दूसरे दिन मैं बिरजो के साथ बस से चूहड़पुर चला गया। वहाँ बिरजो की ससुराल थी। बिरजो को अपनी पत्नी का संग मिला, मुझे अकेले सोचने का समय। याद है, वहाँ से सात मील कालसी में एक चट्टान पर अशोक का शिलालेख था। एक सुबह बहुत तड़के तांगे से मैं कालसी चला गया। कालसी में जमुना पहाड़ों से मैदान में उतरती है। जमुना की एक पतली धारा के पार वह चट्टान थी जिस पर अशोक का शिलालेख था। शिलालेख को सुरक्षित रखने के लिए उस पर एक मंडप बना दिया गया था! बड़ी देर तक मैं उस चट्टान से टिका बैठा सोचता रहा और जब मैं लौटा तो मेरा मन हल्का था। शमशेर के सामने जो समस्या थी उसका हल मुझे मिल गया था।

लौटकर मैंने शमशेर से कहा, "बोरिया-बिस्तर बाँधो और जुलाई के पहले सप्ताह में इलाहाबाद पहुँचकर मुझसे मिलो। अगर तुम्हारे मौसिया ससुर महोदय तुम्हें वहाँ तक का रेल-भाड़ा दे दें तो अच्छा, नहीं तुम बग़ैर टिकट आओ, पकड़े गए तो मैं तुमको इलाहाबाद में छुड़ा लूँगा। रहा तुम्हारी पढ़ाई के खर्च का ज़िम्मा, वह मैं लेता हूँ।" फिर यह सोचकर कि शायद मेरा इतना बड़ा एहसान लेना शमशेर के स्वाभिमानी और सुकुमार मन को स्वीकार न हो, मैंने यह जोड़ दिया कि जो कुछ तुमको मुझसे लेना पड़े वह तुम क़र्ज़ समझना और जब तुम कमाने-धमाने लगना मुझे लौटा देना। शमशेर का चेहरा खिल गया। वह किसी आजन्म-कैदी के मुख पर मुक्ति की मुसकान थी। आशापूर्ण भविष्य का स्वप्न उसकी आँखों में झलक उठा। उसे देखकर मुझे इतना सुकून मिला जैसे उसके लिए मुझे जो करना है उसका पुरस्कार मुझे अग्रिम मिल गया।

मैंने इस प्रकार सोचा था- शमशेर को रहने की जगह मिल जाएगी, रवीन्द्रनाथ

देव के साथ, जो उन दिनों हालैंड हाल से संयुक्त थे और वहीं रहते थे, या नरेन्द्र के साथ, जो अब भी इलाहाबाद में थे, या हिन्दू बोर्डिंग हाउस में हाल के ऊपर के कमरे में जिसमें चार लड़कों को निःशुल्क जगह दी जाती थी; अगर इनमें से कोई भी जगह न मिली तो मैं उनको अपने घर रहने के लिए कहूँगा, गो वह जगह यूनिवर्सिटी से बहुत दूर होगी, और उनके लिए एक साइकिल का भी प्रबन्ध करना पड़ेगा, फीस मैं झा साहब से कहकर माफ़ करा दूँगा, खाने और ऊपर के खर्च के लिए ३०–३५ रुपये महीने काफी होंगे, किताबें बहुत-सी मेरे पास हैं, बहुत-सी अन्य मित्रों से मिल जाएँगी। इलाहाबाद पहुँचते ही जो कविताएँ मेरे पास पड़ी हैं। उनको 'मधुकलश' में संगृहीत कर दूँगा और यदि वे 'मधुशाला' और 'मधुबाला' के समान लोकप्रिय हुईं–होना तो चाहिए–तो केवल एक किताब की बचत से हजार-बारह सौ रुपये मेरे हाथ में होंगे और उससे हम दोनों की पढ़ाई का ख़र्च साल-भर आराम से चल सकेगा। शेष चार पुस्तकों की बिक्री से घर के खर्च के लिए मैं काफी दे सकूँगा। पैसा आता है तो वह खर्च हो, एक अच्छे काम पर खर्च हो। जोड़ना भी अब किसके लिए है?

यूनिवर्सिटी खुलने की तारीख नजदीक आ रही थी और शमशेर साहब का कहीं पता न था। मुझे चिन्ता हो गई। देहरादून से चलते समय मैंने उनसे कह दिया था कि एडमिशन फ़ार्म मँगाकर, भरकर समय से भेज दें। पता नहीं उन्होंने फ़ार्म मँगाया, भेजा या अलसाकर बैठ रहे और फार्म भेजने की आख़िरी तारीख़ निकल गई। मेरे सामने तो साहित्य और कला के प्रति प्रेम, यूनिवर्सिटी ज्वाइन करके नया जीवन आरम्भ करने का उत्साह बहुत दिखाया था, पर मेरे पीठ फेरते ही क्या वह सब ठंडा पड़ गया। पड़ गया हो तो कोई आश्चर्य नहीं। जाट मट्ठर है, उसे कोई बराबर कोंचता रहे तभी वह आगे बढ़ता है। सम्भव है पढ़ाई करने में आर्थिक कठिनाई के विषय में उन्होंने सोचा हो; मैंने जो वादा उनसे किया था, शायद उन्होंने उसे गम्भीरता से न लिया हो। मौसाजी ने तो उन्हें देहरादून से हटने को मना ही किया होगा, और जब वे न माने होंगे तो उन्हें सब्ज़ बाग़ दिखाया होगा–यह घर, यह डिस्पेंसरी, यह आमदनी का ज़रिया हमारे बाद सब तुम्हारे हैं, हम कितने दिन जिएँगे। और मुमकिन है जाट प्रलोभन में आ गया हो। मुमकिन है यह सब मेरा अनुमान हो। शमशेर को चिट्ठी-पत्री लिखने की आदत नहीं। वे बिना सूचना के भी किसी दिन आ सकते हैं। न आए तो मुझे बड़ी निराशा होगी। मैं रोज़ प्रतीक्षा करता, रोज़ निराश होता। रवि बाबू का गीत गुनगुनाता,

ऐकला चलो रे!
जदि तोर डाक शुने केऊ न आशे
तबे ऐकला चलो रे।

और एक शाम ऐसे ही ख़यालों में खोया अपने को 'अभागा' समझने की स्थिति में था

कि शमशेर ने घर के बाहर आवाज़ दी,

आइ गयउ हनुमान जिमि करुना महँ बीर रस।

शमशेर को देखकर मैंने एक-एक मिलकर दो नहीं, एक-एक मिलकर ग्यारह बन जाने की शक्ति अपने अन्दर अनुभव की। पिताजी ने उनका स्वागत किया और उन्हें देखकर जी से खुश हुए, उनके लड़के को एक साथी मिला जिसकी उसे सख्त ज़रूरत थी। मैंने शमशेर के बारे में सारी बातें उन्हें बता रखी थीं। उन्होंने शमशेर को पिता का-सा स्नेह और वात्सल्य दिया, जिसकी उन्हें उस समय आवश्यकता थी, और मुझे यह देखकर बड़ी प्रसन्नता हुई कि तीस से अधिक वर्षों के बाद भी उन्हें मेरे संबंध में अपना संस्मरण लिखते हुए मेरे पिता के उस ममत्व की याद बनी थी।

इस हालत में यह कल्पना सहज़ ही की जा सकती है कि शमशेर को देखकर मुझे और शायद मुझे देखकर शमशेर को कितनी राहत मिलती होगी। शुरू के दिनों में तो उन्होंने मुझसे कहीं अधिक आशावादी और आत्मविश्वासी होने का सबूत दिया था; और इससे मुझे अपने दुख के ऊपर उठने की, भविष्य से कुछ आस लगाने की प्रेरणा मिली थी। मुझे याद है, एक दिन क्लास खत्म होने पर मैं शमशेर के साथ सीढ़ियों से उतर रहा था। शायद क्लास में बैठे-बैठे यही अनुभूति हुई हो कि इतने लड़कों में से मैं किसी को अपना नहीं बना सकता, सबके लिए अपरिचित, अजनबी, दूर-का ही रह सकता हूँ क्योंकि इनके और मेरे बीच एक दुख का इतिहास है। मेरे दिमाग़ में महादेवी जी की कुछ पंक्तियाँ आ गईं, जो मुझे प्रिय थीं और मेरी उस मनःस्थिति को व्यक्त करती थीं। मैंने शमशेर को सुना दीं,

मैं नीर-भरी दुख की बदली!
विस्तृत नभ का कोई कोना
मेरा न कभी अपना होना,
परिचय इतना, इतिहास यही,
उमड़ी कल थी, मिट आज चली।

मैंने सोचा था, शमशेर इन पंक्तियों को सुनकर गम्भीर हो जाएँगे। मुझे आश्चर्य हुआ; शमशेर मुझसे एक सीढ़ी नीचे थे, उन्होंने उलटकर मुझे देखा, हँसे, उछलकर मेरी वाली सीढ़ी पर आ गए, अपने बाएँ हाथ से मेरा दाहिना हाथ थाम, झटके से सिर ऊपर कर, अपना दाहिना हाथ हवा में उठा बोले,

मिट आज चले, उमड़ेंगे कल!

उनकी वह मुद्रा, उनका वह तेवर आज तीस बरसों बाद भी हू-ब-हू मेरी आँखों के सामने है, बोलने का वह लहजा ज्यों-का-त्यों मेरे कानों में गूँज रहा है। शमशेर को जब भी मैंने दबा, सहमा, सकुचा देखा है- जो कि वह उनकी सामान्य मुद्रा है- तो मुझे उस दिन का शमशेर याद हो आया है और मैंने अपने से एक सवाल पूछा है कि

कल तो बहुत बार आए, वह शख़्स अपना वादा पूरा क्यों नहीं कर सका? यह उमड़ क्यों नहीं सका। और कुछ देर चुप रहकर मैंने ही जवाब दिया है-इसके लिए यह अकेला ज़िम्मेदार नहीं है। एक ज़माना ज़िम्मेदार है।

शमशेर को हिन्दू बोर्डिंग हाउस में हाल के ऊपर वाले बड़े कमरे की चार सीटों में से एक निःशुल्क मिल गई थी। फीस उनकी माफ़ हो सकी थी या नहीं, इसकी मुझे अब याद नहीं। शायद नहीं। पर इसकी चिन्ता उन्हें नहीं करनी थी। अपने बाकी खर्चों के लिए वे मुझसे कम-से-कम लेते। कुछ पैसे वे अनुवाद-कार्य से कमाते जो उन्हें इंडियन प्रेस से नियमित रूप से मिलता था। पंत जी ने मालिकों से कह-सुनकर दिला दिया था। वे इन दिनों 'रूपाभ' के प्रकाशन के सिलसिले में अक्सर काला कांकर से प्रयाग आते थे और नरेन्द्र के साथ 'दिलकुशा' में ठहरते थे। यूनिवर्सिटी में प्रायः प्रतिदिन शमशेर से मेरी भेंट हो जाती थी और इससे मुझे सबके-बीच अकेले की मनःस्थिति में बड़ा अवलम्ब मिलता था। कभी-कभी ज़्यादा नहीं, मेरे उनके कमरे में जाने और उनके मेरे घर आने की याद है। मैं मुड़ियाकर पढ़ाई में लगा था और मैं समझता था कि शमशेर भी लगे होंगे, लगना ही चाहिए था, और मैं नहीं चाहता था कि मैं उनका वक़्त खराब करूँ या वे मेरा वक़्त खराब करें। पर सच्चाई तो यह थी, और आज भी मुझे इसका दुख है, कि शमशेर पाठ्यक्रम की तैयारी में अपना समय नहीं लगा रहे थे। वे हिंदी भाषा और उसके शिल्प पर अधिकार प्राप्त करने में लगे हुए थे, वे अपने को अभिव्यक्त करने के लिए कविता का माध्यम खोज रहे थे, और न जाने किस तर्क से उन्होंने अपने-आपको विश्वास दिला दिया कि मुख्यतः इसी कार्य के लिये मैं उन्हें इलाहाबाद लाया था। चित्रकला के लिए भी उनके मन में ललक थी, और चोरी-छिपे कैनवस, कूची, कलर इकट्ठा कर उन्होंने चित्र बनाने के भी अभ्यास किये हों तो आश्चर्य नहीं। कलाकार के लिए कला, कवि के लिए कविता जब अन्तर से प्रस्फुरित होती है तब कितनी विवशकारिणी (कम्पल्सिव) हो सकती है, इसे मैं बखूबी समझता हूँ। पर इसका नतीजा इसके सिवा और क्या हो सकता था कि जब इम्तहान सिर पर आ जाए तो गजाधरी मुद्रा अपनाकर 'ड्राप' हो जाया जाए? इस पर मुझे क्षोभ हुआ तो इसलिए नहीं कि मैंने शमशेर के कवि-कलाकार को समझा नहीं, बल्कि इसलिए कि उनके कवि-कलाकार से उनके व्यक्ति के प्रति मुझे अधिक ममत्व था। शमशेर ऐसे कवि-कलाकार जीवन में जो भोगते-झेलते हैं उनके लिए मैं ज़माने को ज़िम्मेदार ठहराता हूँ, पर उसके बाद, जब व्यक्ति अपनी ज़िम्मेदारी पूरी तरह निभा दे।

शमशेर

नरेन्द्र शर्मा

बामुहावरा बातचीत में सुना बहुत बार है कि अमुक व्यक्ति सचमुच खरा सोना है। लेकिन यह मुहावरा, कथन-शैली का अलंकार ही रह जाता, यदि मैंने शमशेर को न देखा होता।

शमशेर को अमुक-तमुक व्यक्ति नहीं कहा जा सकता। शमशेर विशिष्ट व्यक्ति हैं और इस नियम को सर्वथा चरितार्थ करते हैं कि व्यक्ति की विशिष्टता तभी सुरक्षित रहती है, जब वह अपनी विशिष्टता के मान-गुमान को अपने पास न फटकने दे। अपनी विशिष्टता का तो क्या, शमशेर को विशिष्टता के इस नियम का भी शायद ही भान हो।

यह बात नहीं कि शमशेर को मैंने देखते ही खरा सोना मान या जान लिया हो। ऐसा होता तो मैं अपने आपको परम पारखी मानकर स्वयं पर गर्व कर सकता था। शमशेर के खरा सोना होने की बात, शनैः शनैः ही, मेरे मन में उभर कर आई है। बामुहावरा कथन के तथ्य को समझने में चालीस वर्षों से अधिक का समय लगा है। फिर भी जो बात समझ में नहीं आई, वह यह कि खरा सोना होते हुए भी, इस खरे सोने को न जाने क्यों, कसौटी पर कसे जाने की अपेक्षा निरन्तर बनी रहती है।

शमशेर को कसौटियों की सदा तलाश रही है और उन कसौटियों के अनेक रूप-प्रकार रहते हैं। कसौटी कभी विशिष्ट रुचि की रही है, तो कभी उपकारी कर्त्तव्य-कार्य की। कभी वह अनुभूति और अभिव्यक्ति की सच्चाई और सफाई की रही है, तो कभी अनुदार के प्रति उदार तथा सिकुड़े-संकुचित के प्रति हार्दिक और सर्वस्व-दान के व्यवहार की। जगत् को सब-कुछ देकर, या कहना चाहिए कि औरों को सब-कुछ देकर, स्वयं न-कुछ बने रहना-(हाँ, स्वयं ज्यों-के-त्यों बने रहना) स्वमान्य यह साधना, शमशेर के अपने जीवन की सबसे निकट की कसौटी रही है।

निश्चय ही शमशेर ने अपने जीवन को इस दृष्टि से कभी नहीं देखा होगा। होगा भाई ! - इस विषय में शमशेर की सम्भवतः यही सहज प्रतिक्रिया होगी। लेकिन मैं अपनी बात शमशेर से नहीं कह रहा हूँ। इसलिए इस विषय में शमशेर की प्रतिक्रिया

की चिन्ता मुझे क्यों हो। बात मैं उन सहृदय पाठकों से कर रहा हूँ, जो शीशा न देखने वाले, स्वयं से अनवगत शमशेर को अधिक निकट से जानना चाहते हैं।

शमशेर से प्रथम परिचय इलाहाबाद विश्वविद्यालय के तत्कालीन हिन्दू बोर्डिंग हाउस (अब पं. मदनमोहन मालवीय कॉलेज) में सन् १९३१ में हुआ। हम दोनों बी.ए. के छात्र थे और एक ही छात्रावास में रहते थे। हमारे दो और साथी थे, वीरेश्वर सिंह और केदारनाथ अग्रवाल। चार कवि-मित्रों में, मैं ही सबसे जूनियर था। नौसिखिया। अपने इन मित्रों के तत्कालीन सहवास में, मैंने बहुत कुछ सीखा और पाया। शमशेर हम चारों में सबसे अधिक बहुमुखी प्रतिभा वाले व्यक्ति थे। शमशेर हिंदी के अतिरिक्त उर्दू और अंग्रेजी में भी कविता लिख लेते थे और कवि होने के साथ-साथ चित्रकार भी थे। फिर शमशेर अपनी प्रतिभा के प्रति आग्रही न थे।

शमशेर को अंग्रेजी कविता के रसास्वादन का अच्छा अभ्यास था। कोलरिज तब भी उनके प्रिय कवि थे, लेकिन शेली और कीट्स के विषय में तब तक उनके मन में भेद-भाव उत्पन्न न हुआ था। शेली के प्रति मेरा आग्रह शमशेर को कीट्स के अधिक निकट ले गया। इस विषय में वर्षों तक मेरा मत यह रहा है कि शमशेर शेली के प्रति मेरे प्रेम में साझेदारी के लिए तैयार नहीं थे, क्योंकि साझेदारी से उनकी रुचि की मौलिकता में बट्टा लग जाता। आज मैं यह समझता हूँ कि शमशेर अपनी उदार दानशीलतावश, अपने प्रेमराज्य से स्वयं को निर्वासित कर लेने के तब भी अभ्यस्त रहे होंगे। अपने पैसे और अपने कपड़े-लत्तों को दे डालने में शमशेर तब भी पीछे न रहते थे।

बोर्डिंग हाउस में शमशेर का कमरा बड़ी सड़क की ओर खुलता था। जाड़ों की रातों में सड़क के सहारे सोते हुए बेसहारा किसी गरीब को शमशेर ने कभी अपना गरम कोट दे डाला, तो कभी अपना कम्बल। अन्य किसी छात्र की फीस भरने के लिए, शमशेर ने स्वयं को परीक्षा देने के अवसर से वंचित किया है, यह भी सत्य है। मैं इसे प्रतिरोध-शक्ति की उनकी कमी मानता रहा हूँ। धर्मानुशासन दान के विषय में पात्र-अपात्र-विवेक पर बल देता है। किन्तु अध्यात्मशास्त्र की आगम शाखा शिव को निधर्मक कहती है। सत्य ही शिवत्व है। और वह धर्मानुशासन और यमनियम के परे है। विवेक की उपयोगिता द्वन्द्व-द्वैत के क्षेत्र तक सीमित है। निर्द्वन्द्व-अद्वैत-भाव शिवत्व की भूमिका है।

उन दिनों कीट्स और शेली के प्रति शमशेर की निजी रुचि की जैसी परिणति हुई, वैसी ही पंत और निराला के विषय में हुई। मैं पंत जी के पक्ष में जितना आग्रही बनता गया, शमशेर की रुचि के आकर्षण के केन्द्र निराला जी बनते गए।

हमारी रुचि का ध्रुवीकरण ज्यों-ज्यों बढ़ता गया, त्यों-त्यों हमारी मैत्री भी प्रगाढ़ होती गई। वीरेश्वर और केदार के भी शमशेर उतने ही प्रिय मित्र थे। वीरेश्वर,

केदार और नरेन्द्र हिलमिल कर शमशेर को तंग भी करते थे- इसी भरोसे कि शमशेर तंगदिल नहीं हैं। उन दिनों हम तीनों शमशेर को ग़ालिब की ग़ज़ल कहकर चिढ़ाया करते थे। स्पष्ट है कि हम उन्हें निहायत नफ़ीस रुचि का व्यक्ति मानते थे और उन्हें अक्सर शायरमिजाज दोस्त कहा करते थे। कहना न होगा कि शमशेर तब भी ग़ालिब के प्रेमी थे और 'मुरक्कये चुग़ताई' या सचित्र दीवान-ए-ग़ालिब कवि चित्रकार शमशेर का प्रिय ग्रन्थ था।

शमशेर को पुस्तकें खरीदने और पढ़ने का शौक था, लेकिन किताबें रखने के प्रति उनका अत्यधिक आग्रह न था। उनकी किताबें कोई भी पार कर सकता था। एक तंगदस्त नौजवान जीनियस साहित्यिक का हाथ इस विषय में बहुत खुला हुआ था। शमशेर के प्रति उनकी पुस्तक तस्करी ज्यों-ज्यों बढ़ती गई, शमशेर का हेलमेल और लगाव भी उनके प्रति बढ़ता गया। हमारे विरोध प्रकट करने पर शमशेर मुस्कराते और कभी-कभी कह भी देते-'आदमी इन्टरेस्टिंग' है।

यह इन्टरेस्टिंग आदमी, इन्टरेस्टिंग अधिक था, आदमी कम। दुबला-पतला छोटा-सा यह नवयुवक बातें तगड़ी और बड़ी-बड़ी करता था। चेहरे पर शेक्सपियर के हेमलेट की-सी भाव-भंगिमा थी, बातों में शॉ के डेविल्स डिसाइपिल की वाक्-चातुरी। ज्यों-त्यों कर साहित्य जगत् में धाक जमा सकना, उनका तात्कालिक ध्येय था, जो पूर्ण होता हुआ दिखाई देता था। वह दयनीय और होनहार साहित्यिक का रूप दिखाने में सफल था। वह शमशेर की किताबों पर हाथ साफ करता, आधे-परदे मूल्य पर उन्हें बेचता, इधर-उधर से कुछ और जुगाड़ करता और बातों का खाता। शमशेर के साथ उसकी पटरी बैठ गई थी। शमशेर उसके प्रति अत्यधिक सहिष्णु थे। शायद शमशेर अपने स्वभाव के खरे सोने को स्वयं परख पाने के लिए उस कसौटी को गले लगाए रहते थे।

इस नवयुवक ने मुझे एक अंग्रेजी पुस्तक उपहार में दी। शमशेर बहुत प्रसन्न हुए। मैंने कहा-न जाने कहाँ की चीज कहाँ आ गई है। शमशेर का कहना था-कुछ भी हो, है तो उपहार!

शमशेर को समझाने में हर किसी को हार ही माननी पड़ती है। प्रतिरोध न करने वाले को हरा सकना कठिन होता है। निराग्रह स्वभाव का व्यक्ति अपने भीतर कहीं-न-कहीं बहुत आग्रही होता है। स्वयं को कसौटियों पर कसते रहने का शमशेर का आग्रह शायद हम्मीर के हठ की तरह सदा सुदृढ़ बना रहता है। लेकिन अपना शोषण होने देने के विषय में शमशेर जितने ही सहनशील हैं, उतने ही सावधान और सतर्क हैं वह, अपने मित्रों का शोषण रोकने के लिए।

बात शायद सन् १९३५ की है। दिल्ली में उकील के चित्रकला विद्यालय में अभ्यास कर रहे थे और करोलबाग में एक कमरा लेकर कला-छात्र का जीवन बिता

रहे थे। कसौटी बनकर यायावर किस्म का एक हिंदी-शिक्षित दक्षिण भारतीय युवक शमशेर के संग जमा हुआ था और जब तब उस एक कमरे का उपयोग करता रहता था। शायद, वह शमशेर के चार पैसों पर भी हाथ साफ करता रहा होगा। मैंने भुक्तभोगी बनकर इस रहस्य को जाना, जबकि मैं शमशेर के साथ एक-दो दिन को उनके साथ ठहरा। मेरे प्रति हाथ-चालाकी की इस हरकत के लिए शमशेर उस शख़्स पर बहुत बिगड़े और उससे सख़्त-सुस्त बहुत कुछ कहा।

आगामी वर्ष १९३६ में शमशेर से देहरादून में भेंट हुई, जहाँ वह अपने ससुराल वालों का दवाखाना चलाने में हाथ बँटाते थे। कहना न होगा कि इस कसौटी पर भी शमशेर के स्वभाव का सोना खरा उतर रहा था। दीर्घकालीन बीमारी के बाद पत्नी की मृत्यु हो गई थी। शमशेर विधुर हो गए थे। लेकिन इस आग को भी वह खरा सोना पचा चुका था।

शमशेर १९३७ में फिर इलाहाबाद आ गए और विश्वविद्यालय में भर्ती हो गए। लेकिन इलाहाबाद में इस बार शमशेर को छात्र-जीवन नहीं साहित्यिक जीवन बिताना था। शमशेर का साहित्यिक जीवन आरम्भ हो गया था। जीवन-यापन करने के लिए शमशेर को साहित्यिक श्रमजीवी की तरह काम करना पड़ता था, जिसमें अनुवाद कार्य अधिक होता था। साहित्यिक अनुवाद के कार्य की शमशेर की अपनी कसौटी बहुत ही कठिन है। वह इस कार्य को बेगार का काम नहीं मानते, यद्यपि बेगार का काम शमशेर को निरन्तर और बहुत अधिक करना पड़ता है। शमशेर ने अनुवाद-कार्य को कारु शिल्प नहीं, चारु शिल्प माना है। कठिन कसौटी के कारण, काम मात्रा में अधिक नहीं हो पाता और शमशेर का सोना बहुधा मिट्टी के मोल बिकता रहा है।

शमशेर भीतर से अत्यधिक स्वाभिमानी जीव हैं। उनका सोना ताप और कसाव का जो कष्ट भोगता है, उसके प्रति कोई दयार्द्र होने का काम शमशेर का है, और वह भी अपने प्रति नहीं। शमशेर ने यदि किसी की सेवा ग्रहण की है वो अपने अनुज की, जो वैद्य होने के कारण अपने बड़े भाई की नस पहचानते हैं। शमशेर के चारु शिल्प के विषय में, किन्तु शायद परोक्ष रूप में, शमशेर के भाई एक किस्सा सुनाया करते थे।

कोई परदेशी सुनार अपने चारु-कर्म की धाक जमाने के लिए दिल्ली चला। बादशाही ज़माना था और दिल्ली शहर उन दिनों देश-विदेश के, चारु-शिल्पियों का केन्द्र बन गया था। चारु शिल्पी सुनार भी, दिल्ली में अपना हुनर दिखाना चाहता था। पूरब का वह सुनार गाज़ियाबाद तक ही पहुँचा था कि रात हो गई और वह उस कस्बे के किसी छोर पर पड़ रहा। वहाँ एक अधेड़ लुहार अपनी भट्ठी जलाए ठोक-पीट में लगा हुआ था। सुनार ने लुहार की ओर हिक़ारत से देखा और लगा अपने दिल्ली अभियान की योजना का विवरण देने। लुहार ने उसकी ओर निर्विकार भाव से देखते हुए पूछा-क्या करतब दिखाओगे दिल्ली में?

सुनार ने अपने झोले से रुई में लिपटा हुआ एक गोला निकाला। आहिस्ता-आहिस्ता उसने रूई के बैठन को हटाया। सोने का बहुत ही हल्का लेकिन बड़ा सर्वांग सुन्दर गोला निकला। तोल उसकी, तोलों में नहीं, माशों में थी। चारु शिल्पी सुनार ने सदर्प कहा-'देखा'?

लुहार का विशाल चिमटा आगे बढ़ा और उसने सोने के गोले को लपक लिया। सुनार का हृदय हाहाकार कर उठा। उसे लगा जैसे नन्दनवन का मंदारपुष्प किसी कराल-दंष्ट्र दीर्घबाहु राक्षस के हाथ में है। अपने मंदारपुष्प के क्षत-विक्षत हो जाने की आशंका से सुनार चीत्कार कर उठा। अनुभवी लुहार ने सुनार के गोले को एक नज़र देखकर ज्यों का त्यों लौटा दिया। ठीक है-लुहार ने सिर्फ़ इतना कहा और वह अपनी ठोक-पीट में लग गया।

सुनार ने देखा उस चारु शिल्प पर एक भी खरोंच न आई थी। लोहे के कराल चिमटे की पकड़ में कितनी नजाकत थी, सुनार ने अचम्भे से देखा। उसका सोने का गोला अक्षत पुष्प की तरह अछूता ही फिर उसके पास आ गया था। उसके गर्व पर घड़ों पानी पड़ गया। जिस शहर के परले छोर पर बसे हुए एक कस्बे के नुक्कड़ वाला लुहार भी इतनी नाजुक पकड़ वाला हो, वहाँ के सुनारों में भला उसकी क्या चलेगी!

घड़िया चारु शिल्पी के रूप में शमशेर के शिल्प की कसौटी कितनी कठोर और नाजुक है, इस कहानी के व्यंग्य में प्रकट और प्रत्यक्ष है। यह कहानी मैंने शमशेर के मुँह से ही सुनी है। शमशेर ने कहानी सुनी थी अनुज से।

१९४० के अन्तिम मास की पहली तारीख को शमशेर मेरे बुलावे पर बनारस आए। हम मिल भी न पाए थे कि उसी दिन सायंकाल, मैं वायसराय के नज़रबन्दी अध्यादेश के अन्तर्गत गिरफ़्तार कर लिया गया। शमशेर बनारस में मेरी जगह दो वर्ष स्थानापन्न रहे। और फिर १९४४ में हम लोगों का साथ बम्बई में हुआ, जहाँ शमशेर १९४७ में मेरे विवाह तक तो रहे ही। जैसे १९३८-३९ में इलाहाबाद के 'रूपाभ' में हम सहयोगी साहित्यिक पत्रकार थे, वैसे ही कुछ दिनों बम्बई के 'नया साहित्य' में भी हमारा साथ रहा। शमशेर ने मेरे विवाह के अवसर पर मुझे अपने रेखाचित्रों का एक अलबम उपहार में दिया था, जो आज भी मेरे पास सुरक्षित है और अन्ततः अवश्य ही किसी साहित्यिक म्यूजियम में रहेगा कि लोग साहित्यिक शमशेर की चित्रकला का भी थोड़ा-बहुत आभास पा सकें।

विवाह के अवसर पर नरेन्द्र को क्या उपहार दिया जाए, इस विषय में पंतजी से शमशेर ने गोपन परामर्श किया था। पंतजी बड़े प्यार से इसका विवरण सुनाया करते थे। शमशेर मुझे एक बाँसुरी देना चाहते थे। पंतजी ने कहा कि ऐसा करना ठीक न होगा क्योंकि बाँसुरी कुमार कृष्ण बजाते थे और विवाहित कृष्ण का बाँसुरी से कोई सरोकार नहीं रह जाता। शमशेर मुझे एक दासी सेविका देना चाहते थे। पंतजी ने

समझाया कि ऐसा करना उचित नहीं होगा, क्योंकि मध्ययुगीन यह रीत कब की बीत चुकी है। रेखाचित्रों का अलबम शमशेर ने मजबूर होकर ही निकाला, अन्यथा मेरे पास सुरक्षित शमशेर के ये रेखाचित्र भी पतझर के पत्तों की तरह, न जाने कहाँ-कहाँ बिखर कर, कब के विलुप्त हो चुके होते।

१९६३-६४ में शमशेर मेरे घर दिल्ली में आए। वह प्रेमा वर्मा के अभिभावक के रूप में प्रेमा के साथ आए थे। मैं और शमशेर प्रेमा के छोटे-बड़े चाचा थे। शमशेर के अभिभावकत्व में प्रेमा का विवाह दो वर्ष पश्चात् डॉ. तोला से हो गया। डॉ० तोला ने भी शमशेर को एक अभिभावक के रूप में ग्रहण किया।

अभिभावकत्व की कसौटी पर भी शमशेर ने अपने खरे सोने को खूब कसा है। और अब शमशेर का दर्जा एक अभिभावक साहित्यिक का है। वह अपनी उम्र के ६३ वर्ष पार कर चुके हैं, पर शमशेर नई पीढ़ी के साहित्यिक अभिभावक हैं। अभिभावकत्व की उनकी कसौटी कठिन है- अन्य किसी के लिए नहीं, सदा की तरह, केवल अपने लिए।

कैसा है शमशेर का व्यक्तित्व? यह व्यक्तित्व चाहे जैसा हो, साइन बोर्ड जैसा तो है ही नहीं। धरा-धाम की किसी कोठरी में पड़ा हुआ, लिहाफ में लिपटा हुआ आकाश है शमशेर का व्यक्तित्व, जो यों तो लिहाफ और कोठरी में सहज समो जाता है, लेकिन जिसकी निर्विकार विरल संवेदना में अखिल विश्व को समा लेने की सामर्थ्य है। शमशेर को यह सामर्थ्य, न-कुछ बने रहने की साधना में मिला है, जिसे शमशेर ने सदैव, न-कुछ ही समझा है।

आकाश प्रतिरोध नहीं करता। इसलिए आकाश दुनिया की भाषा में शून्य नाम से पुकारा जाता है। प्रतिरोध-शक्ति की शमशेर में कमी है, यह देखकर मैंने एक बार शमशेर से कहा था-तुम कम-से-कम प्रतिरोध की रीति को अपनाते हो (यू टेक टु द लाइन आफ़ लीस्ट रेजिस्टेंस!)। शमशेर को यह बात लग गई थी। लेकिन मेरे आशय को शमशेर नहीं समझे थे। मेरा आशय था कि शमशेर अपनी व्यापक संवेदना को प्रतिरोध शक्ति से मर्यादित और सुरक्षित नहीं रखते। आज स्पष्ट कर दूँ कि शमशेर ने अपने आप का सदा प्रतिरोध किया है। नहीं किया है तो अन्य का।

लेकिन मैं अपने कथन की सीमा और मर्यादा को भी आज स्पष्ट रूप में देख रहा हूँ। आकाश के लिए कोई अन्य नहीं होता। आकाश किसी का प्रतिरोध नहीं करता। वह लघु से लघु बनकर ही सब पर छा जाता है। योगी-जन आकाश को लघु और पृथ्वी को गुरु कहते हैं-यानी यह कि आकाश हल्का और पृथ्वी भारी है। शमशेर ने जाने-अनजाने सदा यही साधना की है कि उनका व्यक्तित्व किसी को भारी न पड़े। विरल कोमल आकाश ने अपनी कसौटी के रूप में ही शायद पृथ्वी को अपनाया और पनपाया है।

सेमेटिक मिथक के अनुसार पृथ्वी सदा से ही आकाश की कसौटी रही है। शायद अपने अवचेतन में शमशेर ने अनजाने ही उसका प्रभाव ग्रहण किया है-ईसा के

माध्यम से। लेकिन ईसा से अधिक, ईसा के पूर्व के जान द बेपतिस्त ने ही शमशेर के मानस को अधिक गहराई से प्रभावित किया होगा। सलोमी या सलोमा, जाने-अनजाने शायद शमशेर के अवचेतन की कसौटी रही है। अँधेरी रात सी अज्ञात एक सुलोमा के प्रति शमशेर ने सन् १९३९ में लिखा था- "वह भोर नहीं होने देगी जीवन में।" अपने खरे सोने से कसौटी पर कनक रेखाएँ अंकित करते हुए ही शमशेर जी रहे हैं-एक अनूठे कवि-चित्रकार के रूप में। क्या कसे हुए खरे सोने की कनक रेखाएँ ही कभी भोर न बन जाएँगी?

परिशिष्ट - २

शमशेर बहादुर सिंह

जन्म : १३ जनवरी, १९११, मुजफ्फरनगर ज़िले (उ.प्र.) के एक जाट परिवार में। पिता का नाम बाबू तारीफ़ सिंह, माता का श्रीमती प्रभुदेई। माता का देहावसान १९२० में, पिता का १९३९ में।

सन् १९२९ में धर्मदेवी से विवाह। लेकिन १९३५ में ही पत्नी का देहांत।

शिक्षा : आरम्भिक शिक्षा देहरादून में। हाई स्कूल (१९२८) और इंटर (१९३१) गोंडा (उ.प्र.) से। बी.ए. (१९३३) इलाहाबाद से। इलाहाबाद से ही सन् १९३८ में एम.ए. (प्रीवियस)। फ़ाइनल नहीं कर सके। १९३५-३६ में उकील बंधुओं से कला-विद्यालय में पेंटिंग का प्रशिक्षण लिया।

साहित्यिक कार्य : 'रूपाभ' में कार्यालय-सहायक (१९३९), 'कहानी' में त्रिलोचन के साथ (१९४०), बम्बई में कम्यून में रहते हुए 'नया साहित्य' में (१९४६), 'माया' में सहायक सम्पादक (१९४८-५४), 'नया पथ' और 'मनोहर कहानियाँ' में सम्पादन-सहयोग।

दिल्ली विश्वविद्यालय में यू.जी.सी. के प्रोजेक्ट 'उर्दू-हिंदी कोश' के सम्पादक (१९६५-७७), प्रेमचंद सृजनपीठ, विक्रम विश्वविद्यालय के अध्यक्ष (१९८१-८५), सन् १९७८ में सोवियत संघ की यात्रा।

'चुका भी हूँ नहीं मैं' के लिए १९७७ में 'साहित्य अकादमी' पुरस्कार और म.प्र. साहित्य परिषद् का 'तुलसी पुरस्कार'। सन् १९८७ में मध्य प्रदेश सरकार द्वारा 'मैथिलीशरण गुप्त' पुरस्कार से सम्मानित।

१२ मई, १९९३ को अहमदाबाद में देहांत।

प्रकाशित कविता-संग्रह : कुछ कविताएँ (१९५९), कुछ और कविताएँ (१९६१), चुका भी हूँ नहीं मैं (१९७५), इतने पास अपने (१९८०), उदिता (१९८०), बात बोलेगी (१९८१), काल तुझसे होड़ है मेरी (१९८८), कहीं बहुत दूर से सुन रहा हूँ (१९९५) मरणोपरांत।

सन् १९८९ में 'कुछ गद्य रचनाएँ' तथा १९९२ में 'कुछ और गद्य रचनाएँ' नामक गद्यकृतियों का प्रकाशन।

मलयज

घर का नाम - भरत जी श्रीवास्तव

जन्म : १९३५ ई., महुई, ज़िला, आज़मगढ़ (उ.प्र.)।

२४-२५ साल की उम्र में तपेदिक के शिकार। बेल्लौर अस्पताल में ऑपरेशन से जख्मी फेफड़ा निकाला गया। आराम के लिए मसूरी की पहाड़ियों पर। शिक्षा-क्रम बाधित।

शिक्षा : इलाहाबाद विश्वविद्यालय से अंग्रेजी में एम.ए.। वर्ष १९६३ ई.।

कार्य : केन्द्रीय कृषि और सिंचाई मन्त्रालय के विस्तार निदेशालय में अंग्रेजी पत्रिकाओं के सह-सम्पादक। कुछ दिनों स्वतन्त्र रूप से अध्यापन। पत्र-पत्रिकाओं के लिए स्तम्भ-लेखन और अनुवाद-कार्य। आकाशवाणी के लिए बालोपयोगी नाटकों का सृजन। चेख़व के नाटक 'सी गल' का अनुवाद। आकाशवाणी, इलाहाबाद से प्रसारित। इसके अलावा अन्य अनुदित, स्वरचित नाटकों का प्रसारण। 'पूर्वग्रह' के प्रारम्भिक सम्पादक मण्डल के सदस्य। 'परिमल' ग्रुप और 'नयी कविता' से गहरी सम्बद्धता रही। चित्रांकन और फ़ोटोग्राफी में गहन रुचि। पोलिश भाषा के जानकार।

प्रकाशित कृतियाँ - जख्म पर धूल (कविता-संग्रह) १९७१ ई०। शमशेर (सर्वेश्वरदयाल सक्सेना के साथ सम्पादित) १९७१ ई०। कविता से साक्षात्कार (आलोचनात्मक निबन्ध) १९७९ ई०। अपने होने को अप्रकाशित करता हुआ (कविता-संग्रह) १९८० ई०। हँसते हुए मेरा अकेलापन (सृजनात्मक गद्य) १९८२ ई०। संवाद और एकालाप (आलोचनात्मक गद्य) १९८४ ई०। कुछ गद्य रचनाएँ (शमशेर) सम्पादित, प्रकाशित १९९२ (मरणोपरांत)।

रामचंद्र शुक्ल (नोट्स+आलोचना) २००० ई०, सम्पादक- नामवर सिंह। मलयज की डायरी-१-२-३-४, सम्पादक- नामवर सिंह, २००० ई०।

निधन : २६ अप्रैल, १९८२ ई०, दिल्ली।

श्रीराम वर्मा

जन्म : १८ जुलाई, १९३५, ग्राम : चकभगवानदास, आज़मगढ़ (उ०प्र०)

शिक्षा : एम.ए. (हिंदी)।

कृतियाँ : काव्य संग्रह - ग्रीनविच, शब्दों की शताब्दी, कालपात्र, बूँद की यात्रा, आत्मकथा, गली का परिवेश। प्रेम कविताओं पर एक अनाम संग्रह (अप्रकाशित)।

कहानी : अंतरिक्ष यात्रा, बीच में एक बच्चा

आलोचना : नरेश मेहता की एक कृति पर आलोचनात्मक पुस्तक। एक संग्रह

अप्रकाशित है, आलोचना का।

काव्यनाटक : नन्हें कंधे, नन्हें पैर (अप्रकाशित)

संस्मरण : जस्ट फ़िट (अप्रकाशित)

बाल साहित्य : महादेवियाँ

'माध्यम' पत्रिका (बालकृष्ण राव) का सह-संपादन, रामकृष्ण मिशन से प्रकाशित विवेकानंद साहित्य में सहयोग।

अन्य : १. अनेक पत्रिकाओं में कविताएँ, कहानी, यात्रा-विवरण, संस्मरण, रिपार्ताज़ प्रकाशित, २. अनेक सेमिनारों, वर्कशापों, व्याख्यानमालाओं में सहभागिता, ३. उत्तर प्रदेश हिंदी संस्थान द्वारा 'शब्दों की शताब्दी' पर पुरस्कृत

संसार : तीन पुत्र एवं एक पुत्री

मृत्यु : १० फरवरी, २००३ दिल्ली में।

प्रेमलता वर्मा

जन्म : १९३८ इलाहाबाद, उत्तर प्रदेश, भारत।

शिक्षा : एम.ए. एल.टी., साहित्य विशारद, पी.एच-डी. के लिए चंडीगढ़ विश्वविद्यालय से चर्यापद (बौद्ध तंत्र संबंधी ७वीं सदी से १३वीं सदी तक के सहजयानी पद) पर शोध प्रबंध अधूरा।

बोइनोस आइरेस विश्वविद्यालय अर्जेन्टीना से स्पेनी भाषा में 'इन्का साम्राज्य का सामाजिक-धार्मिक-आर्थिक ढाँचा' शीर्षक शोध प्रबंध पर सर्वोच्च स्थान प्राप्त।

बोइनोस आइरेस विश्वविद्यालय से ही भाषाशास्त्र (फिलोलॉजी) पर कोर्स।

अध्यापन एवं कार्य अनुभव :

प्रधानाध्यापिका, सिंधी स्कूल, इलाहाबाद।

शिक्षण, गवर्नमेंट हाई स्कूल, इलाहाबाद।

विज्ञान भवन, नई दिल्ली द्वारा आयोजित विश्व प्राच्य विद्या सम्मेलन में युगांडा के अफ्रीकन स्टडीज़ विभाग के अध्यक्ष प्रोफ़ेसर डी.डब्ल्यू. बीची की सहायिका।

पेरू की राजधानी लीमा में दो अंग्रेज़ी हाई स्कूलों में अंग्रेज़ी भाषा साहित्य का शिक्षण।

लीमा में ही एक हाइड्राउलिक कंपनी में अनुवाद का कार्य (स्पेनी से अंग्रेज़ी)।

बोइनोस आइरेस में हिंदी शिक्षण और अनुवाद।

बोइनोस आइरेस विश्वविद्यालय में तुलनात्मक मिथकशास्त्र एवं हिंदी का अध्यापन।

माइमोनिदेस विश्वविद्यालय में भारतीय साहित्य का प्राध्यापन एवं हिंदी भाषा

का शिक्षण।

'आनन्द भवन' नामक संस्था में हिंदी और संस्कृत भाषा का शिक्षण।

साहित्यिक गतिविधियाँ और प्रकाशन :

पहली रचना त्रिवार्षिक पत्रिका 'नयी कविता' में।

हिंदी की सभी प्रमुख पत्रिकाओं – कल्पना, ज्ञानोदय, युग प्रभात, लहर, धर्मयुग, साक्षात्कार, वागर्थ, दिनमान, आवेग, तनाव, आजतक, इन्द्रप्रस्थ भारती, समकालीन भारतीय साहित्य, कल के लिए इत्यादि में कविता, डायरी, कहानी, लेख, अनुवाद, समीक्षा आदि प्रकाशित।

अर्जेंटीना में टेलीविज़न पर साहित्यकार व समीक्षक के रूप में कई बार साक्षात्कार प्रसारित।

उज्जैन विश्वविद्यालय के 'प्रेमचन्द पीठ' में शमशेर बहादुर सिंह की अध्यक्षता में लैटिन अमरीकी साहित्य पर व्याख्यान और कविता पाठ (१९८५)।

भारतीय दूरदर्शन पर 'महान कवि' श्रृंखला के तहत १९८७ में कविता पाठ।

'इब्ने मरियम हुआ करे कोई' – (शमशेर बहादुर सिंह स्मृतियाँ) बहुवचन पत्रिका (अंक ८ एवं ९) में प्रकाशित।

प्रकाशित पुस्तकें :

मध्ययुगीन कवि घनानंद की कविताओं का चयन एवं विश्लेषण। माया प्रेस, इलाहाबाद।

महाकवि देव – डॉ. लक्ष्मीधर मालवीय के साथ संयुक्त कार्य, माया प्रेस, इलाहाबाद।

पेरूवियन महाकवि सेसेर बाय्येख़ो की कविताओं का चयन एवं समीक्षात्मक भूमिका। प्रेरू दूतावास द्वारा प्रकाशित।

सूइयों का पैरहन – कविता संग्रह।

अर्जेंटीनी कविताओं की एंथोलॉजी, दो भागों में।

मार्तिन फ़िएर्रो – अर्जेंटीनी महाकाव्य का हिंदी अनुवाद, ५८ पृष्ठों की भूमिका के साथ। साहित्य अकादमी, नयी दिल्ली द्वारा प्रकाशित।

प्रकाशनाधीन पुस्तकें, साक्षात्कार, भाषण एवं सम्मान :

भारतीय साहित्य का इतिहास – स्पेनी भाषा में, १८०० पृष्ठों की पुस्तक।

समकालीन भारतीय कविताएँ और कहानियाँ – स्पेनी भाषा में। उपरोक्त दोनों ही प्रकाशन 'Editorial Kaicron' के अधीन।

स्पेनी भाषा में इसी वर्ष एक कविता संग्रह के प्रकाशन की योजना।

हिंदी में करीब दस पुस्तकें, कविता, कहानी, डायरी, लेख, समीक्षा आदि प्रकाशन के लिए तैयार हैं, पर लंबे विदेश प्रवास के कारण अभी अप्रकाशित हैं।

विदेशों में भारतीय विषयों पर भाषण, लेख, काव्य-पाठ, लेखन तथा अर्जेंटीनी साहित्य पर कार्य और शोध के लिए अर्जेंटीनी लेखक संघ, सांस्कृतिक विभाग तथा अनेक गैर सरकारी संस्थाओं की ओर से 'डिप्लोमा ऑफ़ ऑनर' प्राप्त।

पेरू और अर्जेंटीना के प्रमुख समाचार पत्रों – ला प्रेंसा, ला नासियोन, पाखिना दोसे, क्लारिन, एक कोर्दोबा के ला नोतिसिया, वारेला तथा अर्जेंटीना के कई प्रांतीय अखबारों में भी सांस्कृतिक एवं साहित्यिक गतिविधियों व लेखन की विस्तृत चर्चा हुई है।

२००५ में साहित्य अकादमी, नई दिल्ली द्वारा अप्रवासी सम्मेलन में भाग लेने हेतु निमंत्रित। व्याख्यान का विषय साहित्य अकादमी की द्वैमासिक पत्रिका 'समकालीन भारतीय साहित्य' में प्रकाशित।

१८ दिसम्बर २००७ में विदेश में हिंदी प्रसार एवं साहित्य शिक्षण के उत्तमतम कार्य के लिए भारतीय राष्ट्रपति श्रीमती प्रतिभा देवी सिंह पाटील के हाथों 'मोटुरि-सत्यानारायण' सम्मान एवं पुरस्कार।

भाषा ज्ञान : हिंदी, उर्दू, बंगला, स्पेनी, अंग्रेज़ी, संस्कृत और रूसी

निर्मला ठाकुर

जन्म : सन् १९४१, ग्राम महुई, ज़िला आज़मगढ़।

शिक्षा : एम.ए. (हिंदी साहित्य) इलाहाबाद विश्वविद्यालय।

रचनाएँ : धर्मयुग, कृति, ज्ञानोदय, आंध्र प्रदेश, वागर्थ, वर्तमान साहित्य, कृतिओर, पहल, कथन तथा नया ज्ञानोदय में कविताएँ प्रकाशित। आकाशवाणी इलाहाबाद से समय-समय पर कविता, कहानी प्रसारित।

संस्मरण : अज्ञेय पर 'पक्षधर' और शमशेर पर 'नया ज्ञानोदय' में।

कविता संग्रह : कई रूप, कई रंग २००५ में प्रकाशित (राधाकृष्ण प्रकाशन)

कार्य : आकाशवाणी (इलाहाबाद) में प्रोड्यूसर फिर ए.एस.डी.। सन् २००२ में सेवानिवृत्त

पता : बी-७, ए.डी.ए. कॉलोनी, प्रतिष्ठानपुरी (नई झूँसी), इलाहाबाद।

अजय सिंह

कवि, लेखक व पत्रकार। **जन्म** १५ अगस्त, १९४६ – चौगाईं, ज़िला बक्सर, बिहार। इलाहाबाद विश्वविद्यालय, इलाहाबाद से बी.ए. और आधा एम.ए.। कविताएँ, लेख,

समीक्षाएँ, रिपोर्ट व राजनीतिक विश्लेषण पत्र-पत्रिकाओं में प्रकाशित। माकपा (माले-लिबरेशन) और जन संस्कृति मंच से बहुत पुराना, गहरा जुड़ाव।

पता : ३/२८, पत्रकारपुरम, गोमती नगर, लखनऊ-२२६०१० (उ.प्र.)।

टेलीफोन : ०९३३५७७८४६६, (०५२२) २३९१४३६

शोभा सिंह

कवि और संस्कृतिकर्मी। **जन्म** ९ जून, १९५२ – इलाहाबाद। पढ़ाई-लिखाई इलाहाबाद और दिल्ली में। कविताएँ 'समकालीन जनमत', 'पक्षधर', 'लमही', 'कल के लिए', हिंदी 'आउटलुक', 'प्रभात खबर', 'आधी ज़मीन', आदि में प्रकाशित। जन संस्कृति मंच और अखिल भारतीय प्रगतिशील महिला एसोसिएशन (एपवा) से जुड़ाव।

पता : ३/२८, पत्रकारपुरम, गोमती नगर, लखनऊ-२२६०१० (उ.प्र.)।

टेलीफोन : ०९३३५७४४४००

भाषा सिंह

युवा संस्कृतिकर्मी भाषा सिंह का जन्म २० जून, १९७१ को नई दिल्ली में हुआ। परवरिश और पढ़ाई-लिखाई लखनऊ में। लखनऊ विश्वविद्यालय से एम.ए. और एल.एल.बी.। पिछले १५ सालों से दिल्ली में पत्रकारिता। कहानी और कविता लेखन में विशेष रुचि। पहली कहानी 'हंस' में प्रकाशित तथा कुछ जगहों पर कविता पाठ। सिर पर मैला ढोने की प्रथा और उत्तर भारत में किसानों की आत्महत्या पर विशेष काम। तीन फ़ेलोशिप और २००७ में साल के सर्वश्रेष्ठ हिंदी पत्रकार का रामनाथ गोयनका पुरस्कार। इस समय हिंदी दैनिक 'नई दुनिया' में रोविंग एडिटर।

पता : ७३-ई, पॉकेट ४, मयूर विहार फेस-१, दिल्ली-११००९१,

फोन – ९१-९८१८७५५९२२

दूधनाथ सिंह

जन्म : १७ अक्टूबर, १९३६, उत्तर प्रदेश के बलिया ज़िले के एक छोटे-से गाँव सोबन्धा में।

शिक्षा : एम.ए. (हिंदी साहित्य), इलाहाबाद विश्वविद्यालय।

जीविका : कुछ दिनों तक (१९६०-६२) कलकत्ता में अध्यापन। फिर इलाहाबाद विश्वविद्यालय, हिंदी विभाग में।

अब सेवानिवृत्त।

लेखन : सन् १९६० के आसपास से।

कृतियाँ : आख़िरी कलाम, निष्कासन, नमो अंधकारं (उपन्यास); सपाट चेहरे वाला आदमी, सुखान्त, प्रेमकथा का अन्त न कोई, माई का शोकगीत, धर्मक्षेत्रे कुरुक्षेत्रे (कहानी संग्रह); कथा समग्र (सम्पूर्ण कहानियाँ); यमगाथा (नाटक); अपनी शताब्दी के नाम, एक और भी आदमी है, युवा ख़ुशबू (कविता संग्रह); सुरंग से लौटते हुए (लम्बी कविता); निराला : आत्महन्ता आस्था (निराला की कविताओं पर एक सम्पूर्ण किताब); लौट आ, ओ धार! (संस्मरण); कहा-सुनी (साक्षात्कार और आलोचना); महादेवी (महादेवी की सम्पूर्ण रचनाओं पर एक किताब)

सम्पादन : तारापथ (सुमित्रानंदन पंत की कविताओं का संचयन), दो शरण (निराला की भक्ति कविताओं का संचयन)

अनुवाद : अंग्रेजी, जर्मन, मराठी, मलयालम, पंजाबी, गुजराती, तथा बांग्ला भाषाओं में कहानियों, उपन्यासों तथा नाटकों का अनुवाद।

पता : एच.आई.जी. II बी-७, ए.डी.ए. कॉलोनी, प्रतिष्ठानपुरी (नई झूँसी), इलाहाबाद।

●●●